全国应用型高等院校(高职高专)土建类“十二五”规划教材

建筑法规概论

（第2版）

主　编　刘勇　黄胜方
副主编　韩庆　周　巍　吴春光　张守领

中国水利水电出版社
www.waterpub.com.cn

内 容 提 要

本教材为全国应用型高等院校（高职高专）土建类“十二五”规划教材分册之一，延续了第1版的知识体系，在新颁布的法律法规的基础上对内容作了必要的修改和补充，介绍了包括建设法规概述，城乡规划法，建筑法，招标投标法规，工程勘察设计方面的法律、法规，工程建设安全生产管理与质量管理法规，建设从业资格法规，建设工程合同法律制度，建设工程纠纷的处理，房地产与物业管理法规，市政建设法规，劳动用工制度法律法规，与工程建设相关的法律法规，建筑工程法律责任等内容。

本教材主要适用于土建类应用型本科和高职高专的建筑工程技术、工程造价、建设监理等专业教学，同时可为从事工程技术和管理人员参考借鉴，也可作为成人函授、网络教育、自学考试等参考用书使用。

图书在版编目（CIP）数据

建筑法规概论/刘勇，黄胜方主编．—2版．—北京：中国水利水电出版社，2012.2（2016.8重印）
全国应用型高等院校（高职高专）土建类“十二五”规划教材
ISBN 978-7-5084-9481-4

Ⅰ.①建… Ⅱ.①刘…②黄… Ⅲ.①建筑法-中国-高等职业教育-教材 Ⅳ.①D922.297

中国版本图书馆CIP数据核字（2012）第024336号

书　　名	全国应用型高等院校（高职高专）土建类“十二五”规划教材 **建筑法规概论（第2版）**
作　　者	主编　刘勇　黄胜方
出版发行	中国水利水电出版社 （北京市海淀区玉渊潭南路1号D座　100038） 网址：www.waterpub.com.cn E-mail：sales@waterpub.com.cn 电话：（010）68367658（营销中心）
经　　售	北京科水图书销售中心（零售） 电话：（010）88383994、63202643、68545874 全国各地新华书店和相关出版物销售网点
排　　版	中国水利水电出版社微机排版中心
印　　刷	北京嘉恒彩色印刷责任有限公司
规　　格	184mm×260mm　16开本　23.25印张　551千字
版　　次	2008年7月第1版　2008年7月第1次印刷 2012年2月第2版　2016年8月第3次印刷
印　　数	7001—10000册
定　　价	**42.00**元

编　委　会

主　编　刘　勇　黄胜方

副主编　韩　庆　周　巍　吴春光　张守领

参　编　侯盛楠　张志鹏

序

随着我国建设行业的快速发展，建筑行业对专业人才的需求也呈现出多层面的变化，从而对院校人才培养提出了更细致、更实效的要求。我国因此大力发展职业技术教育，大量培养高素质的技能型、应用型人才，教育部也就此提出了实施要求和教改方案。快速发展起来的高等职业教育和应用型本科教育是直接为地方或行业经济发展服务的，是我国高等教育的重要组成部分，应该以就业为导向，培养目标应突出职业性、行业性的特点，从而为社会输送生产、建设、管理、服务第一线需要的专门人才。

在上述背景下，作为院校三大基本建设之一的高等职业及应用型本科教育的教材改革和建设必须予以足够的重视。目前，技术型、应用型教育的办学主体多种多样，各种办学主体对培养目标也各有理解，使用的教材也复杂多样，但总体来讲，相关教材建设还处于探索阶段。

中国水利水电出版社在“全国应用型高等院校土建类‘十一五’规划教材”的出版基础上，结合当前高职教育和应用型本科教育的发展特点，按照教育部相关最新要求，组织出版了“全国应用型高等院校土建类‘十二五’规划材料”。

本套教材从培养技术应用型人才的总目标出发予以编写，具有以下特点：

(1) 教材结合当前院校生源和就业特点、以培养“有大学文化水平的能工巧匠”为教学目标来编写。

(2) 教材编写者均经过院校推荐、编委会资格审定筛选而来，均为院校一线骨干教师，具有丰富的教学和实践经验。

(3) 教材结合新知识、新技术、新工艺、新材料、新法规、新案例，对基本理论的讲授以应用为目的，教学内容以“必需、够用”为度；在教材的编写中加强实践性教学环节，融入足够的实训内容，保证对学生实践能力的培养。

(4) 教材编写力求周期短、更新快，在原有教材的基础上予以改版修订，力求延续性与时代性兼顾，从而紧跟时代和行业发展步伐，体现高等技术应用性人才的培养要求。

本套教材图文并茂、深入浅出、简繁得当，可作为高职高专院校、应用型本科院校土建类建筑工程、工程造价、建设监理等专业教材使用，其中小部分教材根据其内容特点明确了适用的细分专业；该套教材亦可为工程技术人员的参考借鉴，也可作为成人、函授、网络教育、自学考试等参考用书使用。

“全国应用型高等院校土建类‘十二五’规划教材”的出版是对高职高专、应用型本科教材建设的一次有益探索，限于编者的水平和经验，书中难免有不妥之处，恳请广大读者和同行专家批评指正。

编委会

2012年1月

第 2 版前言

本书作为全国应用型高等院校（高职高专）土建类“十二五”规划教材，第1版自2008年7月出版以来，已过去3年多时间。3年来，国家先后颁布了多部关于工程建设方面的法律、法规和规章，比如《中华人民共和国社会保险法》、《中华人民共和国招标投标法实施条例》、《商品房屋租赁管理办法》等；同时本教材在使用中也发现了一些问题。基于此，我们根据新颁布的法律、法规，对本书第1版进行修订，推出第2版，并保持了第1版的知识体系和章节顺序，内容上主要有以下特点：

第一，对部分章节进行了重新编写。例如，根据住房与城乡建设部的解释对第2章“城乡规划法”进行了重新编写；根据《中华人民共和国社会保险法》对第13章的部分内容进行了重新编写等。

第二，增加和补充了新的内容。如第4章增加了《中华人民共和国招标投标法实规条例》的内容；根据《国有土地上房屋征收与补偿条例》的内容对第10章的内容进行了补充。

第三，根据新的法律、法规和规章对部分章节的内容进行了删减。

第2版的修订，主体仍然由第1版的编写人员负责。具体的分工是：第2章、第10章由侯盛楠、张守领改写，第3章、第12章、第13章由刘勇改写，第4章、第11章由韩庆、黄胜方改写，第1章、第5章、第6章、第7章、第8章、第9章、第14章仍由第1版的编写人员负责审查，本次修改未作大的调整。应出版社的要求，第2版增加了教学课件（PPT文件），由黄胜方负责制作完成。第2版由刘勇、黄胜方任主编并负责统稿，韩庆、周巍、吴春光、张守领任副主编。

本书在修改过程中得到了有关方面和部分任课老师的支持，参阅了许多资料，在此谨表感谢。

由于编者水平有限，修改时间紧迫，书中错误和不妥之处仍然难免，希望读者给予批评指正。

编者

2012年1月

第 1 版前言

建筑行业是最早引入市场机制的行业之一。从一定意义说，市场经济就是法制经济，因此，要求建筑市场各方责任主体和从业者都要严格遵守国家有关的法律、法规和规章。作为土建类专业的学生，为尽快适应从业岗位，应当具备一定工程建设领域的法律知识。

本书除介绍了《中华人民共和国建筑法》、《中华人民共和国招标投标法》、《建筑工程质量管理条例》、《建筑工程安全生产管理条例》等实体、程序方面的法律、法规以外，还介绍了其他与工程建设相关的法律法规，如《中华人民共和国民法》、《中华人民共和国民事诉讼法》、《中华人民共和国合同法》等。同时介绍了国家最新颁布实施的《中华人民共和国劳动合同法》、《中华人民共和国劳动合同争议调解仲裁法》、《中华人民共和国城乡规划法》等内容。因此，本书内容新颖，具有较强的教学适用性和较宽的专业适应性。本书作为全国应用型高等院校土建类“十一五”规划教材，深入浅出，用通俗易懂的文字讲述法律法规条文，便于理解，注重实用，力求体现应用型教育的特点。每章前均有“本章要点”，每章后附有“复习思考题”，既突出了知识点，又便于教师教学和学生自学。

本书编写者都是多年从事建筑法规教学并在建筑实践一线的“双师型”教师。参加本书编写的有安徽省淮北职业技术学院的刘勇、吴春光，河南省商丘职业技术学院的韩庆、侯盛楠、张志鹏，河南省郑州航空工业管理学院的周巍。具体分工为：刘勇编写第 1 章、第 3 章、第 8 章、第 9 章、第 12 章、第 13 章，吴春光编写第 5 章、第 14 章，韩庆编写第 4 章、第 11 章，周巍编写第 6 章、第 7 章，侯盛楠编写第 2 章、第 10 章，张志鹏编写第 8 章的第 8 节。本书由刘勇任主编，韩庆、周巍、吴春光任副主编。

在本书编写过程中，得到中国水利水电出版社、淮北职业技术学院、商丘职业技术学院、郑州航空工业管理学院等有关部门的大力支持，同时参考了其他一些院校编写的教材、文献，在参考文献中一并列出，全体编者在此表示深切的谢意。

由于编者水平有限，时间仓促，书中缺点和错误在所难免，敬请同行和读者批评指正。

本书建议学时分配如下（仅供参考）：

内　容	学　时	内　容	学　时
第 1 章	2	第 9 章	2
第 2 章	2	第 10 章	2
第 3 章	4	第 11 章	2
第 4 章	4	第 12 章	2
第 5 章	2	第 13 章	2
第 6 章	4	第 14 章	2
第 7 章	2	讨论、考核	4
第 8 章	4	合计	40

编者

2008 年 5 月

目　录

第1章 绪 论

本章学习要点：

1. 熟悉建设法规的概念、调整对象和作用。
2. 熟悉建设法律关系的产生、变更与终止的概念及内容。
3. 熟悉工程项目建设程序的概念、阶段划分及各阶段的主要内容。
4. 掌握建设法律关系的构成要素。
5. 掌握建设工程强制性条文的概念和法律规定。
6. 了解建设法律法规体系的构成。
7. 了解标准和标准化的概念、建设标准的概念。
8. 了解债权、物权、知识产权、代理的概念。

1.1 建设法规概述

1.1.1 建设法规的概念、调整对象

1.1.1.1 建设法规的概念

建设法规是指国家权力机关或其授权的行政机关制定的，旨在调整国家及其有关机构、企事业单位、社会团体、公民之间在建设活动中发生的各种社会性关系的法律、法规的总称。

这一概念可以从两个方面进行理解。第一，它必须由国家权力机关或其授权的行政机关制定，它代表的是国家的利益；它体现国家对建设领域的各项活动进行组织、管理、协调的方针、政策和基本原则；它是以强制性规范为主构成的。第二，凡是从事建设活动的机关、企事业单位、社会团体及其自然人都必须遵守建设法律、法规；否则必然要受到法律、法规的制裁。

1.1.1.2 建设法规的调整对象

建设法规所谓的“调整”是指国家将其意志深入到物质关系领域，使其上升为建设法律关系的活动。这种活动既包括抽象的静态的法律规定，又包括具体的动态的法律适用。“调整对象”是指建筑法规应当促进、限制、取缔和保护的社会关系，亦指建设法规规定效力所及的范围。具体的来说，建设法规所调整的对象和范围是建设活动中所形成的各种社会关系。它包括建设活动中发生的建设管理关系、建设协作关系及其相关的建设民事关系。

1. 建设活动中的行政管理关系

建设活动的结果是形成社会固定资产。据统计，建设领域已成为我国国民经济的第四大支柱产业，每年完成的固定资产数以万亿元。因此建设活动是社会经济发展中的重大活动，它与国家的社会经济发展、人民的生命财产安全、社会文明进步息息相关。国家对此类活动必然要实行全面的、严格的管理。当国家通过建设行政管理机关对建设活动进行管理时，必然要与建设单位（业主）、勘察设计单位、施工单位、工程咨询单位、建筑材料和设备的生产供应等单位之间产生管理与被管理关系。它包括两个相互关联的方面：一方面是规划、指导、协调与服务；另一方面是检查、监督、控制与调节。这其中不但要明确各种建设行政管理部门相互间及内部各方面的责、权、利关系，而且还要科学地建立建设行政管理部门同各类建设活动主体及中介服务机构之间的管理关系。

2. 建设活动中的协作关系

建设活动中的协作关系是一种平等自愿、互利互助的横向协作关系，一般应以建设合同的形式确定。由于建设合同一般都涉及重大财产关系，所以法律要求应当订立书面形式的合同，即采用要式合同。

各项建设活动都是非常复杂的系统工程，要由许多行业、部门、单位和个人共同参与，相互协作才能完成，这也是现代化大生产方式带来的必然结果。在市场经济条件下，各种经济主体为了自身的利益或各自的生产和生活需要，在建设活动中必然存在着大量的寻求合作伙伴的活动，随即发生相互间的建设协作经济关系。比如投资主体（建设单位或项目业主单位）同可行性研究机构、勘察设计单位、建筑安装施工单位等发生的可行性研究、勘察设计和施工关系等，都属于这种经济协作关系。

3. 建设活动中的民事关系

建设活动中的民事关系是指因从事建设活动而产生的国家机关、社会组织、自然人之间的民事权利和义务关系。主要包括：在建设活动中发生的有关自然人的损害、侵权、赔偿关系；建设领域从业人员的人身和经济权利保护关系；勘察、设计著作权的财产关系、人身关系；房地产交易中买卖、租赁、产权关系；土地征用、房屋拆迁导致的拆迁安置、财产赔偿关系等。

应当指出的是，建设法规的三种具体调整对象，彼此间互相关联，又各具自身属性。它们都是因从事建设活动所形成的社会关系，都必须以建设法规来加以规范和调整。但这三种调整对象又各有侧重，它们各自的形成条件不同；处理这些关系的原则或调整手段不同；适用的范围和适用的法律后果也不完全相同。

4. 建设法规是一个独立法律体系

由于建设法规的调整对象是建设活动中形成的各种社会关系，具有明显的同类性和国家干预性，同时建设活动具有本身特殊的技术经济特点，即专业化很强。建设活动所形成的社会关系，只有通过建设法规进行调整才能达到最佳状态。建设法规也有自身的调整手段，所以建设法规是一个独立的法律体系。

1.1.2 建设法规的立法原则

建设法规立法的基本原则，是指建设立法时所必须遵循的基本准则或要求。

1．法制统一原则

所有法律都有着内在统一的联系，并在此基础上构成一国的法律体系。建设法体系是我国法律体系中的一个组成部分，组成本体系的每一部法律都必须符合宪法的精神与要求，该法律体系与其他法律体系也不应冲突。对于宪法和法律的有关规定，建设行政法规和部门规章以及地方性建设法规、规章，必须遵循。位阶相等的建设法律、法规所确立的有关内容应相互协调，不应相互矛盾。建设法系统内部高位阶的法律、法规对低位阶的地方法规、地方规章具有制约性和指导性。

建设法的立法坚持法制统一的基本要求，不仅是立法规范化、科学化的要求，同时也是为了便于实际操作，不至于因法律制度的自相矛盾而导致建设法的无所适从。

2．遵循科学技术规律，确保建设工程安全与质量的原则

建设工程安全与质量是整个建设活动的核心，是关系到生命安全、财产安全的重大问题。建设工程的安全是指建设工程对人身安全和对财产的安全。建设工程质量是指国家规定和合同约定的对建设工程的适用、安全、经济、美观等一系列指标的要求。建设工程的质量与安全管理必须纳入法制化的轨道，建立健全建设技术法规，确保建设活动符合建设技术法规有关安全、质量等各项指标的要求，确保建设工程不能引起人身伤亡和财产损失。

建设法的立法应大力推动建设领域的科学技术研究，提倡采用先进技术、先进设备、先进工艺、新型建设材料和现代管理方式，努力提高建设活动的精细度和劳动生产率，鼓励节约能源和环境保护，走可持续发展的建设之路。

3．遵循市场经济规律原则

市场经济，是指市场对资源配置起基础性作用的经济体制。社会主义市场经济，是指与社会主义基本制度相结合的，市场在国家宏观调控下对资源配置起基础性作用的经济体制。第八届全国人大第一次会议通过的《中华人民共和国宪法修正案》规定“国家实行社会主义市场经济”。这不仅是宪法的基本原则，也是建设法的立法原则。

（1）遵循市场经济规律，反映在建设法立法中，就是要建立健全以市场为主体的法律体系。建设法要规定各种建设市场主体的法律地位，对人们在建设活动中的权利和义务作出明确的规定。这些主体包括建设行政主管部门、勘察规划设计单位、建设监理单位、建设施工单位、房地产开发经营部门、土地管理部门、标准化部门、城市市政公用事业单位、环境保护部门、建设材料供应部门及其他从事建设活动的相关人员等。

（2）遵循市场经济规律，要求建设法的立法，确立建设市场体系具有统一性和开放性。建设法的立法应确立规划与设计市场、建设监理市场、工程承包的招投标市场、建设资金市场等多元化的建设活动大市场。同时，建设工程管理、房地产管理、市政公用事业管理等应当能够保障建设市场健康、有序、协调、统一地发展。

（3）遵循市场经济规律，要求建设法的立法确立以间接手段为主的宏观调控体系。建设法主要运用行政手段实现对建设行为的调整，这种调整不应当是直接干预性的。建设主体在具体的建设行为中都享有独立性和自主性，国家对其行为实施的调控只是间接性的。

（4）遵循市场经济规律，要求建设法的立法本身具有完备性。要把建设行为纳入法制轨道，必须要先使建设法自身完备。唯有如此，才能有效地规范建设市场主体行为，维护

建设市场活动秩序。

4. 民主立法原则

民主立法原则是指行政机关依照法律规定进行建设立法时，应通过各种方式听取各方面的意见，保证民众广泛地参与行政立法。民主立法原则要求：立法草案应提前公布，以便于广泛征求广大民众对特定行政立法事项的意见，并将听取意见作为立法的必经环节和法定程序；要及时向人民群众公布对立法意见的处理结果；应设置专门的立法咨询机关和咨询程序，对特别重要的行政立法进行专门咨询，并作为必经程序；对违反民主立法原则的立法应视为无效。例如：2007 年 6 月 29 日颁布的《中华人民共和国劳动合同法》（以下简称《合同法》），在出台前就向全社会征求意见，体现民意，体现立法的民主。

5. 责权利相一致原则

立法是对有限的社会资源进行制度性的分配，是对社会资源的第一次分配，反映了社会的利益倾向性。立法是对社会进行权威的、有效的资源分配、财富分配，通过权利义务的分配，从而实现社会控制、社会调整，实现社会动态平衡。因此，在建设法的立法上，责权利相一致是对建设行为主体的权利和义务或责任提出的一项基本要求。具体表现为：一是建设法主体享有的权利和履行的义务是统一的。任何一个主体享有建设法规定的权利，同时必须履行法律规定的义务；二是建设行政主管部门行使行政管理权既是其权利，也是其责任或义务，权利和义务彼此结合。

1.1.3 建设法规的作用与实施

1.1.3.1 建设法规的作用

建设法规的作用主要表现在规范指导建设行为、保护合法建设行为和处罚违法建设行为三个方面。

1. 规范指导建设行为

人们所进行的各种具体行为都必须遵循一定的准则进行。只有在法律规定的范围内所进行的行为才能得到国家的承认与保护，也才能实现行为人预期的目的。

建设法律规范是指从事各种具体的建设活动所应遵循的行为规范。建设法规对人们建设行为的规范性表现在以下两个方面：一是必须所为的建设行为。比如《中华人民共和国建筑法》（以下简称《建筑法》）第 7 条规定："建设工程开工前，建设单位应当按照国家有关规定向工程所在地县级以上人民政府建设行政主管部门申请领取施工许可证。"此即为义务性的建设行为的规定。二是禁止所为的建设行为。如《中华人民共和国招标投标法》（以下简称《招标投标法》）第 22 条规定："招标人不得向他人透露已获取招标文件的潜在投标人的名称、数量以及可能影响公平竞争的有关招标投标的其他情况。招标人设有标底的，标底必须保密。"《招标投标法》第 33 条规定："投标人不得以低于成本的报价竞标，也不得以他人名义或者以其他方式弄虚作假，骗取中标。"正是由于有了上述法律的规定，建设行为主体才明确了自己可以为、不得为和必须为的一定的建设行为，并以此指导、约束自己的行为，体现出建设法规对具体建设行为的规范和指导作用。

2. 保护合法建设行为

建设法规的作用不仅在于对建设主体的行为加以规范和指导，还对一切符合法律、法规的建设行为给予确认和保护。这种确认和保护性规定一般是通过建设法规的原则规定反映的。如《中华人民共和国合同法》第 8 条规定："依法成立的合同，对当事人具有法律约束力。当事人应当按照约定履行自己的义务，不得擅自变更或者解除合同。依法成立的合同，受法律保护。"

3. 处罚违法建设行为

建设法规要实现对建设行为的规范和指导作用，必须对违法建设行为给予应有的处罚。否则，建设法规的制度由于得不到实施过程中强制制裁手段的法律保障，即变成无实际意义的规范。建设法规一般都有对违法建设行为的处罚规定。如《建筑法》第 72 条规定："建设单位违反本法规定，要求建筑设计单位或者建筑施工企业违反建设工程质量、安全标准，降低工程质量的，责令改正，可以处以罚款；构成犯罪的，依法追究刑事责任。"

1.1.3.2 建设法规的实施

建设法规的实施是指国家机关、社会团体、公民实践建设法律规定的活动。包括建设法规的执法、司法、守法和建设行政赔偿四个方面。其中建设法规的司法又包括行政司法和专门机关的司法两方面。

1. 建设行政执法

建设行政执法，是指建设行政主管部门和被授权的单位，依法对各项建筑活动和建筑行为进行检查、监督，并对其违法行为执行行政处罚的行为。建设行政执法是国家各级建设行政主管部门行使其行政职能的一种行为，其依据是国家有关建设方面的法律、法规、规章和规范性文件。建设行政部门只有在其职权范围内的执法行为才能称为建设行政执法，根据其他法律文件的行为不能归入建设行政执法的范畴。具体包括：

（1）建设行政决定，指执法者依法对相对人的权利和义务做了单方面的处理。包括行政许可、行政命令和行政奖励。

（2）建设行政检查，指建设行政执法者依法对相对人是否守法的事实进行单方面的强制性了解。主要包括实地检查和书面检查两种。

（3）建设行政处罚，指建设行政主管部门或其他权力机关对相对人实行惩戒或制裁的行为。主要包括财产处罚，比如：没收财产、罚款等；行为处罚，比如：吊销营业执照、许可证等；申诫处罚，比如：警告、通报批评等。

（4）建设行政强制执行，指在相对人不履行行政机关所规定的义务时，特定的行政机关依法对其采取强制手段，迫使其履行义务。

2. 建设行政司法

建设行政司法是指建设行政机关依据法定的权限和法定的程序进行行政调解、行政复议和行政仲裁，以解决相互争议的行政行为。

（1）行政调解，指在行政机关的主持下，以法律法规、规章等为依据，通过说服教育等方法，促使双方当事人通过协商以自愿为原则达成协议。

（2）行政复议，指在相对人不服行政执法决定时，依法向指定的部门提出重新处理的申请。

（3）行政仲裁，指国家行政机关以第三者身份对特定的民事、经济的争议居中调解，并作出判断和裁决。

(4) 行政诉讼，是指公民、法人或其他组织在认为建设行政主管部门及其工作人员的行政行为侵犯自己的合法权益时，依法向法院请求司法保护，并由法院对其行政行为进行审查裁判的一种诉讼活动。

3. 建设法规的守法

建设法规的守法，是指从事建设活动的所有单位和个人，都必须注意及时学习建设法规，正确理解法规条文，按照法规的要求规范建设行为，不得违反。

4. 建设行政赔偿

建设行政赔偿是指建设活动中国家行政机关及其工作人员违法行使职权，侵犯公民、法人或者其他组织的合法权益并造成损害，由国家承担赔偿责任的制度。是建设行政机关为公民、法人或者其他组织提供的行政救济制度。

《中华人民共和国国家赔偿法》(以下简称《国家赔偿法》) 规定，行政机关及其工作人员在行使职权时有违法行为造成受害人人身权、财产权损害时，受害人有权取得赔偿权利。但是国家行政机关工作人员行使与职权无关的个人行为，因公民、法人和其他组织自己的行为致使损害发生的，或者法律规定的其他免赔情形，国家不承担赔偿责任。另外，建设行政赔偿应当依据《国家赔偿法》规定的程序进行：行政赔偿请求人自国家行政机关及其工作人员行使职权时的违法行为被依法确认为违法之日起两年内，有权向行政赔偿义务机关提出书面赔偿请求，赔偿请求人要求赔偿应先向赔偿义务机关提出，也可以在申请行政复议或提起行政诉讼时一并提出。行政赔偿义务机关应当自收到书面赔偿请求之日起两个月内依法处理。行政赔偿义务机关作出行政赔偿决定的，应当制作《行政赔偿决定书》；不予赔偿的，应制作《不予赔偿决定书》。当事人对不予赔偿的决定不服的，可依法提起行政复议或行政诉讼。赔偿义务机关逾期不予赔偿或者赔偿请求人对赔偿数额有异议的，可以自期满之日起三个月内向人民法院提起行政赔偿诉讼。

1.2 建设法规体系

1.2.1 概述

1. 法律法规体系的概念

法律法规体系，通常指由一个国家的全部现行法律规范分类组合为不同的法律部门而形成的有机联系的统一整体。任何一个国家的各种现行法律规范，虽然调整的社会关系的性质不同，具有不同的内容和形式，但都是建立在共同的经济基础上的，反映统治阶级的意志，受共同的原则指导，具有内在的协调一致性，从而构成一个有机联系的统一整体。

2. 建设法规体系的概念

建设法规体系是指由国家制定或认可，并由国家强制力保证实施的，调整建设工程的新建、扩建、改建和拆除等有关活动中产生的社会关系的法律法规的系统。它是按照一定的原则、功能、层次所组成的相互联系、相互配合、相互补充、相互制约、协调一致的有机整体。建设法规体系就广义而言是把已经制定和需要制定的建设法律、建设行政法规和建设部门规章、地方性建设法规和规章衔接起来，形成一个完整统一的体系。建设法规体系的建立，是我国现代化进程中建设事业客观的、必然的要求。我国建设事业方兴未艾，自改革开放以来我国建设立法工作取得重大发展，建设领域的法律、行政法规、部门规章基本配套，初步实现了“有法可依”。但由于建设行业多，又具有很强的社会性、综合性，决定了建设立法不仅为数应当可观，并且应当十分健全。同时由于社会经济的发展，使得我国的建设法规一方面还存在“空白”，另一方面原来制定的一些法律已不能适应发展、变化了的情况，或有些本来在制定时就由于某些原因而比较“粗糙”，需要修改。因此，需要按照法制统一和协调配套原则，进一步加大建设立法力度，以实现我国建设法规体系的科学化、系统化。

建设法规体系是国家法律体系的重要组成部分。同时，建设法规体系又相对自成体系，具有相对独立性。根据法制统一的原则，要求建设法规体系必须服从国家法律体系的总要求，建设方面的法律必须与宪法和相关的法律保持一致，建设行政法规、部门规章和地方性法规、规章不得与宪法、法律以及上一层次的法规相抵触。另外，建设法规应能覆盖建设事业的各个行业、各个领域以及建设行政管理的全过程，使建设活动的各个方面都有法可依、有章可循，使建设行政管理的每一个环节都纳入法制轨道。并且，在建设法规体系内部，不仅纵向不同层次的法规之间应当相互衔接，不能有抵触；横向同层次的法规之间也应协调配套，不能互相矛盾、重复或者留有“空白”。

1.2.2 建设法规体系的构成

建设法规体系的构成即建设法规体系所采取的框架或结构。目前我国的建设法规体系采取“梯形结构”，即不设“中华人民共和国建设法律”，而是以若干并列的专项法律共同组成体系框架的顶层，再配置相应的下一位阶的行政法规和部门规章，形成若干相互联系又相对独立的专项法律规范体系。这种选择符合建设系统多行业的特点，有着其现实的依据。根据《中华人民共和国立法法》有关立法权限的规定，我国建设法规体系由五个层次组成。习惯上认为我国建设法规由建设行政法律、建设民事法律和建设技术法规三种法规构成。

1. *建设法规体系的五个层次*

（1）建设法律，指由全国人民代表大会及其常务委员会制定通过，由国家主席以主席令的形式发布的属于国务院建设行政主管部门业务范围的各项法律。它们是建设法规体系的核心和基础。如《中华人民共和国建筑法》、《中华人民共和国招标投标法》、《中华人民共和国城乡规划法》等。

（2）建设行政法规，指由国务院制定，经国务院常务委员会审议通过，由国务院总理以中华人民共和国国务院令的形式发布的属于建设行政主管部门主管业务范围的各项法规。其效力低于建设法律，在全国范围内施行。行政法规的名称常以“条例”等名称出现。如《建设工程质量管理条例》、《建设工程安全生产管理条例》、《建设工程勘察设计条例》等。

（3）建设部门规章，指建设部根据国务院规定的职责范围，依法制定并颁布的各项规章或由建设部与国务院其他有关部门联合制定并发布的规章。如《实施工程建设强制性标准监督规定》、《工程监理企业资质标准》、《工程建设项目施工招标投标办法》等。

（4）地方性建设法规，指在不与宪法、法律、行政法规相抵触的前提下，由省、自治区、直辖市人民代表大会及其常委会结合本地区实际情况制定颁行的或经其批准颁行的由下级人大或其常委会制定的，只能在本行政区域有效的建设方面的法规。地方性建设法规促进了本地区建设事业的发展，同时也为国家建设立法提供了有益的尝试或成功的经验。

（5）地方建设规章，指省、自治区、直辖市人民政府以及省会（自治区首府）城市和经国务院批准的较大城市的人民政府，根据法律和法规制定颁布的，只在本行政区域有效的建设方面的规章。

在上述五个层次中，建设法律的效力最高，层次越往下的法规、规章的法律效力越低。法律效力低的建设法规不得与比其法律效力高的建设法规相抵触，否则其相应规定将被视为无效。法律效力高的称为上位法，法律地位低的称为下位法。下位法的制定要根据上位法，具体实践中，如果下位法先出台，而上位法后出台，并且下位法与上位法有抵触的，应以上位法为准。下位法要根据上位法的规定进行修改或废止。

2. 建设法规的构成

（1）建设行政法律，是国家制定或认可的，国家强制力保证实施的，国家建设管理机关从宏观上、全局上管理建设业的法律规范。对促进国家建设事业的发展，维护宏观整体利益，克服建设业发展的消极因素，制裁建设业行政违法行为，起着主导作用。

（2）建设民事法律，是国家制定或认可的，国家强制力保证其实施的，体现人民意志的，调整平等主体之间（公民之间、法人之间、公民与法人之间）的建设关系行为准则的法律规范。

（3）建设技术法规，是国家制定或认可的，由国家强制力保证其实施的工程建设勘察、设计、规划、施工、安装、检测、验收等技术规程、规则、规范、条例、办法、定额、指标等规范性文件。它以建筑科学技术和实践经验的综合成果为基础，经有关方面专家综合评价、科学论证而制定，分为国家、行业、地方和企业四级。

1.3 与工程建设相关的民事法律的主要内容

1.3.1 工程建设法律关系的构成要素

1.3.1.1 建设法律关系的概念

法律关系是指由法律规范调整一定社会关系而形成的权利与义务关系。任何法律关系都是由法律关系主体、法律关系客体和法律关系内容三个要素构成，缺少其中任何一个要素都不能构成法律关系。由于三个要素的内涵不同，则组成的法律关系也不同，比如民事法律关系、劳动法律关系、行政法律关系、建设法律关系等。

建设法律关系是指由建设法律规范所确认和调整的，在建设管理和建设协作过程中所产生的权利、义务关系。建设法律关系也是由主体、客体和内容三个要素所组成的。但是建设活动涉及面广，内容繁杂，所以建设法律关系具有综合性、复杂性等特点。

1.3.1.2 建设法律关系的三要素

建设法律关系的主体，主要是指参加或管理、监督建设活动，受建设工程法律规范调整，在法律上享有权利、承担义务的自然人、法人或其他组织。

1. 建设法律关系的主体

在经济生活中能够作为建设法律关系主体的主要包括以下三种。

（1）国家权力机关和行政机关。

1）国家权力机关，是指全国人民代表大会及其常务委员会和地方各级人民代表大会及其常务委员会。国家权力机关参加工程建设法律关系的职能是审查批准国家建设计划和国家预决算，制定和颁布建设法律，监督检查国家各项建设法律的执行。所以国家权力机关符合成为建设法律关系的条件，应当将其作为建设法律关系的主体。

2）行政机关，是指依照国家宪法和法律设立的依法行使国家行政职权，组织管理国家行政事务的机关。它包括国务院及其所属各部委、地方各级人民政府及其职能部门。国务院是建设行政法规的制定机关；建设部等国务院组成部门是建设规章和其他相关建设活动规章的制定机关和相关建设活动的执法机关；财政部、中国人民银行、国家统计局、国家审计局是建设活动的监督机关。所以行政机关也可以成为建设法律关系的主体。

（2）社会组织。作为法律关系主体的社会组织一般应为法人。法人是指具有民事权利能力和民事行为能力，依法享有民事权利和承担民事义务的组织。社会组织主要是工程建设的投资者和工程建设的承担者。工程建设的投资者就是建设单位或称业主、项目法人等，工程建设的承担者包括规划编制单位、建设工程勘察设计企业、建筑安装企业、房地产开发企业、工程监理企业、工程可行性研究、造价咨询等单位。

（3）自然人。自然人也是建设法律关系的主体之一。如建设企业工作人员（建筑工人、专业技术人员、注册执业人员等）同企业单位签订劳动合同时，也就成为劳动法律关系主体。

2. 建设法律关系的客体

建设法律关系的客体，是指建设法律关系主体享有的权利和承担的义务所共同指向的对象，一般是财、物、行为、智力成果。在通常情况下，主体都是为了某一客体，彼此才设立一定的权利、义务，从而产生法律关系，这里的权利、义务所指向的事物，即法律关系的客体。建设法律关系的客体具体来说包括以下四类。

（1）表现为财的客体。财一般指资金及各种有价证券。在建设法律关系中表现为财的客体主要是建设资金，如基本建设中建设单位应支付的工程款，即一定数量的货币。

（2）表现为物的客体。法律意义上的物是指可以被人们控制和支配的以物质形态表现出来具有一定价值的生产资料和消费资料，比如建设材料、建设设备、建设产品等。

（3）表现为行为的客体。行为是法律关系主体为达到一定的目的所进行的人的有意识的活动。建设法律关系客体的行为包括建设执法、勘察设计、建筑安装、工程监理等活动。

（4）智力成果。法律意义上的智力成果是人们脑力劳动产生的成果或智力方面的创作，又称非物质财富，如设计图纸等。

3. 建设法律关系的内容

建设法律关系的内容，即建设法律主体之间的权利和义务。建设法律关系的内容是建设法律关系主体的具体要求，决定着建设法律关系的性质。

（1）权利，是指法律关系主体在法定范围内有权进行各种活动。权利主体可以要求其他主体作出一定的行为或抑制一定的行为，以实现自己的权利，因其他主体的行为而使权利不能实现时有权要求国家机关加以保护并予以制裁。

(2) 义务，是指法律关系主体必须按法律规定或约定承担应负的责任。义务和权利是相互对应的，相应主体应自觉履行建设义务。义务主体如果不履行或不适当履行义务，就要承担相应的法律责任，即受到法律制裁。

1.3.2 工程建设法律关系的产生、变更与终止

1.3.2.1 建设法律关系的产生

建设法律关系的产生，是指建设法律关系的主体、客体之间形成了一定的权利和义务关系。如建设单位与其他相关单位（设计、施工、监理等）签订了建设工程合同，合同主体双方就产生了相应的权利和义务。此时，受建设法律规范调整的建设法律关系也就产生了。

1.3.2.2 建设法律关系的变更

建设法律关系的变更是指建设法律关系的三个要素发生变化。

1. 主体变更

主体变更，是指建设法律关系主体数目增多或减少，也可以是主体本身的改变，在合同中，客体不变，相应权利义务也不变，此时主体改变也称为合同转让。

2. 客体变更

客体变更，是指建设法律关系中权利义务所指向的事物发生变化，包括法律关系范围和性质的变更。

3. 内容变更

建设法律关系主体与客体的变更，必然导致相应的权利和义务即内容的变更。

1.3.2.3 建设法律关系的终止

建设法律关系的终止是指建设法律关系主体之间的权利义务不复存在，彼此丧失了约束力。建设法律关系的终止有三种情况。

1. 自然终止

建设法律关系自然终止，是指建设法律关系所规范的权利义务顺利得到履行，取得了各自的利益，从而使该法律关系达到完结。

2. 协议终止

建设法律关系协议终止，是指建设法律关系主体之间协商解除某类工程建设法律关系规范的权利义务，致使建设法律关系归于终止。

3. 违约终止

建设法律关系违约终止，是指建设法律关系主体一方违约，或发生不可抗力致使工程建设法律关系规范的权利义务不能实现。

1.3.2.4 建设法律事实

建设法律关系只有在一定情况下才能产生，同样这种法律关系的变更和终止也由一定情况决定的。这种引起建设法律关系产生、变更和终止的情况，即是人们通常所称的法律事实，也就是说法律事实是建设法律关系产生、变更和终止的原因。建设法律事实根据是否包含当事人的意志分为两类，即事件和行为。

(1) 事件，是指不以当事人意志为转移而产生的自然现象，如地震、台风、水灾、火灾等自然现象和战争、暴乱、政府禁令等社会现象。

（2）行为，是指人的有意识的活动，包括积极的作为和消极的不作为。行为又有合法行为和违法行为之分。如建设活动中的民事法律行为、行政行为以及违法行为等，都可能成为建设法律关系产生、变更或终止的原因。

1.3.3 法律行为的成立要件

1. 法律行为主体具有相应的民事权利能力和行为能力

民事权利能力是指能够参加民事活动，享有民事权利和承担民事义务的法律资格。民事行为能力是指通过自己行为取得民事权利和承担民事义务的资格。法律行为主体只有取得了相应的民事权利能力和行为能力以后作出的民事行为法律才能认可。

2. 行为人意思表示真实

行为人意思表示真实就是行为人表现于外部的表示与其内在的真实意志相一致。

3. 行为内容合法

根据《中华人民共和国民法通则》（以下简称《民法通则》）的规定，行为内容合法表现为不违反法律和社会公共利益、社会公德。首先，行为内容合法不得与法律、行政法规的强制性或禁止性规范相抵触。其次，行为内容合法还包括行为人实施的民事行为不得违背社会公德，不得损害社会公共利益。

4. 行为形式合法

民事法律行为的形式也就是行为人进行意思表示的形式。民事法律行为所采用的形式分为要式民事法律行为和不要式民事法律行为。凡属要式的民事法律行为，必须采用法律规定的特定形式才为合法；而不要式的民事法律行为，则当事人在法律允许范围选择口头形式、书面形式或其他形式作为民事法律行为的形式皆为合法。

1.3.4 代理的法律规定

1.3.4.1 代理的概念

代理，是指代理人在代理权限内，以被代理人的名义实施民事法律行为。被代理人对代理人的代理行为承担民事责任。在代理关系中，通常涉及三个人，即被代理人、代理人和第三人。

1.3.4.2 代理的种类

代理有委托代理、法定代理和指定代理三种。

1. 委托代理

委托代理，是指根据被代理人的委托而产生的代理。如公司委托律师代理诉讼即属于委托代理。委托代理可采用口头形式，也可采用书面形式委托，如果法律明确规定必须采用书面形式委托的，则必须采用书面形式，如代签工程建设合同就必须采用书面形式。在实际生活中，委托代理应注意下列问题：

（1）被代理人应慎重选择代理人。因为代理活动要由代理人来实施，且实施结果要由被代理人承受，因此，如果代理人不能胜任工作，将会给被代理人带来不利的后果，甚至还会损害被代理人的利益。

（2）委托授权的范围要明确。由于委托代理是基于被代理人的委托授权而产生的，所以，被代理人的授权范围一定要明确。如果由于授权不明确而给第三人造成损失的，则被代理人要向第三人承担责任，代理人承担连带责任。

(3) 委托代理的事项必须合法。被代理人自己不能亲自进行违法活动，也不能委托他人进行违法活动；同时代理人也不能接受此类的委托，否则，被代理人、代理人要承担连带责任。

2. 法定代理

法定代理，是基于法律的直接规定而产生的代理。如父母作为监护人代理未成年人进行民事活动就是属于法定代理。法定代理是为了保护无行为能力的人或限制行为能力的人的合法权益而设立的一种代理形式，适用范围比较窄。

3. 指定代理

指定代理，是指根据主管机关或人民法院的指定而产生的代理。这种代理也主要是为无行为能力的人和限制行为能力的人而设立的。如人民法院指定一名律师作为离婚诉讼中丧失行为能力而又无其他法定代理人的一方当事人的代理人，就属于指定代理。

1.3.4.3 代理人在代理活动中应注意的问题

(1) 代理人应在代理权限范围内进行代理活动。如果代理人没有代理权、超越代理权限范围或代理权终止后进行活动，即属于无权代理，倘若被代理人不予以追认的话，则由行为人承担法律责任。

(2) 代理人应亲自进行代理活动。代理关系中，被代理人的委托授权，是基于对代理人的信任，委托代理就是建立在这种人身信任的基础上的。因此，代理人必须亲自进行代理活动，完成代理任务。

(3) 代理人应认真履行职责。代理人接受了委托，就有义务尽职尽责地完成代理工作。如果不履行或不认真履行代理职责而给被代理人造成损害的，代理人应当承担赔偿责任。

(4) 不得滥用代理权。滥用代理权表现为：

1) 以被代理人的名义同自己实施法律行为。例如，以被代理人的名义同自己订立合同，就属于这种情形。

2) 代理双方当事人实施同一个法律行为。例如，在同一诉讼中，律师既代理原告，又代理被告，这就很可能损害一方或双方当事人的利益，因此，此种情形为法律所禁止。

3) 代理人与第三人恶意串通损害被代理人的利益。例如，代理人与第三人相互勾结，在订立合同时给第三人以种种优惠，而损害了被代理人的利益，代理人、第三人要承担连带责任。

1.3.4.4 代理权的终止

由于代理的种类不同，代理关系终止的原因也不尽相同。

1. 委托代理权的终止

(1) 代理期限届满或代理事务完成。

(2) 被代理人取消委托或代理人辞去委托。

(3) 代理人死亡或丧失民事行为能力。

(4) 作为被代理人或代理人的法人组织终止。

2. 法定代理或指定代理的终止

(1) 被代理人或代理人死亡。

(2) 代理人丧失民事行为能力。

(3) 被代理人取得或恢复民事行为能力。

(4) 指定代理的人民法院或指定单位取消指定。

(5) 由于其他原因引起的被代理人和代理人之间的监护关系消灭。

1.3.5 诉讼时效

1. 时效的概念

时效，是指一定事实状态在法律规定期间内的持续存在，从而产生与该事实状态相适应的法律效力。时效一般可分为取得时效和消灭时效。关于时效，《民法通则》作了专门规定。

2. 诉讼时效

诉讼时效，是指权利人在法定期间内，未向人民法院提起诉讼请求保护其权利时，法律规定消灭其胜诉权的制度。诉讼时效的种类包括：

(1) 普通诉讼时效。向人民法院请求保护民事权利的期间。普通诉讼时效期间通常为2年。

(2) 短期诉讼时效。下列诉讼时效期间为1年：身体受到伤害要求赔偿的；延付或拒付租金的；出售质量不合格的商品未声明的；寄存财物被丢失或损毁的。

(3) 特殊诉讼时效。法律对诉讼时效另有规定的，依照法律规定。国际货物买卖合同和技术进出口合同争议提起诉讼或仲裁的期限为4年。

(4) 权利的最长保护期限。诉讼时效期间从知道或应当知道权利被侵害时计算。但是，从权利被侵害之日起超过20年的，人民法院不予保护。

3. 诉讼时效的起算

诉讼时效的起算，也即诉讼时效的开始，它是从权利人知道或应当知道其权利受到侵害之日起开始计算，即从权利人能行使请求权之日起算起。

4. 诉讼时效的中止

诉讼时效的中止，是指在时效进行中，因一定法定事由的出现，阻碍权利人提起诉讼，法律规定暂时中止诉讼时效期间的计算，待阻碍诉讼时效的法定事由消失后，诉讼时效继续进行，累计计算。《民法通则》第139条规定，在诉讼时效期间的最后6个月，因不可抗力或者其他障碍不能行使请求权的，诉讼时效中止。从中止诉讼时效的原因消除之日起，诉讼时效期间继续计算。

5. 诉讼时效的中断

诉讼时效的中断，是指在时效进行中，因一定法定事由的发生，阻碍时效的进行，致使以前经过的诉讼时效期间统归无效，待中断事由消除后，其诉讼时效期间重新计算。《民法通则》第140条规定，诉讼时效因提起诉讼、当事人一方提出要求或者同意履行义务而中断。从中断时起，诉讼时效期间重新计算。

1.3.6 债权、物权与知识产权

1.3.6.1 债权

1. 债的概念

债是按照合同约定或依照法律规定，在当事人之间产生的特定的权利和义务关系。

2. 债权与物权的区别

债权与物权都是与财产有密切联系的法律关系，但它们却有着明显的不同。

(1) 债权与物权的主体不同。债权的权利主体与义务主体都是特定的，是对人权；物权的权利主体是特定的，义务主体则为不特定的，是对世权。

(2) 债权与物权的内容不同。债权的实现需要义务主体的积极行为的协助，是相对权；物权的实现则不需要他人的协助，是绝对权。

(3) 债权与物权的客体不同。债权的客体可以是物、行为和智力成果；物权的客体则只能是物。

3. 债的发生根据

根据《民法通则》以及相关的法律规范的规定，能够引起债的发生的法律事实，即债的发生根据，主要有以下几种：

(1) 合同，指民事主体之间关于设立、变更和终止民事关系的协议。合同是引起债权债务关系发生最主要、最普遍的根据。

(2) 侵权行为，指行为人不法侵害他人的财产权或人身权的行为。

(3) 不当得利，指没有法律和合同根据，有损于他人而取得的利益。它可能表现为得利人财产的增加，致使他人不应减少的财产减少了；也可能表现为得利人应支付的费用没有支付，致使他人应当增加的财产没有增加。不当得利一旦发生，不当得利人负有返还的义务。因而，这是一种债权债务关系。

(4) 无因管理，指既未受人之托，也不负有法律规定的义务，而是自觉为他人管理事务的行为。无因管理行为一经发生，便会在管理人和其事务被管理人之间产生债权债务关系，其事务被管理者负有赔偿管理者在管理过程中所支付的合理的费用及直接损失的义务。

(5) 债的其他发生根据。除前述几种外，遗赠、扶养、发现埋藏物等，也是债的发生根据。

4. 债的消灭

债因以下事实而消灭：

(1) 债因履行而消灭。债务人履行了债务，债权人的利益得到了实现，当事人间设立债的目的已达到，债的关系也就自然消灭了。

(2) 债因抵消而消灭。抵消，是指同类已到履行期限的对等债务，因当事人相互抵充其债务而同时消灭。用抵消方法消灭债务应符合下列的条件：必须是对等债务；必须是同一种类的给付之债；同类的对等之债都已到履行期限。

(3) 债因提存而消灭。提存，是指债权人无正当理由拒绝履行或其下落不明，或数人就同一债权主张权利，债权人一时无法确定，致使债务人一时难以履行债务，经公证机关证明或人民法院的裁决，债务人可以将履行的标的物提交有关部门保存的行为。提存是债务履行的一种方式。如果超过法律规定的期限，债权人仍不领取提存标的物的，应收归国库所有。

(4) 债因混同而消灭。混同，是指某一具体之债的债权人和债务人合为一体。如两个相互订有合同的企业合并，则产生混同的法律效果。

（5）债因免除而消灭。免除，是指债权人放弃债权，从而免除债务人所承担的义务，债务人的债务一经债权人解除，债的关系自行解除。

（6）债因当事人死亡而解除。债因当事人死亡而解除，仅指具有人身性质的合同之债，因为人身关系是不可继承和转让的，所以，凡属委托合同的受托人，如出版合同的约稿人等死亡时，其所签订的合同也随之终止。

1.3.6.2 物权

1．物权的概念

物权是民事主体依法对特定的物进行管理支配，享有利益并排除他人干涉的权利。

2．物权的种类

物权可按如下标准进行分类：

（1）根据物权的权利主体是否为财产的所有人分类：

1）自物权，又称所有权，是指权利人对自己的所有物享有的占有、使用、收益和处分的权利。

2）他物权，是指在他人的所有物上设定的权利。

（2）根据设立目的的不同分类：

1）用益物权，是指对他人所有物使用和收益的权利。《民法通则》规定的全民所有制企业经营权、国有土地使用权、采矿权等均属用益物权。

2）担保物权，是指为了担保债的履行而在债务人或第三人特定的物或权利上所设定的权利，如抵押权、质权、留置权等都是担保物权。

（3）根据物权的客体是动产还是不动产分类：

1）动产物权，是指以能够移动的财产为客体的物权，如质押权、留置权。

2）不动产物权，是指以土地、房屋等不动产为客体的物权，如土地使用权等。

3．物权的保护

（1）请求确认物权。当物权归属不明或是发生争议时，当事人可以向法院提起诉讼，请求确认物权。请求确认物权包括请求确认所有权和请求确认其他物权。

（2）请求排除妨碍。当他人的行为非法妨碍物权人行使物权时，物权人可以请求妨碍人排除妨碍，也可请求法院责令妨碍人排除妨碍。排除妨碍的请求，所有权人、用益物权人都可以行使。

（3）请求恢复原状。当物权的标的物因他人的侵权行为而遭受损坏时，如果能够修复，物权人可以请求侵权行为人加以修理使之恢复原状。恢复原状的请求所有权人、合法使用人都可以行使。

（4）请求返还原物。当所有人的财产被他人非法占有时，财产所有人或合法占有人可以依照有关规定请求不法占有人返还原物，或请求法院责令不法占有人返还原物。

（5）请求损失赔偿。当他人侵害物权的行为造成物权人的经济损失时，物权人可以直接请求侵害人赔偿损失，也可请求法院责令侵害人赔偿损失。

1.3.6.3 知识产权

1．知识产权的概念与保护范围

知识产权又称为智慧财产权，是指人们对其智力劳动成果所享有的民事权利。

《建筑法》第4条规定："国家扶持建筑业的发展，支持建筑科学院技术研究，提高房屋建筑设计水平，鼓励节约能源和保护环境，提倡采用先进技术、先进设备、先进工艺、新型建筑材料和现代管理方式。"据此，在工程建设活动中将产生大量的知识产权。我国承认并以法律形式加以保护的主要知识产权有：

（1）著作权。

（2）专利权。

（3）商标权。

（4）商业秘密。

（5）其他有关知识产权。

2. 知识产权四大基本特征

（1）知识产权具有人身权和财产权的双重性质。

（2）知识产权具有专有性（独占性或排他性）。

（3）知识产权具有地域性。

（4）知识产权具有时间性。

3. 我国现行的知识产权法律制度

（1）著作权，是指文学、艺术和科学作品的作者依法所享有的权利。著作权属于民事权利，是知识产权的组成部分。

1）著作权，作为一种财产权，其法律性质和特征既不同于作为普通财产权的物权和债权，也和作为知识产权的另一部分的工业产权有区别。

2）著作权的主体，包括：作者与著作权人；合作作品的著作权人；职务作品著作权人；编辑作品的著作权人；委托作品的著作权人；视听作品的著作权人。

3）著作权的客体，是指《中华人民共和国著作权法》（以下简称《著作权法》）的保护对象，著作权是基于作品而发生的民事权利。作品指文学、艺术和科学领域内，具有独创性并能以某种有形形式复制的智力创作成果。《著作权法》保护的作品表现形式有：文字作品；口述作品；音乐、戏剧、曲艺、舞蹈作品；美术、摄影作品；电影、电视、录像作品；工程设计、产品设计图纸及其说明；地图、示意图等图形作品；法律、行政法规规定的其他作品；计算机软件；民间文学艺术作品。

4）著作权的内容。著作权包括著作人身权和著作财产权。其中，著作人身权主要有：发表权、署名权、修改权、保护作品完整权；著作财产权主要有：复制权、表演权、播放权、展览权、发行权、改编和摄制电影电视录像权、翻译权、注释权和整理权、编辑权。

5）著作权的保护。侵犯著作权是指公民或法人等未经著作权人许可，擅自使用其著作权的行为。根据《著作权法》的规定，实施侵犯著作权的行为应当承担相应的法律责任。《著作权法》对侵犯著作权行为规定民事责任、行政责任和刑事责任制度。

（2）专利法。

1）专利和专利权。专利权是指国家专利主管机关依法授予专利申请人及其继承人在一定期间内实施其发明创造的独占权。专利是指对于公开的发明制造所享有的独占权。

2）专利法的概念。专利法就是国家制定的用以调整因确认发明创造的所有权和因发明创造的利用而产生的各种社会关系的法律规范的总称。

3）专利权的主体。发明人或设计人、社会组织、合法互让人、外国人与外国组织。

4）专利权的客体。发明、实用新型、外观设计。

5）专利权的取得。取得的条件：发明、实用新型取得专利权的条件是新颖性、创造性和实用性；外观设计取得专利的条件是新颖性。取得的原则：单一性原则、先申请原则、优先原则。取得的程序：申请人递交申请文件、专利局对申请的审批。

6）专利权的保护。一是专利权保护范围的确定；二是专利侵权行为的确定。

7）专利纠纷的解决。一是请求地方专利管理机关调解或仲裁；二是向人民法院提起诉讼。

（3）商标法。

1）商标，是指生产经营者在其生产、制造、加工、拣选或者经销的商品或者服务上采用的，区别商品或者服务来源的，由文字、图形或者其组合构成的，具有显著特征的标志。

2）商标权的主体，是指企业、事业单位和个体工商业者，一般自然人不得作为商标权主体。

3）商标权的客体，是指注册商标。

4）商标的构成要素。商标的名称、商标的图案、商标的颜色。

5）商标的类型。文字商标、图形商标或文字与图形组合的商标；生产商标、商业商标及报刊商标；联合商标和防护商标；驰名商标、证明商标、集体商标和服务商标等。

6）商标权的取得。取得的条件：取得商标权的条件是向商标局申请注册。注册的原则：自愿注册原则、先申请原则、单一性原则。取得的程序：申请、审核。

7）商标侵权及其法律责任。非法使用他人注册商标的；销售明知是假冒他人注册商标的商品的；伪造、擅自制造他人注册商标标识或者销售伪造、擅自制造的商标识的；给他人的注册商标专用权造成其他损害的行为。由工商行政管理机关或人民法院严格依照《中华人民共和国商标法》及其实施细则的规定处理。

1.4 工程项目建设程序

1.4.1 工程项目建设程序及其重要性

1. 工程项目建设程序的概念

所谓建设程序是指一项建设工程从设想、提出到决策或交付使用的整个过程中应当遵循的内在规律。经过设计、施工直至投产，按照建设工程的内在规律，投资建设一项工程应当经过投资决策、建设实施和交付使用三个发展时期。每个发展时期又可分为若干个阶段，各阶段以及每个阶段内的各项工作之间存在着不能随意颠倒的严格的先后顺序关系。科学的建设程序应当在坚持“先勘察、后设计、再施工”的原则基础上，突出“优化决策、竞争择优、委托监理”的原则。从事建设工程活动，必须严格执行建设程序，这是每一位建设工作者的职责。

新中国成立以来，我国的建设程序经过了一个不断完善的过程。目前我国的建设程序与计划经济时期相比较，已经发生了重要变化。其中，关键性的变化：一是在投资决策阶段实行了项目决策咨询评估制度；二是实行了工程招标投标制度；三是实行了建设工程监理制度；四是实行了项目法人责任制度。

建设程序中的这些变化，使我国工程建设进一步顺应了市场经济的要求，并且与国际惯例趋于一致。按现行规定，我国一般大中型及限额以上项目的建设程序中，将建设活动分成以下几个阶段：提出项目建议书；编制可行性研究报告；根据咨询评估情况对建设项目进行决策；根据批准的可行性研究报告编制设计文件；初步设计批准后，做好施工前各项准备工作；组织施工，并根据施工进度做好生产或动用前准备工作；项目按照批准的设计内容建完，经投料试车验收合格并正式投产交付使用；生产运营一段时间，进行项目后评估。

2. 工程项目建设程序的作用

一个建设项目涉及的面广，内外协作配合的环节很多，有些是前后衔接，有些是左右配合，有些是互相交叉，这些工作必须按照一定的程序依次进行，才能达到预期的效果。

建设程序是建设过程客观规律的反映，是我国几十年来建设实践经验的总结。工程项目建设是社会化大生产，产品体积庞大，且具有固定性、建设周期长、资源占用多、建设过程工作量大等特点，要求必须坚持和贯彻执行建设程序，使建设项目全过程符合科学的程序，才能加快建设速度，缩短工程建设工期，保证工程质量，降低工程造价，防止重复建设，防止"长官意志"、主观臆断、随意定项目。建设程序反映了进行工程项目建设中各有关经济组织之间密切的、一环扣一环的经济联系。这种联系从客观上要求工程项目建设过程必须采用经济的、法律的办法来科学管理。如果不能按照建设程序办事，就可能造成项目决策的失误，造成人力、物力、财力的浪费。因此，我们要尊重建设全过程的客观规律，切不能认为基本建设程序可有可无，可执行可不执行。

3. 坚持建设程序的意义

建设程序反映了工程建设过程的客观规律。坚持建设程序在以下几方面有重要意义。

（1）依法管理工程建设，保证正常建设秩序。建设工程涉及国计民生，并且投资大、工期长、内容复杂，是一个庞大的系统。在建设过程中，客观上存在着具有一定内在联系的不同阶段和不同内容，必须按照一定的步骤进行。为了使工程建设有序地进行，有必要将各个阶段的划分和工作的次序用法规或规章的形式加以规范，以便于人们遵守。实践证明，坚持了建设程序，建设工程就能顺利进行、健康发展；反之，不按建设程序办事，建设工程就会受到极大的影响。因此，坚持建设程序，是依法管理工程建设的需要，是建立正常建设秩序的需要。

（2）科学决策，保证投资效果。建设程序明确规定，建设前期应当做好项目建议书和可行性研究工作。在这两个阶段，应由具有资格的专业技术人员对项目是否必要、条件是否可行进行研究和论证，并对投资收益进行分析，对项目的选址、规模等进行方案比较，提出技术上可行、经济上合理的可行性研究报告，为项目决策提供依据，而项目审批又从综合平衡方面进行把关。如此，可最大限度地避免决策失误并力求决策优化，从而保证投资效果。

（3）顺利实施建设工程，保证工程质量。建设程序强调了先勘察、后设计、再施工的原则。根据真实、准确的勘察成果进行设计，根据深度、内容合格的设计进行施工，在做好准备的前提下合理地组织施工活动，使整个建设活动能够有条不紊地进行，这是工程质量得以保证的基本前提。事实证明，坚持建设程序，就能顺利实施建设工程并保证工程质量。

（4）顺利开展建设工程监理。建设工程监理的基本目的是协助建设单位在计划的目标内把工程建成投入使用。因此，坚持建设程序，按照建设程序规定的内容和步骤，有效地协助建设单位开展好每个阶段的工作，对建设工程监理是非常重要的。

1.4.2 工程项目建设的阶段划分及其内容

1.4.2.1 工程项目建设的阶段划分

一个建设项目从建设前期工作到建设、投产或使用，要经过几个循序渐进的阶段，每个阶段都有自身的工作内容。目前我国建设程序的主要阶段有：项目建议书阶段、可行性研究报告阶段、设计文件阶段、建设准备阶段、建设实施阶段、竣工验收阶段、项目后评价阶段等。这些大的阶段中每一阶段都包含若干环节和不同的工作内容，它们依照本身固有的规律，有机地联系在一起，并有着客观的先后顺序。当然对于不同的工程建设项目，由于其性质不同，复杂程序不同，规模大小不同，以致在同一阶段内各环节的工作会有一些交叉，甚至有些环节还可以省略。因此，在具体执行时，根据各项目的特点，可在严格遵守工程项目建设程序的大前提下，灵活地开展各项工作。

1.4.2.2 工程项目建设各阶段的内容

1. 项目建议书阶段

项目建议书是拟建项目单位向国家提出的，要求建设某一项目的建议文件，是对工程项目建设的轮廓设想。项目建议书的主要作用是推荐一个拟建项目，论述其建设的必要性、建设条件的可行性和获利的可能性，供国家决策机构选择并确定是否进行下一步工作。

项目建议书的内容视项目的不同有繁有简，但一般应包括以下几方面的内容。

（1）项目提出的必要性和依据。

（2）产品方案、拟建规模和建设地点的初步设想。

（3）资源情况、建设条件、协作关系和设备引进国别、厂商的初步分析。

（4）投资估算、资金筹措及还贷方案设想。

（5）项目进度安排。

（6）经济效益和社会效益的初步估计。

（7）环境影响的初步评价。

对于政府投资项目，项目建议书按要求编制完成后，应根据建设规模和限额划分分别报送有关部门审批。项目建议书批准后，可以进行详细的可行性研究报告，但并不表明项目非上报审批不可，批准的项目建议书不是项目的最终决策。

根据《国务院关于投资体制改革的决定》（国发〔2004〕20号），对于企业不使用政府资金投资建设的项目，政府不再进行投资决策性质的审批，项目实行核准制或登记备案制，企业不需要编制项目建议书而可直接编制项目可行性研究报告。

2. 可行性研究阶段

可行性研究是指在项目决策之前，通过调查、研究、分析与项目有关的工程、技术、经济等方面的条件和情况，对可能的多种方案进行比较论证，同时对项目建成后的经济效益进行预测和评价的一种投资决策分析研究方法和科学分析活动。

(1) 可行性研究作用。可行性研究的主要作用是为建设项目投资决策提供依据，同时也为建设项目设计、银行贷款、申请开工建设、建设项目实施、项目评估、科学实验、设备制造等提供依据。

(2) 可行性研究内容。可行性研究是从项目建设和生产经营全过程分析项目的可行性，应完成以下工作内容。

1) 市场研究，以解决项目建设的必要性问题。

2) 工艺技术方案的研究，以解决项目建设的技术可行性问题。

3) 财务和经济分析，以解决项目建设的经济合理性问题。

凡是经可行性研究未通过的项目，不得进行下一步工作。

(3) 项目投资决策审批制度。根据《国务院关于投资体制改革的决定》，政府投资项目和非政府投资项目分别实行审批制、核准制或备案制。

1) 政府投资项目。对于采用直接投资和资本金注入方式的政府投资项目，政府需要从投资决策的角度审批项目建议书和可行性研究报告，除特殊情况外不再审批开工报告，同时还要严格审批其初步设计和概算；对于采用投资补助、转贷和贷款贴息方式的政府投资项目，则只审批资金申请报告。

政府投资项目一般都要经过符合资质要求的咨询中介机构的评估论证，特别重大的项目还应实行专家评议制度。国家将逐步实行政府投资项目公示制度，以广泛听取各方面的意见和建议。

2) 非政府投资项目。对于企业不使用政府资金投资建设的项目，一律不再实行审批制，区别不同情况实行核准制或登记备案制。

a. 核准制。企业投资建设《政府核准的投资项目目录》(以下简称《目录》) 中的项目时，只需向政府提交项目申请报告，不再经过批准项目建议书、可行性研究报告和开工报告的程序。政府对企业提交的项目申请报告，主要从维护经济安全、合理开发利用资源、保护生态环境、优化重大布局、保障公共利益、防止出现垄断等方面进行核准。对于外商投资项目，政府还要从市场准入、资本项目管理等方面进行核准。

b. 备案制。对于《目录》以外的企业投资项目，实行备案制，除国家另有规定外，由企业按照属地原则向地方政府投资主管部门备案。备案制的具体实施办法由省级人民政府自行制定。国务院投资主管部门要对备案工作加强指导和监督，防止以备案的名义变相审批。

为扩大大型企业集团的投资决策权，对于基本建立现代企业制度的特大型企业集团，投资建设《目录》中的项目，可以按项目单独申报核准，也可编制中长期发展建设规划，规划经国务院或国务院投资主管部门批准后，规划中属于《目录》中的项目不再另行申报核准，只需办理备案手续。企业集团要及时向国务院有关部门报告规划执行和项目建设情况。

3. 设计阶段

设计是对拟建工程在技术和经济上进行全面的安排，是工程建设计划的具体化，是组织施工的依据。设计质量直接关系到建设工程的质量，是建设工程的决定性环节。

经批准立项的建设工程，一般应通过招标投标择优选择设计单位。

一般工程进行两阶段设计，即初步设计和施工图设计。有些工程，根据需要可在两个阶段之间增加技术设计阶段。

（1）初步设计。初步设计是根据批准的可行性研究报告和设计基础资料，对工程进行系统研究，概略计算，作出总体安排，拿出具体实施方案。目的是在指定的时间、空间等限制条件下，在总投资控制的额度内和质量要求下，作出技术上可行、经济上合理的设计和规定，并编制工程总概算。

初步设计不得随意改变批准的可行性研究报告所确定的建设规模、产品方案、工程标准、建设地址和总投资等基本条件。如果初步设计提出的总概算超过可行性研究报告总投资的10%以上，或者其他主要指标需要变更时，应重新向原审批单位报批。

（2）技术设计。为了进一步解决初步设计中的重大问题，如工艺流程、建筑结构、设备选型等，根据初步设计和进一步的调查研究资料进行技术设计。这样做可以使建设工程更具体、更完善、技术指标更合理。

（3）施工图设计。在初步设计或技术设计基础上进行施工图设计，使设计达到施工安装的要求。

施工图设计应结合实际情况，完整、准确地表达出建筑物的外形、内部空间的分割、结构体系以及建筑系统的组成和周围环境的协调。《建设工程质量管理条例》规定，建设单位应将施工图设计文件报县级以上人民政府建设行政主管部门或其他有关部门审查，未经审查批准或审查不合格的施工图设计文件不得使用。

4. 建设准备阶段

工程开工建设之前，应当切实做好各项准备工作。其中包括：组建项目法人；征地、拆迁和平整场地；做到水通、电通、路通；组织设备、材料订货；委托工程监理；组织施工招标投标，优选施工单位；建设工程报监；办理施工许可证等。

按规定做好准备工作，具备开工条件以后，建设单位申请开工。经批准，项目进入下一阶段，即施工安装阶段。

5. 施工安装阶段

建设工程具备了开工条件并取得施工许可证后才能开工。

按照规定，工程开工时间是指建设工程设计文件中规定的任何一项永久性工程第一次正式破土开槽的开始日期。不需开槽的工程，以正式打桩作为正式开工日期。铁道、公路、水库等需要进行大量土石方工程的，以开始进行土石方工程作为正式开工日期。工程地质勘察、平整场地、旧建筑物拆除、临时建筑或设施等的施工不能算正式开工。

本阶段的主要任务是按设计进行施工安装，建成工程实体。在施工安装阶段，施工承包单位应当认真做好图纸会审工作，参加设计交底，了解设计意图，明确质量要求；选择合适的材料供应商；做好人员培训；合理组织施工；建立并落实技术管理、质量管理体系和质量保证体系；严格把好中间验收和竣工验收环节的质量关。

6. 生产准备阶段

工程投产前，建设单位应当做好各项生产准备工作。生产准备阶段是由建设阶段转入生产经营阶段的重要衔接阶段。在本阶段，建设单位应当做好相关工作的计划、组织、指挥、协调和控制工作。

生产准备阶段主要工作有：组建管理机构，制定有关制度和规定；招聘并培训生产管理人员，组织有关人员参加设备安装、调试、工程验收；签订供货及运输协议；进行工具、器具、备品、备件等的制造或订货；其他需要做好的有关工作。

7. 竣工验收阶段

建设工程按设计文件规定的内容和标准全部完成，并按规定将工程内外全部清理完毕后，达到竣工验收条件，建设单位即可组织竣工验收，勘察、设计、施工、监理等有关单位应参加竣工验收。竣工验收是考核建设成果、检验设计和施工质量的关键步骤，是由投资成果转入生产或使用的标志。竣工验收合格后，建设工程方可交付使用。

竣工验收后，建设单位应及时向建设行政主管部门或其他有关部门备案并移交建设项目档案。建设工程自办理竣工验收手续后，因勘察、设计、施工、材料等原因造成的质量缺陷，应及时修复，费用由责任方承担。保修期限、返修和损害赔偿应当遵照《建设工程质量管理条例》的规定进行。

8. 工程建设项目后评价

工程建设项目后评价是工程竣工投产、生产运营一段时间后，对项目的立项决策、设计施工、竣工投产、生产运营等全过程进行系统评价的一种技术经济活动。它是工程建设管理的一项重要内容，也是工程建设程序的最后一个环节，它可使投资主体达到总结经验、吸取教训、改进工作、不断提高项目决策水平和投资效益的目的。目前我国的工程建设项目后评价分建设单位的自我评价、项目所属行业（地区）主管部门的评价及主要投资主体的评价这三个层次进行。

1.5 工程建设标准

1.5.1 工程建设标准的种类

1.5.1.1 工程建设标准的概念

1. 标准

标准，是指对重复性事物和概念所做的统一规定，它以科学技术和实践经验的综合成果为基础，经有关方面协商一致，由主管机关批准，以特定形式发布，作为共同遵守的准则和依据。标准化是指在经济、技术、科学及管理等社会实践中，对重复性事物和概念通过制订、发布和实施标准，达到统一，以获得最佳秩序和社会效益的活动。即在一定的范围内获得最佳秩序，对实际的或潜在的问题制定共同的重复使用的规则的活动。标准化是伴随着工业化和社会化大生产的发展而发展起来的。为了发展社会主义市场经济，促进技术进步，改进产品质量，提高社会经济效益，维护国家和人民利益，使标准化工作适应社会主义现代化建设和发展对外经济关系的需要，1988 年 12 月 29 日第七届全国人民代表大会常务委员会第五次全体会议正式通过了《中华人民共和国标准化法》（以下简称《标准化法》），自 1989 年 4 月 1 日起施行。1994 年 4 月 6 日，国务院颁布了《中华人民共和国标准化法实施条例》（以下简称《标准化法实施条例》）自 1990 年 4 月 6 日起施行。这些法律和法规的颁布和实施对规范我国的标准化工作起到了重要的指导作用。

2. 工程建设标准

工程建设标准是指建设工程设计、施工方法和安全保护的统一的技术要求及有关工程建设的技术术语、符号、代号、制图方法的一般原则。

1.5.1.2　工程建设标准的种类

1. 根据标准的约束性划分

(1) 强制性标准。保障人体健康、人身财产安全的标准和法律、行政性法规规定强制执行的国家和行业标准是强制性标准；省、自治区、直辖市标准化行政专管部门制定的涉及工业产品的安全、卫生要求的地方标准，在本行政区域内是强制性标准。对工程建设业来说，下列标准属于强制性标准：

1) 建设勘察、规划、设计、施工（包括安装）及验收等通用的综合标准和重要的通用的质量标准。

2) 工程建设通用的有关安全、卫生和环境保护的标准。

3) 工程建设重要的术语、符号、代号、计量与单位，建筑模数和制图方法标准。

4) 工程建设重要的通用的试验、检验和评定等标准。

5) 工程建设重要的通用的信息技术标准。

6) 国家需要控制的其他工程建设通用的标准。

(2) 推荐性标准。其他非强制性的国家和行业标准是推荐性标准，推荐性标准国家鼓励企业自愿采用。

2. 根据标准的内容划分

(1) 设计标准。设计标准是指从事工程设计所依据的技术文件。

(2) 施工及验收标准。施工标准是指施工操作程序及其技术要求的标准。验收标准是指检验、验收竣工工程项目的规程、办法与标准。

(3) 建设定额。建设定额是指国家规定的消耗在单位建筑产品上活劳动和物化劳动的数量标准，以及用货币表现的某些必要费用的额度。

3. 按标准的属性划分

(1) 技术标准。技术标准是指对标准化领域中需要协调统一的技术事项所制定的标准。

(2) 管理标准。管理标准是指对标准化领域中需要协调统一的管理事项所制定的标准。

(3) 工作标准。工作标准是指对标准化领域中需要协调统一的工作事项所制定的标准。

4. 按照标准制定的主体划分

(1) 国家标准。国家标准是对需要在全国范围内统一的技术要求制定的标准。

(2) 行业标准。行业标准是对没有国家标准而又需要在全国某个行业范围内统一的技术要求所制定的标准。

(3) 地方标准。地方标准是对没有国家标准和行业标准而又需要在该地区范围内统一的技术要求所制定的标准。

(4) 企业标准。企业标准是对企业范围内需要协调、统一的技术要求、管理事项和工作事项所制定的标准。

1.5.2 执行工程建设强制性条文的规定

2000年1月30日，国务院令第279号颁布了《建设工程质量管理条例》，这是国务院对如何在市场经济条件下，建立新的建设工程质量监督管理制度所做出的重大决定。《建设工程质量管理条例》从确保工程质量和投资效益的角度出发，对执行强制性标准作出了明确的规定。《建设工程质量管理条例》规定，县级以上地方人民政府建设行政主管部门应当加强对强制性标准执行情况的监督检查。《建设工程质量管理条例》对工程项目的建设单位以及勘察、设计、施工、监理等单位执行强制性标准作出了严格的规定，不执行强制性技术标准就是违法。同时，根据违反强制性技术标准所造成的后果的严重程度，规定了相应的处罚措施。这是迄今为止，国家以不执行强制性技术标准做出的最为严格的规定。它打破了传统的单纯依靠行政手段管理工程质量的做法，走上了行政管理和技术规定并重，保证工程质量的道路，为从根本上解决市场经济条件下建设工程的质量、安全问题奠定了基础。

根据《建设工程质量管理条例》的要求，2000年4月，国务院建设行政主管部门会同国务院有关行政主管部门组织专家起草了国家《工程建设标准强制性条文》。2000年5月31日建设部在北京隆重举行了《工程建设标准强制性条文》（房屋建设部分）的首发式，其他部分也陆续批准发布。2002年8月21日建设部颁布了《实施工程建设标准强制性监督规定》，2002年8月18日建设部再次颁布了经修订的2002版的《工程建设标准强制性条文》（房屋建筑部分）的内容。

1.5.2.1 《工程建设标准强制性条文》的实施

《工程建设标准强制性条文》的内容是摘录现行工程建设标准中直接涉及人民生命财产安全、人身健康、环境保护和其他公众利益的规定。同时也包括保护资源、节约投资、提高经济效益和社会效益等政策要求，必须严格贯彻执行。《工程建设标准强制性条文》的实质是工程建设强制性标准。但它还不是真正意义上的技术法规。它只是一个向技术法规与技术标准体制过渡的过渡性成果。也正是由于《工程建设标准强制性条文》来源于现行工程建设标准，它还存在着许多问题，如强制性标准与推荐性标准混同；强制性标准与推荐性标准在制定、实施、修改方面存在透明度差的问题；强制性标准范围过宽，数量过多，标准的制定与修订滞后于科技发展，标准难以全面贯彻执行，标准实施监督困难等。但是所有这些问题，将通过对《工程建设标准强制性条文》内容的不断完善和改进来解决。它毕竟是对现行工程建设标准体制的一个突破，是从研究、探索到具体实施迈出的关键性的一步。《工程建设标准强制性条文》是《建设工程质量管理条例》的配套文件，它是工程建设强制性标准实施监督的依据；是设计、施工人员进行设计、施工时必须绝对遵守的；对监理人员来讲，是实施工程监理时首先要进行监理的内容；也是政府监督人员重要的、可操作的处罚依据。因此，在确保工程建设质量的实践中，强制性标准的实施将贯穿于整个建设过程，对保证工程质量必将起到关键性的作用。

1.5.2.2 工程建设强制性标准的监督管理

1. 监督检查的内容

（1）对建设单位、设计单位、施工单位和监理单位组织有关工程技术人员学习和考核工程建设强制性标准情况进行监督检查。

(2) 对建设工程项目，根据其实施的不同阶段，分别进行规划、勘察、设计、施工、验收等阶段监督检查，对一般工程的重点环节或重点工程项目，应加大监督检查力度。

(3) 对建设工程项目采用的建筑材料、设备，必须按强制性标准的规定进行进场验收，以符合合同约定和设计要求。

(4) 在建设工程项目的整个建设过程中，严格执行工程建设强制性标准，确保工程项目的工期和质量，建设单位作为责任主体，负责对工程建设各个环节的综合管理工作。

(5) 为了便于设计和施工的实施，社会上编制了各专业工程的准则、指南、手册、计算软件等，它们为工程设计和施工提供了具体、辅助的操作方法和手段。但是，它们应遵照而不得擅自修改工程建设强制性标准和有关技术标准中的相关规定。

2. 监督检查方式

(1) 重点检查，一般是指对于某项重点工程，或工程中某些重点内容进行检查。

(2) 抽查，一般是指采用随机方法，在全体工程或某类工程中抽取一定数量进行检查。

(3) 专项检查，是指对建设项目在某个方面或某个专项执行强制性标准情况进行的检查。

在具体实施中，建设项目规划审查机关应对工程建设规划阶段执行强制性标准情况实施监督。施工图设计文件审查单位应当对工程建设勘察、设计阶段执行强制性标准的情况实施监督。建筑安全监督管理机构应当对工程建设阶段执行施工安全强制性标准的情况实施监督。工程质量监督机构应对工程建设施工、监理、验收等阶段执行强制性标准的情况实施监督。

复习思考题

1. 建设法规的概念、调整对象及作用各是什么？
2. 工程建设法律关系的概念及构成要素各是什么？
3. 什么是建设法规体系？我国建设法规体系是哪些层次构成的？
4. 建设法规的实施包括哪几个方面？
5. 工程项目建设程序分为哪几个阶段？
6. 标准和标准化建设标准的概念是什么？
7. 简述建设工程标准强制性条文的概念和主要内容。
8. 什么是代理，代理的种类有哪些？
9. 简述法律关系建立的要件。
10. 什么是债权、物权和知识产权？
11. 国家机关为什么可以成为法律关系的主体？
12. 什么是引起法律关系终止的行为和事件？

第2章 城乡规划法

本章学习要点：

1. 了解城乡规划法的一些基本概念。
2. 了解违反城乡规划法的法律责任。
3. 熟悉城乡规划的制定和审批。
4. 掌握城乡规划法的实施。
5. 掌握城乡规划法的修改。

2.1 城乡规划法概述

在《中华人民共和国城乡规划法》出台以前，我国有关城市和乡村规划管理的法律、行政法规有《中华人民共和国城市规划法》(1989年12月26日第七届全国人民代表大会常务委员会第十一次会议通过、1990年4月1日起施行）和《村庄和集镇规划建设管理条例》(1993年5月7日国务院令第116号公布、1993年11月1日起实施)，简称“一法一条例”。“一法一条例”实施十多年来，对于加强城市、村庄和集镇的规划、建设和管理，遏制城市和乡村的无序建设、生态环境破坏，促进城乡健康协调发展起到了重要的作用。但是，随着近年来城镇化进程的加快和社会主义市场经济体系的逐步建立，原有的以“一法一条例”为基础的城乡规划管理体制、机制遇到了一些新的问题。

(1) 城乡之间的联系越来越紧密，城市的经济社会发展对其周边乡村的发展起到了积极的带动作用，乡村也为城市的发展提供了有力的支持，城市和乡村的发展日益交融。但“一法一条例”所确定的规划管理制度是建立在城乡二元结构基础上的，城市规划法不涉及乡村规划和管理，《村庄和集镇规划建设管理条例》不涉及建制镇以上的城市规划和管理。这种就城市论城市、就乡村论乡村的规划制度与实施模式使得城市和乡村规划之间缺乏统筹考虑和协调，影响城乡协调发展，已经不适应城乡统筹的需要。

(2) 一些地方在城市建设中脱离实际，不顾环境资源承载能力和经济条件，擅自变更规划，批准开发建设，盲目扩大城市建设规模，贪大求洋，急功近利，搞“政绩工程”、“形象工程”，浪费了有限的土地资源，加剧了用地矛盾，造成了不良的社会影响。

(3) 规划的编制和实施过程缺乏充分的专家论证和广泛的社会参与程序，使得行政权力失去了必要的制约，规划的科学性和严肃性有待进一步提高。

(4)《村庄和集镇规划建设管理条例》虽然对乡、村庄规划作了一定的规范，但乡和村庄规划管理仍然薄弱。有的乡、村庄没有规划，无序建设；有的乡规划、村庄规划盲目模仿城市规划，未能体现农村特点，难以满足农民生产和生活需要。

(5) 原有的城市规划仅从城市自身发展的需要出发，难免导致区域性的基础设施重复建设和资源浪费，也会产生城镇体系布局不当的问题。

(6) 土地使用制度和国家投资体制改革需要对原有“一法一条例”规定的规划实施制度作相应调整。比如，随着国有土地使用权的取得方式由主要通过划拨方式取得向主要通过出让方式取得，投资体制也由项目建设一律须经审批转变为审批、核准、备案相结合，以备案为主，建设用地规划许可证的申请、批准、发放程序也需要作出相应调整。

(7)“一法一条例”规定的法律责任过于原则，迫切需要针对城乡建设活动中发生的违法行为的新情况、新特点对原有的法律责任规定予以修改和完善，如增加对有关主管部门违法行为的法律责任规定，进一步提高对违法建设行为的处罚力度等。

总之，我国正处于经济社会快速发展变化的时期，为城镇化发展服务的城乡规划法律制度也应当与时俱进，有必要根据城乡建设和规划管理新情况，对原有的“一法一条例”所确定的城乡规划法律制度作出相应的调整。2007 年 10 月 28 日第十届全国人民代表大会常务委员会第三十次会议审议通过了《中华人民共和国城乡规划法》，自 2008 年 1 月 1 日起施行，原《中华人民共和国城市规划法》同时废止。

2.1.1 城乡规划法的适用范围

2.1.1.1 城乡规划法的概念

(1) 城乡规划，是政府对一定时期内城市、镇、乡、村庄的建设布局、土地利用以及经济和社会发展有关事项的总体安排和实施措施，是政府指导和调控城乡建设和发展的基本手段之一。城乡规划不是指一部规划，而是由城镇体系规划、城市规划、镇规划、乡规划和村庄规划组成的有关城镇和乡村建设和发展的规划体系。

(2) 城乡规划管理，就是要组织编制和审批城乡规划，并对城市、镇、乡、村庄的土地使用和各项建设的安排实施规划控制、指导和监督检查。城乡规划工作具有全局性、综合性的特点，只有依法加强对城乡规划的管理，才能使依法批准的各类城乡规划得以落实，并使各项城乡建设活动规范有序的进行。

(3) 规划区，是指城市、镇和村庄的建成区以及因城乡建设和发展需要，必须实行规划控制的区域。规划区的具体范围由有关人民政府在组织编制的城市总体规划、镇总体规划、乡规划和村庄规划的过程中，根据城乡经济社会发展水平和统筹城乡发展的需要划定。

(4) 城镇体系规划，是指一定地域范围内，以区域生产力合理布局和城镇职能分工为依据，确定不同人口规模等级和职能分工的城镇的分布和发展规划。城镇体系规划是政府综合协调辖区内城镇发展和空间资源配置的依据和手段。城乡规划法不要求省、市、县三级政府都编制独立的城镇体系规划，仅要求编制全国和省域两级城镇体系规划。

(5) 城市规划，是指对一定时期内城市的经济和社会发展、土地利用、空间布局以及各项建设的综合部署、具体安排和实施措施。城市规划在指导城市有序发展、提高建设和管理水平等方面发挥着重要的先导和统筹作用。城市规划分为总体规划和详细规划。详细规划又分为控制性详细规划和修建性详细规划。

(6) 城市总体规划，是对一定时期内城市的性质、发展目标、发展规模、土地利用、空间布局以及各项建设的综合部署、具体安排和实施措施，是引导和调控城市建设，保护和管理城市空间资源的重要依据和手段。经法定程序批准的城市总体规划，是编制近期建设规划、详细规划、专项规划和实施城市规划行政管理的法定依据。

(7) 城市详细规划，是指以城市的总体规划为依据，对一定时期内城市的局部地区的土地利用、空间布局和建设用地所作的具体安排和设计。

(8) 城市控制性详细规划，是指以城市的总体规划为依据，确定城市建设地区的土地使用性质和使用强度的控制指标、道路和工程管线控制性位置以及空间环境控制的规划要求。

(9) 镇是连接城乡的桥梁和纽带，是我国城乡居民点体系的重要组成部分。镇的规划分为总体规划和详细规划，镇的详细规划分为控制性详细规划和修建性详细规划。镇的总体规划是指对一定时期内镇的性质、发展目标、发展规模、土地利用、空间布局以及各项建设的综合部署、具体安排和实施措施。镇的详细规划，是指以镇的总体规划为依据，对一定时期内镇的局部地区的土地利用、空间布局和建设用地所作的具体安排和设计。

(10) 乡规划、村庄规划，分别是指对一定时期内乡、村庄的经济和社会发展、土地利用、空间布局以及各项建设的综合部署、具体安排和实施措施。

2.1.1.2 城乡规划法的适用范围

1. 城乡规划法的立法目的

(1) 加强城乡规划管理。城乡规划工作具有全局性、综合性，只有依法加强对城乡规划的管理，才能使依法批准的各类城乡规划得以落实，有序规范各项城乡建设活动。因此，加强城乡规划管理是城乡规划立法的直接目的。

(2) 协调城乡空间布局，改善人居环境。加强城乡规划管理是直接目的，但立法不能仅为了加强规划管理。将城乡规划的编制、审批、实施以及监督检查活动纳入法制化轨道，依法规范、管理城乡建设活动，其根本目的在于以人为本，实现城乡空间协调布局，为人民群众创造良好的工作和生活环境。

(3) 促进经济社会全面协调可持续发展。好的城乡规划应当立足当前、面向未来、统筹兼顾、综合布局，要处理好局部利益与整体利益、近期建设与长远发展、经济建设与环境保护、现代化建设与历史文化保护等一系列关系，充分发挥城乡规划在引导城乡发展中的统筹协调和综合调控作用，促进城乡经济社会全面协调可持续发展。

2. 适用范围

制定和实施城乡规划，在规划区内进行建设活动，必须遵守城乡规划法。

2.1.2 城乡规划的基本原则和管理

2.1.2.1 城乡规划的基本原则

(1) 城乡统筹的原则。城乡统筹是制定和实施城乡规划应当遵循的首要原则。

(2) 合理布局的原则。规划是对一定区域空间利用如何布局作出安排。制定和实施城乡规划应当遵循合理布局的原则，就是要优化空间资源的配置，维护空间资源利用的公平性，促进资源的节约和利用，保持地方特色、民族特色和传统风貌，保障城市运行安全和效率，促进大中小城镇协调发展，促进城市、镇、乡和村庄的有序健康发展。省域城镇体系规划中的城镇空间布局和规模控制，城市和镇总体规划中的城市、镇的发展布局、功能分区、用地布局都要遵循合理布局的原则。

(3) 节约土地的原则。制定和实施城乡规划，进行城乡建设活动，要改变铺张浪费的用地观念和用地结构不合理的状况，必须始终把节约和集约利用土地、依法严格保护耕地、促进资源、能源节约和综合利用作为城乡规划制定与实施的重要目标，做到合理规划用地，提高土地利用效益。

(4) 集约发展的原则。集约发展是珍惜和合理利用土地资源的最佳选择。编制城乡规划，必须充分认识我国长期面临的土地资源缺乏和环境容量压力大的基本国情，认真分析城镇发展的资源环境条件，推进城镇发展方式从粗放型向集约型转变，建设资源节约环境友好型城镇，促进城乡经济社会全面协调可持续发展。

(5) 先规划后建设的原则。先规划后建设是城乡规划法确定的实施规划管理的基本原则。这一原则要求城市和镇必须依法制定城市规划和镇规划，县级以上人民政府应当制定乡规划、村庄规划，区域内的乡和村庄必须依法制定乡规划和村庄规划。

2.1.2.2 城乡规划的管理

(1) 国务院城乡规划主管部门负责城乡规划的管理工作。县级以上地方人民政府城乡规划主管部门负责本行政区域的城乡规划管理工作。城乡规划的编制和管理经费是城乡规划编制、审批、实施以及监督检查各个环节的财力保障。城乡规划的编制和管理经费应当纳入各级人民政府的财政预算，切实予以保障。不仅要把城市、镇的规划纳入财政预算，还要把乡规划、村庄规划的编制和管理经费纳入本级财政预算，以改变目前乡、村庄没有财力编制规划、不能适应农村发展需要的状况。

(2) 国家鼓励采用先进的科学技术，增强城乡规划的科学性，并提高城乡规划实施及监督管理的效能。

(3) 城市总体规划、镇总体规划以及乡规划和村庄规划的编制，应当依据国民经济和社会发展规划。城乡规划不是一个孤立和封闭的体系，城乡规划的编制要以其他专业规划为基础，城乡规划编制中涉及很多基础性数据和资料，如人口规模、建设用地规模、产业发展方向、交通布局等都来源于各个专业管理部门。同时，由于城乡规划确定了将来城乡的空间发展方向，提出了建设活动的总体要求，这些反过来都会影响专业规划的制定。因此，城乡规划应当与各个专业规划相协调。对此，城乡规划法除了明确城乡规划与土地利用总体规划应相衔接外，对城乡规划与其他专业规划的关系没有作重复规定，即城市总体规划还应当继续依法与有关专业规划相协调，防洪、消防等有关专业规划还应当继续依法纳入城市总体规划。

(4) 城乡规划关系着各行各业的发展，关系着广大人民群众的切身利益。为了提高政府工作的透明度，促进依法行政，保证规划的顺利实施，提高公众的规划意识、参与意识和知法守法的自觉性，便于公众对规划进行监督，必须及时将依法批准的城乡规划予以公布。任何单位和个人都应当遵守经依法批准并公布的城乡规划，服从规划管理。同时，任何单位和个人都有权就涉及其利害关系的建设活动是否符合规划的要求向城乡主管部门查询；有权向城乡规划主管部门或者其他有关部门举报或者控告违反城乡规划的行为。

2.2 城乡规划的制定与审批

2.2.1 城镇体系规划的编制内容和审批

1. 全国城镇体系规划的编制、审批

由国务院城乡规划主管部门会同国务院有关部门组织编制全国城镇体系规划。这有利于在规划编制过程中统筹城镇发展与资源环境保护、基础设施建设的关系。充分协调相关部门的意见，使全国城镇体系规划与其他国家级相关规划相衔接，在部门间建立政策配合、行动协调的机制，强化国家对城镇化和城镇发展的宏观调控。全国城镇体系规划由国务院城乡规划主管部门报国务院审批，也是为了保证全国城镇体系规划的严肃性和权威性。

全国城镇体系规划是统筹安排全国城镇发展和城镇发展布局的宏观性、战略性的法定规划，是引导城镇化健康发展的重要依据，对省域城镇体系规划、城市总体规划的编制起着指导作用，主要体现在：通过综合评价全国城镇发展条件，明确全国城镇化发展方针、城镇化道路、城镇化发展目标；制定各区域城镇发展战略，引导和控制各区域城镇的合理发展，做好各省、自治区间和重点地区间的协调；统筹城乡建设和发展；明确全国城镇化的可持续发展，包括生态环境的保护和优化、水资源的合理利用和保护、土地资源的协调利用和保护等。

目前，全国城镇体系规划正在编制过程中。

2. 省域城镇体系规划的编制、内容和审批

省域城镇体系规划是合理配置和保护利用空间资源、统筹省域城镇空间布局、综合安排基础设施和公共设施建设、促进省域内各级各类城镇协调发展的综合性规划，是落实省域的经济社会发展目标和发展战略、引导城镇化健康发展的重要依据和手段。省域城镇体系规划由省、自治区人民政府组织编制。

省域城镇体系规划涉及政治、经济、文化和社会等各个领域，内容比较综合。省域城镇体系规划的内容应当包括：城镇空间布局和规模控制，重大基础设施的布局，为保护生态环境、资源等需要严格控制的区域。具体而言，省内必须控制开发的区域，包括自然保护区、退耕还林（草）地区、大型湖泊、水源保护区、蓄滞洪区以及其他生态敏感区；省域内的区域性重大基础设施的布局，包括高速公路、干线公路、铁路、港口、机场、区域性电厂和高压输电网、天然气主干管与门站、区域性防洪与滞洪骨干工程、水利枢纽工程、区域引水工程等；涉及相邻城市的重大基础设施的布局，包括城市取水口、城市污水排放口、城市垃圾处理场等。

省域城镇体系规划须报国务院审批。省、自治区人民政府组织编制省域城镇体系规划，在报国务院审批前，必须先经本级人民代表大会常务委员会审议，并且应当将省域城镇体系规划草案予以公告，并采取论证会、听证会或者其他方式征求专家和公众的意见，人大常委会的审议意见和根据审议意见修改省域城镇体系规划的情况以及公众意见的采纳情况及理由一并报送国务院。国务院应当组织专家和有关部门进行审查。

2.2.2 城市总体规划的编制、内容和审批

城市人民政府组织编制城市总体规划。城市总体规划是一定时期内城市发展目标、发展规模、土地利用、空间布局以及各项建设的综合部署和实施措施，是引导和调控城市建设、保护和管理城市空间资源的重要依据和手段，是一项全局性、综合性、战略性的工作。

1. 城市总体规划的主要任务

城市总体规划的主要任务是：根据城市经济社会发展需求和人口、资源情况和环境承载能力，合理确定城市的性质、规模；综合确定土地、水、能源等各类资源的使用标准和控制指标，节约和集约利用资源；划定禁止建设区、限制建设区和适宜建设区，统筹安排城乡各类建设用地；合理配置城乡各项基础设施和公共服务设施，完善城市功能；贯彻公交优先的原则，提升城市综合交通服务水平；健全城市综合防灾体系，保证城市安全；保护自然生态环境和整体景观风貌，突出城市特色；保护历史文化资源，延续城市历史文脉；合理确定分阶段发展方向、目标、重点和时序，促进城市健康有序发展。

2. 城市总体规划的两个层次

城市总体规划一般分为市域城镇体系规划和中心城区规划两个层次。

(1) 市域城镇体系规划的主要内容包括：提出市域城乡统筹的发展战略；确定生态环境、土地和水资源、能源、自然和历史文化遗产等方面的保护与利用的综合目标和要求，提出空间管制原则和措施；确定市域交通发展策略原则；确定市域交通、通信、能源、供水、排水、防洪、垃圾处理等重大基础设施，重要社会服务设施的布局；根据城市建设、发展和资源管理的需要划定城市规划区，提出实施规划的措施和有关建议。

(2) 中心城区规划的主要内容包括：分析确定城市性质、职能和发展目标，预测城市人口规模；划定禁建区、限建区、适建区，并制定空间管制措施；确定建设用地规模，划定建设用地范围，确定建设用地的空间布局；提出主要公共服务设施的布局；确定住房建设标准和居住用地布局，重点确定经济适用房、普通商品住房等满足中低收入人群住房需求的居住用地布局及标准；确定绿地系统的发展目标及总体布局，划定绿地的保护范围(绿线)，划定河湖水面的保护范围（蓝线)；确定历史文化保护及地方传统特色保护的内容和要求；确定交通发展战略和城市公共交通的总体布局，落实公交优先政策，确定主要对外交通设施和主要道路交通设施布局；确定供水、排水、供电、电信、燃气、供热、环卫发展目标及重大设施总体布局；确定生态环境保护与建设目标，提出污染控制与治理措施；确定综合防灾与公共安全保障体系，提出防洪、消防、人防、抗震、地质灾害防护等规划原则和建设方针；提出地下空间开发利用的原则和建设方针；确定城市空间发展时序，提出规划实施步骤、措施和政策建议。

3. 城市总体规划、镇总体规划的内容

总体规划的内容包括：城市、镇的发展布局，功能分区，用地布局，综合交通体系，禁止、限制和适宜建设的地域范围，各类专项规划等。

规划区范围、规划区内建设用地规模、基础设施和公共服务设施用地、水源地和水系、基本农田和绿化用地、环境保护、自然与历史文化遗产保护以及防灾减灾等内容，应当作为城市总体规划、镇总体规划的强制性内容。

城市总体规划、镇总体规划的规划期限一般为20年。城市总体规划还应当对城市更长远的发展作出预测性安排。

4. 城市总体规划的审批

城市总体规划采取分级审批制度。城市总体规划由国务院审批的城市包括：直辖市；省、自治区人民政府所在地的城市，即省会市；国务院确定的城市。其他所有城市的城市总体规划都由省、自治区人民政府审批。

县人民政府组织编制县人民政府所在地镇的总体规划，报上一级人民政府审批。其他镇的总体规划由镇人民政府组织编制，报上一级人民政府审批。

省、自治区人民政府组织编制的省域城镇体系规划，城市、县人民政府组织编制的总体规划，在报上一级人民政府审批前，应当先经本级人民代表大会常务委员会审议，常务委员会组成人员的审议意见交由本级人民政府研究处理。

镇人民政府组织编制的镇总体规划，在报上一级人民政府审批前，应当先经镇人民代表大会审议，代表的审议意见交由本级人民政府研究处理。

规划的组织编制机关报送审批省域城镇体系规划、城市总体规划或者镇总体规划，应当将本级人民代表大会常务委员会组成人员或者镇人民代表大会代表的审议意见和根据审议意见修改规划的情况一并报送。

2.2.3 乡、村庄规划的编制、内容和审批

2.2.3.1 乡规划、村庄规划的编制原则

乡规划、村庄规划应当从农村实际出发，尊重村民意愿，体现地方和农村特色。

2.2.3.2 乡规划、村庄规划的内容

乡、村庄规划的内容应当包括：规划区范围，住宅、道路、供水、排水、供电、垃圾收集、畜禽养殖场所等农村生产、生活服务设施、公益事业等各项建设的用地布局、建设要求，以及对耕地等自然资源和历史文化遗产保护、防灾减灾等的具体安排。乡规划还应当包括本行政区域内的村庄发展布局。

(1) 乡规划包括乡域规划和乡驻地规划。

1) 乡域规划的主要内容包括：提出乡产业发展目标，落实相关生产设施、生活服务设施以及公益事业等各项建设的空间布局；落实规划期内各阶段人口规模与人口分布情况；确定乡的职能及规模，明确乡政府驻地的规划建设用地标准与规划区范围；确定中心村、基层村的层次与等级，提出村庄集约建设的分阶段目标及实施方案；统筹配置各项公共设施、道路和各项公用工程设施，制定各专项规划，并提出自然和历史文化保护、防灾减灾等要求；提出实施规划的措施和有关建议，明确规划强制性内容。

2) 乡驻地规划主要内容包括：确定规划区内各类用地布局，提出道路网络建设与控制要求；建立环境卫生系统和综合防灾减灾系统；确定规划区内生态环境保护与优化目标，划定主要水体保护和控制范围；确定历史文化保护及地方传统特色保护的内容及要求；规划建设容量，确定公用工程管线位置、管径和工程设施的用地界线等。

(2) 村庄规划的主要内容包括：安排村庄内的农业生产用地布局及为其配套服务的各项设施；确定村庄居住、公共设施、道路、工程设施等用地布局；畜禽养殖场所等农村生产建设的用地布局；确定村庄内的给水、排水、供电等工程设施及其管线走向、敷设方

式；确定垃圾分类及转运方式，明确垃圾收集点、公厕等环境卫生设施的分布、规模；确定防灾减灾设施的分布和规模；对村庄分期建设时序进行安排，并对近期建设的工程投资等进行估算和分析。

2.2.3.3 乡规划和村庄规划的审批

乡、镇人民政府组织编制乡规划、村庄规划，报上一级人民政府审批。村庄规划在报送审批前，应当经村民会议或者村民代表会议讨论同意。

2.2.4 控制性详细规划和修建性详细规划

2.2.4.1 控制性详细规划

（1）城市人民政府规划主管部门根据城市总体规划的要求，组织编制城市的控制性详细规划，经本级人民政府批准后，报本级人民代表大会常务委员会和上一级人民政府备案。

（2）镇人民政府根据镇总体规划的要求，组织编制镇的控制性详细规划，报上一级人民政府审批。县人民政府所在地镇的控制性详细规划，由县人民政府城乡规划主管部门根据镇总体规划的要求组织编制，经县人民政府批准后，报本级人民代表大会常务委员会和上一级人民政府备案。

2.2.4.2 修建性详细规划

城市、县人民政府规划主管部门和镇人民政府可以组织编制重要地块的修建性详细规划。修建性详细规划应当符合控制性详细规划。

2.2.5 城乡规划编制单位的资质规定

城乡规划组织编制机关应当委托具有相应资质等级的单位承担城乡规划的具体编制工作。

从事城乡规划编制工作应当具备下列条件，并经国务院城乡规划主管部门或者省、自治区、直辖市人民政府城乡规划主管部门依法审查合格，取得相应等级的资质证书后，方可在资质等级许可的范围内从事城乡规划编制工作：

（1）有法人资格。

（2）有规定数量的经国务院城乡规划主管部门注册的规划师。

（3）有规定数量的相关专业技术人员。

（4）有相应的技术装备。

（5）有健全的技术、质量、财务管理制度。

规划师执业资格管理办法，由国务院城乡规划主管部门会同国务院人事行政部门制定。编制城乡规划必须遵守国家有关标准。

编制城乡规划，应当具备国家规定的勘察、测绘、气象、地震、水文、环境等基础资料。县级以上地方人民政府有关主管部门应当根据编制城乡规划的需要，及时提供有关基础资料。城乡规划报送审批前，组织编制机关应当依法将城乡规划草案予以公告，并采取论证会、听证会或者其他方式征求专家和公众的意见。公告的时间不得少于30日。省域城镇体系规划、城市总体规划、镇总体规划批准前，审批机关应当组织专家和有关部门进行审查。

2.3 城乡规划的实施

2.3.1 城乡规划实施的原则和要求

（1）在实施城乡规划的过程中，地方各级人民政府要根据本地实际情况，明确近期建设和远期发展的目标，有计划、分步骤地组织好城乡规划的实施。

（2）实施城市、镇、乡、村庄规划的指导原则。

1）城市的建设和发展，应当优先安排基础设施以及公共服务设施的建设，妥善处理新区开发与旧区改建的关系，统筹兼顾进城务工人员生活和周边农村经济社会发展、村民生产与生活的需要。

2）镇的建设和发展，应当结合农村经济社会发展和产业结构调整，优先安排供水、排水、供电、供气、道路、通信、广播电视等基础设施和学校、卫生院、文化站、幼儿园、福利院等公共服务设施的建设，为周边农村提供服务。

3）乡、村庄的建设和发展，应当因地制宜、节约用地，发挥村民自治组织的作用，引导村民合理进行建设，改善农村生产、生活条件。

（3）城市新区开发和建设要求。城市新区的开发和建设，应当合理确定建设规模和时序，充分利用现有市政基础设施和公共服务设施，严格保护自然资源和生态环境，体现地方特色。在城市总体规划、镇总体规划确定的建设用地范围以外，不得设立各类开发区和城市新区。

（4）旧城改造和历史文化名城、名镇、名村的保护要求。旧城区的改建，应当保护历史文化遗产和传统风貌，合理确定拆迁和建设规模，有计划地对危房集中、基础设施落后等地段进行改建。历史文化名城、名镇、名村的保护以及受保护建筑物的维护和使用，应当遵守有关法律、行政法规和国务院的规定。

（5）风景名胜区规划管理。城乡建设和发展，应当依法保护和合理利用风景名胜资源，统筹安排风景名胜区及周边乡、镇、村庄的建设。风景名胜区的规划、建设和管理，应当遵守有关法律、行政法规和国务院的规定。

（6）城市地下空间开发和利用原则。城市地下空间的开发和利用，应当与经济和技术发展水平相适应，遵循统筹安排、综合开发、合理利用的原则，充分考虑防灾减灾、人民防空和通信等需要，并符合城市规划，履行规划审批手续。

2.3.2 城市和镇近期建设规划的制定

1. 城市和镇的近期建设规划的基本任务

近期建设规划是城市总体规划、镇总体规划的分阶段实施安排和行动计划，是落实城市、镇总体规划的重要步骤。近期建设规划的基本任务是：根据城市总体规划、镇总体规划、土地利用总体规划和年度计划、国民经济和社会发展规划以及城镇的规划条件、自然环境、历史情况、现状特点，明确城镇建设的时序、发展方向和空间布局，自然资源、生态环境与历史文化遗产的保护目标，提出城镇近期内重要基础设施、公共服务设施的建设时序和选址，廉租住房和经济适用住房的布局和用地，城镇生态环境建设安排等。

2. 城市和镇近期建设规划的制定程序

(1) 近期建设规划制定的依据。近期建设规划制定的依据包括：按照法定程序批准的总体规划，国民经济和社会发展五年规划和土地利用总体规划，以及国家有关的方针政策等。

(2) 近期建设规划的制定程序。近期建设规划是总体规划的重要组成部分，如果城镇总体规划处于修编过程中，则近期建设规划应作为城镇总体规划的一部分，纳入总体规划的文本、图纸和说明书。在其他情况下，则按国民经济与社会发展五年规划的编制周期，同步滚动编制，但也必须依据经法定程序批准的总体规划进行。

3. 城市和镇近期建设规划的内容

近期建设规划以重要基础设施、公共服务设施和中低收入居民住房建设以及生态环境保护为重点内容，明确近期建设的时序、发展方向和空间布局。其具体内容是：依据总体规划，遵循优化功能布局，促进经济社会协调发展的原则，确定城市近期建设用地的空间布局，重点安排城市基础设施、公共服务设施用地和中低收入居民住房建设用地以及涉及生态环境保护的用地，确定经营性用地的区位和空间布局；确定近期建设的重要对外交通设施、道路广场设施、市政公用设施、公共服务设施、公园绿地等项目的选址、规模，以及投资估算与实施时序；对历史文化遗产保护、环境保护、防灾等方面，提出规划要求和相应措施；依据近期建设规划的目标，确定城市近期建设用地的总量，明确新增建设用地和利用存量土地的数量。

4. 近期建设规划的审批

由城乡规划主管部门组织编制，经专家论证后报城市人民政府审批。城市人民政府批准近期建设规划前，必须征求同级人大常委会的意见。

另外，城乡规划确定的铁路、公路、港口、机场、道路、绿地、输配电设施及输电线路走廊、通信设施、广播电视设施、管道设施、河道、水库、水源地、自然保护区、防汛通道、消防通道、核电站、垃圾填埋场及焚烧厂、污水处理厂和公共服务设施的用地以及其他需要依法保护的用地，禁止擅自改变用途。

2.3.3 城乡规划行政许可证制度

2.3.3.1 选址意见书的核发

按照国家规定需要有关部门批准或者核准的建设项目，以划拨方式提供国有土地使用权的，建设单位在报送有关部门批准或者核准前，应当向城乡规划主管部门申请核发选址意见书。规定以外的建设项目不需要申请选址意见书。

我国建设单位的土地使用权获得方式有两种：土地使用权无偿划拨和有偿出让。按照我国城市房地产管理法的有关规定，土地使用权划拨是指县级以上人民政府依法批准，在土地使用者缴纳补偿、安置等费用后将该幅土地交付其使用，或者将土地使用权无偿交付给土地使用者使用的行为。选址意见书作为法定项目审批和划拨土地的前置条件，建设单位在报送有关部门批准或者核准前，应当向城乡规划主管部门申请核发选址意见书。其他建设项目则不需要申请选址意见书。这主要是因为，随着国有土地使用权有偿出让制度的全面推行，除划拨使用土地的项目（主要是公益事业项目）外，都将实行土地使用有偿出让。对于建设单位或个人通过有偿出让方式取得土地使用权的，按照城乡规划法规定，出让地块必须附具城乡规划主管部门提出的规划条件，规划条件要明确规定出让地块的面积、使用性质、建设强度、基础设施、公共设施的配置原则等相关要求。由此可见，通过有偿出让方式取得土地使用权的建设项目本身就具有与城乡规划相符的明确的建设地点和建设条件，不再需要城乡规划主管部门进行建设地址的选择或确认。

2.3.3.2 建设用地规划许可证

1. 以划拨方式提供国有土地使用权建设项目用地规划许可证的核发

在城市、镇规划区内以划拨方式提供国有土地使用权的建设项目，经有关部门批准、核准、备案后，建设单位应当向城市、县人民政府城乡规划主管部门提出建设用地规划许可申请，由城市、县人民政府城乡规划主管部门依据控制性详细规划核定建设用地的位置、面积、允许建设的范围，核发建设用地规划许可证。

建设单位在取得建设用地规划许可证后，方可向县级以上地方人民政府土地主管部门申请用地，经县级以上人民政府审批后，由土地主管部门划拨土地。

2. 以出让方式取得国有土地使用权的建设项目建设用地规划许可证的核发

在城市、镇规划区内以出让方式提供国有土地使用权的，在国有土地使用权出让前，城市、县人民政府城乡规划主管部门应当依据控制性详细规划，提出出让地块的位置、使用性质、开发强度等规划条件，作为国有土地使用权出让合同的组成部分。未确定规划条件的地块，不得出让国有土地使用权。

以出让方式取得国有土地使用权的建设项目，在签订国有土地使用权出让合同后，建设单位应当持建设项目的批准、核准、备案文件和国有土地使用权出让合同，向城市、县人民政府城乡规划主管部门领取建设用地规划许可证。

城市、县人民政府城乡规划主管部门不得在建设用地规划许可证中，擅自改变作为国有土地使用权出让合同组成部分的规划条件。

规划条件未纳入国有土地使用权出让合同的，该国有土地使用权出让合同无效；对未取得建设用地规划许可证的建设单位批准用地的，由县级以上人民政府撤销有关批准文件；占用土地的，应当及时退回；给当事人造成损失的，应当依法给予赔偿。

2.3.3.3 建设工程规划许可证

1. 城市、镇建设工程规划许可证的核发

在城市、镇规划区内进行建筑物、构筑物、道路、管线和其他工程建设的，建设单位或者个人应当向城市、县人民政府城乡规划主管部门或者省、自治区、直辖市人民政府确定的镇人民政府申请办理建设工程规划许可证。申请办理建设工程规划许可证，应当提交使用土地的有关证明文件、建设工程设计方案等材料。需要建设单位编制修建性详细规划的建设项目，还应当提交修建性详细规划。对符合控制性详细规划和规划条件的，由城市、县人民政府城乡规划主管部门或者省、自治区、直辖市人民政府确定的镇人民政府核发建设工程规划许可证。

城市、县人民政府城乡规划主管部门或者省、自治区、直辖市人民政府确定的镇人民政府应当依法将经审定的修建性详细规划、建设工程设计方案的总平面图予以公布。

2. 乡、村庄建设工程规划许可证的核发

在乡、村庄规划区内进行乡镇企业、乡村公共设施和公益事业建设的，建设单位或者个人应当向乡、镇人民政府提出申请，由乡、镇人民政府报城市、县人民政府城乡规划主管部门核发乡村建设规划许可证。在乡、村庄规划区内使用原有宅基地进行农村村民住宅建设的规划管理办法，由省、自治区、直辖市制定。

在乡、村庄规划区内进行乡镇企业、乡村公共设施和公益事业建设以及农村村民住宅建设，不得占用农用地；确需占用农用地的，应当依照《中华人民共和国土地管理法》有关规定办理农用地转用审批手续后，由城市、县人民政府城乡规划主管部门核发乡村建设规划许可证。

建设单位或者个人在取得乡村建设规划许可证后，方可办理用地审批手续。

3. 临时建设规划许可

在城市、镇规划区内进行临时建设的，应当经城市、县人民政府城乡规划主管部门批准。临时建设影响近期建设规划或者控制性详细规划的实施以及交通、市容、安全等的，不得批准。临时建设应当在批准的使用期限内自行拆除。

临时建设和临时用地规划管理的具体办法，由省、自治区、直辖市人民政府制定。

2.3.3.4 变更规划条件应当遵循的原则和程序

建设单位应当按照规划条件进行建设；确需变更的，必须向城市、县人民政府城乡规划主管部门提出申请。变更内容不符合控制性详细规划的，城乡规划主管部门不得批准。城市、县人民政府城乡规划主管部门应当及时将依法变更后的规划条件通报同级土地主管部门并公示。

建设单位应当及时将依法变更后的规划条件报有关人民政府土地主管部门备案。禁止城乡规划主管部门在建设用地范围以外作出规划许可。

2.3.3.5 竣工工程的验收管理

县级以上地方人民政府城乡规划主管部门按照国务院规定对建设工程是否符合规划条件予以核实。未经核实或者经核实不符合规划条件的，建设单位不得组织竣工验收。建设单位应当在竣工验收后6个月内向城乡规划主管部门报送有关竣工验收资料。

需要说明的是，对建设单位是否严格按照城乡规划法规定以及规划许可要求进行建设，有关城乡规划主管部门的监督检查应当贯穿建设工程的整个建设过程，而不应简单地只进行开工前的规划许可以及竣工后的规划核实。从建设工程开工至竣工的任何时段，只要有关城乡规划主管部门发现建设单位有违反城乡规划法规定未取得规划许可或者未按照有关规划许可的规定进行建设的，都可以依照其有关规定给予其相应的行政处罚。城乡规划主管部门应当积极主动地对建设单位是否严格按照城乡规划法规定以及规划许可要求进行建设予以监督检查，及时对建设单位不符合法律及规划许可规定的行为予以纠正。建设工程竣工资料是城市建设档案的重要内容。城乡规划主管部门收集、整理、保存建设工程竣工资料是城乡规划管理的重要内容。

2.4 城乡规划的修改

2.4.1 省域城镇体系规划、城市总体规划、镇总体规划的修改

2.4.1.1 定期对有关城乡规划实施情况进行评估

省域城镇体系规划、城市总体规划、镇总体规划的组织编制机关，应当组织有关部门

和专家定期对规划实施情况进行评估，并采取论证会、听证会或者其他方式征求公众意见。组织编制机关应当向本级人民代表大会常务委员会、镇人民代表大会和原审批机关提出评估报告并附具征求意见的情况。

省域城镇体系规划、城市总体规划、镇总体规划的规划期限一般为20年，是政府指导和调控城乡建设发展的基本手段和重要依据。城乡规划一经批准，即具有法律效力，必须严格遵守和执行。在城乡规划实施期间，结合当地经济社会发展的情况，应当定期对规划目标实现的情况进行跟踪评估，及时监督规划的执行情况，提高规划实施的严肃性。对城乡规划进行全面、科学的评估，有利于及时研究城乡规划实施中出现的新问题，及时总结和发现城乡规划存在的优点和不足，为继续贯彻实施规划或者对其进行修改提供可靠的依据，提高规划实施的科学性，从而避免有的地方政府及其领导人违反程序，随意干预和变更规划。对省域城镇体系规划、城市总体规划、镇总体规划实施情况的评估，应当全面分析、客观评价，既要总结成功的经验，也要查找存在的问题，分析问题形成的原因，还应当提出解决问题、改进工作的方案。

2.4.1.2 省域城镇体系规划、城市总体规划、镇总体规划修改条件和审批程序

有下列情形之一的，组织编制机关方可按照规定的权限和程序修改省域城镇体系规划、城市总体规划、镇总体规划：

（1）上级人民政府制定的城乡规划发生变更，提出修改规划要求的。

（2）行政区划调整确需修改规划的。

（3）因国务院批准重大建设工程确需修改规划的。

（4）经评估确需修改规划的。

（5）城乡规划的审批机关认为应当修改规划的其他情形。

修改省域城镇体系规划、城市总体规划、镇总体规划前，组织编制机关应当对原规划的实施情况进行总结，并向原审批机关报告；修改涉及城市总体规划、镇总体规划强制性内容的，应当先向原审批机关提出专题报告，经同意后，方可编制修改方案。修改后的省域城镇体系规划、城市总体规划、镇总体规划，应当依照规定的审批程序报批。

2.4.2 控制性详细规划，乡规划、村庄规划和近期建设规划的修改

修改控制性详细规划的，组织编制机关应当对修改的必要性进行论证，征求规划地段内利害关系人的意见，并向原审批机关提出专题报告，经原审批机关同意后，方可编制修改方案。修改后的控制性详细规划，应当依照本法规定的审批程序报批。控制性详细规划修改涉及城市总体规划、镇总体规划的强制性内容的，应当先修改总体规划。修改乡规划、村庄规划的，应当依照本法规定的审批程序报批。城市、县、镇人民政府修改近期建设规划的，应当将修改后的近期建设规划报总体规划审批机关备案。

2.4.3 规划修改造成损失的补偿

在选址意见书、建设用地规划许可证、建设工程规划许可证或者乡村建设规划许可证发放后，因依法修改城乡规划给被许可人合法权益造成损失的，应当依法给予补偿。

经依法审定的修建性详细规划、建设工程设计方案的总平面图不得随意修改；确需修改的，城乡规划主管部门应当采取听证会等形式，听取利害关系人的意见；因修改给利害

关系人合法权益造成损失的，应当依法给予补偿。

行政许可法明确规定，公民、法人或者其他组织依法取得的行政许可受法律保护，行政机关不得擅自改变已经生效的行政许可。行政许可所依据的法律、法规、规章修改或者废止，或者准予行政许可所依据的客观情况发生重大变化的，为了公共利益的需要，行政机关可以依法变更或者撤回已经生效的行政许可。由此给公民、法人或者其他组织造成财产损失的，行政机关应当依法给予补偿。

但是依法给予"补偿"，不是"赔偿"。"补偿"与"赔偿"是有区别的，"赔偿"即行政赔偿，它是因违法行政行为，给公民、法人或者其他组织的合法权益造成损失所给予的赔偿。"补偿"是相对于合法行政行为而言的，行政机关的合法行政行为给公民、法人或者其他组织的合法权益造成损失所给予的补偿。修改城乡规划是规划主管部门依法进行的，是一种合法的行政行为，因此给被许可人造成的损失应当给予补偿。因修改城乡规划和建设工程设计方案的总平面图给当事人的合法权益造成损失给予补偿的前提条件有两个：一是对当事人的财产造成了损失。这种损失是客观存在的，能够具体确定的，而不是想象的。这种损失只包括财产损失，不包括精神损失。二是财产损失与修改城乡规划和建设工程设计方案的总平面图有直接的、必然的联系，即存在因果关系。

2.5　城乡规划的监督检查和违反城乡规划法所承担的法律责任

2.5.1　城乡规划的监督检查

2.5.1.1　城乡规划的监督检查的责任主体和内容

县级以上人民政府及其城乡规划主管部门应当加强对城乡规划编制、审批、实施、修改的监督检查。

（1）我国宪法规定，国务院领导和管理"城乡建设"，县级以上地方各级人民政府依照法律规定的权限，管理本行政区域内的"城乡建设事业"。

（2）国务院城乡规划主管部门负责全国的城乡规划管理工作；县级以上地方人民政府城乡规划主管部门负责本行政区域内的城乡规划管理工作。同时，有关城乡规划的编制、实施等方面规定了城乡规划主管部门的一些具体职责。城乡规划主管部门应当严格依照城乡规划法的规定，认真履行有关城乡规划编制、实施、修改中的职责。

（3）地方各级人民政府应当向本级人民代表大会常务委员会或者乡、镇人民代表大会报告城乡规划的实施情况，并接受监督。

2.5.1.2　城乡规划主管部门履行监督检查职责时有权采取的措施

（1）县级以上人民政府城乡规划主管部门对城乡规划的实施情况进行监督检查，有权采取以下措施：

1）要求有关单位和人员提供与监督事项有关的文件、资料，并进行复制。

2）要求有关单位和人员就监督事项涉及的问题作出解释和说明，并根据需要进入现场进行勘测。

3）责令有关单位和人员停止违反有关城乡规划的法律、法规的行为。

城乡规划主管部门的工作人员履行规定的监督检查职责，应当出示执法证件。被监督检查的单位和人员应当予以配合，不得妨碍和阻挠依法进行的监督检查活动。监督检查情况和处理结果应当依法公开，供公众查阅和监督。

（2）城乡规划主管部门在查处违反本法规定的行为时，发现国家机关工作人员依法应当给予行政处分的，应当向其任免机关或者监察机关提出处分建议。

（3）城乡规划主管部门依法给予行政处罚的情形。城乡规划主管部门在对城乡规划的编制、审批、实施、修改进行监督检查过程中，发现违法行为的，应当依法及时处理。有下列行为之一的，应当由城乡规划主管部门依法给予行政处罚：

1）超越资质等级许可的范围承揽城乡规划编制工作；违反国家有关标准编制城乡规划；未依法取得资质证书承揽城乡规划编制工作；以欺骗手段取得资质证书承揽城乡规划编制工作。

2）城乡规划编制单位取得资质证书后，不再符合相应的资质条件。

3）未取得建设工程规划许可证或者未按照建设工程规划许可证的规定进行建设。

4）未经批准进行临时建设；未按照批准内容进行临时建设；临时建筑物、构筑物超过批准期限不拆除。

5）建设单位在建设工程竣工验收后6个月内未向城乡规划主管部门报送有关竣工验收资料。

城乡规划主管部门在履行监督检查职责时，发现上述违法行为后，有关城乡规划主管部门不依法给予行政处罚的，上级城乡规划主管部门有权责令作出行政处罚决定或者建议有关人民政府责令其给予行政处罚。

2.5.1.3 城乡规划主管部门违法作出行政许可的处理

城乡规划主管部门违反城乡规划法规定作出行政许可的，上级人民政府城乡规划主管部门有权责令其撤销或者直接撤销该行政许可。因撤销行政许可给当事人合法权益造成损失的，应当依法给予赔偿。

根据行政许可法的有关规定，有下列情形之一的，作出行政许可决定的行政机关或者其上级行政机关，根据利害关系人的请求或者依据职权，可以撤销行政许可：①行政机关工作人员滥用职权、玩忽职守作出准予行政许可决定的；②超越法定职权作出准予行政许可决定的；③违反法定程序作出准予行政许可决定的；④对不具备申请资格或者不符合法定条件的申请人准予行政许可的；⑤依法可以撤销行政许可的其他情形。

需要注意的是，撤销行政许可不仅会给被许可人造成损失，在某些特定情况下还有可能损害其他利害关系人的合法权益。因此，城乡规划法规定的范围较宽，是“当事人”，并不仅指“被许可人”。其他利害关系人既包括直接的利害关系人还包括间接的利害关系人，直接的利害关系人与城乡规划主管部门之间存在行政法律关系，同时与行政许可的申请人之间还可能存在民事上的法律关系。该利害关系人因为城乡规划主管部门违法实施行政许可而受到的损失，也应当由城乡规划主管部门依法予以赔偿。间接的利害关系人不直接与城乡规划主管部门存在行政法律关系，对于城乡规划主管部门违法实施行政许可，给该利害关系人的合法权益造成损失的，可根据具体情况依法处理。

2.5.2 违反城乡规划法所承担的法律责任

2.5.2.1 政府的法律责任

对依法应当编制城乡规划而未组织编制，或者未按法定程序编制、审批、修改城乡规划的，由上级人民政府责令改正，通报批评；对有关人民政府负责人和其他直接责任人员依法给予处分。

1. 有关人民政府违反城乡规划法要承担法律责任的行为

(1) 依法应当编制城乡规划而未组织编制的行为。编制城乡规划是各级政府的职责，各级政府应当依照城乡规划法的规定编制城乡规划。按照本法有关规定，城市和镇应当制定城市规划和镇规划。城市、镇规划区内的建设活动应当符合规划要求。县级以上地方人民政府根据本地农村经济社会发展水平，按照因地制宜、切实可行的原则，确定应当制定乡规划、村庄规划的区域。在确定区域内的乡、村庄，应当依照本法制定规划，规划区内的乡、村庄建设应当符合规划要求。有关人民政府依法应当编制城乡规划而未组织编制的，应当承担相应的法律责任。

(2) 未按法定程序编制、审批、修改城乡规划的行为。各级政府是城乡规划编制、修改的主体，上级政府是城乡规划审批的主体，有关人民政府必须严格依照本法规定的职权和程序编制、审批、修改城乡规划。有关人民政府未按法定程序编制、审批、修改城乡规划，应承担相应的法律责任。

2. 有关责任人的法律责任

上级人民政府发现下级人民政府有依法应当编制城乡规划而未组织编制，未按法定程序编制、审批、修改城乡规划的，以行政命令的方式责令其改正，并通报批评。违法的城乡规划组织编制机关在接到责令改正的通知后，必须立即改正违法行为。尚不够刑事处罚的，对有关人民政府负责人和其他直接责任人员依法给予行政处分。

3. 规划编制委托时的法律责任

城乡规划组织编制机关委托不具有相应资质等级的单位编制城乡规划的，由上级人民政府责令改正，通报批评；对有关人民政府负责人和其他直接责任人员依法给予处分。

2.5.2.2 规划主管部门的法律责任

镇人民政府或者县级以上人民政府城乡规划主管部门有下列行为之一的，由本级人民政府、上级人民政府城乡规划主管部门或者监察机关依据职权责令改正，通报批评；对直接负责的主管人员和其他直接责任人员依法给予处分：

(1) 未依法组织编制城市的控制性详细规划、县人民政府所在地镇的控制性详细规划的。

(2) 超越职权或者对不符合法定条件的申请人核发选址意见书、建设用地规划许可证、建设工程规划许可证、乡村建设规划许可证的。

(3) 对符合法定条件的申请人未在法定期限内核发选址意见书、建设用地规划许可证、建设工程规划许可证、乡村建设规划许可证的。

(4) 未依法对经审定的修建性详细规划、建设工程设计方案的总平面图予以公布的。

(5) 同意修改修建性详细规划、建设工程设计方案的总平面图前未采取听证会等形式听取利害关系人的意见的。

(6) 发现未依法取得规划许可或者违反规划许可的规定在规划区内进行建设的行为，而不予查处或者接到举报后不依法处理的。

2.5.2.3 其他有关行政部门违反城乡规划法所应承担的法律责任

县级以上人民政府有关部门有下列行为之一的，由本级人民政府或者上级人民政府有关部门责令改正，通报批评；对直接负责的主管人员和其他直接责任人员依法给予处分：

(1) 对未依法取得选址意见书的建设项目核发建设项目批准文件的。

(2) 未依法在国有土地使用权出让合同中确定规划条件或者改变国有土地使用权出让合同中依法确定的规划条件的。

(3) 对未依法取得建设用地规划许可证的建设单位划拨国有土地使用权的。

2.5.2.4 城乡规划编制单位的法律责任

城乡规划编制单位有下列行为之一的，由所在地城市、县人民政府城乡规划主管部门责令限期改正，处合同约定的规划编制费1倍以上2倍以下的罚款；情节严重的，责令停业整顿，由原发证机关降低资质等级或者吊销资质证书；造成损失的，依法承担赔偿责任：

(1) 超越资质等级许可的范围承揽城乡规划编制工作的。

(2) 违反国家有关标准编制城乡规划的。未依法取得资质证书承揽城乡规划编制工作的，由县级以上地方人民政府城乡规划主管部门责令停止违法行为，依照相关规定处以罚款；造成损失的，依法承担赔偿责任。以欺骗手段取得资质证书承揽城乡规划编制工作的，由原发证机关吊销资质证书，依照规定处以罚款；造成损失的，依法承担赔偿责任。

(3) 城乡规划编制单位取得资质证书后，不再符合相应的资质条件的，由原发证机关责令限期改正；逾期不改正的，降低资质等级或者吊销资质证书。

2.5.2.5 建设单位或个人的法律责任

(1) 未取得建设工程规划许可证或者未按照建设工程规划许可证的规定进行建设的，由县级以上地方人民政府城乡规划主管部门责令停止建设；尚可采取改正措施消除对规划实施的影响的，限期改正，处建设工程造价5%以上10%以下的罚款；无法采取改正措施消除影响的，限期拆除，不能拆除的，没收实物或者违法收入，可以并处建设工程造价10%以下的罚款。

(2) 在乡、村庄规划区内未依法取得乡村建设规划许可证或者未按照乡村建设规划许可证的规定进行建设的，由乡、镇人民政府责令停止建设、限期改正；逾期不改正的，可以拆除。

(3) 建设单位或者个人有下列行为之一的，由所在地城市、县人民政府城乡规划主管部门责令限期拆除，可以并处临时建设工程造价1倍以下的罚款：

1) 未经批准进行临时建设的。

2) 未按照批准内容进行临时建设的。

3) 临时建筑物、构筑物超过批准期限不拆除的。

(4) 建设单位未在建设工程竣工验收后6个月内向城乡规划主管部门报送有关竣工验收资料的，由所在地城市、县人民政府城乡规划主管部门责令限期补报；逾期不补报的，处 1 万元以上 5 万元以下的罚款。

城乡规划主管部门作出责令停止建设或者限期拆除的决定后，当事人不停止建设或者逾期不拆除的，建设工程所在地县级以上地方人民政府可以责成有关部门采取查封施工现场、强制拆除等措施。需要说明的是，采取查封施工现场、强制拆除措施对当事人的影响很大，应当十分慎重。地方人民政府行使行政强制执行权违反法律有关规定，侵害当事人合法权益的，也要承担相应的法律责任。

2.5.2.6 刑事责任

违反城乡规划法规定，构成犯罪的，依法追究刑事责任。刑事法律责任，是指具有刑事责任能力的人实施了刑事法律所禁止的行为（犯罪行为）所必须承担的法律后果。刑事法律责任是最严厉的法律责任。有关人民政府的负责人和其他直接责任人员、城乡规划主管部门等有关部门负责的主管人员和其他直接责任人员、城乡规划编制单位、建设单位，如果有本法规定的违法行为，且其行为符合我国刑法所规定的犯罪的构成要件的，就要依据刑法有关条款的规定承担相应的刑事责任。

复习思考题

1. 城乡规划法的适用范围是什么？
2. 城乡规划法编制的内容有哪些？
3. 选址意见书的概念是什么，主要内容有哪些？
4. 建设用地规划审批程序是什么？
5. 城乡规划修改的条件和程序是什么？
6. 什么是建设工程规划许可证？取得该证需要的程序有哪些？
7. 简述《城乡规划法》对城市总体规划和镇总体规划内容及期限的规定。
8. 简述《城乡规划法》对规划行政主管部门的法律责任的规定。

第3章 建 筑 法

本章学习要点：

1. 了解建筑法的概念和适用范围。
2. 掌握建筑许可制度。
3. 熟悉建筑工程的发包与承包制度。
4. 熟悉建筑工程监理制度。
5. 熟悉建筑工程安全生产管理制度。
6. 熟悉建筑工程质量管理制度。
7. 熟悉政府对工程质量的监督管理制度。
8. 了解质量认证制度。

3.1 建筑法概述

建筑法有广义和狭义之分。广义的建筑法，是指调整建筑活动的法律规范的总称；狭义的建筑法专指1997年11月1日经第八届全国人民代表大会常务委员会第二十八次会议审议通过的《中华人民共和国建筑法》（以下简称《建筑法》），于1998年3月1日起施行。《建筑法》是我国工程建设和建筑业的一部大法，它的颁布实施从此结束了我国长期以来一直没有一部统一的建筑方面的法律，只有部门规章和地方性法规、规章的历史，标志着我国第一次以法律的形式规范建筑活动的行为。这部法律对加强建筑活动的监督管理，维护建筑市场秩序，保证建设工程质量和安全，促进建筑业的健康发展，提供了法律保障；对保护建筑活动各方当事人的合法权益具有十分重要的意义。同时也使我国工程建设和建筑业发展迈入了崭新的时期。可以说，《建筑法》是建设各方主体利益的保护法，是人民群众生命财产安全的保障法，是建筑市场秩序的保护法，是建筑业健康发展的促进法。

《建筑法》共8章、85条，包括总则、建筑许可、建筑工程发包与承包、建筑工程监理、建筑安全生产管理体制、建筑工程质量管理、法律责任及附则等内容。《建筑法》颁布实施以来，国家又根据该法先后颁布实施了多部法律、法规和规章与之配套执行，基本形成了我国的建筑法规体系，来共同规范和管理我国的建筑活动。比如，1999年8月30日第九届全国人民代表大会常务委员会第十一次会议通过的《中华人民共和国招标投标法》，2001年1月30日国务院颁布实施的《建设工程质量管理条例》，2000年9月25日国务院颁布的《建筑工程勘察设计管理条例》，2003年11月24日国务院制定颁布的《建设工程安全生产管理条例》，2000 年 4 月 7 日建设部颁布的《房屋建筑工程和市政基础设备工程竣工验收备案管理暂行办法》等。下面我们以狭义的建筑法为对象来作详细介绍。

3.1.1 建筑法的立法目的、适用范围和调整对象

3.1.1.1 立法目的

《建筑法》总则的第 1 条就开宗明义地明确了为什么要立法，总则第 1 条规定："为了加强对建筑活动的监督管理，维护建筑市场秩序，保证建筑工程的质量和安全，促进建筑业健康发展，制定本法。"本条实际是关于《建筑法》立法目的的规定。这一规定体现了建筑法的指导思想，明确了为什么要立法和怎样来立法这一问题。立法目的主要体现在以下几个方面。

1. 加强对建筑活动的监督管理，促进建筑业健康发展

建筑业在国民经济和社会发展中有着十分重要的地位和作用，它能为社会创造新价值、提供积累，为社会和国民经济各部门提供生产用和生活用固定资产；从整体看建筑业是劳动密集型部门，能容纳大量的就业人员，同时还能带动许多关联产业的发展，并有很强的创汇能力。随着国民经济的发展，我国的城市建设、村镇建设、住宅建设等的规模不断扩大，建筑业已逐步发展为国民经济的重要支柱产业之一，在整个现代化建设中具有重要地位和作用。建筑业的发展状况，直接关系到改革、发展、稳定的大局，关系到党和国家的威信，关系到人民群众的安居乐业。据国家统计局提供的数字，1998～2002 年，建筑业总产值年均增长 15.2%；建筑业增加值占 GDP 比重稳定在 6.6%～6.8%之间，在国民经济各部门中居第四位，对相关产业的带动居各行业之首。由于建筑活动的复杂性和重要性，加强对建筑活动的监督管理、规范建筑市场，保障建筑业的地位和作用，已经十分重要。这种监督和管理既包括宏观上的产业政策、行业标准的制定，也包括微观上的监督管理，比如有关部门对建设项目的施工许可管理、从业者资质与资格认定管理、建设工程承发包管理以及建设安全生产管理和建设工程质量管理等。

2. 维护建筑市场秩序

我国实行社会主义市场经济以来，建筑业是最早引入市场竞争机制的行业之一。但是由于受传统计划经济的影响，又缺乏相应的建筑方面的法律规范，所以虽然引入了市场竞争机制打破了旧的秩序，可是新的经济秩序尚未完全建立起来，以致出现了某些混乱现象。如建筑市场各方行为主体不规范：建设单位（称甲方或者业主方）片面压标、压价，要求垫资承包，肢解发包工程，强行指定使用不合格的分包队伍、建筑材料构配件、建筑设备等；承包方（乙方）存在无证或越级承包，层层转包，以包代管，以及在施工中管理混乱，偷工减料，以次充好，忽视施工质量和安全等；中介方经营独立性较差，专业技术人员缺乏，机构功能不健全，内部管理不规范，这些中介机构不是通过提高社会服务水平，搞好服务质量来开拓市场，往往是通过隶属关系、行政手段强行开展业务，使得中介方缺乏搞好经营管理的动力。所有这些不规范，不但干扰和影响了正常的建筑活动，还诱发了大量的经济犯罪案件。据有关方面统计，近年来查处的行贿受贿案件中，发生在建筑领域的占 1/2 以上。因此，制定建筑法就是要从根本上解决建筑市场的混乱状况，确立与社会主义市场经济相适应的建筑市场管理制度。将维护建筑市场秩序作为建筑法立法的一个中心目的，是至关重要的，也是建筑市场现实情况的必然结果和客观需要。

3. 保证建筑工程质量、安全

由于建筑产品的生产具有单件性、流动性，生产地点固定性、生产的周期长的特点，导致建筑产品的生产受环境和气候因素影响大，也使得建筑生产具有自身的特殊性、复杂性，建筑工程质量和安全对公众安全、社会财富、国民经济发展影响巨大。建筑工程质量和安全涉及的市场主体比较多，比如设计单位、施工单位、勘察单位、建设单位等。但是，由于不少建设单位不具备相应的工程管理能力，监理单位对工程进行有效的监督和管理得不到重视，一些建筑工程设计不合理，施工企业不按标准、规范组织施工，加上建筑材料质量问题和政府监督机制的不健全等，致使渗、漏、堵、空、裂等影响使用功能和外观感的质量通病长期得不到根治，甚至有些工程的结构安全也得不到保证，严重侵犯了消费者的合法权益。据 1994 年对 26 个省会城市和 3 个直辖市的住宅工程质量的抽查，有 20%左右的工程质量达不到合格标准，而当年全国住宅工程完成投资 2487.8 亿元，竣工面积 2 亿平方米，如果按这个比例计算，仅 1994 年一年就有近 4 千万平方米的住宅工程不合格，令人触目惊心。房屋倒塌等重特大事故也时有发生，比如 1995 年 12 月 26 日，武汉市桥苑新村一栋 18 层的住宅楼因地基不均匀沉降造成严重倾斜（屋顶水平位移达 2884 毫米），以爆破方式将上部结构引毁，直接经济损失上千万元；1999 年 1 月 4 日重庆綦江县彩虹桥坍塌，造成至少 40 人死亡；2003 年 7 月 1 日 6 时，上海轨道交通 4 号线发生过江隧道涌水事故造成直接经济损失 1.5 亿元等。这些质量问题都给国家和人民的生命财产造成了巨大损失，也损害了政府和建筑业的形象，必须得到及时解决。“百年大计，质量第一”，建筑物的质量反映了建筑市场秩序的状况，反映了工程管理和科技水平，反映了依法治业水平。因此，《建筑法》将保证工程的质量和安全作为贯穿建筑法的一条主线，列入立法重要目的，重点加以规范是非常必要的。

另外，建筑安全生产问题突出，依法加强建筑安全生产管理是《建筑法》立法的又一重要目的。由于部分企业安全生产责任制不落实，大量农民施工队伍涌入建筑市场，又没有进行系统的培训，作业人员素质较低，安全措施经费不足，安全监督机制不健全等，致使安全事故频繁发生。据统计，建筑业每年因工死亡率大约为万分之三左右，仅 2003 年施工死亡人数就达到 1512 人，仅次于交通和煤矿，安全生产的形势异常严峻。按照“安全第一，预防为主”的原则，必须加强建设安全生产的监督管理。同时，要坚决落实安全生产责任制，建立建筑企业质量与安全综合评价体系；狠抓农民工上岗培训，提高他们的安全意识和操作水平；要改革现有工程风险承担机制，建立工程风险管理制度，促进工程质量和安全生产水平不断提高。

建设市场、安全、质量构成了《建筑法》的基本内容。《建筑法》也正是以市场管理为中心，以建筑工程质量和安全为重点，以加强对建筑活动的监督管理为主线而设置法律条文框架的。

3.1.1.2 适用范围和调整对象

法律的适用范围是指法律的效力范围，即法律在多大地域内，对什么人以及对哪些行为有效，是解决“管什么”、“是什么”的问题。两者有机结合，密不可分，构建了法律的整体框架。

《建筑法》第 2 条规定：“在中华人民共和国境内从事建筑活动，实施对建筑活动的监督管理，应当遵守本法。本法所称建筑活动，是指各类房屋建设及其附属设备的建造和与其配套的线路、管道、设备的安装活动。”建筑法的调整范围有以下三层意思。

（1）调整的地域范围是中华人民共和国境内，但不包括港、澳、台地区。

（2）调整的主体是建设单位、勘察设计单位、施工企业、监理企业等单位以及管理机关，同时从事建筑活动的个人，如注册建筑师、注册结构工程师、注册造价工程师、注册监理工程师、注册建造师等也适用本法。

（3）调整的行为是各类房屋建筑及其设施的新建、改造扩建、维护、拆除、装饰等活动，以及线路、管道、设备（包括电梯）的安装活动。

从适用范围上看，建筑法主要是将各类房屋建筑及其附属设施作为调整对象的。同时在附则中规定：“本法关于施工许可、建筑施工企业资质审查和建筑工程发包、承包，禁止转包，以及建筑工程监理、建筑工程安全和质量管理等的规定，适用于其他专业建筑工程的建筑活动，具体办法由国务院规定。”这里讲的其他专业建筑工程，是指除房屋建筑以外的专业建筑工程，比如铁路工程、民航工程、交通运输工程、水利工程等。即《建筑法》规定的基本原则，同样适用于其他专业。所谓各类房屋建筑，根据《中华人民共和国城市房地产管理法》（以下简称《城市房地产管理法》）的规定，房屋是指“土地上的房屋等建筑物及构筑物”。一般地说，是指具有顶盖、梁柱、墙壁、基础以及能够形成内部空间，满足人们生产、生活需要的工程实体，如住宅、工业厂房、办公楼等。房屋建筑的附属设施，包括水塔、锅炉房、配电房等公用设施。

应当指出的是，《建筑法》的适用范围虽然是调整各类房屋建筑及其附属设施的建筑活动，但是小型和农民自建低层房屋建筑工程、古建筑等的修缮，抢险救灾工程、军事用房屋等工程因其具有自身的特殊性，《建筑法》规定的程序、原则就不能完全适用。为加强建筑执法的可操作性和执法的严肃性，《建筑法》在附则中作了一些补充性、排外性和授权性的规定。《建筑法》第 83 条规定：“省、自治区、直辖市人民政府确定的小型房屋建筑工程的建筑活动，参照本法执行。依法核定作为文物保护的纪念建筑物和古建筑等的修缮，依照文物保护的有关法律规定执行。抢险救灾及其他临时性房屋建筑和农民自建低层住宅的建筑活动，不适用本法。”第 84 条还规定：“军用房屋建筑工程建筑活动的具体管理办法，由国务院、中央军事委员会依据本法制定。”

第 83 条就是《建筑法》适用范围的补充性规定，对省、自治区、直辖市人民政府确定的小型房屋建筑工程的建筑活动“参照执行”，是指建筑法规定的基本原则适用于小型房屋建筑工程的建筑活动，但不完全适用，不是每一条都必须执行，而是允许在执行中有一定的灵活性。由于各地建筑活动管理的广度和深度不完全相同，各地经济水平、技术水平也有一定差异，所以《建筑法》授权由各省、自治区、直辖市人民政府根据当地情况具体确定哪些小型房屋建筑不完全适用，而是参照适用。

依照《文物保护法》的规定，划定为文物保护的纪念性建筑物和古建筑，除建设工程特别需要而必须经同级人民政府及上级文化行政管理部门同意外，不得迁移或者拆除。其修缮、保养、迁移时必须遵守不改变文物原状的原则。这说明划定为文物保护的纪念建筑物和古建筑的修缮与一般房屋建筑工程的建筑活动确有不同。因此，《建筑法》作了排外规定，使这类建筑的修缮不受其约束，原则上适用文物保护法的规定。

抢险救灾及其他临时性房屋具有应急性、简易性等特点，没有必要遵守也无法适用建筑法所确定的施工许可、设计、施工、监理、招投标等的规定。

对于农民两层（含两层）以上住宅必须由取得相应资质证书的设计、施工单位在其经营范围内进行建设。但对农民自建单层建筑因其建筑活动具有简单性、一次性的特点，根本无须由具有资质等级证书的单位设计和施工。同时农民自建单层建筑地处农村，数量巨大，如果将它们也纳入调整范围，那会增加执法成本，扩大执法队伍；否则建设行政主管部门的管理根本无法涉及。所以建筑法将上述两类工程的建筑活动排除在调整范围之外。但这绝不意味着不加强监督和管理，只不过不按照建筑法规定的基本程度和环节进行管理。建设行政主管部门可以制订有关质量、安全管理的办法等规章，将此类工程纳入管理范围。

《建筑法》第 84 条关于军事房屋建筑工程建筑活动的规定属于授权性规定。《建筑法》关于建筑许可、发包与承包、建筑工程监理、建筑安全生产管理、质量管理等的规定，对军事房屋的建筑工程活动同样是适用的。但是由于军事房屋建筑工程包括军事设施在内，具有保密性、危险性和区域性等特点，与一般工业与民用房屋建筑和其他专业工程不同。所以《建筑法》作出授权性规定，明确军事房屋建筑工程建筑活动的具体管理办法由国务院和中央军事委员会根据《建筑法》制订，作为建筑法的一个单项实施条例。对军事房屋的建筑活动实行特殊管理，允许有适用的灵活性。

3.1.2 建筑法的基本原则

3.1.2.1 建筑法基本原则的含义

法律原则是随着独立法律部门的出现而出现的。一个法律部门之所以能够独立存在，其中一个重要原因，就是因为这个法律部门有区别于另一法律部门的原则。《建筑法》的基本原则是指规定于或者寓意于建筑法律之中的对建筑立法、守法、司法具有指导和实用价值的根本指导思想或规则。这个基本原则贯穿于整个《建筑法》的条文中。

1. 建筑法的基本原则对建筑立法的指导或规划作用

（1）在制定《建筑法》时，首先就要确定制定这部法律的指导思想，然后再在这个指导思想之下确立该法律的具体内容。

（2）《建筑法》的基本原则规定之后，对国务院和有立法权的地方权力机关制定法规具有指导作用，而这些法规的内容不得与《建筑法》的基本原则相抵触。

2. 建筑法的基本原则对建筑守法的指导规制作用

主要表现为它是建筑活动主体的行为准则，这种准则，既可以表现为主体积极作为的规则，又可以表现为对它的消极作为的规制。

3. 建筑法的基本原则对建筑司法的指导或规制作用

（1）在法律没有规定的情况下，作为司法裁判的准则。

（2）在某些特殊情况下又可根据基本原则作出自由裁量，以克服法律规定的有限性和社会关系的无限性之间的矛盾。

3.1.2.2 建筑法的基本原则

1. 建筑活动应当确保建筑工程质量和安全，符合国家的建筑工程安全标准

确保工程质量的安全不仅是《建筑法》立法的根本目的，而且还作为建筑活动的基本原则。这个原则贯穿于建筑法各个环节，主要确立了以下制度予以体现：

(1）承包方资质管理制度。

(2）建筑工程施工许可制度。

(3）招标投标制度。

(4）禁止肢解发包和转包制度。

(5）建筑工程监理制度。

(6）工程质量监督管理制度。

(7）建筑安全生产管理制度。

(8）竣工验收备案制度和保修制度。

判断建筑工程的质量和安全的基本依据就是建筑安全标准。依据《建筑法》和《中华人民共和国标准化法》的规定，有关建筑安全的国家或行业标准，都属于强制性标准，必须严格执行。

2. 国家扶持建筑业的发展，提高建筑生产水平和管理水平

《建筑法》第4条规定：“国家扶持建筑业的发展，支持建筑科学技术研究，提高房屋建筑设计水平，鼓励节约能源和保护环境，提倡采用先进技术、先进设备、先进工艺、新型建筑材料和现代管理方式。”

建筑业在国民经济中具有重要的地位和作用，1996年3月5日第八届全国人民代表大会第四次会议通过的《关于国民经济和社会发展的“九五”计划和2010年远景目标纲要》提出，要把建筑业作为国民经济的基础产业并大力振兴，以带动整个经济的增长。《建筑法》又以法律的形式明确了国家扶持建筑业发展的基本方针，将建筑业作为国民经济的重要的支柱产业之一，加以引导和扶持。目前我国建筑业的科技水平偏低，管理水平也不能适应建筑业发展的需要。突出表现在：队伍素质不高，技术水平、文化水平、操作技能偏低；建筑企业人的素质、组织管理能力较差、办事不讲科学凭经验、“以包代管”等管理上的缺位、企业管理能力较弱等；我国企业技术装备水平和建筑工业化水平低，手工作业多，湿作业多，现场用工量大；原材料质量差，档次低，沿用了几千年的秦砖汉瓦还在大量采用，不仅浪费了耕地，也与日益进步的国际先进设备、先进工艺、新型建筑材料差距越来越大，不利于我国建筑业的持续、健康和快速发展。所有这些决定了国家必须支持和扶持建筑业的发展，必须依靠科技进步来提高质量，提高劳动生产水平。

国家鼓励建筑科学研究，就是要加强建筑科学技术研究的领导，增加科学研究的投入，培养和引进先进技术人才，大力推广先进建筑技术。鼓励节约能源和保护环境，就要在保证建筑安全、质量的前提下，尽量降低能耗。重视建筑节能的设计，优先采用节能材料、设备，淘汰和改造能耗高的建筑设备产品；要积极采用新型建筑材料，重视节能的建筑材料产品的开发；加强建筑节能标准化工作，对节能产品、节能试点建筑给予税收优惠和贷款支持，大力推广和宣传，达到提高建筑节能，改善生活环境的目的。提倡采用先进技术、先进设备、先进工艺、新型建筑材料和现代管理方式和人才培训，充分发挥科技人员的积极性，不断提高建筑科技水平和建筑业的高科技含量。

3. 建筑活动当事人的权利和义务

《建筑法》规定，从事建筑活动应当遵守法律、法规，不得损害社会公共利益和他人的合法权益。任何单位和个人都不得妨碍和阻挠依法进行的建筑活动。建筑活动的当事人

不得损害社会公共利益和他人的合法权益，这是建筑活动当事人的义务，也是其他人的权利。从事建筑活动除了要遵守专门适用建筑活动的法律、法规外，还要遵守其他有关的法律法规。例如，在建设用地方面，应当遵守《土地管理法》和《城市房地产管理法》以及相关行政法规的规定；建筑活动还应遵守《城乡规划法》有关规划方面的规定；在处理毗临建筑物保护方面要遵守《中华人民共和国物权法》（以下简称《物权法》）等；在建筑企业与职工的劳动关系方面，还要遵守《劳动法》、《劳动合同法》的规定。总之，依法从事建筑活动，要处理好各方面的关系，不得损害和侵犯他人合法权益和社会其他利益。

国家保护依法进行建筑活动当事人的合法权益不受侵害。任何单位和个人都不得妨碍和阻挠依法进行的建筑活动。从事建筑活动当事人的权益受到侵犯时，有权依法请求法律保护。在实践中，违反法律、法规规定向建筑企业乱摊派，乱收费，故意刁难、卡压建筑企业的现象时有发生，甚至故意闹事，强买强卖，哄抢建筑资材等妨碍正常建筑施工给建筑企业造成损失也不少见，这些都是被法律所禁止的。

3.2 建筑法确定的基本制度

3.2.1 建筑许可制度

《建筑法》规定了建筑工程施工许可、从事建筑活动的单位资质以及从事建筑活动的个人资格三项建筑许可制度，体现了国家对建筑活动作为一种特殊的经济活动，实行从严和事前控制的管理政策，对规范建筑市场，保证建筑工程质量和建筑生产安全，维护社会经济秩序，提高投资效益，保障公民生命财产和国家财产安全，都具有非常重要的意义。

3.2.1.1 施工许可制度

1. 实施施工许可的范围

建筑工程施工许可制度是指建设行政主管部门根据建设单位的申请，依法对建筑工程是否具备施工条件进行审查，符合条件的，准许该建筑工程开始施工并颁发施工许可证的一种制度。施工许可证是指建筑工程开始施工前建设单位向建设行政主管部门申请的可以施工的证明，是建设单位能够从事建筑工程开工活动的法律凭证。《建筑法》第7条规定：“建筑工程开工之前，建设单位应当按照国家有关规定向工程所在地县级以上人民政府建设行政主管部门申请领取施工许可证；但是，国务院建设行政主管部门确定的限额以下的，小型工程除外。按照国务院规定的权限和程序批准开工报告的建筑工程不再领取施工许可证。”从这一规定可以看出，应申请领取施工许可证而未领取的工程不得开工；同时根据规定，并不是所有的建筑工程都必须申请领取施工许可证，而只是对投资额较大、结构复杂的工程，才领取施工许可证。根据《建筑法》的授权，建设部1999年10月15日发布，并于2001年7月4日修正发布的《建筑工程施工许可证管理办法》对不需申领施工许可证的工程的限额作出了规定：“工程投资额在30万元以下或者建筑面积在300平方米以下的建筑工程，可以不申请办理施工许可证。省、自治区、直辖市人民政府建设行政主管部门可以根据当地实际情况，对限额进行调整，并报国务院建设行政主管部门备案。”同时该管理办法还规定：“在中华人民共和国境内从事各类房屋建筑及其附属设施的建造、装修装饰和与其配套的线路、管道、设备的安装，以及城镇市政基础设备工程的施工，建设单位在开工前应当依照本办法的规定，向工程所在地县级以上人民政府建设行政主管部门申请领取施工许可证。本办法关于施工许可管理的规定适用于其他专业建筑工程。有关法律、法规有明确规定的，从其规定。抢险救灾工程、临时性建筑工程、农民自建两层以下（含两层）住宅工程，不适用本法，军事房屋建筑工程施工许可的管理，按照国务院、中央军事委员会制定的办法执行。”

限定领取施工许可证的建筑工程范围，一是考虑到我国国情，突出管理重点；二是避免与开工报告重复审查、重复审批。

2. 施工许可证的申领时间及程序

（1）施工许可证的申领时间。设立和实施建筑工程施工许可证制度的目的，是通过对建筑工程施工所应具备的基本条件的审查，避免不具备条件的建筑工程盲目开工而给相关当事人造成损失，对社会财富造成浪费，保证建筑工程开工后的顺利建设，这是一种事前控制，所以建设单位应在建筑工程开工前申请领取。即建设单位应当在建筑工程施工准备工作基本就绪后，组织施工之前申领施工许可证。

（2）施工许可证的申领程序。做好施工之前的各项准备工作，是建设单位应尽的义务，所以施工许可证的申领，应当由建设单位来承担，而不是施工单位或其他单位。所谓建设单位（又称业主或项目法人）是指建设项目的投资者。建设项目由政府投资的，建设单位是该项目的管理或使用单位。建设单位可以是法人，也可以是自然人。

建设单位申请办理施工许可证的程序是：

1）建设单位向有权颁发施工许可证的建设行政部门，即发证机关领取《建筑工程施工许可证申请表》。

2）建设单位持加盖单位及法定代表人印鉴的《建筑工程施工许可证申请表》和《建筑施工许可证管理办法》规定的证明文件，向发证机关提出申请。

3）发证机关在收到建设单位报送的《建筑施工许可证申请表》和所附证明文件后，对于符合条件的，应当自收到申请之日起 15 日内颁发施工许可证；对于证明文件不齐全或者失效的，应当限期要求建设单位补正，审批时间可以自证明文件补正齐全后相应顺延；对于不符合要求的，应当自收到申请之日起 15 日内书面通知建设单位，并说明原因。

建筑工程在施工过程中，建设单位或者施工单位发生变更的，应当重新申领施工许可证。

3. 申请领取施工许可证的条件

（1）《建筑法》规定的申领条件。建设行政主管部门颁发施工许可证，是建设行政主管部门应建设单位的请求，作出准许申请人从事建筑工程开工活动的书面处理决定的具体行政行为。申请领取施工许可证的条件的确定，是为了保证建筑工程开工后组织施工能够顺利进行。《建筑法》第 8 条规定，申请领取施工许可证应具备下列条件：已经办理该建筑工程用地批准手续；在城市规划区的建筑工程，已经取得规划许可证；需要拆迁的，其拆迁进度符合施工要求；已经确定建筑施工企业；有满足施工需要的施工图纸及技术资料；保证工程质量和安全的具体措施；建设资金已经落实；法律、行政法规规定的其他条件。

（2）《建筑工程施工许可证管理办法》规定的申领条件。为保证颁发施工许可证这种书面处理决定的准确性，确保建设工程开工后能顺利进行，增加可操作性，建设部2001年7月4日修正发布的《建筑工程施工许可管理办法》不仅对《建筑法》规定的施工许可条件可作出了进一步的细化，还要求建设单位申领施工许可证时，必须提交满足申领条件的相应证明文件：已经办理该建筑工程用地批准手续；在城市规划区的建筑工程，已经取得建设工程规划许可证；施工场地已经基本具备施工条件，要求拆迁的，其拆迁进度符合施工要求；已经确定施工企业，按照规定应该招标的工程没有招标，应该公开招标的工程没有公开招标，或者肢解发包工程，以及将工程发包给不具备相应资质条件的，所确定的施工企业无效；有满足施工需要的施工图纸及技术资料，施工图设计文件已按照规定进行了审查；有保证工程质量和安全的具体措施，施工企业编制的施工组织设计中有根据建筑工程特点制定的相应质量、安全技术措施，专业性较强的工程项目编制的专项质量、安全施工组织设计，并按照规定办理了工程质量、安全监督手续；按规定应该委托监理的工程已经委托监理；建设资金已经落实，建设工期不足1年的，到位资金原则上不得少于工程合同价的50%，建设工期超过1年以上的，到位资金原则上不得少于工程合同价的30%。建设单位应当提供银行出具的到位资金证明，有条件的可以实行银行付款保函或者其他第三方担保；法律、行政法规规定的其他条件。

至于建设单位应提供哪些证明文件，目前还没有统一的规定，一般应包括以下几项证明文件：①在规划区内的建筑工程，已经取得的建设用地规划许可证、建设工程规划许可证；②县级以上人民政府土地管理部门填发的建设用地批准书；③应招标工程的中标通知书；④建设单位与中标建筑施工企业依法订立的书面合同，建筑施工企业选派的项目经理的资质证书；⑤需要拆迁的，应当提供由委托拆迁人、被委托拆迁人和建筑施工企业共同出具的拆迁进度符合施工要求的证明；⑥建设单位的开户银行依法出具的资信或资金到位证明；⑦施工图纸及施工图审查合格证书；⑧保证工程质量和安全的施工组织设计、质量和安全监督通知书；⑨实行强制监理的建筑工程，建设单位与具有相应资质的工程监理单位依法订立的书面委托监理合同，监理单位选派的总监理工程师的资质证书。项目监理规划及监理实施细则；⑩其他证明材料。

4. 施工许可证的管理

(1) 施工许可证的期限规定。建设单位应当自领取施工许可证之日起3个月内开工。因故不能按期开工的，应当向发证机关申请延期；延期以两次为限，每次不超过3个月。既不开工又不申请延期或者超过延期时限的，施工许可证自行废止。

规定包括了以下几层含义：

1) 建设单位应当自领取施工许可证之日起3个月内开工。

2) 建设单位因客观原因可以延期，但不得无故拖延开工。这里的客观原因可能是：“三通一平”（水通、电通、道路通、场地平整）没有完成，材料、构件等没有按计划进场等。

3) 延期最多是两次，每次期限均为3个月。

4) 施工许可证自行废止的两种情况：一是既不在3个月内开工，又不向发证机关申请延期；二是超过延期时限的。建筑工程自颁发施工许可证之日起，不论何种原因，均需在9个月内开工，否则施工许可证自行废止。施工许可证废止后，建设单位需按规定重新领取施工许可证，方可开工。

《建筑法》关于施工许可证的有效期限和延期的规定非常必要，体现了行政机关对施工许可证的原则性与灵活性的结合。一方面，建设行政主管部门依法颁发施工许可证，是国家对建筑活动进行宏观调控的一种手段，建设单位必须在施工许可证规定的有效期限内开工，不得无故拖延；另一方面，由于建筑施工活动不同于一般的生产活动，受自然、经济、环境等制约，影响建筑工程的开工，根据客观情况的变化，允许延期是必要的。明确规定施工许可证的有效期限，可以督促建设单位及时开工，保证组织施工的顺利进行，有利于对建筑施工活动的监督管理，保护参与施工活动的各方的权益，提高投资效益，维护施工许可证的严肃性。

(2) 中止施工与恢复施工。中止施工是指建筑工程开工后，在施工过程中因特殊情况的发生而中途停止施工的一种行为。恢复施工是指建筑工程中止施工后，造成中断施工的情况消除，而继续施工的一种行为。在建的建筑工程，因故中止施工的，建设单位应当自中止施工之日起1个月内向发证机关报告，并按照规定做好建筑工程的维护管理工作。建筑工程恢复施工时，应当向发证机关报告；中止施工满1年的工程，恢复施工前建设单位应当报发证机关核验施工许可证。

此外，按照国务院有关规定批准开工报告的建筑工程，因故不能按期开工或者中止施工的，应当及时向发证机关报告情况。因故不能按期开工超过6个月的，应当重新办理开工报告的批准手续。

3.2.1.2 从业资格许可

从业资格许可的内容包括：一是建筑施工企业、勘察单位、设计单位、工程监理单位、造价咨询单位从事建筑活动应具备的条件；二是建筑施工企业、勘察单位、设计单位、工程监理单位、造价咨询单位应在资质许可范围内从事建筑活动；三是专业技术人员从事建筑活动，应依法取得执业资格证书。

1. 国家规定的建设工程从业单位

国家对建设工程从业者实行资格管理，从事建设工程活动的企业或者单位包括：建筑施工总承包企业；建筑工程勘察、设计单位；建设工程监理企业；工程造价咨询企业；项目管理公司及法律、法规规定的其他企业。以上组织应具备下列条件：

(1) 有符合国家规定的注册资本。

(2) 有与其从事的建筑活动相适应的具有法定执业资格的专业技术人员。

(3) 有从事相关建筑活动所应有的技术装备。

(4) 法律、行政法规规定的其他条件。

以上组织应当向工商行政管理部门申请设立登记，取得营业执照，并由建设行政主管部门审查后颁发资格证书。

2. 建设工程的从业人员

建设工程的从业人员包括：注册建筑师、注册结构工程师、注册监理工程师、注册造价工程师、注册建造师、注册城市规划工程师、注册岩土工程师及法律法规规定的其他人员。从事建筑工程活动的人员，要通过国家任职资格考试、考核，由建设行政主管部门注册颁发执业资格证书，在资格许可范围内从事建筑活动。

3. 建设工程从业者资格证件的管理

建设工程资格证件严禁出卖、转让、出借、涂改、伪造。违反上述规定的，将视具体情节，追究相应的法律责任。国务院及建设行政主管部门已经制定颁布了建筑工程从业者资格的具体管理办法，从业人员应当严格遵守。

3.2.2 建筑工程的发包与承包制度

3.2.2.1 工程发包与承包概述

有关建筑工程发包与承包活动的规定，是《建筑法》中规范内容最多的。在学习理解这方面内容时，应注意理解各级建设行政主管部门在发、承包监督管理中的地位及作用，以及对于发包方和承包方行为的限制的内容。

1. 发包与承包的概念

工程发包与承包是指发包方通过合同委托承包方为其完成某一工程的全部或其中一部分工程的交易行为。工程发包方一般为建设单位、总承包单位或建设单位委托的招标代理单位。工程承包方一般为工程勘察设计单位、施工单位、监理单位、工程设备供应或制造单位等。发包与承包实际上是一个过程的两个方面，发包方与承包方的权利、义务由双方签订的书面承包合同加以规定。

2. 建设工程发承包的方式

《建筑法》规定，建筑工程依法实行招标发包，对不适于招标发包的可以直接发包。这表明建设工程发、承包可采用招标方式或直接发包方式来进行，但直接发包要具备一定的条件。建筑工程招标发包是指发包方根据招标投标法的规定事先制定招标文件，明确其发包工程的性质、内容、工期、质量等情况和要求，由愿意承包的单位递送标书，再由发包方从中择优选择工程承包方的交易方式。建设工程的发承包采用招投标交易方式，可以充分利用供求关系、价值规律和市场竞争机制，在正常情况下，可以发挥两个积极作用：一是业主可能避免或减轻发包工程的风险，有效地控制工程工期、质量与造价；二是可以促使承包人不断采用先进技术，提高经营管理水平，努力降低工程成本，在确保工程质量的基础上取得最佳的经济效益。

建设工程直接发包，是指发包方与承包方直接进行协商，以约定建设工程的价格、工期和其他条件的交易方式。这种发包方式被称为非竞争性招标或指定性招标。由于这种发包方式缺乏竞争性，不公开，往往会造成发包单位与承包单位之间的私下交易，极易产生腐败，因此我国法律对直接发包是加以限制的。显而易见，建设工程招标发包较之直接发包更有利于公开竞争，更符合市场经济规律的要求。所以我国法律、法规提倡采用招标发包方式。《招标投标法》规定：只有涉及国家安全、国家秘密、抢险救灾或者属于利用扶贫资金实行以工代赈，需要使用农民工等特殊情况及规模以下的工程，才可以不进行招标而采用直接发包方式。而对于使用国际组织或者外国政府贷款、援助资金的项目；全部或部分使用国有资金或国家融资的项目以及所有大中型基础设施、公用事业等关系社会公共利益、公众安全的项目，必须采用招标、投标方式来发包工程；否则将不批准开工建设。违反上述规定的有关单位和直接责任人还将受到法律的处罚。

3. 建设工程发承包应当遵循的原则

(1) 建筑工程发包与承包的招标投标活动，应当遵循公开、公正、公平竞争的原则，择优选择承包单位。

(2) 承包建筑工程的单位应当持有资质证书，并在其资质等级许可的业务范围内承揽工程。

(3) 建筑工程造价通过法定程序产生。

(4) 建筑工程的发包方应依法招标发包，不适于招标发包的可直接发包。

(5) 公开招标时，发包单位应当依照法定程序和方式，发布招标公告，提供载有招标工程技术要求、主要合同条款、评标的标准和方法以及开标、评标、定标的程序等内容的招标文件；开标应当在招标文件规定的时间、地点公开进行。开标后应当按照招标文件规定的评标标准和程序对标书进行评价、比较，在具备相应资质条件的投标者中择优选定中标者。

(6) 建筑工程招标的开标、评标、定标，由建设单位组织实施。

(7) 建筑工程实行直接发包的，发包单位应当将建筑工程发包给具有相应资质条件的承包单位。

(8) 发包过程中，政府及其所属部门不得滥用行政权力，限定发包单位将需要发包的建筑工程发包给指定的承包单位。

(9) 发包单位不得指定建筑材料的生产商和供应商。按照合同约定建筑材料、建筑构配件和设备由工程承包单位采购的，发包单位不得指定承包单位购入用于工程的建设材料、建筑构配件和设备或者指定生产厂、供应商。

3.2.2.2 建筑法关于建筑工程发承包的主要规定

为了加强对建设工程发承包交易活动的管理，维护建筑市场秩序，保证建设工程的质量和安全，保障发承包当事人的合法权益，《建筑法》及其他有关法规规定，建设工程发承包时必须遵守以下一般规定：

1. 建设发包与承包合同必须采用书面形式

《建筑法》第15条规定：“建筑工程的发包单位与承包单位应当依法订立书面合同，明确双方的权利和义务。发包单位和承包单位应当全面履行合同约定的义务。不按照合同约定履行义务的依法承担违约责任。”建筑工程合同是《合同法》确定的15种列名合同之一，建筑工程承包合同由于其标的额大，履行时间长，履行过程中风险因素多，违约责任在承包合同中应当有更加详细的规定。因此合同法要求，建筑工程承包合同应当采用书面方式订立，以口头方式订立的，其形式不符合法律规定，将由人民法院或仲裁机构依法宣告无效。

合同一旦签订对缔约双方都具有法律约束力，全面、适当地履行合同所约定的义务，是《民法通则》和《合同法》所规定的基本原则。建筑工程承包合同是一种重要的经济合同，一旦生效双方都必须全面、适当地履行，否则就要承担违约责任，受到法律的制裁。

2. 承包单位必须具备相应资质

承包建设工程的单位应当持有依法取得的资质证书，并在其资质等级许可的业务范围内承揽工程。禁止建筑施工企业超越本企业资质等级许可的业务范围或者以任何方式用其他建筑施工企业的名义承揽工程。禁止建筑施工企业以任何形式允许其他单位或个人使用本企业的资质证书、营业执照，以本企业的名义承揽工程。之所以规定建筑施工企业不得超越本企业资质等级许可的业务范围承揽工程，是因为企业的资质等级是由有关管理部门根据企业承揽工程的能力、人员素质、管理水平、资金数量、技术设备等基本条件来确定的，企业只能根据其自身的能力进行相应的工程承包活动，否则会由于资质和技术能力达不到而造成工程质量事故或出现其他问题。在实践中，为了在发承包竞争活动中处于有利地位，争取到工程项目的承包资格，一些承包单位采取种种手段甚至非法手段骗取发包方的信任，其中就包括借用其他企业的资质证书为本企业的承包活动服务，这是法律所禁止的，资质的“出借方”和“借用方”都应当受到法律的制裁。建设部2001年4月18日发布的《建筑企业资质管理规定》第16条也明确规定：“任何单位和个人不得涂改、伪造、出借、转让《建筑业企业资质证书》。”

3. 禁止将建设工程肢解发包

国家提倡对建设工程实行总承包，禁止将建设工程肢解发包。建设工程的发包单位可以将建筑工程的勘察、设计、施工、设备采购一并发包给一个工程总承包单位，也可以将建筑工程勘察、设计、施工、设备采购的一项或者多项发包给一个工程总承包单位；但是，不得将应当由一个承包单位完成的建筑工程肢解成若干部分发包给几个承包单位。

《建筑法》制定时，我国尚处于从计划经济向社会主义市场经济的过渡阶段，旧的体制已被打破，但新的机制尚未完全建立，因此业主的行为还不规范，往往利用肢解发包工程的手段进行不正当行为，不仅导致了某些人的贪污犯罪，同时也危害了公共安全，直接造成了建筑市场的混乱。因此《建筑法》严格禁止肢解发包工程的行为，提倡建筑工程总承包。考虑到《建筑法》的调整范围只是工程建设活动的实施阶段的内容，即从勘察设计、施工到竣工验收及保修的过程，因此规定，对建筑工程总承包主要包括两种方式：一是进行建筑工程的勘察设计、施工、设备采购的总承包；二是对建筑工程勘察、设计、施工、设备采购的一项或者多项进行总承包。从发包方的角度来说，则是可以采用这两种方式中的任何一种方式进行发包。但对具体的发包和承包方式《建筑法》没有做强制性规定，而是采用鼓励条款，用“可以”的表达方式对允许采用的承包方式作了规定。至于“应当由一个承包单位完成的工程”这一规定如何理解，在实践中如何操作，由于只是一个“概念”性的规定，还有待于作出具体的规定。

4. 禁止转包，依法分包

《建筑法》第28条规定：“禁止承包单位将其承包的全部建筑工程转包给他人，禁止承包单位将其承包的全部建筑工程肢解以后以分包的名义分别转包给他人。”第29条规定：“建筑工程总承包单位可以将承包工程中的部分工程发包给具有相应资质条件的分包单位；但是，除总承包合同约定的分包外，必须经建设单位认可。总承包的建筑工程主体结构的施工必须由总承包单位自行完成。”建筑工程总承包单位按照总承包合同的约定对建设单位负责；分包单位按照分包合同的约定对总承包单位负责。总承包单位和分包单位就分包工程对建设单位承担连带责任。禁止总承包单位将工程分包给不具备相应资质条件的单位。禁止分包单位将其承包的工程再分包。

（1）转包，指承包单位承包建设工程后，不履行承包合同的责任和义务，将其承包的全部建筑工程转让给他人或将其承包的全部建筑工程肢解以后以分包的名义分别转让给其他单位承包的行为。

(2) 分包，指建设企业将其所承包的房屋建筑和市政基础设施工程中的专业工程或者劳务作业发包给其他建筑业企业完成的活动。

(3) 转包是法律完全禁止的，而分包则是允许的。但是对于工程分包，法律规定了限制性条款。其限制性条款主要包括三部分内容：

1) 应将工程发包给具有相应资质条件的分包单位。

2) 总承包单位进行分包应经建设单位认可。建设单位的认可通过两种方法实现：在建筑工程总承包合同中规定分包的内容；如果总承包合同中没有分包约定的，应在进行分包之前事先征得建设单位的同意。

3) 实行施工总承包的，建筑工程的主体结构不得进行分包。为了防止层层分包，进一步规范建筑市场，提高建筑工程质量，规定分包单位不得再分包。如果分包单位再分包的，按转包工程处理。

(4) 总包、分包单位的责任承担。由于建筑合同的主体是建设单位和总承包单位，因此总承包单位应当按照承包合同约定承担对建设单位的责任，即由总承包单位就工程质量及经济责任向建设单位负责，无论这种责任是由总承包单位造成的还是由分包单位造成的。经建设单位同意，总承包单位可以将工程分包给其他分包单位，总承包单位应当同分包单位签订分包合同，分包单位应就其承担的分包工程向总承包单位负责。总承包单位就分包单位的工程质量、安全管理、经济责任向建设单位承担连带责任。至于总包、分包单位之间的责任，可以根据合同约定另行解决。

5. 联合承包

大型建筑工程或者结构复杂的建筑工程，可以由两个以上的承包单位联合共同承包。共同承包的各方对承包合同的履行承担连带责任。两个以上相同专业的不同资质等级的单位实行联合共同承包的，应当按照资质等级较低的单位的业务许可范围承揽工程。

联合承包的优越性如下：

(1) 可以利用各自的优势进行联合投标能够减弱相互间的竞争，增加中标的机会。

(2) 由于工程标的额比较大，联合承包可减少承包风险，争取更大的利润。

(3) 联合承包方式有助于企业间互相学习对方的先进管理经验，谋求长足的企业发展。

根据法律规定，进行联合承包的工程项目必须是大型或结构复杂的建筑工程。这是因为，一般的中、小型建筑工程或结构不复杂的工程由一家承包单位就足以顺利完成，而无需采用联合承包的方式，这样可有效避免由于联合承包方式过多而造成管理上的混乱。一般情况下，联合承包各方要签订联合承包协议，明确各方在承包合同中的权利、义务以及相互协作、违约责任的承担等条款，并共同与甲方签订工程承包合同，对工程承包合同的履行，共同对发包方承担连带责任。这种联合承包方式类似于我国民法中规定的两个或两个以上的企业之间、企业与事业单位之间，在平等自愿的基础上，为实现一定经济目的而实行的联营，包括法人型联营、合作型联营、合作性联营。但无论采用什么方式进行联合承包，联营各方都应共担风险、共负盈亏，联合承包合同中不能规定只分享利润不承包责任的条款。并且，如果出现赔偿责任，发包方有权向任何一家承包单位请求赔偿，被请求方进行赔偿后，对于超过自己应赔偿的部分，有权向其他联合承包方追偿。国家规定企业应在资质等级许可的范围内承包工程。这条规定同样适用于联合承包。联合承包各方本身必须具有与其所承包的工程相符合的资质条件，不能超越其资质等级去联合承包。几个联合承包方资质等级不一致的，必须以低资质等级的承包方为联合承包方的业务许可范围，这样可以有效避免在实践中以联合承包方式为借口进行“资质挂靠”的不规范行为。

3.2.3 建筑工程监理制度

3.2.3.1 建筑工程监理概述

1. 建设工程监理的概念

建设工程监理，是指针对工程项目建设，具有相应资质的工程监理单位，接受建设单位的委托和授权，根据国家批准的工程项目建设文件，有关工程建设的法律、行政法规和工程建设委托监理合同、其他工程建设合同，承担项目管理工作，并代表建设单位对承建单位的建设行为进行监控的专业化的有偿的技术服务活动。

“监理”是“监”与“理”的组合。“监”是监督的意思，是对某种行为或行为过程进行观察或检查，使其不愈越预先设计的标准或准则。这个准则就是有关法律、行政法规及有关技术标准、设计文件和建设工程承包合同（包括委托监理合同）等。“理”是调理、理顺之意，是对行为或行为过程中参与的对象进行协调，以使参与者有良好的协作，并理顺参与者的权益关系。因此，建设工程监理中，监理的对象不是工程本身，而是建设活动中有关单位的行为及其权利、义务的履行状况。建设工程监理只能由依法取得监理资质证书、具有法人资格的监理公司、监理事务所或兼营监理业务的工程设计、科学研究及工程建设咨询等专业化监理单位实施，没有监理资质的单位无权实施监理。至于具体由哪一个监理单位来实施监理，则由建设单位（业主或称甲方）根据自己的意愿和有关规定来自主选择，并与之签订书面的建设工程委托监理合同。

2. 我国建设监理制度的建立

我国推行工程监理制度自 1988 年以来，经历了三个阶段，即工程监理试点阶段（1988～1993 年）、工程监理稳步推进阶段（1993～1995 年）、工程监理全面推行阶段（1996 年至今）。1988 年 7 月建设部颁发了《关于开展建设监理工作的通知》，标志着我国工程建设领域的改革进入一个崭新的阶段，该通知对建设监理的范围、对象，监理的内容，开展建设监理的步骤等，作了明确的规定。1988 年 10 月建设部又印发了《关于开展建设监理试点工作的若干意见》，确定在全国八市两部进行试点。1993 年 5 月建设部决定在全国结束建设监理试点，转入稳步发展阶段。1995 年 12 月建设部在北京召开了第六次全国建设监理工作会议，总结了 7 年来建设监理工作的成绩和经验，对下一步的监理工作进行了全面的部署。这次会议的召开，标志着我国建设监理制度已经形成，进入全面推行的新阶段。建筑工程监理制度是社会发展对工程建设管理专业化、市场化、效益化要求的必然结果。由具有专业知识和丰富管理经验的监理工程师对建设工程项目进行全过程的监督管理，在业主和承包商之间，引进第三方进行制约和监督，对工程项目进行科学管理，对保证工程项目质量、工期、投资、安全目标的实现有着十分重要的意义。

3. 建筑工程强制监理的范围

《建筑法》第 30 条规定：“国家推行建筑工程监理制度。国务院可以规定实行强制监理的建筑工程的范围。”2000 年 1 月 30 日国务院发布的《建设工程质量管理条例》，对强制监理的范围作出规定："下列建设工程必须实行监理：国家重点建设工程；大中型公用事业工程；成片开发建设的住宅小区工程；利用外国政府或者国际组织贷款、援助资金的工程；国家规定必须实行监理的其他工程。"2001年1月17日建设部颁布了《建设工程监理范围和规模标准规定》，进一步明确了强制监理的范围和标准：

（1）国家重点建设工程，指依据《国家重点建设项目管理办法》所确定的对国民经济和社会性发展有重大影响的骨干项目。

（2）大中型公用事业工程，指项目总投资额在3000万元以上的下列工程项目：

1）供水、供电、供气、供热等市政工程项目。

2）科技、教育、文化等项目。

3）体育、旅游、商业等项目。

4）卫生、社会福利等项目。

5）其他公用事业项目。

（3）成片开发建设的住宅小区工程。建筑面积在5万平方米以上的住宅建设工程必须实行监理；5万平方米以下的住宅建设工程，可以实行监理，具体范围和规模标准由省、自治区、直辖市人民政府建设行政主管部门规定。为了保证住宅质量，对高层住宅及地基、结构复杂的多层住宅应当实行监理。

（4）利用外国政府或者国际组织贷款、援助资金的工程。

1）使用世界银行、亚洲开发银行等国际组织贷款的项目。

2）使用国外政府及其机构贷款的项目。

3）使用国际组织或者国外政府援助资金的项目。

（5）国家规定必须实行监理的其他工程。包括项目总投资额在3000万元以上关系社会公共利益、公众安全的下列基础设施项目：

1）煤炭、石油、化工、天然气、电力、新能源等项目。

2）铁路、公路管道、水运、民航以及其他交通运输业项目。

3）邮政、电信枢纽、通信、信息网络等项目。

4）防洪、灌溉、排涝、发电、引（供）水、滩涂治理、水资源保护、水土保持等水利建设项目。

5）道路、桥梁、地铁和轻轨交通、污水排放及处理、垃圾处理、地下管道、公共停车场等城市基础设施项目。

6）生态环境保护项目。

7）其他基础设施项目。

此外还包括学校、影剧院、体育场馆等项目。

4. 建设工程监理的性质

（1）服务性。它是由建设工程监理的业务性质决定的。工程监理单位既不直接进行设计，也不直接进行施工；既不向建设单位承包造价，也不参与承包商的利益分成。在工程建设中，监理人员利用自己的知识、技能和经验、信息以及必要的试验、检测手段，为建设单位提供管理服务。建设工程监理的服务对象是建设单位，但工程监理单位不能完全取代建设单位的管理活动。

（2）科学性。它是由建设工程监理所要达到的基本目的决定的。科学性主要表现在：工程监理单位应当由组织管理能力强、工程建设经验丰富的人员担任领导；应当有足够数量的、有丰富管理经验和应变能力的监理工程师组成的骨干队伍；要有一套健全的管理制度；要有现代化的管理手段；要掌握先进的管理理论、方法和知识；要积累足够的技术、经济资料、数据；要有科学的工作态度和严谨的工作作风，要实事求是、创造性地开展工作。

（3）独立性。它是由工程监理单位开展监理工作所遵循的原则“公正、独立、自主”决定的。按照独立性要求，工程监理单位应当严格地按照有关法律、法规、规章、工程建设文件、工程建设技术标准、建设工程委托监理合同、有关的建设工程合同等规定实施；在委托监理的工程中，与承建单位不得有隶属关系和其他利害关系；在开展工程监理的过程中，必须建立自己的组织，按照自己的工作计划、程序、流程、方法、手段，根据自己的判断，独立地开展工作。

（4）公正性。它是社会公认的职业道德准则，也是监理单位能够长期生存和发展的基本职业道德准则。在开展建设工程监理的过程中，工程监理企业应当排除各种干扰，客观公正地对待监理的委托单位和承建单位。特别是当发承包双方发生利益冲突或者矛盾时，工程监理单位应当以事实为依据，以法律为准绳，在维护建设单位的合法权益时，不应损害承建单位的合法权益。

3.2.3.2 建设工程监理的法律规定

国家推行建筑工程监理制度。国务院可以规定实行强制监理的建筑工程的范围。实行监理的建筑工程，由建设单位委托具有相应资质条件的工程监理企业监理。建设单位与其委托的工程监理企业应当订立书面委托监理合同。

建筑工程监理应当依照法律、行政法规及有关的技术标准、设计文件和建筑工程承包合同，对承包单位在施工质量、建设工期和建设资金使用等方面，代表建设单位实施监督。工程监理人员认为工程施工不符合工程设计要求、施工技术标准和合同约定的，有权要求建筑施工企业改正。工程监理人员发现工程设计不符合建筑工程质量标准或者合同约定的质量要求的，应当报告建设单位，由建设单位要求设计单位改正。

3.2.3.3 建筑工程监理企业的法律责任

实施建设工程监理前，建设单位应当将委托的建设工程监理企业、监理的内容及监理的权限，书面通知被监理的建筑施工企业。建设工程监理企业应当在其资质等级许可的范围内，承担工程监理业务。建设工程监理企业应当根据建设单位的委托，客观、公正地执行监理任务。建设工程监理企业与被监理工程的承包单位以及建筑材料、建筑构配件和设备供应单位不得有隶属关系或者其他利害关系。建设工程监理企业不得转让工程监理业务。建设工程监理企业不按照委托监理合同的约定履行监理义务，对应当监督检查的项目不检查或者不按规定检查，给建设单位造成损失的，应当承担相应的赔偿责任。建设工程监理企业与承包单位串通，为承包单位谋取非法利益，给建设单位造成损失的，应当与承包单位承担连带赔偿责任。

《建筑工程管理条例》第 36 条也规定：“建筑工程监理应当依照法律、法规及有关技术标准、设计文件和建筑工程承包合同，对承包单位在施工质量、建设工期和建设资金使用等方面，代表建设单位实施监督，并对施工质量承担监理责任。”

3.2.4 建筑安全生产管理

3.2.4.1 建筑安全生产管理概述

1. 建筑安全生产与建筑安全生产管理的概念

(1) 建筑安全生产是指建筑生产过程中要避免人员、财产的损失及对周围环境的破坏。包括建筑生产过程中施工现场的人身安全、财产设备安全、施工现场及附近的道路、管线和房屋的安全，施工现场和周围环境的保护及工程建成后的使用安全等方面的内容。生产与安全是相互制约的统一体，管生产必须管安全，生产必须在安全的状态下进行。

(2) 建筑安全生产管理是指建设行政主管部门、建筑安全监督管理机构、建筑施工企业及有关单位对建筑生产过程中的安全工作，所进行的计划、组织、指挥、控制、监督等一系列的管理活动。其目的是保证建筑工程安全和建筑职工的人身安全。

2. 建筑工程安全生产的特点

(1) 建筑产品的多样性决定着建筑安全问题是不断变化的。

(2) 建筑工程的流水作业，使得施工班组需要经常更换工作环境。

(3) 建筑施工现场存在的不安全因素复杂多变。

(4) 公司与项目部相分离，致使公司的安全措施并不一定能在项目部得到充分的落实。

(5) 多个建设主体的存在及其关系的复杂性决定了建筑安全管理的难度较高。

(6) 目标（结果）导向对建设单位形成一定的压力。

(7) 施工作业的非标准化使得施工现场危险因素增多。

3. 建筑工程安全管理的要素

建筑工程安全生产管理是一个系统性、综合性的管理，其管理的内容涉及建筑生产的各个环节。建筑工程安全生产管理的基本原理主要包括五个要素：有效的安全政策、安全的组织管理、计划和实施、安全业绩的测量、安全业绩的评审和总结。

3.2.4.2 建筑安全生产管理体制

1. 我国安全生产工作格局

2004 年 1 月 9 日颁发的《国务院关于进一步加强安全生产工作的决定》（国发〔2004〕2 号）中指出，要构建全社会齐抓共管的安全生产工作格局，努力构建“政府统一领导、部门依法监管、企业全面负责、群众参与监督、全社会广泛支持”的安全生产工作格局。

政府统一领导是指国务院以及县级以上地方人民政府有关部门对建设工程安全生产进行的综合和专业的管理。主要是监督国家有关法律、法规和方针政策的执行情况，预防和纠正违反法律、法规和方针政策的现象。

部门依法监管是指各级建设行政主管部门要组织贯彻国家的法律、法规和方针政策。依法制定建设行业的规章制度和规范标准，对建设行业的安全生产工作进行计划、组织、监督检查和考核评价、指导企业搞好安全生产。

企业全面负责，对于建筑行业，既是指施工单位主要负责人依法对本单位的安全生产工作全面负责，同时也包括建设单位、勘察单位设计单位、工程监理单位及其他与建设工程安全生产有关的单位必须遵守安全生产法律、法规的规定，保证建设工程安全生产，依法承担建设工程安全生产管理责任。

群众参与监督是指群众组织和劳动者个人对于建设工程安全生产应负的责任。工会是代表群众的主要组织，工会有权对危害职工健康安全的现象提出意见、进行抵制，也有权越级控告，工会还担负着教育劳动者遵章守纪的责任。群众监督是与行业管理、国家监察相辅相成的一种自下而上的监督。群众监督有助于建立企业的安全文化，形成安全生产人人有责的局面，它是专业管理以外的一支不可忽视的安全管理力量。

全社会广泛支持是指提高全社会的安全意识，形成全社会广泛“关注安全、关爱生命”的良好氛围。要做好建筑安全管理工作，提高建筑行业安全管理的水平，仅靠建设行政主管部门开展工作，显然有点势单力薄。建设工程安全生产管理状况的改变，必须有政府与社会各界的广泛参与，必须有政策、法律、环境等多个方面的支持，就是要通过全社会的共同努力，提高安全意识，增强防范能力，大幅度地减少事故，为我国经济社会的全面、协调、可持续发展奠定坚实的基础。

2. 建筑法关于建筑安全生产管理的规定

《建筑法》中就安全生产的方针、管理体制、安全责任制度、安全教育培训制度等规定了有关部门和单位的安全生产责任。这些规定对强化安全生产管理、保证建筑工程的安全性能、保障职工及其相邻居民的人身和财产安全，具有非常重要的意义。

(1) 建筑安全生产管理方针和制度的规定。建筑工程安全生产管理必须坚持“安全第一、预防为主”的方针，建立健全安全生产责任制度和群防群治制度。安全第一是从保护和发展生产力的角度，表明在生产范围内安全与生产的关系，安全在建筑生产活动中处于首要的位置。预防为主是指在建筑生产活动中，针对建筑生产的特点对生产要素采取管理措施，有效地控制不安全因素的发展与扩大，把可能发生的事故消灭在萌芽状态，以保证生产活动中杜绝或减少人的不安全行为、物的不安全状态，使生产活动处于安全的环境中。安全生产责任制制度是建筑生产中最基本的安全管理制度，是所有安全规章制度的核心。安全生产制度既包括行业主管部门建立健全建筑安全生产的监督管理体系、制定建筑安全生产监督管理工作制度、组织落实各级领导分工负责的建筑安全生产责任制；又包括参与建筑活动各方特别是建筑施工企业的安全生产责任制；还包括施工现场的安全责任制。群防群治制度是在建筑安全生产中，充分发挥广大职工的积极性，加强群众性监督检查工作，以预防和治理建筑生产中的伤亡事故。工会组织要在监督执行安全生产和劳动保护法规方面，行使应有的权力；要加强劳动保护的宣传教育，组织职工广泛开展遵章守纪和预防事故的群众检查，发动群众搞好安全生产，保障职工安全健康的工作。

(2) 建筑工程设计单位的安全责任。建筑工程设计应当符合按照国家规定制定的建筑安全规程和技术规范，保证工程的安全性能。建筑工程的安全性能包括两层含义：

1) 在建造过程中的安全，主要是建筑施工过程中劳动者的安全。

2) 建成后的使用安全，主要是建筑物、构筑物寿命期内的安全。

(3) 建设单位的安全责任。建设单位应当向建筑施工企业提供与施工现场相关的地下管线资料，建筑施工企业应当采取措施加以保护。向建筑施工企业提供与施工现场相关的地下管线资料是建设单位应尽的义务，建设单位可以从城市建设档案馆等单位获得这些资料。

有下列情形之一的，建设单位应当按照国家有关规定办理申请批准手续：

1）需要临时占用规划批准范围以外场地的。

2）可能损坏道路、管线、电力、邮电通信等公共设施的。

3）需要临时停水、停电、中断道路交通的。

4）需要进行爆破作业的。

5）法律、法规规定需要办理报批手续的其他情况。

随着我国经济的发展和城乡居民生活条件的改善，房屋建筑的装饰装修活动的规模不断扩大，随意拆、改建筑主体结构和承重结构等现象屡见不鲜，严重危及建筑工程安全和人民生命财产安全。为规范装饰装修活动确保安全，《建筑法》规定涉及建筑主体和承重结构变动的装修工程，建设单位应当在施工前委托原设计单位或者具有相应资质条件的设计单位提出设计方案，没有设计方案的不得施工。

（4）施工单位的安全责任。

1）建筑施工企业在编制施工组织设计时，应当根据建筑工程的特点制定相应的安全技术措施；对专业性较强的工程项目，应当编制专项安全施工组织设计，并采取安全技术措施。

2）建筑施工企业应当在施工现场采取维护安全、防范危险、预防火灾等措施；有条件的，应当对施工现场实行封闭管理。施工现场对毗邻的建筑物、构筑物和特殊作业环境可能造成损害的，建筑施工企业应当采取安全防护措施。

3）建筑施工企业应当根据建设单位提供的与施工现场相关的地下管线资料，制定相应的安全技术措施对地下管线加以保护。

4）建筑施工企业应当遵守有关环境保护和安全生产方面的法律、法规的规定，采取控制和处理施工现场的各种粉尘、废水、废气、固体废物以及噪声、振动对环境的污染和危害的措施。

5）建筑施工企业必须依法加强对建筑安全生产的管理，执行安全生产责任制度，采取有效措施，防止伤亡和其他安全生产事故的发生。建筑施工企业的法定代表人对本企业的安全生产负责。

6）施工现场安全由建筑施工企业负责。实行施工总承包的，由总承包单位负责。分包单位向总承包单位负责，服从总承包单位对施工现场的安全生产管理。

7）建筑施工企业应当建立健全劳动安全生产教育培训制度，加强对职工安全生产教育培训；未经安全生产教育培训的人员，不得上岗作业。

8）建筑施工企业和作业人员在施工过程中，应当遵守有关安全生产的法律、法规和建筑行业安全规章、规程，不得违章指挥或者违章作业。作业人员有权对影响人身健康的作业程序和作业条件提出改进意见，有权获得安全生产所需的防护用品。专业人员对危及生命安全和人身健康的行为有权提出批评、检举和控告。施工中发生事故时，建筑施工企业应当采取紧急措施减少人员伤亡和事故损失，并按照国家有关规定及时向有关部门报告。

9）房屋拆除应当由具备保证安全条件的建筑施工单位承担，由建筑施工单位负责人对安全负责。

10）建筑意外伤害保险制度。施工企业必须为从事危险作业的职工办理意外伤害保险，支付保险费。建筑职工意外伤害保险是法定的强制性保险，也是保护建筑业从业人员合法权益，转移企业事故风险，增强企业预防和控制事故能力，促进企业安全生产的重要手段。建设部于 2003 年 5 月 23 日公布了《建设部关于加强建筑意外伤害保险工作的指导意见》（建质〔2003〕107 号），从九个方面对加强和规范建筑意外伤害保险工作做出了比较详尽的规定，明确了建筑施工企业应当为施工现场从事施工作业和管理的人员，在施工活动过程中发生的人身意外伤亡事故提供保障，办理建筑意外伤害保险、支付保险费，保险的范围应当覆盖整个工程项目。同时，还对保险期限、金额、保费、投保方式、索赔、安全服务及行业自保等都提出了指导性意见，其内容如下：

a. 建筑意外伤害保险的范围和保险期限。建筑施工企业应当为施工现场从事施工作业和管理的人员在施工活动过程中发生的人身意外伤亡事故提供保障，办理建筑意外伤害保险，支付保险费。范围应当覆盖工程项目。已在企业所在地参加工伤保险的人员，从事现场施工时仍可参加建筑意外伤害保险。各地建设行政主管部门可根据本地区实际情况，规定建筑意外伤害保险的附加险要求。保险期限应涵盖工程项目从开工之日到工程竣工验收合格日。提前竣工的，保险责任自行终止。因延长工期的，应当办理保险顺延手续。各地建设行政主管部门应结合本地区实际情况，确定合理的最低保险金额。最低保险金额要能够保障施工伤亡人员得到有效的经济补偿。施工企业办理建筑意外伤害保险时，投保的保险金额不得低于此标准。

b. 建筑意外伤害保险的投保和保险费。施工企业应在工程项目开工前，办理完投保手续。鉴于工程建设项目施工工艺流程中各工种调动频繁、用工流动性大等特点，施工企业投保应实行不记名和不计人数的方式。工程项目中有分包单位的由总承包施工企业统一办理，分包单位合理承担投保费用。业主直接发包的工程项目由承包企业直接办理投保手续。建设行政主管部门要强化监督管理，把在建工程项目开工前是否投保建筑意外伤害保险情况作为审查企业安全生产条件的重要内容之一；未投保的工程项目，不予发放施工许可证。投保人办理投保手续后，应将投保有关信息以布告形式张贴于施工现场，告之被保险人。

保险费应当列入建筑安装工程费用。保险费由施工企业支付，施工企业不得向职工摊派。施工企业和保险公司双方应本着平等协商的原则，根据各类风险因素商定建筑意外伤害保险费率，提倡采用差别费率和浮动费率。差别费率可与工程规模、类型、工程项目风险程度和施工现场环境等因素挂钩。浮动费率可与施工企业安全生产业绩、安全生产管理状况等因素挂钩。对重视安全生产管理、安全业绩好的施工企业可采用下浮费率；对安全生产业绩差、安全管理不善的施工企业可采用上浮费率。通过浮动费率机制，激励投保企业加强安全生产管理的积极性。

c. 建筑意外伤害保险的索赔。建筑意外伤害保险应规范和简化索赔程序，搞好索赔服务。建设行政主管部门要积极创造条件，引导投保企业在发生意外事故后立即向保险公司提出索赔，使施工伤亡人员能够得到及时、足额的赔付。各级建设行政主管部门应设置专门电话接受举报，凡被保险人发生意外伤害事故，企业和工程项目负责人隐瞒不报、不索赔的，要严肃查处。

d. 关于建筑意外伤害保险的安全服务。施工企业应当选择能提供建筑安全生产风险管理、事故防范等安全服务和有保险能力的保险公司投保，以保证事故前能主动防范、事故后能及时补偿。目前还不能提供安全风险管理和事故预防的保险公司，应通过建筑安全服务中介组织向施工企业提供与建筑意外伤害保险相关的安全服务。建筑安全服务中介组织必须拥有一定数量、专业配套、具备建筑安全专业知识和管理经验的专业技术人员。安全服务内容可包括施工现场风险评估、安全技术咨询、人员培训、防灾防损设备配置、安全技术研究等。施工企业在投保时可与保险机构商定具体服务内容。各地建设行政主管部门应积极支持行业协会或者其他中介组织开展安全咨询服务工作，大力培育建筑安全中介服务市场。

e. 建筑意外伤害保险行业的自保。一些国家和地区结合建筑行业高风险特点，采取建筑意外伤害保险行业自保或企业联合自保形式，并取得了一定的成功经验。有条件的省（自治区、直辖市）可根据本地的实际情况，研究探索建筑意外伤害保险行业自保。

（5）建筑安全生产行业管理与国家监察。我国实行企业负责、行业管理、国家监察和群众监督的安全生产管理体制。建设行政主管部门负责建筑安全生产的管理，并依法接受劳动行政主管部门对建筑安全生产的指导和监督。行业管理与国家监察两者分工明确、各司其职，从不同的角度共同做好安全管理工作。建设行政主管部门负责建筑安全生产的管理，既符合“管生产必须管安全”的原则，也符合国家确立的安全生产管理体制。劳动行政主管部门负责建筑安全生产的国家监察，指导和监督的对象、内容是建设行政主管部门是否执行国家劳动、安全法规和政策，而不是干预行业、企业内部执行劳动安全法规、政策的方法、措施和步骤等具体事务，更不能代替行业、企业的日常管理和安全检查。

3.2.5 建筑工程质量管理

《建筑法》确定了在建筑工程质量管理过程中的五项基本制度即：建筑工程政府质量监督制度、质量体系认证制度、质量责任制度、建筑工程竣工验收备案制度以及建筑工程质量保修制度。《建筑法》中所确立的建筑工程质量管理法律制度共涉及12个法律条文。建筑工程质量管理所涉及的行为主体包括了从事建筑活动的所有各方责任主体，包括建设单位、勘察设计单位、施工企业、建筑材料构配件和设备供应单位、建设监理单位。另外，根据《建筑法》制定的《建筑质量管理条例》等行政法规、规章将施工图审查机构和工程质量检测机构也列为责任主体，因此建筑工程质量的行为主体一般认为是七方。

3.2.5.1 建筑产品质量和质量管理的概念

质量是反映实体满足明确或隐含需要能力的特性总和。所谓“实体”，可以是活动或过程（如施工单位履行施工合同的过程）；也可以是活动或过程结果的有形产品（如办公楼、厂房、住宅等）或无形产品（如监理规划、监理实施细则）；也可以是某个组织体系或个人；以及以上各项的组合。因此，质量的含义有狭义、广义之分。狭义质量是指产品质量，即产品的使用价值；广义质量则是指一切质量，既包括产品质量、服务质量，也包括工作质量等。

建筑产品质量又称工程质量，是指建筑产品达到或能够满足社会和人民需要和标准所具有的特征。通常从其性能、适用性、安全性、可信性、可靠性、维修性、经济性、使用寿命、美观和环境协调等方面来体现。

工作质量是指与产品质量有关的工作优劣程度，或是对产品质量的保证程度，它涉及与产品质量形成有关的所有部门与人员，体现在一切生产、技术、经营活动中，并通过经营效果、生产效率、工作效率和产品质量集中地表现出来。

质量管理是指为了能够以最经济，最有效的手段进行设计、生产、服务，以生产出为社会和个人满意的产品所进行的设计、组织、监督、控制、协调等一系列活动和手段，是制定和实施质量方针的全部管理职能。质量管理是一项系统性活动，其内涵包括质量体系，质量控制和质量保证，其研究对象是质量职能和活动的客观规律。建筑产品质量是企业生产的最终成果，它取决于工序质量和工作质量；工作质量则是工序质量、产品质量和经济效果的保证和基础。质量管理是保证工作质量，建筑产品质量的有效手段。

3.2.5.2 建筑工程质量的标准化制度

《建筑法》第52条规定："建筑工程勘察、设计、施工的质量必须符合国家有关建筑工程安全标准的要求，具体管理办法由国务院规定。有关建筑工程安全的国家标准不能适应确保建筑安全的要求时，应当及时修订。"

工程建设标准，是指对各类工程的勘察、设计、施工、安装、验收等需要协调的事项所制定的标准，包括规范、规程。根据《标准化法》、《标准化实施条例》和建设部令第25号《工程建设行业标准管理办法》的规定，有关建筑工程安全标准是强制性的标准，而建筑工程质量最核心的是使用安全问题。因此，《建筑法》在第52条中特别强调了建筑工程安全标准，并授权国务院制定具体管理办法，而且要求在有关建筑工程安全标准不能适应确保建筑安全的要求时，应当及时修订。国家标准实施后，应当根据科学技术的发展和工程建设的需要，由标准的管理部门适时组织有关单位进行复审。复审一般在标准实施后5年进行一次。复审后，标准管理单位应当提出其继续有效或者予以修订的意见，经国家标准的主管部门确认后报国务院工程建设行政主管部门批准或备案。搞好工程建设标准化工作，对保障人身健康和人民生命财产安全、合理利用资源，保证和提高固定资产投资效益，确保建设工程质量和安全，促进建设工程技术进步，推广应用科学技术成果等方面，都具有重要作用。

3.2.5.3 建筑企业质量体系认证制度

《中华人民共和国产品质量法》(以下简称《产品质量法》)规定，国家根据国际通用的质量管理标准，推行企业质量体系认证制度。《建筑法》第53条也规定："国家对从事建筑活动的单位推行质量体系认证制度。从事建筑活动的单位根据自愿原则可以向国务院产品质量监督管理部门或者国务院产品质量监督管理部门授权的部门认可的认证机构申请质量体系认证。经认证合格的，由认证机构颁发质量体系认证证书。"其主要内容有以下几个方面。

1. 认证申请

根据自愿原则，企业可以申请企业质量体系认证，接受企业认证申请的部门是国务院产品质量监督管理部门或者国务院产品质量监督管理部门授权部门认可的认证机构。

2. 颁发证书

企业提出认证申请后，经认证合格的，由认证机构颁发企业质量体系认证证书。由于《产品质量法》不适用于建筑工程，因此，《建筑法》第 53 条对建筑企业质量体系的认证作了专门规定，使《建筑法》与《产品质量法》能够很好地衔接。建筑企业质量体系的认证内容与《产品质量法》规定的内容是相同的。

3. ISO9000 系列标准简介

1979 年国际标准化组织（ISO）成立了质量管理和质量保证标准技术委员会（简称 ISO/TC176）。经过近 10 年的努力，1987 年 3 月国际标准化组织正式发布了 ISO9000 系列标准，标准发布后很快受到了世界各地的欢迎，世界各国或地区纷纷等同或等效采用了该标准。我国先是在 1998 年 12 月颁布了等效采用 ISO 系列标准的 GB/TIO300 标准，并且之后为了更好地与国际经济接轨，又于 1992 年进一步等同采用了 ISO9000 系列标准 GB/T19000—ISO9000 系列标准，从而将 ISO9000 系列标准双编号为 GB/TIO300/T19000—ISO9000 系列标准作为国家标准。自 1990 年起，国际标准化组织质量管理和质量保证标准化技术委员会总结了各国实施系列标准的经验，汇集了实践中遇到的问题，对这些标准的结构、内容、要素和程序进行了认真的研究和修订工作，并于 1994 年 7 月 1 日正式公布了 ISO9000 系列标准 1994 年版，2000 年 12 月 15 日又发布了 2000 版。2000 版 ISO9000 族标准的结构大为简化，由原来的 20 多个标准合并为 4 项基本标准。

该系列标准从市场经济出发，提出并阐述了企业质量体系的原理、原则和一般应包括的质量要素，目的是帮助和指导企业单位建立，完善质量体系，提高企业质量意识和质量保证能力，提高企业质量管理水平。我国 2000 年 12 月 28 日等同发布了 2000 版 GB/ISO9000 系列标准。GB/T19000 系列实际应用标准通常是从 GB/T19000—ISO9000 起连续编号至 GB/T19001—ISO9004 的五个标准，即：GB/T19000—ISO9000《质量管理和质量保证——选择与使用指南》、GB/T19000—ISO9001《质量体系——设计、开发、生产、安装和服务的质量保证模式》、GB/T19002—ISO9002《质量体系——生产和安装的质量保证模式》、GB/19003—ISO9003《质量体系——最终检验和试验的质量保证模式》、GB/T19004—ISO9004《质量管理和质量体系要求——指南》。由上述五个标准所构成的系列标准可分为三种类型：

（1）指导性标准，即 GB/T19000—ISO9000 标准。

（2）质量保证模式标准，是指 GB/T19002—ISO9002、9003、9004 连续三个标准。

（3）基础性标准，即 GB/T19004—ISO9004 标准。

质量保证模式标准适用于合同环境下的外部质量保证，它为供需双方签订含有质量保证内容要求的合同提供了三种可选用的模式，而被选定的质量保证模式既可作为生产方（即第一方）质量保证工作的依据，也可作为需求方（即第二方）对生产方或提供进行质量体系评价的依据，还可以作为企业申请由法定的质量认证机构（所谓的第三方）进行质量认证的认证标准。

根据 ISO9000 系列标准的结构与用途，ISO9004 标准是建立各行业企业内部质量管理体系的共同标准，而在选用 ISO9001、ISO9002、ISO9003 质量保证模式标准建立企业外部质量保证体系时则会由于不同行业或企业所具体包含的生产经营要素不同而形成选用结论方面的不同。比如，对施工承包企业来说，ISO9001 标准通常为工程总承包企业所选用，而市政、施工（土建、安装、机械施工、装饰、防腐、防水）等不同企业一般选用的是 ISO9002 标准；至于施工企业下设的试验室、质监站、监理公司等单位则可以选择 ISO9003 标准。

ISO9000 系列标准对企业生产经营过程中的质量管理和质量保证工作具有很强的指导意义，有利于打破国际贸易壁垒，促进企业管理与国际接轨，有利于企业开拓市场。ISO9000 标准与全面质量管理一起构成了当代质量管理科学的主要内容。但是在对其进行实际应用的过程中还应切实注意该系列标准所具有的特点：①标准的目的是提供指导。质量管理和质量保证标准并不是质量管理工作标准化，而只是在于提供指导。②标准是规范的补充。即标准不能代替规范在产品质量形成中的作用。③灵活应用，内容可以调整。具体企业必须针对个体环境特点和各种主客观因素对质量标准所规定的质量体系要素，进行遴选并确定对其进行采用的程度，从而建立起一套既符合质量管理原理，又适合于本企业条件的最佳质量体系。④在我国 ISO9000 系列标准目前尚属于一套推荐性标准，并不要求强制执行，但是 ISO9000 系列标准一旦被合同条款所采用，则在该确定的范围之内所采用标准便成为具有法律效力的强制性标准。

3.2.5.4 建设工程的质量责任制度

工程质量控制是一个全面的质量控制要求，涉及建筑市场各方行为主体的职责，包括建设单位的质量控制，政府的质量控制，勘察设计、施工单位的质量控制，监理单位的质量控制，施工图审查和质量检测机构的质量控制。在所有七方责任主体中，尤以建设单位的质量控制对保证建设工程质量最为关键。

1. 建设单位的质量责任

建设单位的质量责任，在《建筑法》、《质量管理条例》和其他规章中都作了明确的规定，主要包括以下几个方面。

(1) 建设单位必须按照建设程序组织工程建设，应当先勘察、再设计、再施工，确保建设行为的依法性和科学性。

(2) 建设单位应当将工程发包给具有相应资质等级的单位。不得将建设工程肢解发包。

(3) 建设单位应当依法对工程建设项目的勘察、设计、施工、监理以及与工程建设有关的重要设备、材料等的采购进行招标；对其选择的设计、施工单位和负责供应的设备等原因发生质量问题承担相应责任。

(4) 建设单位应根据工程特点和技术要求，按照有关规定选择相应资质等级的勘察设计、施工单位、工程建设监理单位并签订书面建筑工程承包合同，明确合同双方的责任、权利和义务。

(5) 建设单位必须向有关的勘察、设计、施工、工程监理等单位提供与工程有关的原始资料，原始资料必须真实、准确、齐全。按照工程承包合同的规定由建设单位供应的用于工程的建筑构配件和设备、建筑材料等产品的质量，必须符合国家现行的法律、法规和技术标准的要求。

(6) 建设单位不得以任何理由，要求建筑设计单位或者建筑施工企业在工程设计或者施工作业中，违反法律、法规和建筑工程质量、安全标准，降低工程质量。建设工程发包单位不得迫使承包方以低于成本的价格竞标，不得任意压缩合理工期。建设单位不得明示或暗示设计单位或者施工单位违反工程建设强制性标准，降低工程质量。

(7) 建设单位应当将施工图设计文件报具有资质的图纸审查机构进行审查，未经审查或者审查不合格的施工图不得用于施工。建设单位应将图纸审查意见发给施工单位和工程监理单位，以便在施工中落实。

(8) 建设单位在领取施工许可证或者开工报告前，应当按照国家规定办理质量监督手续。

(9) 建设单位收到施工单位的建筑工程竣工报告后，应当在 7 日内组织设计、施工、工程监理等有关单位进行竣工验收。建筑工程必须经竣工验收合格后方可投入使用，未经验收或者验收不合格，不得投入使用。建筑工程竣工验收合格后 15 日内，建设单位应向县级以上人民政府建设行政主管部门进行备案。如果建设单位未经验收而提前使用，应承担相应责任。

(10) 建设单位应当严格按照国家有关档案管理的规定，及时收集、整理建设项目各环节的文件资料，建立、健全建设工程项目档案，并在建设工程竣工验收后，及时向建设行政主管部门或者其他有关部门移交建设项目档案。

2. 勘察、设计单位的质量责任

建筑工程的勘察、设计单位必须对其勘察、设计的质量负责，勘察、设计文件应当符合有关法律、行政法规的规定和建筑工程质量、安全标准，建筑工程勘察、设计技术规范以及合同的约定。设计文件选用的建筑材料、建筑构配件和设备，应当注明其规格、型号、性能等技术指标，其质量要求必须符合国家规定的标准。建筑设计单位对建设单位违反法律、行政法规和建筑工程质量、安全标准的要求应当拒绝；对设计文件选用的建筑材料、建筑构配件和设备，不得指定生产厂、供应商。据此勘察、设计单位应当承担的质量责任和义务有以下几个方面。

(1) 勘察、设计单位必须按照工程强制性标准进行勘察、设计，并对本单位编制的勘察设计文件的质量负责。

(2) 勘察、设计单位必须按照其企业资质等级允许的业务范围承揽勘察、设计任务，同时应当接受工程质量监督机构的监督检查。其出具的成果文件上应按规定加盖执业人员印章。

(3) 勘察设计单位应按照国家现行的有关规定、技术标准和合同进行勘察和设计，建立、健全质量保证体系，加强设计过程的质量控制，健全设计文件的审核人签字制度，参与图纸会审和做好设计文件的技术交底工作。

(4) 勘察单位提供的工程勘察文件应能反映工程地质、地形地貌、水文地质状况，评价准确，数据可靠。

(5) 设计单位的设计文件的深度，应满足相应设计阶段的技术要求。施工图应配套齐全，细部节点应交代清楚，标注说明应清晰、完整，注明合理使用年限。设计中选用的材料、设备等，应注明其规格、型号、性能、色泽等技术要求，并提出质量要求，但不得指定生产厂家。

(6) 对大、中型建设工程，超高层建筑以及采用新技术、新结构的工程，应在合同中规定设计单位向施工现场派驻设计代表。

(7) 工程勘察单位应参与建设工程事故的处理工作，并对因勘察原因造成的质量事故提出相应的技术处理方案。设计单位应当参与建设工程质量事故分析，并对因设计质量事故提出相应的技术处理方案。

(8) 勘察、设计单位必须按照施工图审查机构的审查意见对勘察、设计文件中违反工程强制性标准和规范情况进行修改和完善。

(9) 勘察、设计单位应当参与工程竣工验收，并出具建筑工程质量评估报告。

3. 施工企业的质量责任

(1) 建筑施工企业施工的基本要求。建筑施工企业对工程的施工质量负责。建筑施工企业施工时必须严格按照工程设计图纸和施工技术标准施工，不得偷工减料。施工单位必须按照其资质等级许可的业务范围承担相应工程的施工任务。严禁超越本企业资质等级及业务范围承包工程；应当接受工程质量监督机构的监督和检查。施工单位应当建立和健全质量保证体系，落实质量责任制，加强施工现场和施工过程的质量管理，加强计量、检测等基础性工作，抓好职工的教育培训，增强质量意识，提高企业素质和机械化作业水平，广泛采用新技术和适用技术，推广使用新工艺，提高劳动生产率，加强管理，保证工程施工质量。建筑施工企业在施工过程中发现的设计错误或者一些有利于提高工程质量、使用功能和社会经济效益的建议，可以向建设单位或者通过工程监理机构向建设单位提出，由建设单位与原设计单位联系，由原设计单位进行工程设计的修改，建筑施工企业不得也无权擅自修改工程设计。在具体实践中，建筑施工企业不能呆板地理解按照图施工这一基本原则，要本着对工程负责的态度执行统一原则。比如施工过程中如果发现某部位的设计存在缺陷，可以先停止该部位的施工，及时向监理或建设单位反映，待原设计单位复核或者出具工程设计变更后再继续按图施工。

建筑施工企业必须按照工程设计要求，施工技术标准、规范和合同的约定，对建筑材料、建筑构配件和设备进行检验，不合格的建筑材料、建筑构配件和设备不得使用。建筑施工企业对进入施工现场的建筑材料、建筑构配件和设备实行进场检验制度，是保障建筑工程质量的重要内容。因此建筑施工企业应对进场的建筑材料、建筑构配件和设备严把两道关。一是慎重地选择材料供应厂商。根据“贯标”的要求，一般情况下施工企业应建立合格材料供应商名录档案，向列入企业名录档案的合格供应商中采购材料，以防止不合格的材料流入施工现场，造成工程质量隐患。二是施工企业对于进场的材料应按照合同的约定，依据设计、技术标准和规范的要求进行检验。如在材料进场时根据进料计划、送料凭证、质量保证书或产品合格证，进行材料的数量和质量验收；验收工作应按质量验收规范和计量检测规定进行；验收内容包括品种、规格、型号、质量、数量、相关证件等；验收要做记录并办理验收手续；对不符合计划要求或者质量不合格的材料应拒绝验收。通过材料进场验收制度，杜绝假冒伪劣产品流入工地，防止现场材料质量不符合要求，为保证和提高工程施工质量提供前提条件。需要特别强调的是，根据承包合同约定，由建设单位提供的建筑材料，也应当履行上述验收程序，不能因为由建设单位提供的原因就可以降低质量标准和要求。建筑材料、建筑构配件和设备的质量是建筑工程施工质量的基础和前提，无法想象原材料不合格，却能建造出符合国家质量和安全标准的工程来。所以，施工单位一定要把住原材料这道关，施工单位对施工质量负责，这是《建筑法》规定的严格责任制度的必然要求。

（2）总承包单位与分包单位质量责任的承担。《建筑法》第 55 条规定："建筑工程实行总承包的，工程质量由工程总承包单位负责。总承包单位将建筑工程分包给其他单位的，应当对分包工程的质量与分包单位承担连带责任。分包单位应当接受总承包单位的质量管理。"第 29 条也规定："建筑工程总承包单位按照总承包合同的约定，对建设单位负责；分包单位按照分包合同的约定，对总承包单位负责。总承包单位和分包单位就分包工程对建设单位负责。"实际上，这两条规定的基本原则是一致的，第 55 条是从工程质量责任的角度，对总包单位、分包单位的质量责任的承担问题进行了更加明确的规定。建筑工程的总承包单位和分包单位作为建筑施工任务的最终完成者和工程实体质量的具体实施者和保证者，必须强化工程质量管理，并承担质量责任。根据建筑工程施工合同，建筑工程的施工质量应由合同一方当事人向另一方负责，即应由总承包单位向建设单位负责。尽管总承包单位选择的分包单位事先应征得建设单位的同意，但是分包单位也不会成为建筑施工总承包合同的当事人。因此建筑工程的施工质量只能由总承包单位负责，施工现场内的所有分包单位都必须也应当接受总承包单位的质量管理。

4. 建筑材料、构配件和设备供应单位的质量责任

建筑材料、构配件生产及设备供应单位的质量责任在《建筑法》中没有明确的、具体的条文规定，但是建筑材料、构配件和设备供应单位的质量责任必须符合《产品质量法》的规定。所以《建筑法》中虽然没有重复表述，并不说明其无需负质量责任，根据有关法律关于同位阶法律关系的规定，当需要落实和追究建筑材料、构配件生产及设备供应单位的质量责任时，应适用《产品质量法》的规定和其他相应法律法规的规定，这是法律间的相互关系和衔接问题。所以建筑材料、构配件生产及设备供应单位应对其生产或供应的产品质量负责。建筑材料、构配件生产及设备的供需双方应签订购销合同，并按合同条款进行质量验收。建筑材料、构配件生产及设备供应单位必须具备相应的生产条件、技术装备和质量保证体系，具备必要的检测人员和设备，严把产品看样、订货、储存、运输和核验的质量关。

建筑材料、构配件生产及设备供应单位不得生产国家明令淘汰的产品，不得伪造产地，不得伪造或冒用他人的厂名、厂址，不得伪造或冒用认证标志等质量标志，不得掺杂、掺假，不得以假充真、以次充好，不得以不合格产品冒充合格产品等。

（1）建筑材料、构配件及设备质量应当符合下列要求：

1）符合国家或行业现行有关技术标准规定的合格标准和设计要求。

2）符合在建筑材料、构配件及设备或其包装上注明采用的标准，符合以建筑材料、构配件及设备说明、实物样品等方式表明的质量状况。

（2）建筑材料、构配件及设备或者其包装上的标志应当符合下列要求：

1）有产品质量检验合格证明。

2）有中文标明的产品名称、生产厂家厂名和厂址。

3）产品包装和商标样式应符合国家有关规定和标准要求。

4）设备应有产品详细的使用说明书，电气设备还应附有线路图。

5）实施生产许可证或使用产品质量认证标志的产品，应有许可证或质量认证的编号、批准日期和有效期限。

5. 建筑工程竣工验收制度

竣工验收是建设工程生产组织管理的最后阶段，也是工程施工的最后一个环节。搞好建筑工程竣工验收工作，对确保工程质量，维护建筑市场秩序，保障工程使用者的合法权益，具有十分重要的意义。因此，《建筑法》对建筑工程竣工验收应具备的条件、未经验收或者验收不合格的法律后果作了明确的规定。同时，为了确保建筑工程质量，法律还规定了工程质量接受群众监督的内容。《建筑法》第 61 条规定，交付竣工验收的建筑工程，必须符合规定的建筑工程质量标准，有完整的工程技术经济资料和经签署的工程保修书，并具备国家规定的其他竣工条件。建筑工程竣工验收合格后，方可交付使用，未经验收或者验收不合格的，不得交付使用。第 63 条规定，任何单位和个人对建筑工程的质量事故、质量缺陷都有权向建设行政主管部门或者其他有关部门进行检举、控告、投诉。

关于建筑工程竣工验收的条件，在 2000 年 1 月 30 日国务院颁布的《建筑工程质量管理条件》和 2000 年 4 月 7 日建设部颁布的《房屋建筑工程和市政基础设施工程验收备案管理暂行办法》都有比较明确的规定，建筑工程竣工验收的条件、程序以及工程验收备案管理制度，将在第 6 章“工程建设安全生产管理与质量管理法规”中详细介绍，本节不再赘述。

6. 建筑工程质量保修制度

(1) 建筑工程质量保修制度是指建筑工程在办理交工验收手续后，在规定的保修期限内因勘察设计、施工、材料等原因造成的质量缺陷，应当由责任单位承担维修责任的一种制度。建筑工程质量保修制度是《建筑法》所确定的一项重要法律制度。建立健全完善的质量保修制度，对于促进承包单位加强质量管理，保护用户及消费者的合法权益不受损害，能起到重要的保障作用。这里所讲的质量缺陷是指建筑工程的质量不符合国家或者行业现行的工程建设强制性标准、有关技术标准、设计文件以及承包合同中对质量要求的规定。

(2) 关于建筑工程质量保修，《建筑法》中主要有两条，即第 60 条和第 62 条。《建筑法》第 60 条规定：“建筑物在合理使用寿命内，必须确保地基基础工程和主体结构的质量。建筑工程竣工时，屋顶、墙面不得留有渗漏、开裂等质量缺陷；对已发现的质量缺陷，建筑施工企业应当修复。”从严格意义上来讲，《建筑法》第 60 条的内容是关于建筑工程质量要求的规定，但是建筑工程的地基基础和主体结构都涉及建筑工程的结构安全，属于国家规定的强制性标准的范围，是政府质量监督、建设单位或监理单位检查的重点，也是建筑施工企业质量控制的关键，更是国家对建筑工程实行质量保修制度所确定的重点保修内容。因此，我们将《建筑法》第 60 条也列入本节内容。

《建筑法》第 62 条规定：“建筑工程实行质量保修制度。建筑工程的保修范围应当包括地基基础、主体结构工程、屋面防水工程和其他土建工程，以及电气管线、上下水管线的安装工程，供热、供冷系统工程等项目；保修的期限应当按照保证建筑物合理使用寿命年限内正常使用，维护使用者合法权益的原则确定。具体的保修范围和最低保修期限由国务院规定。”关于建筑工程质量保修的最低期限规定，将在第 6 章中详细介绍。

(3) 建筑工程质量保修责任。房屋建筑工程在保修范围和保修期限内出现质量缺陷，施工单位应当履行保修义务，并对造成的损失承担赔偿责任。房屋建筑工程在保修期限内出现质量缺陷，建设单位或者房屋建筑所有人应当及时向施工单位发出保修通知。施工单位接到保修通知后，应当到现场核查情况，在保修书约定的时间内予以保修。发生涉及结构安全或者严重影响使用功能的紧急抢修事故，施工单位接到保修通知后，应当立即到达现场抢修。发生涉及结构安全的质量缺陷的，建设单位或者房屋建筑所有人还应当立即向当地建设行政主管部门报告，采取安全防范措施，由原设计单位或者具有相应资质等级的设计单位提出保修方案，由施工单位实施保修，原工程质量监督机构负责监督。保修完成后，由建设单位或者房屋建筑所有人组织验收，涉及结构安全的，应当报当地建设行政主管部门备案。施工单位不按工程质量保修书约定保修的，建设单位可以另行委托其他单位保修，由原施工单位承担相应费用。

保修费用由质量缺陷的责任方承担，具体规定如下：

1) 因施工单位未按国家有关规范、标准和设计要求施工而造成的质量缺陷，由施工单位负责返修并承担经济责任。

2) 因设计原因造成的质量缺陷，由设计单位承担经济责任，由施工单位负责维修。其费用按有关规定通过建设单位向设计单位索赔，不足部分由建设单位负责。

3) 因建筑材料、构配件和设备质量不合格引起的质量缺陷，属于施工单位采购的或经其验收同意的，由施工单位承担经济责任；属于建设单位采购的，由建设单位承担经济责任。

4) 因使用单位使用不当造成的质量问题的，由使用单位自行负责。

5) 因地震、洪水、台风等不可抗力造成的质量问题，施工单位、设计单位不承担经济责任。

在保修期内，因房屋建筑工程质量缺陷造成房屋所有人、使用人或者第三方人身、财产损害的，房屋所有人、使用人或者第三方可以向建设单位提出赔偿要求，建设单位向造成房屋建筑工程质量缺陷的责任方追偿。因保修不及时造成新的人身、财产损害，由造成拖延的责任方承担赔偿责任。为了避免因保修不及时而给建设单位造成新的损失，有的地方（比如安徽省）规定“保修单位自接到（保修）通知之日起 3 个月内不能完成维修或者同一质量缺陷经维修 3 次仍影响使用的，工程所有者或者管理者报告建设工程质量监督机构同意后，可以自行维修，维修费用由责任单位承担”。

7. 建筑工程质量实行政府监督的制度

(1) 建筑工程质量监督管理体制。虽然《建筑法》中没有明确的条文规定，但对建筑工程的质量实行政府监督制度，仍然是《建筑法》所确定的一项基本法律制度。国务院建设行政主管部门对全国的建设工程质量实施统一监督管理，国务院铁路、交通、水利等有关部门按照国务院规定的职责分工，负责对全国有关专业建设工程质量的监督管理。县级以上地方人民政府建设行政主管部门对本行政区域的建设工程质量实施监督管理，县级以上地方人民政府交通、水利等有关部门在各自的职责范围内，负责对本行政区域内的专业建设工程质量的监督管理。政府对建筑工程的质量监督和管理主要体现在以下几个方面。

1）对建筑工程各方责任主体的资格认定和资质管理。

2）依据建筑法和其他法律法规、规章的要求，对建设领域的从业人员实行执业资格认定和管理。

3）制定和实施建设领域的国家和行业标准。

4）对建筑市场进行规划、控制、管理和协调。

(2) 建筑工程质量监督管理机构。从事房屋建筑工程和市政基础设施工程质量监督的机构，必须按照国家有关规定经国务院建设行政主管部门或者省、自治区、直辖市人民政府建设行政主管部门考核，经考核合格后，方可实施质量监督。建设工程质量监督工作由各省级建设主管部门委托的建筑工程质量监督站进行具体实施。建设工程质量监督机构是经省级以上建设行政主管部门或者有关专业部门考核认定的独立法人，建设工程质量监督机构接受县级以上地方人民政府建设行政主管部门或者有关专业部门的委托，依法对建设工程质量进行强制性监督，并对委托部门负责。

(3) 建筑工程质量监督。建筑工程质量监督是建设行政主管部门或其委托的质量监督机构根据国家的法律、法规和工程建设强制性标准，对责任主体和有关机构履行质量责任的行为以及工程实体质量进行监督检查，维护公众利益的行政执法行为。建筑工程质量监督的主要内容包括以下几个方面。

1）对责任主体和有关机构履行质量责任的行为的监督检查。

2）对工程实体质量进行监督检查。

3）对工程竣工验收的监督检查。

3.3 《建筑法》的修改

1997 年制定的《建筑法》针对当时建筑市场的实际情况和需要，主要对建筑工程从立项到竣工验收的各个环节和建筑工程质量安全等作出了规定。《建筑法》颁布实施以来工程质量整体水平稳中有升，建筑市场秩序趋于规范，安全形势逐步好转，重大质量安全事故有所减少，保障和促进了建筑业的快速发展；建筑业的快速发展，改善了城乡面貌，提高了人民的居住和生活水平，提供了大量就业岗位，促进了农村富余劳动力的转移，推动了国民经济发展和社会进步。总之，《建筑法》对这些成绩的取得发挥了重要的作用。

1.《建筑法》修改的必要性

在肯定成绩的同时，《建筑法》在实施中还存在一些不容忽视的问题。随着我国家社会主义市场经济体制的逐步确立和建筑业的迅速发展，建筑市场环境已经发生了重大变化，特别是我国加入 WTO 以后，国外建筑企业开始涌入，我国建筑企业走出国门，走向国际市场。市场环境的变化日益加快和复杂化，在这种情况下，建筑法的某些规定已明显不适应新形势的要求，不适应我国加入 WTO 后建筑业对外开放的要求，不适应民营企业大量增加和建筑业市场化、现代化的要求。

2.《建筑法》第 48 条的修改

为了与 2011 年 7 月 1 日开始施行的《中华人民共和国社会保险法》相协调，2011 年

4 月 22 日第十一届全国人民代表大会常务委员会第二十次会议决定将《建筑法》第 48 条修改为：“建筑施工企业应当依法为职工参加工伤保险缴纳工伤保险费。鼓励企业为从事危险作业的职工办理意外伤害保险，支付保险费。”

3.《建筑法》仍需探讨的问题

虽然 2011 年 4 月 22 日全国人大对《建筑法》的个别条款作了修改，但是《建筑法》本身的问题和不足依然存在，主要表现有以下 7 个方面。

(1)《建筑法》的适用范围偏窄，监督管理体制不顺。

(2) 缺少规范和监督建设单位行为的条款。

(3) 对解决拖欠工程款问题没有作出规定。

(4) 工程承、发包中总包和分包的规定已不适应现实情况。

(5) 缺少公共健康安全和建筑环境质量的条款。

(6) 法律责任的规定过于原则，缺乏可操作性。

(7)《建筑法》与《招标投标法》、《合同法》等相关的法律衔接不够等。

这些问题和不足，随着社会的发展，国家应当适时对其作相应修改。

复习思考题

1. 简述建筑法的调整对象和范围。

2. 建筑法的基本原则是什么？

3. 什么是建筑许可制度？具体包括哪几个方面的许可规定？申领施工许可证的程序是什么？

4. 为什么要规定建设单位的质量责任？具体责任有哪些？

5. 工程勘察单位的质量责任有哪些？

6. 总包单位和分包单位的质量责任是如何规定的？

7. 工程建设监理单位和材料设备供应单位对工程质量应承担哪些质量责任？

8. 简述建筑安全生产管理的基本制度。

9.《建筑法》规定了哪些法律制度？

10. 我国现行的《质量管理和质量保证》体系系列标准有哪些？

11. 建筑工程质量保修责任是如何规定的？

12. 保修费用的承担是怎样规定的？

13. 建筑材料、构配件及设备质量应当符合哪些要求？

14. 建筑施工企业施工的基本要求是什么？施工企业的质量责任有哪些？

15. 简述建筑产品质量和质量管理的概念。

16. 简述建筑工程质量监督管理的主要内容。

17. 什么是建筑意外伤害保险？

18. 简述我国安全生产工作格局。

第4章　招标投标法规

本章学习要点：

1. 掌握《招标投标法》的基本原则。
2. 掌握《招标投标法》关于招标的主要规定。
3. 掌握《招标投标法》关于投标的主要规定。
4. 掌握《招标投标法》关于开标、评标和中标的主要规定。

建筑工程招投标，是在市场经济条件下进行工程建设项目的发包与承包时，所采用的一种交易方式。为了规范这种交易方式，确立招投标的法律制度，是十分必要的。1999年8月30日颁布的《中华人民共和国招标投标法》（以下简称《招标投标法》），标志着我国的招投标活动在法制的轨道上，迈入了一个规范、公平竞争的崭新阶段。目前，与国外相比我国的招投标法律制度还处于实施的起始阶段，其现实和长远意义必将在今后的实施中进一步显现出来。

4.1　《招标投标法》的基本原则

4.1.1　必须招标投标的建设工程项目

强制招标，是指法律、法规规定某些特定类型的采购项目，凡是达到规定的规模标准的，必须通过招标进行采购；否则采购单位要承担法律责任。这一做法早已成为国际惯例。国际经验表明，强制性招标是发展国民经济的一项重要的制度保证。

4.1.1.1　我国当前推行强制性招标可以带来的好处

（1）减少国有资产的投资风险，避免投资浪费，提高经济效益。

（2）为民主、科学的投资决策提供保障，防止市场竞争中由盲目性、随意性、自发性所带来的决策失误。

（3）能够有效扼制投资领域的不正之风和贪污腐败行为。

（4）为所有符合条件的供应商、承包商提供公开、公平、公正的竞争环境，保证招标者能够择优确定投标人，保证采购的质量。

（5）有利于打破采购供应领域的地方、行业、部门的垄断及保护政策。

4.1.1.2　工程建设项目招标的范围

工程建设项目招标的范围有两大类：一是《招标投标法》明确规定必须进行招标的项目；二是依照其他法律或者国务院的规定必须进行招标的项目。

1.《招标投标法》明确规定必须进行招标的项目

在中华人民共和国境内进行下列工程建设项目，包括项目的勘察、设计、施工、监理以及与工程建设项目有关的重要设备、材料等的采购，必须进行招标。

（1）大型基础设施、公用事业等关系社会公共利益、公共安全的项目。

（2）全部或者部分使用国有资金投资或者国家融资的项目。

（3）使用国际组织或者外国政府贷款、援助资金的项目。

2.《工程建设项目招标范围和规模标准规定》关于招标的规定

为了增加强制招标工作的可操作性，根据《招标投标法》的授权，国家发展计划委员会（现国家发展改革委）2000 年 5 月 1 日制定了《工程建设项目招标范围和规模标准规定》（以下简称《规定》）。该《规定》第 2 条至第 7 条确定了必须进行招标的工程建设项目的具体范围和规模标准。

（1）关系社会公共利益、公众安全的基础设施项目的范围包括：

1）煤炭、石油、天然气、电力、新能源等能源项目。

2）铁路、公路、管道、水运、航空以及其他交通运输业等交通运输项目。

3）邮政、电信枢纽、通信、信息网络等邮电通信项目。

4）防洪、灌溉、排涝、引（供）水、滩涂治理、水土保持、水利枢纽等水利项目。

5）道路、桥梁、地铁和轻轨交通、污水排放及处理、垃圾处理、地下管道、公共停车场等城市设施项目。

6）生态环境保护项目。

7）其他基础设施项目。

（2）关系社会公共利益、公众安全的公用事业项目的范围包括：

1）供水、供电、供气、供热等市政工程项目。

2）科技、教育、文化等项目。

3）体育、旅游等项目。

4）卫生、社会福利等项目。

5）商品住宅，包括经济适用住房。

6）其他公用事业项目。

（3）使用国有资金投资项目的范围包括：

1）使用各级财政预算资金的项目。

2）使用纳入财政管理的各种政府性专项建设基金的项目。

3）使用国有企业事业单位自有资金，并且国有资产投资者实际拥有控制权的项目。

（4）国家融资项目的范围包括：

1）使用国家发行债券所筹资金的项目。

2）使用国家对外借款或者担保所筹资金的项目。

3）使用国家政策性贷款的项目。

4）国家授权投资主体融资的项目。

5）国家特许的融资项目。

（5）使用国际组织或者外国政府资金的项目的范围包括：

1）使用世界银行、亚洲开发银行等国际组织贷款资金的项目。

2）使用外国政府及其机构贷款资金的项目。

3）使用国际组织或者外国政府援助资金的项目。

以上规定范围内的各类工程建设项目，包括项目的勘察、设计、施工、监理以及与工程建设有关的重要设备、材料等的采购，达到下列标准之一的，必须进行招标：施工单项合同估算价在 200 万元人民币以上的；重要设备、材料等货物的采购，单项合同估算价在 100 万元人民币以上的；勘察、设计、监理等服务的采购，单项合同估算价在 50 万元人民币以上的；单项合同估算价虽低于上述三项规定的标准，但项目总投资额在 3000 万元人民币以上的。

4.1.1.3 法律或者国务院规定的其他必须进行招标的项目

随着招标投标制度的建立和完善，我国实行招标投标制度的领域将逐步扩大，必须依法采用招标采购方式的项目，并非仅限于工程建设项目。例如，《招标投标法》规定以外的属于政府采购范围内的其他大额采购，也应纳入强制招标的范围，对此将在以后出台的政府采购法中作出规定。为此，《招标投标法》第 3 条第 3 款规定，法律或者国务院对必须进行招标的其他项目的范围有规定的，按照其规定。但应指出，其他法律或国务院规定实行强制招标采购的项目，在招标投标的规则和程序方面，都应适用《招标投标法》的规定。

4.1.2 招标投标活动的基本原则

1. 公开原则

公开原则就是要求招标投标活动具有高度的透明度，实行公开招标信息、公开开标、公开中标结果，使每一个投标人获得同等的信息，知悉招标的一切条件和要求。采用公开招标方式，应当发布招标公告，依法必须进行招标的项目的招标公告，必须通过国家指定的报刊、信息网络或者其他公共媒介发布。无论是招标公告、资格预审公告，还是投标邀请书，都应当载明大体满足潜在投标人决定是否参加投标竞争所需要的信息。

2. 公平原则

公平原则就是要求招标人严格按照规定的条件和程序办事，给予所有投标人平等的机会，使其享有同等的权利并履行相应的义务，不歧视任何一方。招标人不得以任何方式限制或者排斥本地区、本系统以外的法人或者其他组织参加投标。

3. 公正原则

在招标投标活动中招标人的行为应当公正，对所有的投标竞争者都应平等对待，不能有特殊。特别是在评标时，评标标准应当明确、严格，对所有在投标截止日期以后送到的投标书都应拒收，与投标人有利害关系的人员都不得作为评标委员会的成员。招标人和投标人双方在招标投标活动中的地位平等，任何一方不得向另一方提出不合理的要求，不得将自己的意志强加给对方。

4. 诚实信用原则

诚实信用原则就是要求招标投标当事人应以诚实、守信的态度行使权利，履行义务，处理自身利益与社会利益的关系。不得有欺骗、背信的行为。诚实信用是民事活动的一项基本原则，招标投标活动是以订立采购合同为目的的民事活动，当然也应遵循这一原则。

5. 强制招标与自愿招标相结合的原则

《招标投标法》、《工程建设项目招标范围和规模标准规定》等法律、法规和规章都对强制招标的范围和规模作出了明确规定，必须遵守。同时，《招标投标法》、《工程建设项目施工招标投标办法》等法律、法规和规章对可以不招标的项目作出了明确的规定。因此，我国招标投标是采用强制招标与自愿招标相结合的原则。

(1)《招标投标法》关于可以不进行招标的项目。《招标投标法》第 66 条、第 67 条规定，涉及国家安全、国家秘密、抢险救灾或者属于扶贫资金实行以工代赈、需要使用农民工等特殊情况，不适宜进行招标的项目，按照国家有关规定可以不进行招标。使用国际组织或者外国政府贷款、援助资金的项目进行招标，贷款方、资金提供方对招投标的具体条件和程序有不同规定的，可以适用其规定，但违背中华人民共和国的社会公共利益的除外。

(2)《工程建设项目施工招标投标办法》对不进行招标的项目的规定。2003 年 3 月 8 日原国家计委（现国家发展改革委）、建设部等 7 部委联合发布的《工程建设项目施工招标投标办法》，进一步明确了如下可以不进行施工招标的项目。

1) 涉及国家安全、国家秘密或者抢险救灾而不适宜招标的。

2) 属于利用扶贫资金实行以工代赈需要使用农民工的。

3) 施工主要技术采用特定的专利或者专有技术的。

4) 施工企业自建自用的工程，且该施工企业资质等级符合要求的。

5) 在建工程追加的附属小型工程或者主体加层工程，原中标人仍具备承包能力的。

6) 法律、行政法规规定的其他情形。

但是上述工程建设项目，按规定需要审批的，必须经审批部门批准后方可不进行施工招标。

6. 开放竞争的原则

招标投标是市场经济体制的产物，其最大的特点就是通过充分竞争，使生产要素得以在不同部门、地区之间自由流动和合理组合，从而满足招标人获得质优价廉的货物、工程和服务的要求。因此，必须建立开放竞争的运行规则，不得设置任何形式的限制、垄断或干涉。《招标投标法》第 6 条规定："依法必须进行招标的项目，其招标投标活动不受地区或者部门的限制。任何单位和个人不得违法限制或者排斥本地区、本系统以外的法人或者其他组织参加投标，不得以任何方式非法干涉招标投标活动。"

4.2 招　　标

4.2.1 招标程序

招标程序主要包括：招标人办理审批手续、发布招标广告或投标邀请书、进行资格预审、编制招标文件、编制标底（如果有）、组织投标人现场踏勘、招标文件的澄清或者修改、接受投标书、开标、评标、定标签发中标通知书、签订合同等环节。招标分为公开招标和邀请招标：公开招标是指招标人以招标公告的方式邀请不特定的法人或者其他组织投标；邀请招标是指招标人以投标邀请书的方式邀请特定的法人或者其他组织投标。

1. 招标人办理审批手续

根据《招标投标法》第 3 条规定，强制招标的范围包括大型基础设施、公用事业项目，全部或部分国有资金投资、或者国家融资的项目，使用国际组织或外国政府贷款、援助资金的项目，以及法律、国务院规定必须招标的其他项目。这些项目必须经有关部门审核批准，并且建设资金已经落实后，才能招标。此外，对于不属强制招标的范围，但是法律、法规、规章明确应当审批的项目，也必须履行审批手续。

2. 招标人发布招标公告或投标邀请书

招标人采用公开招标方式的，应当发布招标公告。依法必须进行招标的项目的招标公告，应当通过国家指定的报刊、信息网络或者其他媒介发布。招标公告应当载明招标人的名称、地址、招标项目的性质、数量、实施地点和时间以及获取招标文件的办法等事项。招标人采用邀请招标方式的，投标邀请书应当载明招标公告规定的事项。

建设工程项目施工招标公告或者投标邀请书应当至少载明下列内容：①招标人的名称和地址；②招标项目的内容、规模、资金来源；③招标项目的实施地点和工期；④获取招标文件或者资格预审文件的地点和时间；⑤对招标文件或者资格预审文件收取的费用；⑥对招标人资质等级的要求等。

3. 招标人对投标人的资格审查

资格预审是招标人对投标人的财务状况、技术能力等方面事先进行的审查，以确保参加投标人有投标能力。资格预审主要从法律、技术及资金等方面对招标人的资格进行审查。具体地说，就是审查投标人的法律资格、财务能力、机械设备条件、技术水平、施工经验、工程信誉等方面的有关情况。《招标投标法》第 18 条规定："招标人可以根据招标项目本身的要求，在招标公告或者投标邀请书中，要求潜在投标人提供有关资质证明文件和业绩情况，并对潜在投标人进行资格审查；国家对投标人的资格条件有规定的，依照其规定。招标人不得以不合理的条件限制或者排斥潜在投标人，不得对潜在投标人实行歧视待遇。"

设定资格审查程序是为了在招标过程中剔除资格条件不适合承担或履行合同的潜在投标人或投标人。资格审查应主要审查潜在投标人或者投标人是否符合下列条件：①具有独立订立合同的权利；②具有履行合同的能力（包括专业、技术资格和能力）资金、设备和其他物质设施状况，管理能力，经验、信誉和相应的从业人员；③没有处于被责令停业，投标资格被取消，财产被接管、冻结，破产状态；④在最近 3 年内没有骗取中标和严重违约及重大工程质量问题；⑤法律、行政法规规定的其他资格条件。

资格审查可分为资格预审和资格后审。资格预审是在投标前对潜在投标人进行的审查；资格后审是在开标后对投标人进行的资格审查。进行资格预审的，一般不再进行资格后审，但招标文件另有规定的除外。资格审查时，招标人不得改变载明的资格条件或者以没有载明的资格条件对潜在投标人或者投标人限制。

采取资格预审的，招标人应当在资格预审文件中载明资格预审的条件、标准和方法。经资格预审后，招标人应当向资格预审合格的潜在投标人发出资格预审合格通知书，告知获取招标文件的时间、地点和方法，并同时向资格预审不合格的潜在投标人告知资格预审结果。资格预审不合格的潜在投标人不得参加投标，对于已经通过资格预审的投标人，招标人应当向其颁发招标文件。

采取资格后审的，招标人应当在招标文件中载明对投标人资格要求的条件、标准和方法，经资格后审不合格的投标人不能成为中标人。

4. 招标文件的编制

招标人应当根据招标项目的特点和需要编制招标文件。招标文件应当包括招标项目的技术要求、对投标人资格审查的标准、投标报价要求和评标标准等所有实质性要求和条件，以及拟签订合同的主要条款。国家对招标项目的技术、标准有规定的，招标人应当按照其规定在招标文件中提出相应要求，招标文件规定的各项技术标准应符合国家强制性标准。

工程建设项目施工招标文件一般包括下列内容：①投标邀请书；②投标人须知。包括工程概况、招标范围，资格审查条件，工程资金来源或者落实情况，标段划分，工期要求，质量标准，现场踏勘和答疑安排，投标文件编制、提交、修改、撤回的要求，投标报价要求，投标有效期，开标的时间和地点等；③合同主要条款；④投标文件格式；⑤采用工程量清单招标的，应当提供工程量清单；⑥技术条款；⑦设计图纸；⑧评标标准和方法；⑨投标辅助材料。

招标人可以要求投标人在提交符合招标文件规定要求的投标文件外，提交备选投标方案，但应当在招标文件中作出说明，并提出相应的评审和比较办法。招标人应当在招标文件中规定实质性要求和条件，并用醒目的方式标明。招标文件不得要求或者标明特定的生产供应者以及含有倾向或者排斥潜在投标人的其他内容。

施工招标项目需要划分标段、确定工期的，招标人应当合理划分标段、确定工期，并在招标文件中载明。对工程技术上紧密相连、不可分割的单位工程不得分割标段。招标人不得以不合理的标段或工期限制或者排斥潜在投标人或者投标人。

5. 标底编制

招标人可根据项目特点决定是否编制标底，招标项目可以不设标底，进行无标底招标，设有标底的招标项目，招标人应当编制标底。标底是我国工程招标中的一个特有概念，标底既是招标人对该工程的预期价格，也是评标的依据。招标项目编制标底的，应根据批准的初步设计、投资概算，依据有关计价办法，参照有关工程定额，结合市场供求状况，综合考虑投资、工期和质量等方面的因素合理确定。标底由招标人自行编制或委托中介机构编制，标底编制过程和标底必须保密，任何单位和个人不得强制招标人或报审标底，或干预其确定标底，一个工程只能编制一个标底。

招标标底编制的依据为：① 国务院和省、自治区、直辖市人民政府建设行政主管部门制定的工程造价计价办法以及其他规定；② 市场价格信息。与招标标底相对应的投标报价应当满足招标文件要求，投标报价应当依据企业定额和市场价格信息，并按照国务院和省、自治区、直辖市人民政府建设行政主管部门发布的工程造价计价办法进行编制。

6. 组织现场踏勘

招标人根据招标项目的具体情况。可以组织潜在招标人踏勘现场。设置这一程序的目的，一方面是让投标人了解工程项目的现场条件、自然条件、施工条件以及周围环境条件，以便于编制投标报价；另一方面也是要求投标人通过自己的实际考察，来确定投标原则和决定投标策略，避免合同履行过程中投标人以不了解现场情况为由推卸应承担的合同责任。

招标人组织踏勘现场时，应介绍工程现场和相关环境的有关情况，由潜在投标人依据招标人介绍情况独立作出判断和决策，招标人不得单独或者分别组织任何一个投标人进行现场踏勘。踏勘现场所发生的费用由投标人自行负担。

7. 招标答疑

对于潜在投标人在阅读招标文件和现场踏勘中提出的疑问，招标人可以书面形式或召开投标预备会的方式解答，但需同时将解答以书面方式通知所有购买招标文件的潜在投标人，该解答的内容为招标文件的组成部分。招标答疑应在现场踏勘后进行。因为投标人可能会对现场情况也提出疑问。

8. 招标文件的澄清或者修改

招标人对已发出的招标文件进行必要的澄清或者修改的，应当在招标文件要求提交投标文件截止日期至少15日前，以书面形式通知所有招标文件收受人，该澄清或者修改的内容为招标文件的组成部分。招标人应当确定投标人编制投标文件所需要的合理时间，依法必须进行招标的项目，自招标文件开始发出之日起至投标人提交文件截止之日止，最短不得少于20日。

4.2.2 自主招标与代理招标

4.2.2.1 自主招标

《招标投标法》第12条规定："招标人具有编制招标文件和组织评标能力的，可以自行办理招标事宜。任何单位和个人不得强制其委托招标代理机构办理招标事宜。依法必须进行招标的项目，招标人自行办理招标事宜的，应当向有关行政监督部门备案。"

2000年7月1日原国家计委（现国家发展改革委）颁布的《工程建设项目自行招标试行办法》规定，招标人自行办理招标事宜，应当具有编制招标文件和组织评标的能力，具体包括：①具有项目法人资格（或者法人资格）；②具有与招标项目规模和复杂程度相适应的工程技术、概预算、财务和工程管理等方面的专业技术力量；③有从事同类工程建设项目招标的经验；④设有专门的招标机构或者拥有3名以上专职招标业务人员；⑤熟悉和掌握招标投标法及有关法规规章。

招标人自行招标的，法人或者项目法人应当在上报项目可行性研究报告时，一并报送下列书面材料：①项目法人营业执照、法人证书或者项目法人组建文件；②与招标项目相适应的专业技术力量情况；③内设的招标机构或者专职招标业务人员的基本情况；④拟使用的专家库情况；⑤以往编制的同类工程建设项目招标文件和评标报告，以及招标业绩的证明材料；⑥其他材料。国家计委（现国家发展改革委）审查招标人报送的书面材料，核准招标人符合《工程建设项目自行招标试行办法》规定的自行招标条件的，招标人可以自行办理招标事宜。

4.2.2.2 代理招标

招标人如果不具备自行招标条件时，应当采用代理招标的方式。

1. 代理招标和招标代理机构

所谓代理招标，是指招标代理机构接受招标人的委托，代为办理招标事宜。招标代理机构是"依法设立、从事招标代理业务并提供相关服务的社会中介组织"。这里有几层含义。

(1) 招标代理机构的性质既不是一级行政机关，也不是从事生产经营的企业，而是以自己的知识、智力为招标人提供服务的独立于任何行政机关之外的组织。它可以以多种组织形式存在，如可以是有限责任公司，也可以是合伙制企业等。从我国目前情况看，自然人一般不能从事招标代理业务。

(2) 招标代理机构必须依法设立。各种社会组织，由于其性质、业务经营范围不同，其成立的程序也有所不同，但都必须依法成立。即机构的设立目的和宗旨要符合国家和社会公共利益的要求；组织机构、设立方式、经营范围、经营方式要符合法律的要求；依照法律规定的审核和登记程序办理有关成立手续，并应依法取得招标代理资质。2000 年 6 月 30 日建设部第 79 号令发布了《工程建设项目招标代理机构资格认定办法》，对招标代理机构的申请设立程序作了具体规定。

(3) 招标代理机构必须依法从事招标代理业务并提供相关服务。其主要业务包括：为招标人编制招标文件、审查投标人的资质、组织评标活动、协调招标人与中标人的关系、提供与招标活动有关的咨询、代书及其他服务性工作。招标代理机构可根据自己提供服务量的大小，向招标委托人收取一定的费用。

2. 招标代理机构应当具备的条件

根据《工程建设项目招标代理机构资格认定办法》第 7 条的规定，申请工程招标代理机构资格的单位应当具备下列条件：①是依法设立的中介组织；②与行政机关和其他国家机关没有行政隶属关系或者其他利益关系；③有固定的营业场所和开展工程招标代理业务所需设施及办公条件；④有健全的组织机构和内部管理的规章制度；⑤具备编制招标文件和组织评标的相应专业力量；⑥具有可以作为评标委员会成员人选的技术、经济等方面的专家库。

3. 招标代理机构的资格认定

资格是从事某种活动应具备的条件。法律规定对招标代理机构进行资格认定，也是规范招标行为，保证招标代理机构有足够的能力从事招标业务的措施。招标业务的性质不同决定了招标代理机构业务范围的不同以及招标代理机构资格认定部门的不同。《招标投标法》第 14 条规定了招标代理机构资格认定的基本原则。从事工程建设项目招标代理业务以外的其他代理业务的招标代理机构，其资格由国务院规定的主管部门认定。鉴于工程建设项目的特殊性，法律特别规定了从事工程建设项目招标代理业务的招标代理机构，其资格认定由国务院以及省级建设行政主管部门负责。

《工程建设项目招标代理机构资格认定办法》规定，从事工程建设项目招标代理业务的机构，必须依法取得国务院建设行政主管部门或者省、自治区、直辖市建设行政主管部门认定的工程建设项目招标代理机构资格。

工程招标代理机构资格分为甲、乙两级。甲级工程招标代理机构资格按行政区划，由省、自治区、直辖市人民政府建设行政主管部门初审，报国务院建设行政主管部门认定。乙级工程招标代理机构资格由省、自治区、直辖市人民政府建设行政主管部门认定，报国务院建设行政主管部门备案。国务院建设行政主管部门将认定的甲级工程招标代理机构名单在认定后的 15 日内通报国务院发展计划部门和有关部门。工程招标代理机构资格的认定实行公示制度。

4. 招标代理机构的业务范围和内容

工程招标代理机构可以跨省、自治区、直辖市承担工程招标代理业务。任何单位和个人不得限制或者排斥工程招标代理机构依法开展工程招标代理业务。

招标代理机构应当在招标人委托的范围内承担招标事宜。招标代理机构可以在其资格等级范围内承担下列招标事宜：①拟订招标方案，编制和出售招标文件、资格预审文件；②审查投标人资格；③编制标底；④组织投标人踏勘现场；⑤组织开标、评标，协助招标人定标；⑥草拟合同；⑦招标人委托的其他事项。

5. 招标代理机构的管理

招标代理机构不得无权代理、越权代理，不得明知委托事项违法而进行代理；不得接受同一招标项目的投标代理和投标咨询业务；未经招标人同意，不得转让招标代理业务。

招标代理机构与招标人应当签订书面委托合同，并按国家计委 2002 年 10 月 15 日颁发的《招标代理服务收费管理暂行办法》收取代理费。

4.3 投　　标

4.3.1 投标的要求

1. 投标文件内容

《招标投标法》规定："投标文件应当对招标文件提出的实质性要求和条件作出响应。"投标文件对招标文件的响应，是指对招标项目的价格、建设工期、工程质量等级、主要材料消耗量、降低工程成本措施、合同的主要条款等实质性内容做出明确响应，并不得遗漏、回避。更不能对招标文件进行修改或提出任何附带条件。对于建设工程施工招标，投标文件还应当包括拟派出的项目负责人（即项目经理）与主要工程技术人员的简历、业绩和拟用于完成工程项目的主要机械设备等内容。投标人拟在中标后将中标项目的部分非主体、非关键性工作进行分包的应在投标文件中载明。

凡是准备对招标文件提出的实质性要求和条件做出响应、参与投标竞争的投标人，应按照招标公告或招标邀请书的规定及时购买招标文件，并对招标文件做认真研究，以确定投标策略并分析一旦中标后的利弊关系。一般情况下需要认真研究以下几个方面的因素。

（1）考虑本企业是否有足够的资源承接该招标项目。

（2）应考察招标人可靠程度及项目资金来源的真实性。

（3）考察招标文件中的风险因素及承担该项目可能承担的风险大小。

（4）确定由自己单独投标还是与其他企业组成联合体投标。

（5）估算完成该招标项目的成本，制定实施项目的方案及核算项目的工程量等。

（6）研究招标文件中的招标项目综合说明及招标人列举的投标注意事项。

认真研究招标文件十分重要，因为这关系到投标人编制的投标文件是否符合招标人的要求。投标人通过研究招标文件，也可以对招标项目有概括性的了解，对招标项目发包范围、承发包方式，主要材料的供应办法、价款结算方式、计划开工、竣工日期及一些具体规定有较全面的认识，从而力求做到有的放矢，提高编制的投标文件的质量。

2. 投标人的权利和义务

（1）投标人享有的权利。

1）与其他投标竞争者平等地获得有关该招标项目信息的权利。

2）要求招标人就其在招标文件阐述不清或存在矛盾的问题予以说明的权利。

3）投标人根据自己的经营状况和掌握的市场信息，有自己确定投标报价的权利。

4）投标人根据自己的经营状况有权参与投标竞争或拒绝参与投标竞争的权利。

5）投标人有权对要求达到优良等级的工程实行优质优价。

6）依法检举、控告招标过程中出现的违法、违纪行为的权利。

（2）投标人承担的义务。

1）保证向招标人提交的投标文件的真实性。

2）对招标人或招标代理机构就投标文件提出的问题予以说明。

3）在法律法规规定或招标人要求的情况下提供投标保证金或其他形式的担保。

4）中标后与招标人签订并履行合同，非经招标人同意不得分包合同，更不得转让合同。

因此，投标单位对招标人在招标文件中没有交代清楚，或招标文件中相互矛盾之处有权在招标人召开的答疑会上提出，要求招标人进一步解释或说明。投标人可将此种解释或说明作为编制投标文件的依据。在招标人没有做出明确解释或说明的情况下，投标人仍应按照招标文件的原有内容要求编制标书，但可以在标书内加以必要的说明。例如，如果招标文件有“因材料供应不及时工期不顺延”的条款，投标人可要求招标人说明“若是由招标人负责供应的材料供应不及时，其工期是否可以延长？”招标人出于自己的考虑或为了对投标人提出的问题进行澄清，也可以对招标文件用补充的方式进行修正，但修正的通知必须在投标截止日之前的合理期间书面通知所有投标人。

投标人编制的投标文件是招标人进行评标、定标的依据，也是中标后投标招标双方签订合同的依据。它既决定着投标人能否在竞争中中标，又决定着投标人能否通过其后的合同履行获取预期的经济效益。因此，投标人必须针对招标文件中的实质性要求进行认真研究、确定投标策略，并结合自身条件提出合理的、易于为招标人接受的报价及具有吸引力的优惠条件，以期击败其他投标竞争对手，最终获得该招标项目的承建权。

3. 投标时间的要求

《招标投标法》规定，投标文件应在招标文件规定的截止时间前送达指定投标地点，在截止时间后送达的投标文件，招标人应当拒收。因此，以邮寄方式送交投标文件的，投标人应留出足够的邮寄时间，以保证投标文件在截止时间前送达。另外，如发生地点方面的错送、误送，其后果皆由投标人自行承担。投标人对投标文件的补充、修改、撤回通知，也必须在招标文件所规定的截止时间前送达规定地点。

4. 投标行为的要求

（1）保密要求。由于投标是一次性的竞争行为，为保证其公正性，就必须对当事人各方提出严格的保密要求。投标文件及其修改、补充的内容都必须在投标截止前以密封的形式送达，招标人签收后必须原样保存，开标前不得开启。对于标底和潜在投标人的名称、数量以及可能影响公平竞争的其他有关招标投标的情况，招标人必须保密，不得向他人透露。

（2）报价要求。《招标投标法》规定："投标人不得以低于成本的价格报价、竞标。"投标人以低于成本的价格报价，是一种不正当的竞争行为，他一旦中标，必然会采取偷工减料、以次充好等非法手段来避免亏损，以求得生存。这将严重破坏社会主义市场经济秩序，给社会带来隐患，必须予以禁止。但投标人从长远利益出发，放弃近期利益，不计算利润，仅以成本价投标，这是合法的竞争手段、法律是予以保护的。这里所说的成本，指的是企业个别成本，而不是社会平均成本，并要综合考虑各种价格差别因素。

（3）诚实信用。《招标投标法》规定："投标人不得相互串通投标；不得与招标人串通投标，损害国家利益、社会公共利益和他人合法利益；不得向招标人或评标委员会成员行贿以谋取中标；也不得以他人名义投标或以其他方式弄虚作假、骗取中标。"

5. 投标人数量的要求

《招标投标法》规定："投标人少于 3 个的，招标人应当依照本法重新招标。"当投标人少于 3 个时，就会缺乏有效竞争，投标人可能会提高承包条件，损害招标人利益，从而与招标目的相违背，所以必须重新组织招标，这也是国际上的通行做法。在国外，这种不能按原来预定计划开标的情况称为"流标"。

4.3.2 投标的程序

1. 投标人编制投标文件

投标人应当按照招标文件的要求编制投标文件，投标文件应当对招标文件提出的实质性要求和条件作出响应。投标文件一般包括下列内容：①投标函；②投标报价；③施工组织设计；④商务和技术偏差表。

招标项目属于建设施工的，投标文件的内容还应当包括拟派出的项目负责人与主要技术人员的简历、业绩和拟用于完成招标项目的机械设备等。投标人根据招标文件载明的项目实际情况，拟在中标后将中标项目的部分非主体、非关键性工作进行分包的，应当在投标文件中载明。

招标人可以在招标文件中要求投标人提交投标保证金，投标人应当提供。投标保证金除现金外，也可以是银行出具的银行保函、承兑汇票、银行汇票或现金支票等非现金形式。为了保证安全，减少现金的流动，我们主张采用非现金形式进行保证。投标保证金一般不得超过投标总价的 2%，但最高不得超过 80 万元人民币，投标保证金有效期应当超出投标有效期 30 天。投标人应当按照招标文件要求的方式和金额，将投标保证金随投标文件提交给招标人。投标人不按招标文件要求提交投标保证金的，该投标文件将被拒绝，原样退回投标单位。

2. 投标人提交投标文件

投标人应当在招标文件要求提交投标文件的截止时间前，将投标文件密封送达指定投标地点。在招标文件要求提交投标文件的截止时间后送达的投标文件，为无效的投标文件，招标人应当拒收。

投标人在招标文件要求提交投标文件的截止时间前，可以补充、修改或者撤回已提交的投标文件，并书面通知招标人，补充、修改的内容为投标文件的组成部分。在提交投标文件截止时间后到招标文件规定的投标有效期终止之前，投标人不得补充、修改、替代或者撤回其投标文件。投标人撤回投标文件的，其投标保证金将被没收。

招标人收到投标文件后，应当向投标人出具标明签收人和签收时间的凭证，在开标前，招标人应妥善保管好已接收的投标文件、修改或撤回通知、备选投标方案等投标资料，在开标前任何单位和个人不得开启投标文件。提交投标文件的投标人少于3个的，招标人应当依法重新招标。

4.3.3 联合体投标

大型或者技术复杂的建设工程项目，不是一个投标人能单独完成的，往往需要多个投标人合作才能完成。因此，法律允许几个投标人组成一个联合体，共同参与投标，并对联合体投标的相关问题做出了明确规定。

1. 联合体的法律地位

联合体是由多个法人或经济组织组成，但它在投标时是作为一个独立的投标人出现的，具有独立的民事权利能力和民事行为能力。

2. 联合体的资格要求

《招标投标法》规定，组成联合体的各方均应具备承担招标项目的相应能力；国家有关规定或者招标文件对投标人资格条件有规定的，联合体各方均应当具备规定的相应资格条件；由同一专业的单位组成的联合体，按照资质等级较低的单位确定资质等级。这是为了促使资质优秀的投标人组成联合体，防止以高等级资质获取招标项目，而由资质等级低的投标人来完成的行为。

3. 联合体各方的责任

联合体各方应签订共同投标协议，明确约定各方在拟承包的工程中所承担的义务和责任。联合体共同投标的提交投标文件时应当连同联合体共同投标协议一起提交招标人，以便招标人评标时参考。

4. 投标人的意志自主

投标时，投标人是否与他人组成联合体，与谁组成联合体，都由投标人自行决定，任何人都不得干涉。《招标投标法》规定，招标人不得强制投标人组成联合体共同投标，不得限制投标人之间的竞争。

5. 联合体各方就中标项目对外向招标人承担连带责任

所谓连带责任，是指在同一债权债务关系中两个以上的债务人中，任何一个债务人都负有向债权人履行债务的义务。债权人可以向其中任何一个或者多个债务人请求履行债务，可以请求部分履行，也可以请求全部履行。负有连带责任的债务人不得以债务人之间对分担比例有约定来拒绝部分或者全部履行债务。连带债务人中一个或者多人履行了全部债务后，其他连带债务人对债权人的履行义务即行解除。但是，对连带债务人内部关系而言，根据其内部约定，债务人清偿债务超过其应承担份额的，有权向其他连带债务人追偿。联合体各方在中标后承担的连带责任包括以下两种情况。

（1）联合体在接到中标通知书未与招标人签订合同前，除不可抗力外，联合体放弃中标项目的，其已提交的投标保证金不予退还，给招标人造成的损失超过投标保证金数额的，还应当对超过部分承担连代赔偿责任。

（2）中标的联合体除不可抗力外，不履行与招标人签订的合同时，履约保证金不予退还，给招标人造成的损失超过履约保证金数额的，还应当对超过部分承担连代赔偿责任。

4.3.4 投标的禁止性规定

1. 严厉禁止串通投标行为

串通投标行为包括两种情况：一是投标人之间串通投标；二是投标人与招标人之间相互串通投标。《招标投标法》第32条对这两种串通投标的行为作了禁止性的规定。

(1) 投标人之间相互串通投标报价，是指投标人彼此之间以口头或者书面的形式，就投标价格达成协议，或一致抬高或者压低投标报价，或在招标项目中轮流以高价位或低价位中标，以达到避免相互竞争，共同损害招标人利益的行为。

(2) 投标人与招标人之间相互串通投标，是指某些投标人与招标人在招标投标活动中，以不正当的手段进行私下交易致使招标投标流于形式，共同损害国家利益、社会公共利益或者他人的合法权益的行为。根据国家工商行政管理总局1998年1月发布的《关于禁止串通招标投标行为的暂行规定》，投标人与招标人串通投标行为主要包括以下几种情况：

1) 招标者在公开开标前，开启标书，泄露投标情况，或协助投标者撤换标书，更改报价。

2) 招标者向投标者泄露标底，或向投标者透露其他投标人的信息。

3) 在招标文件中暗指某个投标人的或者技术规范明显有利于某一投标人，使某些投标人在投标中处于有利地位，损害国家利益。

2. 严厉禁止投标人行贿

投标人不得以向招标人或者评标委员会成员行贿的手段来谋取中标。如果有行贿受贿行为的，中标无效，情节严重的还要依法追究刑事责任。

《招标投标法》之所以禁止串通投标行为和行贿投标行为，是因为这些行为严重破坏了招标投标活动应当遵守的公平竞争的原则，损害了招标人和其他投标人的合法权益，损害了国家利益和社会公共利益，同时也助长了腐败现象的蔓延。因此，对上述行为将依法追究其法律责任。

3. 严厉禁止以低于成本的价格竞标

实行招标采购的目的，就是为了通过投标人之间的竞争，特别是在投标报价方面的竞争，择优选择中标人。由于每个投标人的管理水平、技术能力与条件不同，即使完成同样的招标项目，其个别成本也不可能完全相同。管理水平高、技术先进的投标人，生产、经营成本低，有条件以较低的报价参加竞争，这是其竞争实力强的表现。因此只要投标人的报价不低于自身的个别成本，即使是低于本行业平均成本，也是完全可以的。但是按照《招标投标法》第33条的规定，投标人不得以低于其自身完成投标项目所需的成本报价进行投标竞争。法律做出这一规定的主要目的有两个：①是为了避免出现投标人以低于成本的报价中标后，再以粗制滥造、偷工减料等违法手段不正当地降低成本，挽回其低于成本价的损失，给工程质量造成危害；②是为了维护正常的投标竞争秩序，防止产生投标人以低于其成本的报价进行不正当竞争，损害其他以合理报价进行竞争的投标人的利益。

在招标投标活动中，除上述提到的“相互串通投标报价”、“以向招标人或者评标委员会成员行贿的手段谋取中标”、“以低于成本的报价竞标”等弄虚作假骗取中标的方式外，还有“以他人名义投标”、“以其他方式弄虚作假，骗取中标”、“排挤其他投标人的公平竞争”、“假冒法定代表人签名、私刻公章、递交假的委托书”等一系列的非法竞争手段，对国家利益和社会公共利益以及他人的合法权益造成损害，《招标投标法》对此都做出了相应的禁止规定。

4.4 开标、评标和中标

4.4.1 开标的程序

4.4.1.1 开标的方式、时间和地点的规定

1. 开标的方式

开标是招标人按照招标文件规定的时间、地点，当众开启所有有效投标人的投标文件，宣读投标人名称、投标价格和投标文件的其他主要内容的过程。开标有公开开标和秘密开标两种形式。公开开标，即招标人在有投标人参加的情况下当众进行。秘密开标，即主要由招标单位和有关专家在不通知投标人参加的情况下秘密进行，招标人可根据需要邀请政府代表或有关人员参加。

《招标投标法》为了贯彻公开、公平、公正的原则，规定开标应当公开进行。因此，在我国境内进行招标投标活动的，必须进行公开开标。公开开标的规定是强制性规定，当事人不得违反或变更。公开开标也是目前国际招标与投标中的主要开标方式，这种方式已被人们普遍接受和采用。

2. 开标的时间

公开开标的时间，应当在招标文件确定的提交投标文件截止时同一时间进行。招标文件截止时间即是开标时间，一般都精确至某年某月某日某时某分。这种规定，主要是为了防止有人利用投标截止后至开标前的间隔时间对已提交的投标文件作弊，同时也是顺应国际上的通行做法。开标时间在法律上决定着开标程序的起始，它必须事先在招标文件中作出规定，而不能事后由招标人随意确定或变更。除依法规定必须重新组织招标的情况外，招标人应按期举行开标会。为了保证开标工作的公正，防止作弊现象，招标投标法规定的开标时间即为招标文件事先确定的提交投标文件的截止时间。

3. 开标的地点

公开开标的地点，应当是招标文件中预先确定的地点。此种规定不允许当事人任意变更。招标投标活动必须保证招标投标活动的严肃性和合法性，保证招标投标活动的公平竞争。因此，招标人必须在招标文件中事先确定开标地点，确保招标活动的公信和公示，使投标人能事先了解开标地点，以便做好参加开标的充分准备。为了便于监督，国家规定县级以上建设行政主管部门应建立有形建筑市场，开标应当在有形建筑市场内进行。

4.4.1.2 开标程序

(1) 招标项目主持人宣布开标开始，宣布参加开标人员名单，包括招标方代表、投标方代表、公证员、法律顾问、拆封人、唱标人、监标人以及记录人员等；主持人宣布开标的有关纪律性要求。

(2) 验证。在公证员的监督下，对招标方、投标方代表的真实身份进行验证（包括法

人委托书、个人身份证等)。按照各投标单位送达投标书的先后顺序，依次检查投标文件的完整性、密封性，确认无误后，由双方在登记表上签字。也可以由招标人委托的公证机构检查并验收。如发现投标文件的密封情况不符合招标文件要求时，应作废标处理。

(3) 按投标顺序，依次开封。如果是涉外项目招标投标的，应分别用中英文读出，公开宣读投标人的名称、投标价格和投标文件的其他主要内容。

(4) 开标过程应当记录，并存档备查。

(5) 宣布开标后日程安排。

在开标过程中，一般不允许投标人提问或作任何解释，但允许记录或录音。投标人或其代表应在会议签到簿上签名，以证明其在场。

招标人开标时应对所有在规定时间前收到的投标文件当众拆封、宣读。如果招标人故意或过失没有拆封部分投标文件时，其投标人可以提出异议或向有关行政监督机关投诉。由此引起纠纷可以向法院起诉。公开所有投标文件是招标投标法的“三公”原则的要求。

4.4.1.3 有关开标的相关规定

(1) 参加人。《招标投标法》规定：“开标由招标人主持，邀请所有投标人参加。”邀请所有投标人参加，是为了保证招标投标的公正，使他们了解开标的过程和其他投标人的投标情况，从而对评标结果是否合理做出判断。这对招标人可起到一定的监督作用，同时也是公开原则的体现。开标时，还可邀请招标主管部门、监察部门的有关人员参加，也可委托公证部门对整个开标过程依法进行公证。

(2) 标书密封的现场认定。开标时，由投标人或其推选的代表检查投标文件的密封情况，也可由招标人委托的公证机构检查并公证，经确认无误方可当众拆封，宣读投标文件的内容。如投标文件没有密封、密封不符合招标文件的要求或有被开启的痕迹，应被认定为投标无效，其内容不予宣读。

4.4.2 评标委员会和评标程序

4.4.2.1 评标委员会

评标是招标人根据招标文件的要求，对投标人所报送的投标文件进行审查及评议，从中选出最佳投标人的过程。评标是一项重要而复杂的综合性工作。它是关系到整个招标过程是否体现公平竞争的原则，招标结果是否能使招标人得到最大效益的关键。因此，《招标投标法》以及2001年7月5日建设部等七部委联合发布的《评标委员会和评标方法暂行规定》规定，评标必须由专门的评标委员会来负责，以确保评标结果的科学性和公正性。

1. 评标委员会

评标委员会由招标人依法组建。评标委员会成员名单一般应于开标前确定。

评标委员会由下列人员组成：①招标人或其委托的招标代理机构中熟悉相关业务的代表；②相关技术方面的专家；③经济方面的专家；④其他方面的专家。

评标委员会成员人数为5人以上的单数。其中技术、经济等方面的专家的人数不得少于成员总数的2/3，招标单位的代表不得超过成员总人数的1/3，以保证各方面专家的人数在评标委员会成员中占绝对多数，充分发挥专家在评标活动中的权威作用，保证评审结论的科学性、合理性。

评标委员会设负责人的，评标委员会负责人由评标委员会成员推举产生或者由招标人确定。评标委员会负责人与评标委员会的其他成员有同等的表决权。

评标委员会的专家成员应当从省级以上人民政府有关部门提供的专家名册或者招标代理机构的专家库内的相关专家名单中确定。

确定评标专家，一般项目可以采取随机抽取的方式；技术特别复杂、专业性要求特别高或者国家有特殊要求的招标项目，采取随机抽取方式确定的专家难以胜任的，可以由招标人直接确定。

2. 评标专家的条件

评标专家应当具备以下条件：①从事相关专业领域工作满8年并具有高级职称或者同等专业水平；②熟悉有关招标投标的法律法规，并具有与招标项目相关的实践经验；③能够认真、公正、诚实、廉洁地履行职责；④身体健康，能够承担评标工作。

3. 评标委员会专家的回避制度

依据现代法治的精神，任何人不得成为审判或处理自己案件的法官。评标委员会作为独立实施评标职能的组织，其组成成员如与招标项目或投标人有利害关系，则不能进入相关项目的评标委员会。有下列情形之一的，不得担任评标委员会成员：①投标人或者投标人主要负责人的近亲属；②项目主管部门或者行政监督部门的人员；③与投标人有经济利益关系，可能影响对投标公正评审的；④曾因在招标、评标以及其他与招标投标有关活动中从事违法行为而受过行政处罚或刑事处罚的。

评标委员会成员有上述情形之一的，应当主动提出回避。

4. 评标过程的保密性要求

按照《招标投标法》第38条第1款的规定，招标人应当采取必要的措施，保证评标在严格保密的情况下进行。评标过程涉及对投标文件的评审和比较、标底价格、中标候选人的推荐情况等内容任何人不得泄露。投标人不希望其他参与竞争的投标人获悉自己的任何资料以及可能影响公平竞争的其他资料。这些情况及资料如果透露出去，可能将影响评标的公平、公正。评标的过程必须要在严格保密的情况下进行，这既要求评标委员会成员严格自律，恪守秘密，同时也要求招标人采取必要的保密措施。保密措施包括评标委员会成员名单在中标结果确定前对外要严格保密，以避免某些投标人在得知评标委员会成员的名单后，采取不正当手段对评委会的成员施加影响，造成评标结果的不公正；为评标委员会进行评标工作提供比较安静、不易受外界干扰的评标地点，并对该评标地点保密，做好警戒工作；制定严密的工作计划和程序，堵住泄露秘密的缺口以及加强完善本单位工作人员的职业道德等。

评标是一个严格保密的过程，它与《招标投标法》的公开原则并不矛盾。公开原则只是要求招标投标活动的基本过程应当公开，包括招标文件的公开、开标的公开、中标的公开等，其目的也在于保证招标投标活动的公正和公平。而秘密评标的目的也在于保证招标投标活动的公正和公平。两者的宗旨是相通的。

5. 评标工作的独立性

从我国推行招标投标制度的实践看，确实存在着许多非法干预招标投标活动的情况。比如，有的地方政府或政府有关主管部门出于地方保护或行业垄断的需要，利用其掌握的行政权力，强行命令评标委员会只能推荐本地方或本部门的投标人中标；某些领导人以“批条子”、打电话、其他明示或暗示的方式对评标活动施加影响，要求评标委员会和招标人按自己的意图而不是按招标文件规定的中标标准确定中标人；某些不法分子利用行贿、诱骗、欺诈等方式给评标委员会施加压力等。这些都严重影响了评标工作的公平性和公正性。因此，《招标投标法》第38条第2款规定，任何单位和个人不得非法干预、影响评标的过程和结果。评标委员会是法定独立行使评标职能的组织。独立性是评标工作公平、公正的基础。评标委员会不隶属于任何行政机关，包括招标人。招标人虽然负责组建评标委员会，但是评标委员会一旦组成，其工作是独立的，并不受招标人的领导和支配。评标委员会以专业知识、工程建设经验独立地进行评标，不受任何组织和个人的压力或暗示的影响。任何组织或个人都不得非法干预、影响评标的过程和结果。凡是违反法律规定，非法干预、影响评标委员会的正常评标工作和评标结果的，无论是单位和个人，都必须依法追究责任。只有保证评标的独立性，才能保证评标的公正性，也才能使评标结果达到招标人获得高质量、高效益的目的，同时保障社会公共利益不受损害。

6. 评标委员会成员的行为准则

根据《招标投标法》第44条的规定，评标委员会成员履行职务时应遵守下列准则。

（1）评标委员会成员应当客观、公正地履行职务，遵守职业道德，对所提出的评审意见承担个人责任。

（2）评标委员会成员不得私下接触投标人，不得接受投标人的任何馈赠或者其他好处。

（3）评标委员会成员和参与评标的有关工作人员不得透露对投标文件的评审和比较、中标候选人的推荐情况以及与评标有关的其他情况。

4.4.2.2 评标程序

1. 初步评审

（1）细微偏差。投标文件进一步澄清与补正细微偏差是指投标文件在实质上响应招标文件要求，但在个别地方存在漏项或者提供了不完整的技术信息和数据等情况，并且补正这些遗漏或者不完整不会对其他投标人造成不公平的结果。细微偏差不影响投标文件的有效性。评标委员会应当书面要求存在细微偏差的投标人在评标结束前予以进一步澄清与补正。

评标委员会可以书面方式要求投标人对投标文件中含义不明确、对同类问题表述不一致或者有明显文字和计算错误的内容作必要的澄清、说明或者补正。澄清、说明或者补正应以书面方式进行并不得超出投标文件的范围或者改变投标文件的实质性内容。评标委员会不得向投标人提出带有暗示性或诱导性的问题，或向其明确投标文件中的遗漏和错误。

投标文件中的大写金额和小写金额不一致的，以大写金额为准；总价金额与单价金额不一致的，以单价金额为准，若单价有明显的小数点错位，应以总价为准，并修改单价；对不同文字文本投标文件的解释发生异议的，以正本为准。

投标文件不响应招标文件的实质性要求和条件的，招标人应当拒绝，并不允许投标人通过修正或撤销其不符合要求的差异，使之成为具有响应性的投标。

（2）重大偏差，废标处理。重大偏差是投标文件有未能对招标文件作出实质性响应，按规定作出废标处理的偏差。投标文件有下列情形之一的，由评标委员会初步评审后按废标处理：①无法人单位盖章、无法定代表人或法定代表人授权的代理人签字或盖章的；②未按规定的格式填写，内容不全或关键字迹模糊、无法辨认的；③投标人递交两份或多份内容不同的投标文件，或在一份投标文件中对同一招标项目报有两个或多个报价，且未声明哪一个有效的。按招标文件规定提交备选投标方案的除外（但应注明哪个为备选方案）；④投标人名称或组织结构与资格预审时不一致的；⑤未按招标文件要求提交投标保证金的；⑥联合体投标未附联合体各方共同投标协议的；⑦投标人以他人的名义投标、串通投标、以行贿手段谋取中标或者以其他弄虚作假方式投标的；⑧报价明显低于其他投标报价或者在设有标底时明显低于标底，且投标人不能合理说明或者不能提供相关证明材料，由评标委员会认定该投标人以低于成本报价竞标的；⑨投标文件未能对招标文件提出的所有要求和条件作出实质上响应的。

2. 详细评审

经初步评审合格的投标文件，评标委员会应当根据招标文件确定的评标标准和方法，对其技术标部分和商务标部分作进一步评审、比较。评标方法包括经评审的最低投标价法、综合评估法或者法律、行政法规允许的其他评标方法。

经评审的最低投标价法一般适用于具有通用技术、性能标准或者招标人对其技术、性能没有特殊要求的招标项目。根据经评审的最低投标价法，能够满足招标文件的实质性要求，并且经评审的最低投标价的投标，应当推荐为中标候选人。

采用经评审的最低投标价法的，评标委员会应当根据招标文件中规定的评标价格调整方法，对所有投标人的投标报价以及投标文件的商务部分作必要的价格调整。采用经评审的最低投标价法的，中标人的投标应当符合招标文件规定的技术要求和标准，但评标委员会无需对投标文件的技术部分进行价格折算。根据经评审的最低投标价法完成详细评审后，评标委员会应当拟定一份“标价比较表”，连同书面评标报告提交招标人。“标价比较表”应当载明投标人的投标报价、对商务偏差的价格调整和说明以及经评审的最终投标价。

不宜采用经评审的最低投标价法的招标项目，一般应当采取综合评估法进行评审。根据综合评估法，最大限度地满足招标文件中规定的各项综合评价标准的投标，应当推荐为中标候选人。衡量投标文件是否最大限度地满足招标文件中规定的各项评价标准，可以采取折算为货币的方法、打分的方法或者其他方法。需量化的因素及其权重应当在招标文件中明确规定，评标委员会对各个评审因素进行量化时，应当将量化指标建立在同一基础或者同一标准上，使各投标文件具有可比性。对技术部分和商务部分进行量化后，评标委员会应当对这两部分的量化结果根据招标文件规定的方法进行加权，计算出每一投标的综合评估价或者综合评估分。根据综合评估法完成评标后，评标委员会应当拟定一份“综合评估比较表”，连同书面评标报告提交招标人。“综合评估比较表”应当载明投标人的投标报价、所作的任何修正、对商务偏差的调整、对技术偏差的调整、对各评审因素的评估以及对每一投标的最终评审结果。

招标文件应当载明投标有效期，投标有效期为从提交投标文件截止日至公布中标的时间。评标和定标应当在投标有效期结束日 30 个工作日前完成，不能在投标有效期结束日

30个工作日前完成评标和定标的，招标人应当通知所有投标人延长投标有效期。拒绝延长投标有效期的投标人有权收回投标保证金，同意延长投标有效期的投标人应当相应延长其投标担保的有效期，但不得修改投标文件的实质性内容。因延长投标有效期造成投标人损失的，招标人应当给予补偿，但因不可抗力需延长投标有效期的除外。

4.4.3 中标通知书

1. 推荐中标候选人

评标委员会完成评标后，应当向招标人提出书面评标报告，并推荐合格的中标候选人。根据经评审的最低投标价法，能够满足招标文件的实质性要求，并且经评审的最低投标价的投标，应当推荐为中标候选人。根据综合评估法，最大限度地满足招标文件中规定的各项综合评价标准的投标，应当推荐为中标候选人。评标委员会推荐的中标候选人应当限定在1～3人，并标明排列顺序。

2. 中标

在确定中标人之前，招标人不得与投标人就投标价格、投标方案等实质性内容进行谈判。

(1) 中标人的投标应当符合下列条件之一：①能够最大限度满足招标文件中规定的各项综合评价标准；②能够满足招标文件的实质性要求，并且经评审的投标价格最低，但是投标价格低于成本的除外。

(2) 使用国有资金投资或者国家融资的项目，招标人应当确定排名第一的中标候选人为中标人。排名第一的中标候选人放弃中标、因不可抗力提出不能履行合同，或者招标文件规定应当提交履约保证金而在规定的期限内未能提交的，招标人可以确定排名第二的中标候选人为中标人。

排名第二的中标候选人因前款规定的同样原因不能签订合同的，招标人可以确定排名第三的中标候选人为中标人。

(3) 招标人根据评标委员会提出的书面评标报告和推荐的中标候选人确定中标人；也可以授权评标委员会直接确定中标人。但不得在评标委员会推荐的中标候选人之外确定中标人。国务院对中标人的确定另有规定的，从其规定。

3. 中标通知书

中标人确定后，招标人应当向中标人发出中标通知书，并同时将中标结果通知所有未中标的投标人。中标通知书对招标人和中标人都具有法律效力。中标通知书发出后，招标方改变中标结果的，或者中标人放弃中标项目的，均应当承担法律责任。

(1) 中标通知书。所谓中标通知书，是指招标人在确定中标人后向中标人发出的通知其中标的书面凭证。中标人一经确定，招标人应尽快向中标人发出中标通知书。中标通知书一般采用建设行政主管部门专门制定的统一证书。

(2) 中标通知书的法律效力。招标投标是以订立合同为目的的民事活动。从合同法的意义上讲，招标人发出的招标公告或者投标邀请书，是吸引法人或者其他组织向自己投标的意思表示，属于要约邀请；投标人向招标人送达的投标文件，是投标人希望与招标人就招标项目订立合同的意思表示，属于要约；而招标人向中标的投标人发出的中标通知书，则是招标人同意接受中标的投标人的投标条件，即同意接受该投标人的要约的意思表示，

（1）技术复杂、有特殊要求或者受自然环境限制，只有少量潜在投标人可供选择；

（2）采用公开招标方式的费用占项目合同金额的比例过大。

采用邀请招标方式需经过批准。对需要履行项目审批、核准手续的项目，由项目审批、核准部门在审批、核准项目时作出认定；其他项目由招标人申请有关行政监督部门作出认定。

3. 可以不招标发包的情形

除招标投标法第66条规定的可以不进行招标的特殊情况外，有下列情形之一的，也可以不进行招标：

（1）需要采用不可替代的专利或者专有技术。

（2）采购人依法能够自行建设、生产或者提供。

（3）已通过招标方式选定的特许经营项目投资人依法能够自行建设、生产或者提供。

（4）需要向原中标人采购工程、货物或者服务，否则将影响施工或者功能配套要求。

（5）国家规定的其他特殊情形。

但招标人为形成可以不招标发包的情形而弄虚作假的，属于规避招标，应予以处罚。

当招标人具有编制招标文件和组织评标能力的，可以自行办理招标事宜。具有编制招标文件和组织评标能力，是指招标人具有与招标项目规模和复杂程度相适应的技术、经济等方面的专业人员。

4.5.2.2 招标代理机构

（1）招标代理机构的资格依照法律和国务院的规定由有关部门认定。国务院住房城乡建设、商务、发展改革、工业和信息化等部门，按照规定的职责分工对招标代理机构依法实施监督管理。

（2）招标代理机构应当拥有一定数量的取得招标职业资格的专业人员。取得招标职业资格的具体办法由国务院人力资源社会保障部门会同国务院发展改革部门制定。

（3）招标代理机构在其资格许可和招标人委托的范围内开展招标代理业务，任何单位和个人不得非法干涉。招标代理机构代理招标业务，应当遵守招标投标法和本条例关于招标人的规定。招标代理机构不得在所代理的招标项目中投标或者代理投标，也不得为所代理的招标项目的投标人提供咨询招标代理机构不得涂改、出租、出借、转让资格证书。

（4）招标人应当与被委托的招标代理机构签订书面委托合同，合同约定的收费标准应当符合国家有关规定。

4.5.2.3 招标公告和资格预审公告

（1）公开招标的项目，应当发布招标公告、编制招标文件。招标人采用资格预审办法对潜在投标人进行资格审查的，应当发布资格预审公告、编制资格预审文件。依法必须进行招标的项目的资格预审公告和招标公告，应当在国务院发展改革部门依法指定的媒介发布。在不同媒介发布的同一招标项目的资格预审公告或者招标公告的内容应当一致。指定媒介发布依法必须进行招标的项目的境内资格预审公告、招标公告，不得收取费用。

编制依法必须进行招标的项目的资格预审文件和招标文件，应当使用国务院发展改革部门会同有关行政监督部门制定的标准文本。

（2）招标人应当按照资格预审公告、招标公告或者投标邀请书规定的时间、地点发售资格预审文件或者招标文件。资格预审文件或者招标文件的发售期不得少于5日。招标人发售资格预审文件、招标文件收取的费用应当限于补偿印刷、邮寄的成本支出，不得以营利为目的。

(3) 招标人应当合理确定提交资格预审申请文件的时间。依法必须进行招标的项目提交资格预审申请文件的时间，自资格预审文件停止发售之日起不得少于5日。

(4) 资格预审应当按照资格预审文件载明的标准和方法进行。国有资金占控股或者主导地位的依法必须进行招标的项目，招标人应当组建资格审查委员会审查资格预审申请文件。资格审查委员会及其成员应当遵守招标投标法和《条例》有关评标委员会及其成员的规定。

(5) 资格预审结束后，招标人应当及时向资格预审申请人发出资格预审结果通知书。未通过资格预审的申请人不具有投标资格。通过资格预审的申请人少于3个的，应当重新招标。

(6) 招标人采用资格后审办法对投标人进行资格审查的，应当在开标后由评标委员会按照招标文件规定的标准和方法对投标人的资格进行审查。

(7) 招标人可以对已发出的资格预审文件或者招标文件进行必要的澄清或者修改。澄清或者修改的内容可能影响资格预审申请文件或者投标文件编制的，招标人应当在提交资格预审申请文件截止时间至少3日前，或者投标截止时间至少15日前，以书面形式通知所有获取资格预审文件或者招标文件的潜在投标人；不足3日或者15日的，招标人应当顺延提交资格预审申请文件或者投标文件的截止时间。

(8) 潜在投标人或者其他利害关系人对资格预审文件有异议的，应当在提交资格预审申请文件截止时间2日前提出；对招标文件有异议的，应当在投标截止时间10日前提出。招标人应当自收到异议之日起3日内作出答复；作出答复前，应当暂停招标投标活动。

(9) 招标人编制的资格预审文件、招标文件的内容违反法律、行政法规的强制性规定，违反公开、公平、公正和诚实信用原则，影响资格预审结果或者潜在投标人投标的，依法必须进行招标的项目的招标人应当在修改资格预审文件或者招标文件后重新招标。

提交资格预审申请文件的申请人应当遵守招标投标法和本条例有关投标人的规定。

4.5.2.4 标段划分

(1) 招标人对招标项目划分标段的，应当遵守招标投标法的有关规定，不得利用划分标段限制或者排斥潜在投标人。依法必须进行招标的项目的招标人不得利用划分标段规避招标。

(2) 对技术复杂或者无法精确拟定技术规格的项目，招标人可以分两阶段进行招标。

第一阶段，投标人按照招标公告或者投标邀请书的要求提交不带报价的技术建议，招标人根据投标人提交的技术建议确定技术标准和要求，编制招标文件。

第二阶段，招标人向在第一阶段提交技术建议的投标人提供招标文件，投标人按照招标文件的要求提交包括最终技术方案和投标报价的投标文件。

招标人要求投标人提交投标保证金的，应当在第二阶段提出。

4.5.2.5 招标文件

(1) 招标人应当在招标文件中载明投标有效期。投标有效期从提交投标文件的截止之日起算。

（2）招标人在招标文件中要求投标人提交投标保证金的，投标保证金不得超过招标项目估算价的2%。投标保证金有效期应当与投标有效期一致。

必须依法进行招标的项目的境内投标单位，以现金或者支票形式提交的投标保证金应当从其基本账户转出。招标人不得挪用投标保证金。

（3）招标人可以自行决定是否编制标底。一个招标项目只能有一个标底。标底必须保密。接受委托编制标底的中介机构不得参加受托编制标底项目的投标，也不得为该项目的投标人编制投标文件或者提供咨询。招标人设有最高投标限价的，应当在招标文件中明确最高投标限价或者最高投标限价的计算方法。招标人不得规定最低投标限价。

（4）招标人不得组织单个或者部分潜在投标人踏勘项目现场。

（5）招标人终止招标的，应当及时发布公告，或者以书面形式通知被邀请的或者已经获取资格预审文件、招标文件的潜在投标人。已经发售资格预审文件、招标文件或者已经收取投标保证金的，招标人应当及时退还所收取的资格预审文件、招标文件的费用，以及所收取的投标保证金及银行同期存款利息。

（6）招标人不得以不合理的条件限制、排斥潜在投标人或者投标人。招标人有下列行为之一的，属于以不合理条件限制、排斥潜在投标人或者投标人：

1）就同一招标项目向潜在投标人或者投标人提供有差别的项目信息。

2）设定的资格、技术、商务条件与招标项目的具体特点和实际需要不相适应或者与合同履行无关。

3）依法必须进行招标的项目以特定行政区域或者特定行业的业绩、奖项作为加分条件或者中标条件。

4）对潜在投标人或者投标人采取不同的资格审查或者评标标准。

5）限定或者指定特定的专利、商标、品牌、原产地或者供应商。

6）依法必须进行招标的项目非法限定潜在投标人或者投标人的所有制形式或者组织形式。

7）以其他不合理条件限制、排斥潜在投标人或者投标人。

4.5.3 投标

4.5.3.1 投标人投标的规定

（1）投标人参加依法必须进行招标的项目的投标，不受地区或者部门的限制，任何单位和个人不得非法干涉。

（2）与招标人存在利害关系可能影响招标公正性的法人、其他组织或者个人，不得参加投标。单位负责人为同一人或者存在控股、管理关系的不同单位，不得参加同一标段投标或者未划分标段的同一招标项目投标。否则相关投标均无效。

（3）未通过资格预审的申请人提交的投标文件，以及逾期送达或者不按照招标文件要求密封的投标文件，招标人应当拒收。招标人应当如实记载投标文件的送达时间和密封情况，并存档备查。

（4）投标人撤回已提交的投标文件，应当在投标截止时间前书面通知招标人。招标人已收取投标保证金的，应当自收到投标人书面撤回通知之日起5日内退还。投标截止后投标人撤销投标文件的，招标人可以不退还投标保证金。

(5) 招标人应当在资格预审公告、招标公告或者投标邀请书中载明是否接受联合体投标。招标人接受联合体投标并进行资格预审的，联合体应当在提交资格预审申请文件前组成。资格预审后联合体增减、更换成员的，其投标无效。联合体各方在同一招标项目中以自己名义单独投标或者参加其他联合体投标的，相关投标均无效。

(6) 投标人发生合并、分立、破产等重大变化的，应当及时书面告知招标人。投标人不再具备资格预审文件、招标文件规定的资格条件或者其投标影响招标公正性的，其投标无效。

4.5.3.2　违规投标

1. 投标人串通投标

有下列情形之一的，属于投标人相互串通投标：

(1) 投标人之间协商投标报价等投标文件的实质性内容。

(2) 投标人之间约定中标人。

(3) 投标人之间约定部分投标人放弃投标或者中标。

(4) 属于同一集团、协会、商会等组织成员的投标人按照该组织要求协同投标。

(5) 投标人之间为谋取中标或者排斥特定投标人而采取的其他联合行动。

(6) 不同投标人的投标文件由同一单位或者个人编制。

(7) 不同投标人委托同一单位或者个人办理投标事宜。

(8) 不同投标人的投标文件载明的项目管理成员为同一人。

(9) 不同投标人的投标文件异常一致或者投标报价呈规律性差异。

(10) 不同投标人的投标文件相互混装。

(11) 不同投标人的投标保证金从同一单位或者个人的账户转出。

2. 招标人与投标人串通投标

有下列情形之一的，属于招标人与投标人串通投标：

(1) 招标人在开标前开启投标文件并将有关信息泄露给其他投标人。

(2) 招标人直接或者间接向投标人泄露标底、评标委员会成员等信息。

(3) 招标人明示或者暗示投标人压低或者抬高投标报价。

(4) 招标人授意投标人撤换、修改投标文件。

(5) 招标人明示或者暗示投标人为特定投标人中标提供方便。

(6) 招标人与投标人为谋求特定投标人中标而采取的其他串通行为。

3. 弄虚作假

(1) 使用通过受让或者租借等方式获取的资格、资质证书投标的，属于招标投标以他人名义投标。

(2) 投标人有下列情形之一的，属于以其他方式弄虚作假的行为：

1) 使用伪造、变造的许可证件。

2) 提供虚假的财务状况或者业绩。

3) 提供虚假的项目负责人或者主要技术人员简历、劳动关系证明。

4) 提供虚假的信用状况。

5）其他弄虚作假的行为。

4.5.4 开标、评标和中标

4.5.4.1 开标

招标人应当按照招标文件规定的时间、地点开标。投标人少于3个的，不得开标；招标人应当重新招标。投标人对开标有异议的，应当在开标现场提出，招标人应当当场作出答复，并制作记录。

4.5.4.2 评标

1. 评标专家与评标委员会

（1）国家实行统一的评标专家专业分类标准和管理办法。具体标准和办法由国务院发展改革部门会同国务院有关部门制定。省级人民政府和国务院有关部门应当组建综合评标专家库。

（2）除《招标投标法》第37条第3款规定的特殊招标项目外，依法必须进行招标的项目，其评标委员会的专家成员应当从评标专家库内相关专业的专家名单中以随机抽取方式确定。任何单位和个人不得以明示、暗示等任何方式指定或者变相指定参加评标委员会的专家成员。依法必须进行招标的项目的招标人非因招标投标法和本条例规定的事由，不得更换依法确定的评标委员会成员。更换评标委员会的专家成员应当依照前款规定进行。评标委员会成员与投标人有利害关系的，应当主动回避。有关行政监督部门应当按照规定的职责分工，对评标委员会成员的确定方式、评标专家的抽取和评标活动进行监督。行政监督部门的工作人员不得担任本部门负责监督项目的评标委员会成员。

（3）招标投标法第37条第3款所称特殊招标项目，是指技术复杂、专业性强或者国家有特殊要求，采取随机抽取方式确定的专家难以保证胜任评标工作的项目。

2. 评标的要求

（1）招标人应当向评标委员会提供评标所必需的信息，但不得明示或者暗示其倾向或者排斥特定投标人。招标人应当根据项目规模和技术复杂程度等因素合理确定评标时间。超过1/3的评标委员会成员认为评标时间不够的，招标人应当适当延长。评标过程中，评标委员会成员有回避事由、擅离职守或者因健康等原因不能继续评标的，应当及时更换。被更换的评标委员会成员作出的评审结论无效，由更换后的评标委员会成员重新进行评审。

（2）评标标准与方法。

1）评标委员会成员应当依照招标投标法和《条例》的规定，按照招标文件规定的评标标准和方法，客观、公正地对投标文件提出评审意见。招标文件没有规定的评标标准和方法不得作为评标的依据。

评标委员会成员不得私下接触投标人，不得收受投标人给予的财物或者其他好处，不得向招标人征询确定中标人的意向，不得接受任何单位或者个人明示或者暗示提出的倾向或者排斥特定投标人的要求，不得有其他不客观、不公正履行职务的行为。

2）招标项目设有标底的，招标人应当在开标时公布。标底只能作为评标的参考，不得以投标报价是否接近标底作为中标条件，也不得以投标报价超过标底上下浮动范围作为否决投标的条件。

（3）有下列情形之一的，评标委员会应当否决其投标：

1）投标文件未经投标单位盖章和单位负责人签字。

2）投标联合体没有提交共同投标协议。

3）投标人不符合国家或者招标文件规定的资格条件。

4）同一投标人提交两个以上不同的投标文件或者投标报价，但招标文件要求提交备选投标的除外。

5）投标报价低于成本或者高于招标文件设定的最高投标限价。

6）投标文件没有对招标文件的实质性要求和条件作出响应。

7）投标人有串通投标、弄虚作假、行贿等违法行为。

（4）投标文件中有含义不明确的内容、明显文字或者计算错误，评标委员会认为需要投标人作出必要澄清、说明的，应当书面通知该投标人。投标人的澄清、说明应当采用书面形式，并不得超出投标文件的范围或者改变投标文件的实质性内容。评标委员会不得暗示或者诱导投标人作出澄清、说明，不得接受投标人主动提出的澄清、说明。

（5）评标报告。评标完成后，评标委员会应当向招标人提交书面评标报告和中标候选人名单。中标候选人应当不超过3个，并标明排序。评标报告应当由评标委员会全体成员签字。对评标结果有不同意见的评标委员会成员应当以书面形式说明其不同意见和理由，评标报告应当注明该不同意见。评标委员会成员拒绝在评标报告上签字又不书面说明其不同意见和理由的，视为同意评标结果。

（6）依法必须进行招标的项目，招标人应当自收到评标报告之日起3日内公示中标候选人，公示期不得少于3日。投标人或者其他利害关系人对依法必须进行招标的项目的评标结果有异议的，应当在中标候选人公示期间提出。招标人应当自收到异议之日起3日内作出答复、作出答复前，应当暂停招标投标活动。

4.5.4.3 中标

（1）中标人的确定。国有资金占控股或者主导地位的依法必须进行招标的项目，招标人应当确定排名第一的中标候选人为中标人。排名第一的中标候选人放弃中标、因不可抗力不能履行合同、不按照招标文件要求提交履约保证金，或者被查实存在影响中标结果的违法行为等情形，不符合中标条件的，招标人可以按照评标委员会提出的中标候选人名单排序依次确定其他中标候选人为中标人，也可以重新招标。

（2）履约能力审查。中标候选人的经营、财务状况发生较大变化或者存在违法行为，招标人认为可能影响其履约能力的，应当在发出中标通知书前由原评标委员会按照招标文件规定的标准和方法审查确认。

（3）签订合同。招标人和中标人应当依照招标投标法和本条例的规定签订书面合同，合同的标的、价款、质量、履行期限等主要条款应当与招标文件和中标人的投标文件的内容一致。招标人和中标人不得再行订立背离合同实质性内容的其他协议。招标人最迟应当在书面合同签订后5日内向中标人和未中标的投标人退还投标保证金及银行同期存款利息。

（4）履约担保。招标文件要求中标人提交履约保证金的，中标人应当按照招标文件的要求提交。履约保证金不得超过中标合同金额的10%。

(5) 转包与分包。中标人应当按照合同约定履行义务，完成中标项目。中标人不得向他人转让中标项目，也不得将中标项目肢解后分别向他人转让。中标人按照合同约定或者经招标人同意，可以将中标项目的部分非主体、非关键性工作分包给他人完成。接受分包的人应当具备相应的资格条件，并不得再次分包。中标人应当就分包项目向招标人负责，接受分包的人就分包项目承担连带责任。

4.5.5 投诉与处理

(1) 投标人或者其他利害关系人认为招标投标活动不符合法律、行政法规规定的，可以自知道或者应当知道之日起10日内向有关行政监督部门投诉。投诉应当有明确的请求和必要的证明材料。就本条例规定事项投诉的，应当先向招标人提出异议，异议答复期间不计算在前款规定的期限内。

(2) 投诉人就同一事项向两个以上有权受理的行政监督部门投诉的，由最先收到投诉的行政监督部门负责处理。行政监督部门应当自收到投诉之日起3个工作日内决定是否受理投诉，并自受理投诉之日起30个工作日内作出书面处理决定；需要检验、检测、鉴定、专家评审的，所需时间不计算在内。

投诉人捏造事实、伪造材料或者以非法手段取得证明材料进行投诉的，行政监督部门应当予以驳回。

(3) 行政监督部门处理投诉，有权查阅、复制有关文件、资料，调查有关情况，相关单位和人员应当予以配合。必要时，行政监督部门可以责令暂停招标投标活动。行政监督部门的工作人员对监督检查过程中知悉的国家秘密、商业秘密，应当依法予以保密。

4.5.6 法律责任

4.5.6.1 招标人的法律责任

(1) 招标人有下列限制或者排斥潜在投标人行为之一的，由有关行政监督部门依法处罚：

1) 依法应当公开招标的项目不按照规定在指定媒介发布资格预审公告或者招标公告。

2) 在不同媒介发布的同一招标项目的资格预审公告或者招标公告的内容不一致，影响潜在投标人申请资格预审或者投标。依法必须进行招标的项目的招标人不按照规定发布资格预审公告或者招标公告，构成规避招标的，依照招标投标法的规定进行处罚。

(2) 招标人有下列情形之一的，由有关行政监督部门责令改正，可以处10万元以下的罚款：

1) 依法应当公开招标而采用邀请招标。

2) 招标文件、资格预审文件的发售、澄清、修改的时限，或者确定的提交资格预审申请文件、投标文件的时限不符合招标投标法和本条例规定。

3) 接受未通过资格预审的单位或者个人参加投标。

4) 接受应当拒收的投标文件。

招标人有上述第1项、第3项、第4项所列行为之一的，对单位直接负责的主管人员和其他直接责任人员依法给予处分。

（3）招标代理机构在所代理的招标项目中投标、代理投标或者向该项目投标人提供咨询的，接受委托编制标底的中介机构参加受托编制标底项目的投标或者为该项目的投标人编制投标文件、提供咨询的，依照招标投标法的规定追究法律责任。

（4）招标人超过《条例》规定的比例收取投标保证金、履约保证金或者不按照规定退还投标保证金及银行同期存款利息的，由有关行政监督部门责令改正，可以处5万元以下的罚款；给他人造成损失的，依法承担赔偿责任。

（5）依法必须进行招标的项目的招标人不按照规定组建评标委员会，或者确定、更换评标委员会成员违反招标投标法和《条例》规定的，由有关行政监督部门责令改正，可以处10万元以下的罚款，对单位直接负责的主管人员和其他直接责任人员依法给予处分；违法确定或者更换的评标委员会成员作出的评审结论无效，依法重新进行评审。

（6）依法必须进行招标的项目的招标人有下列情形之一的，由有关行政监督部门责令改正，可以处中标项目金额10‰以下的罚款；给他人造成损失的，依法承担赔偿责任；对单位直接负责的主管人员和其他直接责任人员依法给予处分：

1）无正当理由不发出中标通知书。

2）不按照规定确定中标人。

3）中标通知书发出后无正当理由改变中标结果。

4）无正当理由不与中标人订立合同。

5）在订立合同时向中标人提出附加条件。

（7）招标人不按照规定对异议作出答复，继续进行招标投标活动的，由有关行政监督部门责令改正，拒不改正或者不能改正并影响中标结果的，依照《条例》的规定处理。

（8）招标人和中标人不按照招标文件和中标人的投标文件订立合同，合同的主要条款与招标文件、中标人的投标文件的内容不一致，或者招标人、中标人订立背离合同实质性内容的协议的，由有关行政监督部门责令改正，可以处中标项目金额5‰以上10‰以下的罚款。

4.5.6.2 投标人的法律责任

（1）投标人相互串通投标或者与招标人串通投标的，投标人向招标人或者评标委员会成员行贿谋取中标的，中标无效；构成犯罪的，依法追究刑事责任；尚不构成犯罪的，依照《招标投标法》第53条的规定处罚。投标人未中标的，对单位的罚款金额按照招标项目合同金额依照招标投标法规定的比例计算。

投标人有下列行为之一的，属于招标投标法规定的情节严重行为，由有关行政监督部门取消其1～2年内参加依法必须进行招标的项目的投标资格：

1）以行贿谋取中标。

2）3年内2次以上串通投标。

3）串通投标行为损害招标人、其他投标人或者国家、集体、公民的合法利益，造成直接经济损失30万元以上。

4）其他串通投标情节严重的行为。

投标人自上述第2款规定的处罚执行期限届满之日起3年内又有该款所列违法行为之

一的，或者有串通投标、以行贿谋取中标等情节特别严重的行为，由工商行政管理机关吊销营业执照。法律、行政法规对串通投标报价行为的处罚另有规定的，从其规定。

(2) 投标人以他人名义投标或者以其他方式弄虚作假骗取中标的，中标无效；构成犯罪的，依法追究刑事责任；尚不构成犯罪的，依照《招标投标法》第54条的规定处罚。依法必须进行招标的项目的投标人未中标的，对单位的罚款金额按照招标项目合同金额依照招标投标法规定的比例计算。

投标人有下列行为之一的，属于招标投标法第54条规定的情节严重行为，由有关行政监督部门取消其1～3年内参加依法必须进行招标的项目的投标资格：

1) 伪造、变造资格、资质证书或者其他许可证件骗取中标。

2) 3年内2次以上使用他人名义投标。

3) 弄虚作假骗取中标给招标人造成直接经济损失30万元以上。

4) 其他弄虚作假骗取中标情节严重的行为。

投标人自上述第2款规定的处罚执行期限届满之日起3年内又有该款所列违法行为之一的，或者弄虚作假骗取中标情节特别严重的，由工商行政管理机关吊销营业执照。

(3) 出让或者出租资格、资质证书供他人投标的，依照法律、行政法规的规定给予行政处罚；构成犯罪的，依法追究刑事责任。

(4) 投标人或者其他利害关系人捏造事实、伪造材料或者以非法手段取得证明材料进行投诉，给他人造成损失的，依法承担赔偿责任。

4.5.6.3 评标委员会成员的法律责任

(1) 评标委员会成员有下列行为之一的，由有关行政监督部门责令改正；情节严重的，禁止其在一定期限内参加依法必须进行招标的项目的评标；情节特别严重的，取消其担任评标委员会成员的资格：

1) 应当回避而不回避。

2) 擅离职守。

3) 不按照招标文件规定的评标标准和方法评标。

4) 私下接触投标人。

5) 向招标人征询确定中标人的意向或者接受任何单位或者个人明示或者暗示提出的倾向或者排斥特定投标人的要求。

6) 对依法应当否决的投标不提出否决意见。

7) 暗示或者诱导投标人作出澄清、说明或者接受投标人主动提出的澄清、说明。

8) 其他不客观、不公正履行职务的行为。

(2) 评标委员会成员收受投标人的财物或者其他好处的，没收收受的财物，处3000元以上5万元以下的罚款，取消担任评标委员会成员的资格，不得再参加依法必须进行招标的项目的评标；构成犯罪的，依法追究刑事责任。

4.5.6.4 中标人的法律责任

(1) 中标人无正当理由不与招标人订立合同，在签订合同时向招标人提出附加条件，或者不按照招标文件要求提交履约保证金的，取消其中标资格，投标保证金不予退还。对依法必须进行招标的项目的中标人，由有关行政监督部门责令改正，可以处中标项目金额

10‰以下的罚款。

(2) 中标人将中标项目转让给他人的，将中标项目肢解后分别转让给他人的，违反招标投标法和本条例规定将中标项目的部分主体、关键性工作分包给他人的，或者分包人再次分包的，转让、分包无效，处转让、分包项目金额5‰以上10‰以下的罚款；有违法所得的，并处没收违法所得；可以责令停业整顿；情节严重的，由工商行政管理机关吊销营业执照。

4.5.6.5 招标职业资格专业人员的法律责任

取得招标职业资格的专业人员违反国家有关规定办理招标业务的，责令改正，给予警告；情节严重的，暂停一定期限内从事招标业务；情节特别严重的，取消招标职业资格。

4.5.6.6 国家行政机关及其工作人员的法律责任

(1) 项目审批、核准部门不依法审批、核准项目招标范围、招标方式、招标组织形式的，对单位直接负责的主管人员和其他直接责任人员依法给予处分。有关行政监督部门不依法履行职责，对违反招标投标法和本条例规定的行为不依法查处，或者不按照规定处理投诉、不依法公告对招标投标当事人违法行为的行政处理决定的，对直接负责的主管人员和其他直接责任人员依法给予处分。项目审批、核准部门和有关行政监督部门的工作人员徇私舞弊、滥用职权、玩忽职守，构成犯罪的，依法追究刑事责任。

(2) 国家工作人员利用职务便利，以直接或者间接、明示或者暗示等任何方式非法干涉招标投标活动，有下列情形之一的，依法给予记过或者记大过处分；情节严重的，依法给予降级或者撤职处分；情节特别严重的，依法给予开除处分；构成犯罪的，依法追究刑事责任：

1) 要求对依法必须进行招标的项目不招标，或者要求对依法应当公开招标的项目不公开招标。

2) 要求评标委员会成员或者招标人以其指定的投标人作为中标候选人或者中标人，或者以其他方式非法干涉评标活动，影响中标结果。

3) 以其他方式非法干涉招标投标活动。

同时，依法必须进行招标的项目的招标投标活动违反招标投标法和本条例的规定，对中标结果造成实质性影响，且不能采取补救措施予以纠正的，招标、投标、中标无效，应当依法重新招标或者评标。

复习思考题

1. 招标投标的概念是什么？
2. 强制招标的范围是什么？
3. 简述关于废标的法律规定。
4. 哪些工程可以不进行施工招标？
5. 简述招标程序的法律规定。
6. 简述投标程序的法律规定。

7. 中标的条件是什么?
8. 联合体投标有哪些规定?
9. 简述评标委员会及其成员的法律规定。
10. 招标人以不合理条件限制、排斥潜在投标人或投标人的行为有哪些?
11. 投标人相互串通、视为相互串通投标的情形有哪些?
12. 哪些情形评标委员会应当否决投标单位的投标?
13. 简述招标人违反《中华人民共和国招标投标法实施条例》的法律责任。
14. 简述投标人违反《中华人民共和国招标投标法实施条例》的法律责任。

第 5 章　工程勘察设计方面的法律、法规

本章学习要点

1. 了解建设工程勘察设计的概念和立法现状。
2. 掌握《建设工程勘察设计管理条例》主要内容。
3. 熟悉工程勘察的质量责任和义务。
4. 熟悉各个设计阶段设计文件的主要内容。
5. 掌握施工图审查的主要内容和程序。
6. 了解设计业务招标投标、承包发包及签订设计合同等市场行为方面的规定。
7. 熟悉设计文件编制的原则、依据、程序、质量和深度要求及修改等方面的规定。

5.1　建设工程勘察设计概述

5.1.1　建设工程勘察设计的概念

建设工程勘察，是指根据建设工程的要求，查明、分析、评价建设场地的地质地理环境特征和岩土工程条件，编制建设工程勘察文件的活动。建设工程设计，是指根据建设工程的要求，对建设工程所需的技术、经济、资源、环境等条件进行综合分析、论证，编制建设工程设计文件的活动。

5.1.2　建设工程勘察设计的基本原则

建设工程勘察设计是一项技术性和政策性都很强的活动，建设工程勘察设计的基本原则包括以下几个方面。

(1) 建设工程勘察、设计应当与社会、经济发展水平相适应，做到经济效益、社会效益和环境效益相统一。

(2) 从事建设工程勘察、设计活动，应当坚持先勘察、后设计、再施工的原则。

(3) 建设工程勘察、设计单位必须依法进行建设工程勘察、设计，严格执行工程建设强制性标准，并对建设工程勘察、设计的质量负责。

(4) 国家鼓励在建设工程勘察、设计活动中采用先进技术、先进工艺、先进设备、新型材料和现代管理方法。

5.1.3　建设工程勘察设计的立法现状

建设工程勘察、设计的相关法律、法规、规章和规范性文件主要有：1997 年 11 月 1

日第八届全国人民代表大会常务委员会第28次会议通过的《中华人民共和国建筑法》，2003年11月24日国务院颁布的《建设工程安全生产管理条例》，2002年9月27日建设部颁布的《建设工程设计文件编制深度规定》（2003年版，建质〔2003〕84号），2002年8月12日建设部颁布的《建设部关于贯彻执行建筑工程勘察设计及施工质量验收规范若干问题的通知》（建标〔2002〕212号），2002年7月25日颁布的《超限高层建筑工程抗震设防管理规定》，2001年8月21日交通部颁布的《公路工程勘察设计招标投标管理办法》，2001年7月25日建设部颁布的《建设工程勘察设计企业资质管理规定》，2000年8月25日建设部颁布的《实施工程建设强制性标准监督规定》，2002年12月4日建设部颁布的《建设工程勘察质量管理办法》，2000年10月8日建设部颁布的《建设工程设计招标投标管理办法》，2000年2月17日建设部颁布的《建设工程施工图设计文件审查暂行办法》，2000年12月14日建设部颁布的《城市规划编制单位资质管理规定》，1995年3月10日建设部颁布的《工程设计文件质量特性和质量评定——指南》，1994年9月29日国务院颁布的《国务院关于工程勘察设计单位改建为企业问题的批复》，1993年11月4日建设部颁布的《私营设计事务所试点办法》，1993年7月30日建设部颁布的《关于勘察设计单位巩固深化全面质量管理，贯彻GB/T19000—ISO9000“系列标准”的通知》，1999年3月15日第九届全国人民代表大会第二次会议通过的《中华人民共和国合同法》，1999年8月30日第九届全国人民代表大会常务委员会第十一次会议通过的《中华人民共和国招标投标法》，2000年1月30日国务院发布的《建设工程质量管理条例》，2000年9月25日国务院颁布的《建设工程勘察设计管理条例》，2002年1月7日原国家计委、建设部颁布的《工程勘察设计收费管理规定》（计价格〔2002〕10号）等。

5.2 建设工程勘察设计管理

2000年9月20日国务院第31次常务会议通过的《建设工程勘察设计管理条例》（国务院第293号令），分为总则、资质资格管理、建设工程勘察设计发包与承包、建设工程勘察设计文件的编制与实施、监督管理、罚则、附则共七章。

5.2.1 资质资格管理

国家对从事建设工程勘察、设计活动的单位，实行资质管理制度。2001年7月25日建设部令第93号发布的《建设工程勘察设计企业资质管理规定》，2001年1月20日建设部修订的《工程勘察资质分级标准》、《工程设计资质分级标准》，对工程勘察单位、工程设计单位的资质等级作出了明确规定。

工程勘察资质分综合类、专业类和劳务类三类。工程勘察综合类资质只设甲级；工程勘察专业类资质原则上设甲、乙两个级别，确有必要设置丙级勘察资质的地区经建设部批准后方可设置；工程勘察劳务类资质不分级别。

工程设计资质分工程设计综合资质、工程设计行业资质和工程设计专项资质三类。工程设计综合资质只设甲级；工程设计行业资质设甲、乙、丙三个级别，除建筑工程、市政公用、水利和公路等行业设工程设计丙级资质外，其他行业工程设计丙级资质设置的对象仅为企业内部所属的非独立法人单位；工程设计专项资质根据专业发展需要设置级别，工程设计专项资质的设立，需要相关行业部门或授权的行业协会提出，并经建设部批准。

建设工程勘察、设计单位应当在其资质等级许可的范围内承揽建设工程勘察、设计业务。禁止建设工程勘察、设计单位超越其资质等级许可范围或者以其他建设工程勘察、设计单位的名义承揽建设工程勘察、设计业务。禁止建设工程勘察、设计单位允许其他单位或者个人以本单位的名义承揽建设工程勘察、设计业务。

国家对从事建设工程勘察、设计活动的专业技术人员，实行执业资格注册管理制度。未经注册的建设工程勘察、设计人员，不得以注册执业人员的名义从事建设工程勘察、设计活动。建设工程勘察、设计注册执业人员和其他专业技术人员只能受聘于一个建设工程勘察、设计单位；未受聘于建设工程勘察、设计单位的，不得从事建设工程的勘察、设计活动。

5.2.2 建设工程勘察设计发包与承包

建设工程勘察、设计依法实行招标发包或者直接发包。建设工程勘察、设计应当依照《招标投标法》的规定，实行招标发包。依照《招标投标法》的规定，必须进行招标设计的项目包括：①大型基础设施、公用事业等关系社会公共利益、公共安全的项目；②全部或者部分使用国有资金投资或者国家融资的项目；③使用国际组织或者外国政府贷款、援助资金的项目。

5.2.2.1 直接发包

下列建设工程的勘察、设计，经有关主管部门批准，可以直接发包：

(1) 采用特定的专利或者专有技术的。

(2) 建筑艺术造型有特殊要求的。

(3) 国务院规定的其他建设工程的勘察、设计。

发包人不得将建设工程勘察、设计业务发包给不具有相应勘察、设计资质等级的建设工程勘察、设计单位。发包人可以将整个建设工程的勘察、设计发包给一个勘察、设计单位；也可以将建设工程的勘察、设计分别发包给几个勘察、设计单位。除建设工程主体部分的勘察、设计外，经发包人书面同意，承包人可以将建设工程其他部分的勘察、设计再分包给其他具有相应资质等级的建设工程勘察、设计单位。

建设工程勘察、设计发包人与承包人，应当执行国家规定的建设工程勘察、设计程序。建设工程勘察、设计发包人与承包人应当签订建设工程勘察、设计合同。建设工程勘察、设计发包人与承包人应当执行国家有关建设工程勘察、设计费的管理规定。

承包人必须在建设工程勘察、设计资质证书规定的资质等级和业务范围内承揽建设工程勘察、设计业务。建设工程勘察、设计单位不得将所承揽的建设工程勘察、设计转包。

5.2.2.2 设计招标投标及承包发包管理

设计招标投标除应遵守《招标投标法》以外，还应遵守建设部于 2000 年 10 月 18 日发布实施的《建筑工程设计招标投标管理办法》。该办法旨在规范建筑工程设计市场，优化建筑工程设计，促进设计质量的提高。凡符合《工程建设项目招标范围和规模标准规定》的各类房屋建筑工程，其设计招标投标均适用本办法。其中相关的内容如下。

1. 关于招标方式选择

(1) 建筑工程设计招标依法可以公开招标或者邀请招标。

(2) 建筑工程的设计，采用特定专利技术、专用技术，或者建筑艺术造型有特殊要求

的，经有关部门批准，可以直接发包。(《建筑工程设计招标投标管理办法》第3条)

(3) 招标人具备下列条件的，可以自行组织招标：

1) 有与招标项目工程规模及复杂程度相适应的工程技术、工程造价、财务和工程管理人员，具备组织编写招标文件的能力。

2) 有组织评标的能力。

招标人不具备前款规定条件的，应当委托具有相应资格的招标代理机构进行招标。(《建筑工程设计招标投标管理办法》第6条)

2. 设计招标投标管理

(1) 招标行政管理。国务院建设行政主管部门负责全国建筑工程设计招标投标的监督管理。县级以上地方人民政府建设行政主管部门负责本行政区域内建筑工程设计招标投标的监督管理。(《建筑工程设计招标投标管理办法》第4条)

依法必须招标的建筑工程项目，招标人自行组织招标的，应当在发布招标公告或者发出招标邀请书15日前，持有关材料到县级以上地方人民政府建设行政主管部门备案；招标人委托招标代理机构进行招标的，招标人应当在委托合同签订后15日内，持有关材料到县级以上地方人民政府建筑行政主管部门备案。

备案机关应当在接受备案之日起5日内进行审核，发现招标人不具备自行招标条件、代理机构无相应资格、招标前期条件不具备、招标公告或者招标邀请书有重大瑕疵的，可以责令招标人暂时停止招标活动，备案机关逾期未提出异议的，招标人可以实施招标活动。

(2) 招标实施注意事项。公开招标的，招标人应当发布招标公告。邀请招标的，招标人应当向三个以上设计单位发出招标邀请书。招标公告或者招标邀请书应当载明招标人名称和地址、招标项目的基本要求、投标人的资质要求以及获取招标文件的办法等事项。(《建筑工程设计招标投标管理办法》第8条)

(3) 招标文件的内容。

1) 工程名称、地址、占地面积、建筑面积等。

2) 已批准的项目建议书或者可行性研究报告。

3) 工程经济技术要求。

4) 城市规划管理部门确定的规划控制条件和用地红线图。

5) 可供参考的工程地质、水文地质、工程测量等建设场地勘察成果报告。

6) 供水、供电、供气、供热、环保、市政道路等方面的基础资料。

7) 招标文件答疑、踏勘现场的时间和地点。

8) 投标文件编制要求及评标原则投标文件送达的截止时间。

9) 拟签订合同的主要条款。

10) 未中标方案的补偿办法。(《建筑工程设计招标投标管理办法》第9条)

招标文件一经发出，招标人不得随意变更。确需进行必要的澄清或者修改，应当在提交投标文件截止日期15日前，书面通知所有招标文件收受人。(《建筑工程设计招标投标管理办法》第10条)

招标人要求投标人提交投标文件的时限为：特级和一级建筑工程不少于45日；二级以下建筑工程不少于30日；进行概念设计招标的，不少于20日。(《建筑工程设计招标投

标管理办法》第 11 条）

3. 投标

投标人应当具有与招标项目相适应的工程设计资质。境外设计单位参加国内建筑工程设计投标的，应当经省、自治区、直辖市人民政府建设行政主管部门批准。（《建筑工程设计招标投标管理办法》第 12 条）

投标人应当按照招标文件、建筑方案设计文件编制深度规定的要求编制投标文件；进行概念设计招标的，应当按照招标文件要求编制投标文件。投标文件应当具有相应资格的注册建筑师签章，加盖单位公章。（《建筑工程设计招标投标管理办法》第 13 条）

4. 评标

建设工程勘察、设计方案评标，应当以投标人的业绩、信誉和勘察、设计人员的能力以及勘察、设计方案的优劣为依据，进行综合评定。建设工程勘察、设计的招标人应当在评标委员会推荐的候选方案中确定中标方案。但是，建设工程勘察、设计的招标人认为评标委员会推荐的候选方案不能最大限度满足招标文件规定的要求的，应当依法重新招标。

评标由评标委员会负责。评标委员会由招标人代表和有关专家组成。评标委员会人数一般为五人以上单数，其中技术方面的专家不得少于成员总数的 2/3。投标人或者与投标人有利害关系的人员不得参加评标委员会。（《建筑工程设计招标投标管理办法》第 14 条）

国务院建设行政主管部门，省、自治区、直辖市人民政府建设行政主管部门应当建立建筑工程设计评标专家库。（《建筑工程设计招标投标管理办法》第 15 条）

有下列情形之一的，投标文件作废：

（1）投标文件未经密封的。

（2）无相应资格的注册建筑师签字的。

（3）无投标人公章的。

（4）注册建筑师受聘单位与投标人不符的。（《建筑工程设计招标投标管理办法》第 16 条）

评标委员会应当在符合城市规划、消防、节能、环保的前提下，按照投标文件的要求，对投标设计方案的经济、技术、功能和造型等进行比选、评价，确定符合招标文件要求的最优设计方案。评标委员会应当在评标完成后，向招标人提出书面评标报告。采用公开招标方式的，评标委员会应当向招标人推荐 2～3 个中标候选方案。采用邀请招标方式的，评标委员会应当向招标人推荐 1～2 个中标候选方案。（《建筑工程设计招标投标管理办法》第 18 条）

5. 定标

招标人根据评标委员会的书面评标报告和推荐的中标候选方案，结合投标人的技术力量和业绩确定中标方案。招标人也可以委托评标委员会直接确定中标方案，招标人认为评标委员会推荐的所有候选方案均不能最大限度满足招标文件规定要求的，应当依法重新招标。（《建筑工程设计招标投标管理办法》第 19 条）

招标人应当在中标方案确定之日起 7 日内，向中标人发出中标通知，并将中标结果通知所有未中标人。（《建筑工程设计招标投标管理办法》第 20 条）

依法必须进行招标的项目，招标人应当在中标方案确定之日起 15 日内，向县级以上

地方人民政府建设行政主管部门提交招标投标情况的书面报告。(《建筑工程设计招标投标管理办法》第21条)

对达到招标文件规定要求的未中标方案，公开招标的，招标人应当在招标公告中明确是否给予未中标单位经济补偿及补偿金额；邀请招标的，应当给予未中标单位经济补偿，补偿金额应当在招标邀请书中明确。(《建筑工程设计招标投标管理办法》第22条)

招标人应当在中标通知书发出之日起30日内与中标人签订工程设计合同。确需另择设计单位承担施工图设计的，应当在招标公告或招标邀请书中明确。(《建筑工程设计招标投标管理办法》第23条)

招标人、中标人使用未中标方案的，应当征得提交方案的投标人同意并付给使用费。(《建筑工程设计招标投标管理办法》第24条)

5.2.3 建设工程勘察质量管理

2002年11月6日建设部令第115号颁布了《建设工程勘察质量管理办法》，自2003年2月1日起施行。国务院建设行政主管部门对全国的建设工程勘察质量实施统一监督管理。国务院铁路、交通、水利等有关部门按照国务院规定的职责分工，负责对全国有关专业建设工程勘察质量的监督管理。县级以上地方人民政府建设行政主管部门对本行政区域内的建设工程勘察质量实施监督管理。县级以上地方人民政府有关部门在各自的职责范围内，负责对本行政区域内有关专业建设工程勘察质量的监督管理。

5.2.3.1 工程勘察的质量责任和义务

建设单位应当为勘察工作提供必要的现场工作条件，保证合理的勘察工期，提供真实、可靠的原始资料。建设单位应当严格执行国家收费标准，不得迫使工程勘察企业以低于成本的价格承揽任务。

工程勘察企业应当按照有关建设工程质量的法律、法规、工程建设强制性标准和勘察合同进行勘察工作，并对勘察质量负责。勘察文件应当符合国家规定的勘察深度要求，必须真实、准确。工程勘察企业应当健全勘察质量管理体系和质量责任制度。

工程勘察企业必须依法取得工程勘察资质证书，并在资质等级许可的范围内承揽勘察业务。工程勘察企业不得超越其资质等级许可的业务范围或者以其他工程勘察企业的名义承揽勘察业务；不得允许其他企业或者个人以本企业的名义承揽勘察业务；不得转包或者违法分包所承揽的勘察业务。

工程勘察企业应当参与施工验槽，及时解决工程设计中与勘察工作有关的问题。工程勘察企业应当参与建设工程质量事故的分析，并对因勘察原因造成的质量事故，提出相应的技术处理方案。工程勘察企业应当确保仪器、设备的完好。钻探、取样的机具设备、原位测试、室内试验及测量仪器等应当符合有关规范、规程的要求。工程勘察工作的原始记录应当在勘察过程中及时整理、核对，确保取样、记录的真实和准确，严禁离开现场追记或者补记。工程勘察企业应当加强技术档案的管理工作，工程项目完成后，必须将全面资料分类编目，装订成册，归档保存。

工程勘察企业法定代表人对本企业勘察质量全面负责；项目负责人对项目的勘察文件负主要质量责任；项目审核人、审定人对其审核、审定项目的勘察文件负审核、审定的质量责任。工程勘察企业的法定代表人、项目负责人、审核人、审定人等相关人员，应当在勘察文件上签字或者盖章，并对勘察质量负责。工程勘察项目负责人、审核人、审定人及有关技术人员应当具有相应的技术职称或者注册资格。观测员、试验员、记录员、机长等现场作业人员应当接受专业培训，方可上岗。项目负责人应当组织有关人员做好现场踏勘、调查，按照要求编写《勘察纲要》，并对勘察过程中各项作业资料验收和签字。

工程勘察企业应当拒绝用户提出的违反国家有关规定的不合理要求，有权提出保证工程勘察质量所必需的现场工作条件和合理工期。

5.2.3.2 监督管理与罚则

1. 监督管理

工程勘察文件应当经县级以上地方人民政府建设行政主管部门或者其他有关部门审查。工程勘察质量监督部门可以委托施工图设计文件审查机构对工程勘察文件进行审查。审查机构应当履行下列职责：①监督检查工程勘察企业有关质量管理文件、文字报告、计算书、图纸图表和原始资料等是否符合有关规定和标准；②发现勘察质量问题，及时报告有关部门依法处理。

工程勘察发生重大质量、安全事故时，有关单位应当按照规定向工程勘察质量监督部门报告。任何单位和个人有权向工程勘察质量监督部门检举、投诉工程勘察质量、安全问题。应当对工程勘察企业质量管理程序的实施、试验室是否符合标准等情况进行检查，并将检查结果与企业资质年检管理挂钩，定期向社会公布检查和处理结果。

2. 罚则

违反《建设工程勘察质量管理办法》规定，建设单位未为勘察工作提供必要的现场工作条件或者未提供真实、可靠原始资料的，由工程勘察质量监督部门责令改正；造成损失的，依法承担赔偿责任。

违反《建设工程勘察质量管理办法》规定，工程勘察企业未按照工程建设强制性标准进行勘察、弄虚作假、提供虚假成果资料的，由工程勘察质量监督部门责令改正，处10万元以上30万元以下的罚款；造成工程质量事故的，责令停业整顿，降低资质等级；情节严重的，吊销资质证书；造成损失的，依法承担赔偿责任。

违反《建设工程勘察质量管理办法》规定，工程勘察企业有下列行为之一的，由工程勘察质量监督部门责令改正，处1万元以上3万元以下的罚款：①勘察文件没有责任人签字或者签字不全的；②原始记录不按照规定记录或者记录不完整的；③不参加施工验槽的；④项目完成后，勘察文件不归档保存的。

依照《建设工程勘察质量管理办法》规定，给予勘察企业罚款处罚的，由工程勘察质量监督部门对企业的法定代表人和其他直接责任人员处以企业罚款数额的5%以上10%以下的罚款。

审查机构未按照规定审查，给建设单位造成损失的，依法承担赔偿责任；情节严重的，由工程勘察质量监督部门撤销委托。国家机关人员在建设工程勘察质量监督管理工作中玩忽职守、滥用职权、徇私舞弊的，依法给予行政处分；构成犯罪的，依法追究刑事责任。

5.2.4 建设工程勘察设计文件的编制与实施

5.2.4.1 编制建设工程勘察、设计文件的依据

编制建设工程勘察、设计文件，应当以下列规定为依据：① 项目批准文件；② 城市

规划；③ 工程建设强制性标准；④ 国家规定的建设工程勘察、设计深度要求。

铁路、交通、水利等专业建设工程，还应当以专业规划的要求为依据。

5.2.4.2 编制建设工程勘察、设计文件的基本要求

编制建设工程勘察设计文件，应当真实、准确，满足建设工程规划、选址、设计、岩土治理和施工的需要。编制方案设计文件，应当满足编制初步设计文件和控制概算的需要。编制初步设计文件，应当满足编制施工招标文件、主要设备材料订货和编制施工图设计文件的需要。编制施工图设计文件，应当满足设备材料采购、非标准设备制作和施工的需要，并注明建设工程合理使用年限。建设工程合理使用年限就是在设计文件中标明的设计使用年限，设计使用年限是设计规定的结构或结构构件不需要大修即可按其预定目的使用的年限。

设计文件中选用的材料、构配件、设备，应当注明其规格、型号、性能等技术指标，其质量要求必须符合国家规定的标准。除有特殊要求的建筑材料、专用设备和工艺生产线等以外，设计单位不得指定生产厂、供应商。

建设工程勘察、设计文件中规定采用的新技术、新材料，可能影响建设工程质量和安全，又没有国家技术标准的，应当由国家认可的检测机构进行试验、论证，出具检测报告，并经国务院有关部门或者省、自治区、直辖市人民政府部门组织的建设工程技术专家委员会审定后，方可使用。

5.2.4.3 建设工程勘察、设计文件的实施

建设工程勘察、设计单位应当在建设工程施工前，向施工单位和监理单位说明建设工程勘察、设计意图，解释建设工程勘察、设计文件。建设工程勘察、设计单位应当及时解决施工中出现的勘察、设计问题。

建设单位、施工单位、监理单位不得修改建设工程勘察、设计文件；确需修改建设工程勘察、设计文件的，应当由原建设工程勘察、设计单位修改。经原建设工程勘察、设计单位书面同意，建设单位也可委托其他具有相应资质的建设工程勘察、设计单位修改。修改单位对其修改的建设工程勘察、设计文件承担相应责任。施工单位、监理单位发现建设工程勘察、设计文件不符合工程建设强制性标准、合同约定的质量要求的，应当报告建设单位，建设单位有权要求建设工程勘察、设计单位对建设工程勘察、设计文件进行补充、修改。建设工程勘察、设计文件内容需要作重大修改的，建设单位应当报经原审批机关批准后，方可修改。

5.2.4.4 监督管理与罚则

1. 监督管理

国务院建设行政主管部门对全国的建设工程勘察、设计活动实施统一监督管理。国务院铁路、交通、水利等有关部门按照国务院规定的职责分工，负责对全国有关专业建设工程勘察、设计活动的监督管理。县级以上地方人民政府建设行政主管部门对本行政区域内的建设工程勘察、设计活动实施监督管理。县级以上地方人民政府交通、水利等有关部门在各自的职责范围内，负责对本行政区域内有关专业建设工程勘察、设计活动的监督管理。县级以上人民政府建设行政主管部门或者交通、水利等有关部门应当对施工图设计文件中涉及公共利益、公共安全、工程建设强制性标准的内容进行检查。施工图设计文件未经审查批准的，不得使用。任何单位和个人对建设工程勘察、设计活动中的违法行为都有权检举、控告、投诉。

2. 罚则

违反《建设工程勘察设计管理条例》有关资质管理的规定，责令停止违法行为，处合同约定的勘察费、设计费1倍以上2倍以下的罚款，有违法所得的，予以没收；可以责令停业整顿，降低资质等级；情节严重的，吊销资质证书。未取得资质证书承揽工程的，予以取缔，依照前款规定处以罚款；有违法所得的，予以没收。以欺骗手段取得资质证书承揽工程的，吊销资质证书，依照《建设工程勘察设计管理条例》规定处以罚款；有违法所得的，予以没收。

违反《建设工程勘察设计管理条例》规定，未经注册，擅自以注册建设工程勘察、设计人员的名义从事建设工程勘察、设计活动的，责令停止违法行为，没收违法所得，处违法所得2倍以上5倍以下的罚款；给他人造成损失的，依法承担赔偿责任。

违反《建设工程勘察设计管理条例》规定，建设工程勘察、设计注册执业人员和其他专业技术人员未受聘于一个建设工程勘察、设计单位或者同时受聘于两个以上建设工程勘察、设计单位，从事建设工程勘察、设计活动的，责令停止违法行为，没收违法所得，处违法所得2倍以上5倍以下的罚款；情节严重的，可以责令停止执行业务或者吊销资格证书；给他人造成损失的，依法承担赔偿责任。

违反《建设工程勘察设计管理条例》规定，发包人将建设工程勘察、设计业务发包给不具有相应资质等级的建设工程勘察、设计单位的，责令改正，处50万元以上100万元以下的罚款。

违反《建设工程勘察设计管理条例》规定，建设工程勘察、设计单位将所承揽的建设工程勘察、设计转包的，责令改正，没收违法所得，处合同约定的勘察费、设计费25%以上50%以下的罚款，可以责令停业整顿，降低资质等级；情节严重的，吊销资质证书。

违反《建设工程勘察设计管理条例》规定，有下列行为之一的，依照《建设工程质量管理条例》第63条的规定给予处罚：①勘察单位未按照工程建设强制性标准进行勘察的；②设计单位未根据勘察成果文件进行工程设计的；③设计单位指定建筑材料、建筑构配件的生产厂、供应商的；④设计单位未按照工程建设强制性标准进行设计的。

国家机关工作人员在建设工程勘察、设计活动的监督管理工作中玩忽职守、滥用职权、徇私舞弊，构成犯罪的，依法追究刑事责任；尚不构成犯罪的，依法给予行政处分。

5.3 建设工程设计文件的编制与施工图审查

5.3.1 建设工程设计文件的编制

5.3.1.1 建设工程设计原则

工程设计是工程建设的主导环节，对工程建设的质量、投资效益起着决定性的作用。为保证工程设计的质量和水平，相关法规规定，工程设计必须遵循以下主要原则。

(1) 贯彻经济、社会发展规划、城乡规划和产业政策。经济、社会发展规划及产业政策，是国家某一时期的建设目标和指导方针，工程设计必须贯彻其精神，城市规划、村庄和集镇规划一经批准公布，即成为工程建设必须遵守的规定，工程活动也必须符合其要求。

（2）综合利用资源，满足环保要求。工程设计中，要充分考虑矿产、能源、水、农、林、牧、渔等资源的综合利用；要因地制宜，提高土地利用率；要尽量利用荒地、劣地，不占或少占耕地。工业项目中要选用耗能少的生产工艺和设备；民用项目中，要采用节约能源的措施，提倡区域集中供热，重视余热利用。城市的新建、扩建和改建项目，应配套建设节约用水设施。在工程设计时，还应积极改进工艺，采取行之有效的技术措施，防止粉尘、毒物、废水、废气、废渣、噪声、放射性物质及其他有害因素对环境的污染，要进行综合治理和利用，使设计符合国家环保标准。

（3）遵守工程建设技术标准。工程建设中有关安全、卫生和环境保护等方面的标准都是强制性标准，工程设计时必须严格遵守。

（4）采用新技术、新工艺、新材料、新设备。工程设计应当广泛吸取国内外先进的科研和技术成果，根据我国的国情和工程实际情况，积极采用新技术、新工艺、新材料、新设备，以保证建设工程的先进性和可靠性。

（5）重视技术和经济效益的结合。采用先进的技术，可提高生产效率，增加产量，降低产品成本，但往往会增加建设成本和建设工期。因此，要注重技术和经济效益的结合，从总体上考虑工程的经济效益、社会效益和环境效益。

（6）公共建筑和住宅要注意美观、适用和协调。建筑既要有实用功能，又要能美化城市，给人们提供精神享受。公共建筑和住宅设计应巧于构思，使其造型新颖、独具特色，又要与周围环境相协调，保护自然景观，同时还要满足功能适用，结构合理的要求。

5.3.1.2 各阶段设计文件编制的程序和质量要求

1. 设计文件编制的程序

为了有秩序、有步骤地开展设计工作，一般建设项目按两个阶段进行设计，即初步设计和施工图设计；对于技术上复杂而又缺乏设计经验的项目，可增加技术设计阶段；为解决总体开发方案和建设的总体部署等重大问题，可进行总体规划设计或总体设计。

计划任务书（即设计任务书）是设计的主要依据。计划任务书的编制，要按有关规定执行，其深度应能满足开展设计的要求。设计单位必须积极参加设计任务书的编制、建设地址的选择、建设规划和试验研究等方面的设计前期工作。对有些重点项目，如大型水利枢纽、水电站、大型矿山、大型工厂、跨省区铁路干线和输油、输气管线等，在计划任务书未批准前，可根据长远规划的要求进行必要的资源补查、工程地质、水文勘察、经济调查和多种方案的技术经济比较等方面的准备工作，并从中了解和掌握有关情况，收集必要的设计基础资料，为编制设计文件做好准备。

没有批准的设计任务书、资源报告、厂址选择报告，不能提供初步设计文件，更不能进行设计审批。没有批准的初步设计，不能提供设备订货清单和施工图纸。（《设计文件的编制和审批办法》）

2. 设计文件编制质量要求

依据《工程勘察设计管理条例》规定编制建设工程勘察文件，应当真实、准确，满足建设工程规划、选址、设计、岩土治理和施工的需要。

（1）编制方案设计文件，应当满足编制初步设计文件和控制概算的需要。

（2）编制初步设计文件，应当满足编制施工招标文件、主要设备材料订货和编制施工图设计文件的需要。

（3）编制施工图设计文件，应当满足设备材料采购、非标准设备制作和施工的需要，并注明建设工程合理使用年限。（《工程勘察设计管理条例》第26条）

5.3.1.3　各阶段设计文件编制的深度规定

1. *方案设计文件的内容和深度要求*

（1）方案设计的内容包括以下几个方面。

1）设计说明书，包括：设计依据、设计要求及主要技术经济指标；总平面设计说明；各专业设计说明（包括建筑设计说明、结构设计说明、建筑电气设计说明、给水排水设计说明、采暖通风与空气调节设计说明、热能动力设计说明等）以及投资估算等内容。

2）总平面图以及建筑设计图纸。

3）设计委托或设计合同中规定的透视图、鸟瞰图、模型等。

（2）方案设计的深度应能满足初步设计文件的编制以及控制概算的需要。

2. *初步设计文件的内容和深度要求*

（1）初步设计文件的内容包括以下几个方面。

1）设计说明书，包括设计总说明、各专业设计说明。

2）有关专业的设计图纸。

3）工程概算书。（注：初步设计文件应包括主要设备或材料表，主要设备或材料表可附在说明书中，或附在设计图纸中，或单独成册。）主要技术经济指标表见表5-3-1。

表5-3-1　　民用建筑主要技术经济指标表

序　号	名　称	单位	数量	备　注
(1)	总用地面积	hm^2		
(2)	总建筑面积	m^2		地上、地下部分可分列
(3)	建筑基底总面积	hm^2		
(4)	道路广场总面积	hm^2		含停车场面积并应注明停车泊位数
(5)	绿地总面积	hm^2		可加注公共绿地面积
(6)	容积率			(2)/(1)
(7)	建筑密度	%		(3)/(1)
(8)	绿地率	%		(5)/(1)
(9)	小汽车停车泊位数	辆		室内、外应分列
(10)	自行车停放数量	辆		

（2）初步设计文件的深度要求，能满足以下几个方面。

1）设计文件的比选和确定。

2）主要设备材料订货。

3）土地征用。

4）基建投资的控制。

5）施工设计的编制。

6）施工组织设计的编制。

7）施工准备和生产准备等。

3. 施工图设计文件的内容和深度要求

（1）施工图设计文件的内容。施工图设计应根据已批准的初步设计进行编制，内容以图纸为主，应包括：封面、图纸目录、设计说明（或首页）、图纸、工程预算书等。具体要求为：

1）进一步完善、落实初步设计要求。

2）由设计说明书、施工图纸、施工图预算组成。

3）图纸绘制正确、完整，避免错、漏。

4）尽可能采用标准设计。

5）满足施工要求的建筑、结构、安装图纸与文件。

（2）施工图设计文件的深度要求，能满足以下几个方面。

1）能安排材料、设备的订货。

2）能进行施工图预算的编制。

3）能进行土建施工和安装。

4）能据此进行工程验收。

5.3.1.4 工程概预算书

概算是初步设计文件的重要组成部分。经批准的概算是基本建设项目投资的最高额，是编制建设项目计划，签订建设项目总包合同，实行建设项目包干、控制预算、考核设计经济合理性和建设成本的依据。以批准的初步设计进行施工招标的工程，其标底应在批准的总概算范围内。

设计概算文件必须完整地反映工程项目初步设计的内容，严格执行国家有关的方针、政策和制度，实事求是地根据工程所在地的建设条件（包括自然条件、施工条件等影响造价的各种因素），按有关的依据性资料进行编制。设计概算文件为单位工程概算书、单项工程综合概算书、建设项目总概算书三种。工程预算书的编制，按照国家有关规定进行。

5.3.2 施工图审查

为加强对房屋建筑工程、市政基础设施工程施工图设计文件审查的管理，根据《建设工程质量管理条例》、《建设工程勘察设计管理条例》，2004 年 6 月 29 日建设部制订了《房屋建筑和市政基础设施工程施工图设计文件审查管理办法》。该办法指出，施工图审查是指建设主管部门认定的施工图审查机构按照有关法律、法规，对施工图涉及公共利益、公众安全和工程建设强制性标准的内容进行的审查。国家实施施工图设计文件（含勘察文件）审查制度，施工图未经审查合格的不得使用。

5.3.2.1 施工图审查机构

国务院建设主管部门负责规定审查机构的条件、施工图审查工作的管理办法，并对全国的施工图审查工作实施指导、监督。省、自治区、直辖市人民政府建设主管部门负责认定本行政区域内的审查机构，对施工图审查工作实施监督管理，并按照国家确定的审查机构条件、结合本行政区域内的建设规模认定相应数量的审查机构，接受国务院建设主管部门的指导和监督。市、县人民政府建设主管部门负责对本行政区域内的施工图审查工作实施日常监督管理，并接受省、自治区、直辖市人民政府建设主管部门的指导和监督。

审查机构是不以营利为目的的独立法人。审查机构按照承接业务范围分为两类。

1. 一类审查机构

(1) 业务范围。一类图纸审查机构承接房屋建筑、市政基础设施工程施工图审查业务范围不受限制。

(2) 一类审查机构应具备的条件包括以下几个方面。

1) 注册资金不少于100万元。

2) 有健全的技术管理和质量保证体系。

3) 审查人员应当有良好的职业道德，具有15年以上所需专业勘察、设计工作经历；主持过不少于5项一级以上建筑工程或者大型市政公用工程或者甲级工程勘察项目相应专业的勘察设计；已实行执业注册制度的，审查人员应当具有一级注册建筑师、一级注册结构工程师或者勘察设计注册工程师资格，未实行执业注册制度的，审查人员应当有高级工程师以上职称。

4) 从事房屋建筑工程施工图审查的，结构专业人员不少于6人，建筑、电气、暖通、给排水、勘察等专业审查人员各不少于2人；从事市政基础设施工程施工图审查的，所需专业审查人员不少于6人，其他必须配套的专业审查人员各不少于2人；专门从事勘察文件审查的，勘察专业审查人员不少于6人。

5) 审查人员原则上不得超过65岁，60岁以上审查人员不超过该专业审查人员规定数的1/2。

6) 承担超限高层建筑工程施工图审查的，除具备上述条件外，还应当具有主持过超限高层建筑工程或者100米以上建筑工程结构专业设计的审查人员不少于3人。

2. 二类审查机构

(1) 业务范围。二类机构可以承接二级以下房屋建筑、市政基础设施工程施工图审查。

(2) 二类审查机构应具备的条件包括以下几个方面。

1) 注册资金不少于50万元。

2) 有健全的技术管理和质量保证体系。

3) 审查人员应当有良好的职业道德，具有10年以上所需专业勘察、设计工作经历；主持过不少于5项二级以上建筑工程或者中型以上市政公用工程或者乙级以上工程勘察项目相应专业的勘察设计；已实行执业注册制度的，审查人员应当具有一级注册建筑师、一级注册结构工程师或者勘察设计注册工程师资格，未实行执业注册制度的，审查人员应当有工程师以上职称。

4) 从事房屋建筑工程施工图审查的，各专业审查人员不少于2人；从事市政基础设施工程施工图审查的，所需专业审查人员不少于4人，其他必须配套的专业审查人员各不少于2人；专门从事勘察文件审查的，勘察专业审查人员不少于4人。

5) 审查人员原则上不得超过65岁，60岁以上审查人员不超过该专业审查人员规定数的1/2。

5.3.2.2　施工图审查程序

建设单位应当将施工图送审查机构审查。建设单位可以自主选择审查机构，但是审查机构不得与所审查项目的建设单位、勘察设计企业有隶属关系或者其他利害关系。

1. 建设单位应当向审查机构提供的资料

（1）作为勘察、设计依据的政府有关部门的批准文件及附件。

（2）全套施工图。

2. 审查机构应当对施工图审查的内容

（1）是否符合工程建设强制性标准。

（2）地基基础和主体结构的安全性。

（3）勘察设计企业和注册执业人员以及相关人员是否按规定在施工图上加盖相应的图章和签字。

（4）其他法律、法规、规章规定必须审查的内容。

3. 施工图审查程序

（1）施工图审查时限。审查机构对施工图审查原则上不超过下列时限：

1）一级以上建筑工程、大型市政工程为15个工作日，二级及以下建筑工程、中型及以下市政工程为10个工作日。

2）工程勘察文件，甲级项目为7个工作日，乙级及以下项目为5个工作日。

（2）审查机构对施工图进行审查后，应根据下列情况分别作出处理：

1）审查合格的，审查机构应当向建设单位出具审查合格书，并将经审查机构盖章的全套施工图交还建设单位。审查合格书应当有各专业的审查人员签字，经法定代表人签发，并加盖审查机构公章。审查机构应当在5个工作日内将审查情况报工程所在地县级以上地方人民政府建设主管部门备案。

2）审查不合格的，审查机构应当将施工图退建设单位并书面说明不合格原因。同时，应当将审查中发现的建设单位、勘察设计企业和注册人员违反法律、法规和工程建设强制性标准的问题，报工程所在地县级以上地方人民政府建设主管部门。

施工图退建设单位后，建设单位应当要求原勘察设计企业进行修改，并将修改后的施工图报原审查机构审查。任何单位或者个人不得擅自修改审查合格的施工图。确需修改的凡涉及规定审查内容的，建设单位应当将修改后的施工图报原审查机构审查。

4. 审查机构对施工图审查工作负责，承担审查责任

施工图审查合格后，仍有违反法律、法规和工程建设强制性标准的问题，给建设单位造成损失的，审查机构依法承担相应的赔偿责任；建设主管部门对审查机构、审查机构的法定代表人和审查人员依法作出处理或者处罚。

审查机构应当建立、健全内部管理制度。施工图审查应当有经各专业审查人员签字的审查记录，审查记录、审查合格书等资料应当归档保存。

5. 施工图审查的监督检查

（1）县级以上地方人民政府建设主管部门应当加强对审查机构的监督检查，主要检查下列内容：

1）是否符合规定条件。

2）是否超出认定的范围从事施工图审查。

3）是否使用不符合条件的审查人员。

4）是否按规定上报审查过程中发现的违法违规行为。

5）是否按规定在审查合格书和施工图上签字盖章。

6）施工图审查质量。

7）审查人员的培训情况。

建设主管部门实施监督检查时，有权要求审查机构提供有关施工图审查的文件和资料。

（2）审查机构有下列行为之一的，县级以上地方人民政府建设主管部门责令改正，处1万元以上3万元以下的罚款；情节严重的，省、自治区、直辖市人民政府建设主管部门撤销对审查机构的认定。

1）超出认定的范围从事施工图审查的。

2）使用不符合条件的审查人员的。

3）未按规定上报审查过程中发现的违法违规行为的。

4）未按规定在审查合格书和施工图上签字盖章的。

5）未按规定对审查内容进行审查的。

（3）县级以上地方人民政府建设主管部门应当及时受理对施工图审查工作中违法、违规行为的检举、控告和投诉。按规定应当进行审查的施工图，未经审查合格的，建设主管部门不得颁发施工许可证。对审查机构报告的建设单位、勘察设计企业、注册执业人员的违法违规行为，县级以上人民政府建设主管部门应当依法进行处罚。

（4）审查机构出具虚假审查合格书的，县级以上地方人民政府建设主管部门处3万元罚款，省、自治区、直辖市人民政府建设主管部门撤销对审查机构的认定；有违法所得的，予以没收。

（5）给予审查机构罚款处罚的，对机构的法定代表人和其他直接责任人处机构罚款数额5%以上10%以下的罚款。

（6）省、自治区、直辖市人民政府建设主管部门未按规定认定审查机构的，国务院建设主管部门责令改正。

（7）国家机关工作人员在施工图审查监督管理工作中玩忽职守、滥用职权、徇私舞弊，构成犯罪的，依法追究刑事责任；尚不构成犯罪的，依法给予行政处分。

5.4 建设工程勘察、设计合同

5.4.1 勘察、设计合同概述

5.4.1.1 建设工程勘察、设计合同的概念

建设勘察、设计合同，是指建设单位或有关单位为完成一定的勘察、设计任务，明确双方权利、义务的协议。建设单位或有关单位称委托方或委托人，勘察、设计单位称承包方或勘察人、设计人。根据勘察、设计合同，承包方完成委托方委托的勘察、设计项目，

委托方接受符合约定要求的勘察、设计成果，并给付报酬。

5.4.1.2 建设工程勘察、设计合同的特点

1. 勘察、设计合同的当事人双方应具有法人资格

建设工程勘察、设计合同的当事人双方应当具有民事权利能力和民事行为能力的法人单位。作为发包方，一般情况下，必须是国家批准的建设项目，落实投资计划的企事业单位、社会组织；作为承包方，应当具有国家批准的勘察、设计许可证，具有经有关部门核准的资质等级的勘察、设计单位。从事建设工程勘察、设计的单位应当依法取得相应等级的资质证书，并在资质等级许可的范围内承揽工程。禁止勘察、设计单位超越资质等级许可的范围或者以其他勘察、设计单位的名义承揽工程，禁止勘察、设计单位允许其他单位或者个人以本单位的名义承揽工程，勘察、设计单位不得转包或者非法分包所承揽的工程。

2. 勘察、设计合同的质量责任的特殊性

勘察、设计合同是建设工程合同的一种类型，因此，勘察、设计合同也具有建设工程合同的基本特征。勘察、设计单位必须按照工程建设强制性标准进行勘察、设计，并对其勘察、设计的质量负责。注册建筑师、注册结构工程师等注册执业人员应当在设计文件上签字，对设计文件负责。勘察单位提供的地质、测量、水文等勘察成果必须真实、准确。设计单位应当根据勘察成果文件进行建设工程设计。设计文件应当符合国家规定的设计深度要求，注明工程合理使用年限。设计单位在设计文件中选用的建筑材料、建筑构配件和设备，应当注明规格、型号、性能等技术指标，其质量要求必须符合国家规定的标准。除有特殊要求的建筑材料、专用设备、工艺生产线等外，设计单位不得指定生产厂、供应商。设计单位应当就审查合格的施工图设计文件向施工单位作出详细说明。设计单位应当参与建设工程质量事故分析，并对因设计造成的质量事故，提出相应的技术处理方案。

3. 勘察、设计合同计价模式的特殊性

2002年1月7日原国家计委、建设部颁布了《工程勘察设计收费管理规定》（计价格〔2002〕10号），规定工程勘察和工程设计收费根据建设项目投资额的不同情况，分别实行政府指导价和市场调节价。建设项目总投资额500万元及以上的工程勘察和工程设计收费实行政府指导价；建设项目总投资估算额500万元以下的工程勘察和工程设计收费实行市场调节价。

实行政府指导价的工程勘察和工程设计收费，其基准价根据《工程勘察收费标准》或者《工程设计收费标准》计算，浮动幅度为上下20%。发包人和勘察人、设计人应当根据建设项目的实际情况在规定的浮动幅度内协商确定收费额。实行市场调节价的工程勘察和工程设计收费，由发包人和勘察人、设计人协商确定收费额。同时，工程勘察费和工程设计费应当体现优质优价的原则。工程勘察和工程设计收费实行政府指导价的，凡在工程勘察设计中采用新技术、新工艺、新设备、新材料，有利于提高建设项目经济效益、环境效益和社会效益的，发包人和勘察人、设计人可以在上浮25%的幅度内协商确定收费额。

5.4.1.3 建设工程勘察、设计合同的法律规范

建设工程勘察、设计合同有关的法律规范包括：1997年11月1日第八届全国人民代表大会常务委员会第二十八次会议通过的《中华人民共和国建筑法》，1999年3月15日

第九届全国人民代表大会第二次会议通过的《中华人民共和国合同法》，1999 年 8 月 30 日第九届全国人民代表大会常务委员会第十一次会议通过的《中华人民共和国招标投标法》，2000 年 1 月 30 日国务院发布的《建设工程质量管理条例》，2000 年 9 月 25 日国务院颁布的《建设工程勘察设计管理条例》，2002 年 1 月 7 日原国家计委、建设部颁布的《工程勘察设计收费管理规定》（计价格〔2002〕10 号）等法律、法规和规章。

5.4.2 设计合同

《合同法》规定，设计合同的内容包括提交有关基础资料和文件（包括概预算）的期限、质量要求、费用以及其他协作条件等条款。在实践中当事人可以按照建设部、原国家工商行政管理局于 2000 年 3 月 1 日发布的《建设工程设计合同》示范文本订立合同。《建设工程设计合同》分为《建设工程设计合同》（一）（GF2000—0209）、《建设工程设计合同》（二）（GF2000—0210），《建设工程勘察合同》（一）适用于民用建筑工程设计，《建设工程勘察合同》（二）适用于专业建筑工程设计。

5.4.2.1 《建设工程设计合同》（一）

1. 工程概况

工程概况包括：工程名称、工程规模、特征、设计阶段和内容、估算设计费等。

2. 技术资料管理

双方明确约定发包人应向设计人提交的资料及文件、份数、提交时间；设计人应向承包人提交的资料及文件、份数、提交时间。

设计人提供设计文件的标准份数，初步设计、总体设计分别为 10 份，施工图设计、非标准设备设计、施工图预算、竣工图分别为 8 份。发包人要求增加设计文件份数的，由发包人另行支付设计文件工本费。工程设计中需要购买标准设计图的，由发包人支付购图费。

3. 付费方式

工程设计按国家规定的现行收费标准计取费用，或以“预算包干”、“中标价加签证”、“实际完成工作量结算”等方式计取收费。国家规定的收费标准中没有规定的收费项目，由发包人、设计人另行议定。

《工程勘察设计收费管理规定》（计价格〔2002〕10 号），规定工程设计收费由工程设计收费基准价和浮动收费构成。工程勘察设计收费基准价是按照原国家计委、建设部制订的《工程勘察设计收费标准》（2002 年修订）计算出的工程设计基准收费额，工程设计收费基准价包括基本设计收费和其他设计收费两部分，浮动收费是发包人和设计人根据实际情况在规定的浮动幅度内协商确定的工程设计收费合同额。基本设计收费是指在工程设计中提供编制初步设计文件、施工图设计文件收取的费用，并相应提供设计技术交底、解决施工中的设计技术问题、参加试车考核和竣工验收等服务。基本设计收费＝工程设计收费基价×专业调整系数×工程复杂程度调整系数×附加调整系数。工程设计收费基价是完成基本服务的价格，工程设计收费基价根据《工程设计收费基价表》确定。工程设计收费标准的调整系数包括：专业调整系数、工程复杂程度调整系数和附加调整系数。专业调整系数是对不同专业建设项目的工程设计复杂程度和工作量差异进行调整的系数。工程复杂程度调整系数是对同一专业不同建设项目的工程设计复杂程度和工作量差异进行调整的系数。工程复杂程度分为一般、较复杂和复杂三个等级，其调整系数分别为：一般（Ⅰ级）0.85；较复杂（Ⅱ级）1.0；复杂（Ⅲ级）1.15。附加调整系数是对专业调整系数和工程复杂程度调整系数尚不能调整的因素进行补充调整的系数。调整系数见《工程勘察设计收费标准》中规定。

其他设计收费是指根据工程设计实际需要或者发包人要求提供相关服务收取的费用，包括总体设计费、主体设计协调费、采用标准设计和复用设计费、非标准设备设计文件编制费、施工图预算编制费、竣工图编制费等。

工程设计中采用标准设计或者重复用设计的，按照同类新建项目设计收费的30%计算收费；需要重新进行基础设计的，按照同类新建项目基本设计收费的40%计算收费；需要对原设计做局部修改的，由发包人和设计人根据设计工作量协商确定工程设计收费。

编制工程施工图预算的，按照该建设项目基本设计收费的10%收取施工图预算编制费；编制工程竣工图的，按照该建设项目基本设计收费的8%收取竣工图编制费。

工程设计费的支付规定如下：于合同生效后3日内，发包人应向勘察人支付预算勘察费的20%作为定金；提交各阶段设计文件的同时支付各阶段设计费。在提交最后一部分施工图的同时结清全部设计费，不留尾款。实际设计费按初步设计概算（施工图设计概算）核定，多退少补。实际设计费与估算设计费出现差额时，双方另行签订补充协议。

4. 发包人、承包人责任

（1）发包人责任。

发包人按合同规定的内容，在规定的时间内向设计人提交资料及文件，并对其完整性、正确性及时限负责，发包人不得要求设计人违反国家有关标准进行设计。发包人提交上述资料及文件超过规定期限15日以内，设计人按合同规定交付设计文件时间顺延；超过规定期限15日以上的，设计人员有权重新确定提交设计文件的时间。

发包人变更委托设计项目、规模、条件或因提交的资料错误，或对所提交资料作较大修改，以致造成设计人设计需返工时，双方除需另行协商签订补充协议（或另订合同）、重新明确有关条款外，发包人应按设计人所耗工作量向设计人增付设计费。在未签订合同前发包人已同意设计人为发包人所做的各项设计工作，应按收费标准相应支付设计费。

发包人要求设计人比合同规定时间提前交付设计资料及文件时，如果设计人能够做到，发包人应根据设计人提前投入的工作量，向设计人支付赶工费。

发包人应为派赴现场处理有关设计问题的工作人员，提供必要的工作生活及交通等方便条件。

发包人应保护设计人的投标书、设计方案、文件、资料图纸、数据、计算软件和专利技术。未经设计人同意，发包人对设计人交付的设计资料及文件不得擅自修改、复制或向第三人转让或用于合同外项目，如发生以上情况，发包人应负法律责任，设计人有权向发包人提出索赔。

发包人委托设计配合引进项目的设计任务，从询价、对外谈判、国内外技术考察直至建成投产的各个阶段，应吸收承担有关设计任务的设计人参加。出国费用，除制装费外，其他费用由发包人支付。发包人委托设计人承担合同内容之外的工作服务，另行支付费用。

（2）设计人责任。

设计人应按国家技术规范、标准、规程及发包人提出的要求，进行工程设计，按合同规定的进度要求提交质量合格的设计资料，并对其负责。

设计人应标明设计采用的主要技术标准、设计合理使用年限。设计人按合同规定的内容、进度及份数向发包人交付资料及文件。

设计人交付设计资料及文件后，按规定参加有关的设计审查，并根据审查结论负责对不超出原定范围的内容做必要调整补充。设计人按合同规定时限交付设计资料及文件，本年内项目开始施工，负责向发包人及施工单位进行设计交底、处理有关设计问题和参加竣工验收。在一年内项目尚未开始施工，设计人仍负责上述工作，但应按所需工作量向发包人适当收取咨询服务费，收费额由双方商定。

发包人要求设计人派专人留驻施工现场进行配合与解决有关问题时，双方应另行签订补充协议或技术咨询服务合同。

设计人为本合同项目所采用的国家或地方标准图，由发包人自费向有关出版部门购买。合同规定设计人交付的设计资料及文件份数超过《工程勘察设计收费标准》规定的份数，设计人另收工本费。

工程设计资料及文件中，建筑材料、建筑构配件和设备。应当注明其规格、型号、性能等技术指标，设计人不得指定生产厂、供应商。发包人需要设计人的设计人员配合加工订货时，所需要费用由发包人承担。

设计人应保护发包人的知识产权，不得向第三人泄露、转让发包人提交的产品图纸等技术经济资料。如发生以上情况并给发包人造成经济损失，发包人有权向设计人索赔。

5. 合同生效、终止

合同经双方签章并在发包人向设计人支付订金后生效。本合同生效后，按规定到项目所在省级建设行政主管部门规定的审查部门备案。双方认为必要时，到项目所在地工商行政管理部门申请鉴证。双方履行完合同规定的义务后，本合同即行终止。

由于不可抗力因素致使合同无法履行时，双方应及时协商解决。合同未尽事宜，双方可签订补充协议，有关协议及双方认可的来往电报、传真、会议纪要等，均为合同组成部分，与合同具有同等法律效力。

6. 争议解决

合同在履行过程中发生的争议，由双方当事人协商解决。协商不成的，或提交仲裁委员会仲裁；或依法向人民法院起诉。

5.4.2.2 《建设工程设计合同》（二）

1. 工程概况

工程概况包括：工程名称、工程规模、特征、设计阶段和内容、估算设计费等。

2. 技术资料管理

双方明确约定发包人应向设计人提交的资料及文件、份数、提交时间；设计人应向承包人提交的资料及文件、份数、提交时间及主要技术标准。

构成合同的文件应能互相说明，如果合同文件存在歧义或不一致，则根据如下优先次序来判断：①合同书；②中标函（文件）；③发包人要求及委托书；④投标书。

3. 付费方式

工程设计按国家规定的现行收费标准计取费用，或以“预算包干”、“中标价加签证”、“实际完成工作量结算”等方式计取收费。国家规定的收费标准中没有规定的收费项目，由发包人、设计人另行议定。工程设计费于合同生效后3天内，发包人应向勘察人支付预算勘察费的20%作为定金；发包人应按设计人所完成的施工图工作量比例，分期分批向设计人支付总设计费的50%，施工图完成后，发包人结清设计费，不留尾款。发包人委托设计人承担合同内容以外的工作服务，另行签订协议并支付费用。

4. 发包人、承包人责任

(1) 发包人责任。

发包人按合同规定的内容，在规定的时间内向设计人提交基础资料及文件，并对其完整性、正确性及时限负责，发包人不得要求设计人违反国家有关标准进行设计。

发包人提交上述资料及文件超过规定期限15日以内，设计人按合同规定交付设计文件时间顺延；发包人提交上述资料及文件超过规定期限15日以上的，设计人员有权重新确定提交设计文件的时间。

发包人变更委托设计项目、规模、条件或因提交的资料错误，或对所提交资料作较大修改，以致造成设计人设计需返工时，双方除需另行协商签订补充协议（或另订合同）、重新明确有关条款外，发包人应按设计人所耗工作量向设计人支付返工费。

在未签订合同前发包人已同意，设计人为发包人所做的各项设计工作，发包人应支付相应设计费。

在合同履行期间，发包人要求终止或解除合同，设计人未开始设计工作的，不退还发包人已付的定金；已开始设计工作的，发包人应根据设计人已进行的实际工作量，不足一半时，按该阶段设计费的一半支付；超过一半时，按该阶段设计费的全部支付。

发包人必须按合同规定支付定金，收到定金作为设计人设计开工的标志。未收到定金，设计人有权推迟设计工作的开工时间，且交付设计文件的时间顺延。

发包人应按本合同规定的金额和时间向设计人支付设计费，每逾期支付1日，应承担支付金额2‰的逾期违约金，且设计人提交设计文件的时间顺延。逾期超过30日以上时，设计人有权暂停履行下阶段工作，并书面通知发包人；发包人的上级或设计审批部门对设计文件不审批或本合同项目停缓建，发包人均应支付应付的设计费。

发包人要求设计人比合同规定时间提前交付设计资料及文件时，需征得设计人同意，不得严重背离合理设计周期，且发包人应支付赶工费。

发包人应为设计人派驻施工现场的工作人员提供必要的工作、生活及交通等方面的便利条件及必要的劳动保护装备。

发包人要求设计人派专人长期驻施工现场进行配合与解决有关问题时，双方应另行签订技术咨询服务合同。

工程项目中，设计人不得指定建筑材料、设备的生产厂或供货商。发包人需要设计人配合建筑材料、设备的加工订货时，所需要费用由发包人承担。

设计文件中选用的国家标准图、行业标准图及地方标准图由发包人负责解决。

承担项目外国专家来设计人办公室工作的接待费（包括传真、电话、复印、办公等费用）。

（2）设计人责任。

设计人应按国家规定和合同约定的技术规范、标准进行设计，按合同规定的内容、时间及份数向发包人交付设计文件。设计人应标明设计合理使用年限，并对提交的设计文件的质量负责。

负责对外商的设计资料进行审查，负责该合同项目的设计联络工作。

设计人对设计资料及文件出现的遗漏或错误负责修改或补充。由于设计人员设计错误造成工程质量事故损失，设计人除负责采取补救措施外，应免收直接受损失部分的设计费，并根据损失程度向发包人支付赔偿金，赔偿金数额由双方商定。

合同生效后，设计人要求终止或解除合同，设计人应双倍返还发包人已支付的定金。由于设计人原因，延误了设计文件交付时间，每延误1日，应减收该项目应收设计费的2‰。设计人交付设计资料及文件后，按规定参加有关上级的设计审查，并根据审查结论负责对不超出原定范围的内容做必要调整补充。设计人按合同规定时限交付设计资料及文件1年内项目开始施工，负责向发包人及施工单位进行设计交底、处理有关设计问题和参加竣工验收。在1年内项目尚未开始施工，设计人仍负责上述工作，可按所需工作量向发包人适当收取咨询服务费，收费额由双方商定。

双方均应保护对方的知识产权，未经对方同意，任何一方均不得对对方的资料及文件擅自修改、复制或向第三人转让或用于合同项目外的项目。如发生以上情况，泄露方承担一切由此引起的后果并承担赔偿责任。

5. 合同生效、终止

合同经双方签章并在发包人向设计人支付订金后生效。本合同生效后，按规定到项目所在省级建设行政主管部门规定的审查部门备案。双方认为必要时，到项目所在地工商行政管理部门申请鉴证。设计人为合同项目的服务至施工安装结束为止。双方履行完合同规定的义务后，合同即行终止。

由于不可抗力因素致使合同无法履行时，双方应及时协商解决。合同未尽事宜，双方可签订补充协议，有关协议及双方认可的来往电报、传真、会议纪要等，均为合同组成部分，与合同具有同等法律效力。

6. 争议解决

合同在履行过程中发生的争议，由双方当事人协商解决。协商不成的，或提交仲裁委员会仲裁；或依法向人民法院起诉。

5.4.2.3 设计合同管理

建设工程设计合同管理方面的内容分别涉及《合同法》、《工程勘察设计市场管理条例》和相应合同标准文本内有关的内容。依据《合同法》的规定，建设工程设计合同需要采用书面形式，该书面形式的“设计合同文本”要求包含以下内容。

（1）建设工程名称、规模、投资额、建设地点。

（2）甲方的义务：①向设计单位提供必需资料的内容及期限；②及时办理各设计阶段的设计文件审批工作；③在工程开工前，甲方应组织有关施工单位，由乙方进行设计技术交底，工程竣工后，甲方应通知乙方参加竣工验收；④在设计人员进入施工现场进行工作时，甲方应提供必要的工作条件，并在生活上予以方便，在设计和施工过程中因技术上的特殊需要进行试制试验，所需一切费用以及为配合甲方到外地的差旅费均由甲方负责；⑤甲方必须维护乙方的设计文件，不得擅自修改，未经乙方同意，甲方不得复制、重复使用或擅自扩大建设范围，甲方有义务保护乙方的设计版权，不得转让给第三方重复使用。

（3）乙方的义务：①各阶段设计文件提交的期限；②乙方必须根据批准的设计任务书或上一阶段设计的批准文件，以及有关设计技术协议文件、设计标准、技术规范、规程、定额等提出勘察技术要求和进行设计，提交符合质量的设计文件；③初步设计经上级主管部门审查后，在原定任务书范围内的必要修改，乙方应负责承担；④设计单位对所承担设计任务的建设项目应配合施工，进行施工前技术交底，解决施工中的有关设计问题，负责设计变更和修改预算，参加隐蔽工程验收和工程竣工验收。

（4）设计的修改和停止：①设计文件修改的期限与费用要求；②原定任务书如有重大变更而重作或修改设计时，须具有设计审批机关或设计任务书批准机关的意见书，经双方协商，另订合同，已经进行了的设计费用的支付，按前条办法计算；③甲方因故要求中途停止设计时，应及时用书面通知乙方，已付设计费不退，并按该阶段的实际耗费工日，增付和结清设计费，同时结束合同关系。

（5）设计费的数量和交付办法：包括各阶段设计文件提交的期限与取费的标准。

（6）奖励与违约责任。

（7）其他约定。

复习思考题

1. 建设工程勘察设计的概念是什么？
2. 建设工程勘察设计的基本原则是什么？
3. 设计的招标范围是什么？直接发包的范围是什么？
4. 建设工程勘察的质量责任和义务是什么？
5. 各个设计阶段设计文件的主要内容是什么？
6. 施工图审查的主要内容和程序是什么？

第 6 章　工程建设安全生产管理与质量管理法规

本章学习要点：

1. 掌握工程建设各参与单位安全生产管理的责任和义务。
2. 熟悉安全生产监督与安全事故的处理。
3. 掌握建设工程质量管理法规。
4. 掌握建设工程竣工验收应当具备的条件。
5. 掌握建设工程竣工验收备案的法律规定。

6.1　工程建设安全生产管理法规

6.1.1　概述

建筑产品生产周期长，生产过程中不可预测因素，尤其是不安全因素较多。再加上近些年建筑规模越来越大，建设速度明显加快，施工难度不断加大，引出了更多的新的危险因素，使得建筑业每年事故起数和伤亡人数呈逐年上升趋势，仅次于矿山产业、交通运输业，居各行业第三位。

工程安全是质量和效益的前提，建设安全生产管理的好坏将直接影响到人民的生产和财产安全，影响到建设活动的健康发展，影响到社会的安定和谐，是建筑活动的重要内容之一。所谓工程建设安全生产管理是指建设行政主管部门、安全监督机构、建筑施工企业及有关单位（如勘察设计、监理单位等）对建筑生产过程中的安全工作，进行的计划、组织、指挥、控制、监督等一系列管理活动。其目的在于保证建设工程和所有职工的安全。

从众多事故原因中分析得知，生产过程中人的不安全行为是造成安全事故的最主要原因，也是最直接的原因。因此，建立完善的安全生产制度，加强对建筑生产活动的监督管理，是避免建筑生产事故，保护人身财产安全的最基本保证。

6.1.1.1　工程建设安全立法现状

我国自 20 世纪 70 年代就已经颁布了有关工程建设安全的法规文件，并且随着建设环境的变化和技术的进步，陆续推出了一系列切实有效的安全生产法律、法规和规范性文件。如：1982 年 8 月原城乡建设环境保护部颁发的《关于加强集体所有制建筑企业安全生产的暂行规定》，1983 年 5 月原城乡建设环境保护部颁发的《国营建筑企业安全生产工作条例》，1989 年 9 月 30 日建设部颁布的《工程建设重大事故报告和调查程序规定》，1991 年 7 月 9 日建设部颁发的《建筑安全生产监督管理规定》，1993 年国务院颁发的《关于加强安全生产工作的通知》，1996年10月17日劳动部颁发的《建设项目（工程）劳动安全卫生监察规定》，1997年4月4日建设部颁发的《关于严肃工程建设重大质量事故报告和调查处理制度的通知》，1997年4月17日建设部颁发的《建筑业企业职工安全培训教育暂行规定》，1997年11月1日第八届全国人民代表大会常务委员会颁布的《中华人民共和国建筑法》，1999年2月3日建设部颁发的《建设行政处罚程序暂行规定》，2000年8月25日建设部颁发的《实施工程建设强制性标准监督规定》，2001年4月21日国务院颁发的《国务院关于特大安全事故行政责任追究的规定》，2001年7月10日建设部颁发的《关于加强施工现场围墙安全深入开展安全生产专项治理的紧急通知》，2002年6月29日第九届全国人民代表大会常务委员会颁布的《中华人民共和国安全生产法》（以下简称《安全生产法》），2002年8月22日建设部颁发的《关于加强安全生产监督管理工作的意见》，2002年9月9日建设部颁发的《安全生产行政责任规定》，2003年11月24日国务院颁布的《建设工程安全生产管理条例》，2004年1月9日国务院颁布的《国务院关于进一步加强安全生产工作的决定》，2007年4月9日国务院颁布的《生产安全事故报告和调查处理条例》等。此外，1991年1月11日生效的国际劳工组织167公约《建筑施工安全与卫生公约》也在我国全面推行。

6.1.1.2 工程建设安全生产管理的基本方针

《安全生产法》第3条规定："安全生产管理，坚持安全第一、预防为主的方针。"

"安全第一"是安全生产方针的基础。其含义是指安全生产是全国一切经济部门和生产企业的头等大事，在经济建设、科技研究、社会生活、财贸经营过程中，要求组织者、指挥者、管理者和直接参与生产劳动、社会实践的人们都必须牢固树立"安全第一"的思想，始终把安全故在首位．当安全与生产发生矛盾时，必须首先解决安全问题，保证劳动者在安全的条件下进行生产劳动。

"预防为主"是安全生产方针的核心和具体体现，是实施安全生产的根本途径。安全工作千千万，必须始终将"预防"作为主要任务予以统筹考虑。除了自然灾害造成的事故以外，任何建筑施工、工业生产事故都是可以预防的。关键是"防患于未然"，把可能导致事故发生的所有机理或因素，消除在事故发生之前。

6.1.1.3 政府安全监督检查制度

1. 建筑安全生产监督管理的含义

依据《建筑安全生产监督管理规定》（建设部1991年第13号令）的内容，建筑安全生产监督管理是指各级人民政府、建设行政主管部门及其授权的建筑安全生产监督机构，对于建筑安全生产所实施的行业监督管理。凡从事房屋建筑、土木工程、设备安装、管线敷设等施工和构配件生产活动的单位及个人，都必须接受建设行政主管部门及其授权的建筑安全生产监督机构的行业监督管理，并依法接受国家安全监察。

建筑安全生产监督管理根据"管生产必须管安全"的原则，贯彻"预防为主"的方针，依靠科学管理和技术进步，推动建筑安全生产工作的开展，控制人身伤亡事故的发生。

2.《建设工程安全生产管理条例》中有关监督管理的内容

《建设工程安全生产管理条例》第5章"监督管理"对建设工程安全生产的监督管理又作了新的明确规定，其主要内容包括以下几个方面。

(1) 政府安全监督检查的管理体制。

1) 国务院负责安全生产监督管理的部门依照《安全生产法》的规定，对全国建设工程安全生产工作实施综合监督管理。

2) 县级以上地方人民政府负责安全生产监督管理的部门依照《安全生产法》的规定，对本行政区域内建设工程安全生产工作实施综合监督管理。

3) 国务院建设行政主管部门对全国的建设工程安全生产实施监督管理。国务院铁路、交通、水利等有关部门按照国务院规定的职责分工，负责有关专业建设工程安全生产的监督管理。

4) 县级以上地方人民政府建设行政主管部门对本行政区域内的建设工程安全生产实施监督管理。县级以上地方人民政府交通、水利等有关部门在各自的职责范围内，负责本行政区域内的专业建设工程安全生产的监督管理。

(2) 政府安全监督检查的职责与权限。

建设行政主管部门和其他有关部门应当将依法批准开工报告的建设工程和拆除工程的有关备案资料主要内容，抄送同级负责安全生产监督管理的部门。

1) 建设行政主管部门在审核发放施工许可证时，应当对建设工程是否有安全施工措施进行审查，对没有安全施工措施的，不得颁发施工许可证。

2) 建设行政主管部门或者其他有关部门对建设工程是否有安全施工措施进行审查时，不得收取费用。

3) 县级以上人民政府负有建设工程安全生产监督管理职责的部门在各自的职责范围内履行安全监督检查职责时，有权采取下列措施：

a. 要求被检查单位提供有关建设工程安全生产的文件和资料。

b. 进入被检查单位施工现场进行检查。

c. 纠正施工中违反安全生产要求的行为。

d. 对检查中发现的安全事故隐患，责令立即排除；重大安全事故隐患排除前或者排除过程中无法保证安全的，责令从危险区域内撤出作业人员或者暂时停止施工。

4) 建设行政主管部门或者其他有关部门可以将施工现场的监督检查委托给建设工程安全监督机构具体实施。

5) 国家对严重危及施工安全的工艺、设备、材料实行淘汰制度。具体目录由国务院建设行政主管部门会同国务院其他有关部门制定并公布。

6) 县级以上人民政府建设行政主管部门和其他有关部门应当及时受理对建设工程生产安全事故及安全事故隐患的检举、控告和投诉。

县级以上人民政府负有建设工程安全生产监督管理职责的部门在各自的职责范围内履行安全监督检查职责时，有权纠正施工中违反安全生产要求的行为，责令立即排除检查中发现的安全事故隐患，对重大隐患可以责令暂时停止施工。建设行政主管部门或者其他有关部门可以将施工现场的安全监督检查委托给建设工程安全监督机构具体实施。

6.1.2 工程建设各参与单位安全生产管理的责任和义务

2003 年 11 月 24 日国务院颁布了《建设工程安全生产管理条例》，条例对工程建设中各参与单位的安全生产责任和义务都做了明确规定。

6.1.2.1　建设单位的安全生产责任和义务

《建设工程安全生产管理条例》第 6～11 条规定建设单位应在工程建设中担负如下责任和义务：

(1) 建设单位应当向施工单位提供施工现场及毗邻区域内供水、排水、供电、供气、供热、通信、广播电视等地下管线资料，气象和水文观测资料，相邻建筑物和构筑物、地下工程的有关资料，并保证资料的真实、准确、完整。建设单位因建设工程需要，向有关部门或者单位查询前款规定的资料时，有关部门或者单位应当及时提供。

(2) 建设单位不得对勘察、设计、施工、工程监理等单位提出不符合建设工程安全生产法律、法规和强制性标准规定的要求，不得压缩合同约定的工期。

(3) 建设单位在编制工程概算时，应当确定建设工程安全作业环境及安全施工措施所需费用。

(4) 建设单位不得明示或者暗示施工单位购买、租赁、使用不符合安全施工要求的安全防护用具、机械设备、施工机具及配件、消防设施和器材。

(5) 建设单位在申请领取施工许可证时，应当提供建设工程有关安全施工措施的资料。依法批准开工报告的建设工程，建设单位应当自开工报告批准之日起 15 日内，将保证安全施工的措施报送建设工程所在地的县级以上地方人民政府建设行政主管部门或者其他有关部门备案。

(6) 建设单位应当将拆除工程发包给具有相应资质等级的施工单位。建设单位应当在拆除工程施工 15 日前，将下列资料报送建设工程所在地的县级以上地方人民政府建设行政主管部门或者其他有关部门备案：①施工单位资质等级证明；②拟拆除建筑物、构筑物及可能危及毗邻建筑的说明；③拆除施工组织方案；④堆放、清除废弃物的措施。实施爆破作业的，应当遵守国家有关民用爆炸物品管理的规定。

6.1.2.2　勘察、设计、工程监理及其他有关单位的安全生产责任和义务

《建设工程安全生产管理条例》第 12～19 条规定建设单位应在工程建设中担负如下责任和义务：

(1) 勘察单位应当按照法律、法规和工程建设强制性标准进行勘察，提供的勘察文件应当真实、准确，满足建设工程安全生产的需要。勘察单位在勘察作业时，应当严格执行操作规程，采取措施保证各类管线、设施和周边建筑物、构筑物的安全。

(2) 设计单位应当按照法律、法规和工程建设强制性标准进行设计，防止因设计不合理导致生产安全事故的发生。设计单位应当考虑施工安全操作和防护的需要，对涉及施工安全的重点部位和环节在设计文件中注明，并对防范生产安全事故提出指导意见。采用新结构、新材料、新工艺的建设工程和特殊结构的建设工程，设计单位应当在设计中提出保障施工作业人员安全和预防生产安全事故的措施建议。设计单位和注册建筑师等注册执业人员应当对其设计负责。

(3) 工程监理单位应当审查施工组织设计中的安全技术措施或者专项施工方案是否符合工程建设强制性标准。工程监理单位在实施监理过程中，发现存在安全事故隐患的，应当要求施工单位整改；情况严重的，应当要求施工单位暂时停止施工，并及时报告建设单位。施工单位拒不整改或者不停止施工的，工程监理单位应当及时向有关主管部门报告。

工程监理单位和监理工程师应当按照法律、法规和工程建设强制性标准实施监理，并对建设工程安全生产承担监理责任。

6.1.2.3　施工企业的安全生产责任和义务

《建设工程安全生产管理条例》第20～38条规定建设单位应在工程建设中担负如下责任和义务：

(1) 施工单位从事建设工程的新建、扩建、改建和拆除等活动，应当具备国家规定的注册资本、专业技术人员、技术装备和安全生产等条件，依法取得相应等级的资质证书，并在其资质等级许可的范围内承揽工程。

(2) 施工单位主要负责人依法对本单位的安全生产工作全面负责。施工单位应当建立健全安全生产责任制度和安全生产教育培训制度，制定安全生产规章制度和操作规程，保证本单位安全生产条件所需资金的投入，对所承担的建设工程进行定期和专项安全检查，并做好安全检查记录。施工单位的项目负责人应当由取得相应执业资格的人员担任，对建设工程项目的安全施工负责，落实安全生产责任制度、安全生产规章制度和操作规程，确保安全生产费用的有效使用，并根据工程的特点组织制定安全施工措施，消除安全事故隐患，及时、如实报告生产安全事故。

(3) 施工单位对列入建设工程概算的安全作业环境及安全施工措施所需费用，应当用于施工安全防护用具及设施的采购和更新、安全施工措施的落实、安全生产条件的改善，不得挪作他用。

(4) 施工单位应当设立安全生产管理机构，配备专职安全生产管理人员。专职安全生产管理人员负责对安全生产进行现场监督检查。发现安全事故隐患，应当及时向项目负责人和安全生产管理机构报告；对违章指挥、违章操作的，应当立即制止。专职安全生产管理人员应当经建设行政主管部门或者其他有关部门考核合格后方可任职。

(5) 施工单位应当在施工组织设计中编制安全技术措施和施工现场临时用电方案，对下列达到一定规模的危险性较大的分部分项工程编制专项施工方案，并附具安全验算结果，经施工单位技术负责人、总监理工程师签字后实施，由专职安全生产管理人员进行现场监督。

1) 基坑支护与降水工程。

2) 土方开挖工程。

3) 模板工程。

4) 起重吊装工程。

5) 脚手架工程。

6) 拆除、爆破工程。

7) 国务院建设行政主管部门或者其他有关部门规定的其他危险性较大的工程。

对前款所列工程中涉及深基坑、地下暗挖工程、高大摸板工程的专项施工方案，施工单位还应当组织专家进行论证、审查。

(6) 建设工程实行施工总承包的，由总承包单位对施工现场的安全生产负总责。总承包单位应当自行完成建设工程主体结构的施工。总承包单位依法将建设工程分包给其他单位的，分包合同中应当明确各自的安全生产方面的权利、义务。总承包单位和分包单位对分包工程的安全生产承担连带责任。分包单位应当服从总承包单位的安全生产管理，分包单位不服从管理导致生产安全事故的，由分包单位承担主要责任。

施工单位应当将施工现场的办公、生活区与作业区分开设置，并保持安全距离，办公、生活区的选址应当符合安全性要求。职工的膳食、饮水、休息场所等应当符合卫生标准。施工单位不得在尚未竣工的建筑物内设置员工集体宿舍。施工现场临时搭建的建筑物应当符合安全使用要求。施工现场使用的装配式活动房屋应当具有产品合格证。

(7) 垂直运输机械作业人员、安装拆卸工、爆破作业人员、起重信号工、登高架设作业人员等特种作业人员，必须按照国家有关规定经过专门的安全作业培训，并取得特种作业操作资格证书后，方可上岗作业。

(8) 建设工程施工前，施工单位负责项目管理的技术人员应当对有关安全施工的技术要求向施工作业班组、作业人员作出详细说明，并由双方签字确认。

(9) 施工单位应当在施工现场入口处、施工起重机械、临时用电设施、脚手架、出入通道口、楼梯口、电梯井口、孔洞口、桥梁口、隧道口、基坑边沿、爆破物及有害危险气体和液体存放处等危险部位，设置明显的安全警示标志。安全警示标志必须符合国家标准。施工单位应当根据不同施工阶段和周围环境及季节、气候的变化，在施工现场采取相应的安全施工措施。施工现场暂时停止施工的，施工单位应当做好现场防护，所需费用由责任方承担，或者按照合同约定执行。施工单位对因建设工程施工可能造成损害的毗邻建筑物、构筑物和地下管线等，应当采取专项防护措施。

(10) 施工单位应当在施工现场建立消防安全责任制度，确定消防安全责任人，制定用火、用电、使用易燃易爆材料等各项消防安全管理制度和操作规程，设置消防通道、消防水源，配备消防设施和灭火器材，并在施工现场入口处设置明显标志。

(11) 施工单位应当向作业人员提供安全防护用具和安全防护服装，并书面告知危险岗位的操作规程和违章操作的危害。施工单位采购、租赁的安全防护用具、机械设备、施工机具及配件，应当具有生产（制造）许可证、产品合格证，并在进入施工现场前进行查验。施工现场的安全防护用具、机械设备、施工机具及配件必须由专人管理，定期进行检查、维修和保养，建立相应的资料档案，并按照国家有关规定及时报废。

(12) 施工单位的主要负责人、项目负责人、专职安全生产管理人员应当经建设行政主管部门或者其他有关部门考核合格后方可任职。施工单位应当对管理人员和作业人员每年至少进行一次安全生产教育培训，其教育培训情况记入个人工作档案。安全生产教育培训考核不合格的人员，不得上岗。

施工单位在采用新技术、新工艺、新设备、新材料时，应当对作业人员进行相应的安全生产教育培训。

(13) 施工单位应当为施工现场从事危险作业的人员办理意外伤害保险。

《建筑法》第48条规定，建筑职工意外伤害保险是法定的强制性保险，也是保护建筑业从业人员合法权益，转移企业事故风险，增强企业预防和控制事故能力，促进企业安全生产的重要手段。建设部于2003年5月23日公布了《建设部关于加强建筑意外伤害保险工作的指导意见》（建质〔2003〕107号），从九个方面对加强和规范建筑意外伤害保险工作提出了较详尽的规定，明确了建筑施工企业应当为施工现场从事施工作业和管理的人员，在施工活动过程中发生的人身意外伤亡事故提供保障，办理建筑意外伤害保险、支付保险费，范围应当覆盖工程项目。同时，还对保险范围、期限、金额、保费、投保方式、索赔、安全服务及行业自保等都提出了指导性意见，其内容如下：

1）建筑意外伤害保险的范围。建筑施工企业应当为施工现场从事施工作业和管理的人员，在施工活动过程中发生的人身意外伤亡事故提供保障，办理建筑意外伤害保险，支付保险费。范围应当覆盖工程项目。已在企业所在地参加工伤保险的人员，从事现场施工时仍可参加建筑意外伤害保险。各地建设行政主管部门可根据本地区实际情况，规定建筑意外伤害保险的附加险要求。

2）建筑意外伤害保险的保险期限。保险期限应涵盖工程项目开工之日到工程竣工验收合格日。提前竣工的，保险责任自行终止。因延长工期的，应当办理保险顺延手续。

3）建筑意外伤害保险的保险金额。各地建设行政主管部门结合本地区实际情况，确定合理的最低保险金额。最低保险金额要能够保障施工伤亡人员得到有效的经济补偿。施工企业办理建筑意外伤害保险时，投保的保险金额不得低于此标准。

4）建筑意外伤害保险的保险费。保险费应当列入建筑安装工程费用。保险费由施工企业支付，施工企业不得向职工摊派。施工企业和保险公司双方应本着平等协商的原则，根据各类风险因素商定建筑意外伤害保险费率，提倡差别费率和浮动费率。差别费率可与工程规模、类型、工程项目风险程度和施工现场环境等因素挂钩。浮动费率可与施工企业安全生产业绩、安全生产管理状况等因素挂钩。对重视安全生产管理、安全业绩好的企业可采用下浮费率；对安全生产业绩差、安全管理不善的企业可采用上浮费率。通过浮动费率机制，激励投保企业安全生产的积极性。

5）建筑意外伤害保险的投保。施工企业应在工程项目开工前，办理完投保手续。鉴于工程建设项目施工工艺流程中各工种调动频繁，用工流动性大。投保应实行不记名和不计人数的方式。工程项目中有分包单位的由总承包施工企业统一办理，分包单位合理承担投保费用。业主直接发包的工程项目由承包企业直接办理。

各级建设行政主管部门要强化监督管理，把在建工程项目开工前是否投保建筑意外伤害保险情况作为审查企业安全生产条件的重要内容之一；未投保的工程项目，不予发放施工许可证。

投保人办理投保手续后，应将投保有关信息以布告形式张贴于施工现场，告之被保险人。

6）建筑意外伤害保险的索赔。建筑意外伤害保险应规范和简化索赔程序，搞好索赔服务。各地建设行政主管部门要积极创造条件，引导投保企业在发生意外事故后即向保险公司提出索赔，使施工伤亡人员能够得到及时、足额的赔付。各级建设行政主管部门应设置专门电话接受举报，凡被保险人发生意外伤害事故，企业和工程项目负责人隐瞒不报、不索赔的，要严肃查处。

7）建筑意外伤害保险的安全服务。施工企业应当选择能提供建筑安全生产风险管理、事故防范等安全服务和有保险能力的保险公司，以保证事故后能及时补偿、事故前能主动防范。目前还不能提供安全风险管理和事故预防的保险公司，应通过建筑安全服务中介组织向施工企业提供与建筑意外伤害保险相关的安全服务。建筑安全服务中介组织必须拥有一定数量、专业配套、具备建筑安全知识和管理经验的专业技术人员。

安全服务内容可包括施工现场风险评估、安全技术咨询、人员培训、防灾防损设备配置、安全技术研究等。施工企业在投保时可与保险机构商定具体服务内容。

各地建设行政主管部门应积极支持行业协会或者其他中介组织开展安全咨询服务工作，大力培育建筑安全中介服务市场。

8）关于建筑意外伤害保险行业自保。一些国家和地区结合建筑行业高风险特点，采取建筑意外伤害保险行业自保或企业联合自保形式，并取得一定成功经验。有条件的省、自治区、直辖市可根据本地的实际情况，研究探索建筑意外伤害保险行业自保。

6.1.2.4　其他相关单位的安全生产责任和义务

（1）为建设工程提供机械设备和配件的单位，应当按照安全施工的要求配备齐全有效的保险、限位等安全设施和装置。

（2）出租的机械设备和施工机具及配件，应当具有生产（制造）许可证、产品合格证。出租单位应当对出租的机械设备和施工机具及配件的安全性能进行检测，在签订租赁协议时，应当出具检测合格证明。禁止出租检测不合格的机械设备和施工机具及配件。

（3）在施工现场安装、拆卸施工起重机械和整体提升脚手架、模板等自升式架设设施，必须由具有相应资质的单位承担。安装、拆卸施工起重机械和整体提升脚手架、模板等自升式架设设施，应当编制拆装方案、制定安全施工措施，并由专业技术人员现场监督。施工起重机械和整体提升脚手架、模板等自升式架设设施安装完毕后，安装单位应当自检，出具自检合格证明，并向施工单位进行安全使用说明，办理验收手续并签字。

（4）施工起重机械和整体提升脚手架、模板等自升式架设设施的使用达到国家规定的检验检测期限的，必须经具有专业资质的检验检测机构检测。经检测不合格的，不得继续使用。检验检测机构对检测合格的施工起重机械和整体提升脚手架、模板等自升式架设设施，应当出具安全合格证明文件，并对检测结果负责。

6.1.3　安全生产监督与安全事故的处理

6.1.3.1　安全生产监督管理

这里所说的安全监督管理，主要指行政主管部门在安全生产中的监督管理职责，如：国家安全生产监督管理总局，各县级以上政府设置的安全生产监督管理局等。《建设工程安全生产管理条例》对于行政主管部门的监督管理职责有明确规定。

国务院负责安全生产监督管理的部门依照《安全生产法》的规定，对全国建设工程安全生产工作实施综合监督管理。国务院铁路、交通、水利等有关部门按照国务院规定的职责分工，负责有关专业建设工程安全生产的监督管理。

县级以上地方人民政府负责安全生产监督管理的部门依照《安全生产法》的规定，对本行政区域内建设工程安全生产工作实施综合监督管理。县级以上地方人民政府交通、水利等有关部门在各自的职责范围内，负责本行政区域内的专业建设工程安全生产的监督管理。

建设行政主管部门负责建筑安全生产的管理，并依法接受劳动行政主管部门对建筑安全生产的指导和监督。国务院建设行政主管部门对全国的建设工程安全生产实施监督管理。县级以上地方人民政府建设行政主管部门对本行政区域内的建设工程安全生产实施监督管理。

建设行政主管部门在审核发放施工许可证时，应当对建设工程是否有安全施工措施进行审查，对没有安全施工措施的，不得颁发施工许可证。并且要求在审查时，不得收取费用。建设行政主管部门或者其他有关部门可以将施工现场的监督检查委托给建设工程安全监督机构具体实施。

县级以上人民政府负有建设工程安全生产监督管理职责的部门在各自的职责范围内履行安全监督检查职责时，有权采取下列措施：①要求被检查单位提供有关建设工程安全生产的文件和资料；②进入被检查单位施工现场进行检查；③纠正施工中违反安全生产要求的行为；④对检查中发现的安全事故隐患，责令立即排除。重大安全事故隐患排除前或者排除过程中无法保证安全的，责令从危险区域内撤出作业人员或者暂时停止施工。

另外，县级以上人民政府建设行政主管部门和其他有关部门应当及时受理对建设工程生产安全事故及安全事故隐患的检举、控告和投诉。

6.1.3.2　安全生产事故的处理

1. 安全生产事故的应急救援

《建设工程安全生产管理条例》规定，县级以上地方人民政府建设行政主管部门应当根据本级人民政府的要求，制定本行政区域内建设工程特大生产安全事故应急救援预案。施工单位应当制定本单位生产安全事故应急救援预案，建立应急救援组织或者配备应急救援人员，配备必要的应急救援器材、设备，并定期组织演练。施工单位应当根据建设工程施工的特点、范围，对施工现场易发生重大事故的部位、环节进行监控，制定施工现场生产安全事故应急救援预案。实行施工总承包的，由总承包单位统一组织编制建设工程生产安全事故应急救援预案，工程总承包单位和分包单位按照应急救援预案，各自建立应急救援组织或者配备应急救援人员，配备救援器材、设备，并定期组织演练。施工单位发生生产安全事故，应当按照国家有关伤亡事故报告和调查处理的规定，及时、如实地向负责安全生产监督管理的部门、建设行政主管部门或者其他有关部门报告；特种设备发生事故的，还应当同时向特种设备安全监督管理部门报告。发生生产安全事故后，施工单位应当采取措施防止事故扩大，保护事故现场。需要移动现场物品时，应当做出标记和书面记录，妥善保管有关证物。

2. 安全生产事故的调查处理

国务院2007年3月28日颁布并于6月1日起施行的《生产安全事故报告和调查处理条例》，对生产安全事故进行了详细的划分，根据生产安全事故（以下简称事故）造成的人员伤亡或者直接经济损失情况，将事故分为四个等级：①特别重大事故，是指造成30人以上死亡，或者100人以上重伤（包括急性工业中毒，下同），或者1亿元以上直接经济损失的事故；②重大事故，是指造成10人以上30人以下死亡，或者50人以上100人以下重伤，或者5000万元以上1亿元以下直接经济损失的事故；③较大事故，是指造成3人以上10人以下死亡，或者10人以上50人以下重伤，或者1000万元以上5000万元以下直接经济损失的事故；④一般事故，是指造成3人以下死亡，或者10人以下重伤，或者1000万元以下直接经济损失的事故。同时建设部建质〔2007〕257号文《关于进一步规范房屋建筑和市政工程生产安全事故调查和处理工作的若干意见》也对房屋建筑和市政工程生产安全事故报告和调查作了规定。

事故发生后，事故现场有关人员应当立即向本单位负责人报告；单位负责人接到报告后，应当于1小时内向事故发生地县级以上人民政府安全生产监督管理部门和负有安全生产监督管理职责的有关部门报告。情况紧急时，事故现场有关人员可以直接向事故发生地县级以上人民政府安全生产监督管理部门和负有安全生产监督管理职责的有关部门报告。安全生产监督管理部门和负有安全生产监督管理职责的有关部门逐级上报事故情况，每级上报的时间不得超过2小时。

安全生产监督管理部门和负有安全生产监督管理职责的有关部门接到事故报告后，应当依照下列规定上报事故情况，同时报告本级人民政府，并通知公安机关、劳动保障行政部门、工会和人民检察院：①特别重大事故、重大事故逐级上报至国务院安全生产监督管理部门和负有安全生产监督管理职责的有关部门；②较大事故逐级上报至省、自治区、直辖市人民政府安全生产监督管理部门和负有安全生产监督管理职责的有关部门；③一般事故上报至设区的市级人民政府安全生产监督管理部门和负有安全生产监督管理职责的有关部门。国务院安全生产监督管理部门和负有安全生产监督管理职责的有关部门以及省级人民政府接到发生特别重大事故、重大事故的报告后，应当立即报告国务院。必要时，安全生产监督管理部门和负有安全生产监督管理职责的有关部门可以越级上报事故情况。

报告事故应当包括下列内容：①事故发生单位概况；②事故发生的时间、地点以及事故现场情况；③事故的简要经过；④事故已经造成或者可能造成的伤亡人数（包括下落不明的人数）和初步估计的直接经济损失；⑤已经采取的措施；⑥其他应当报告的情况。如果事故报告后出现新的情况，应当及时补报。自事故发生之日起30日内，事故造成的伤亡人数发生变化的，应当及时补报。道路交通事故、火灾事故自发生之日起7日内，事故造成的伤亡人数发生变化的，应当及时补报。

事故发生单位负责人接到事故报告后，应当立即启动事故相应应急预案，或者采取有效措施，组织抢救，防止事故扩大，减少人员伤亡和财产损失。事故发生地有关地方人民政府、安全生产监督管理部门和负有安全生产监督管理职责的有关部门接到事故报告后，其负责人应当立即赶赴事故现场，组织事故救援。事故发生地公安机关根据事故的情况，对涉嫌犯罪的，应当依法立案侦查，采取强制措施和侦查措施。犯罪嫌疑人逃匿的，公安机关应当迅速追捕归案。安全生产监督管理部门和负有安全生产监督管理职责的有关部门应当建立值班制度，并向社会公布值班电话，受理事故报告和举报。

特别重大事故由国务院或者国务院授权有关部门组织事故调查组进行调查。重大事故、较大事故、一般事故分别由事故发生地省级人民政府、设区的市级人民政府、县级人民政府负责调查。省级人民政府、设区的市级人民政府、县级人民政府可以直接组织事故调查组进行调查，也可以授权或者委托有关部门组织事故调查组进行调查。未造成人员伤亡的一般事故，县级人民政府也可以委托事故发生单位组织事故调查组进行调查。上级人民政府认为必要时，可以调查由下级人民政府负责调查的事故。事故调查组履行下列职责：①查明事故发生的经过、原因、人员伤亡情况及直接经济损失；②认定事故的性质和事故责任；③提出对事故责任者的处理建议；④总结事故教训，提出防范和整改措施；⑤提交事故调查报告。

6.1.4 建筑施工企业安全生产许可制度

为了严格规范建筑施工企业安全生产条件，进一步加强安全生产监督管理，防止和减少生产安全事故，建设部根据《安全生产许可证条例》、《建设工程安全生产管理条例》等有关行政法规，于2004年7月制定了《建筑施工企业安全生产许可证管理规定》（建设部令第128号，以下简称《规定》）。

国家对建筑施工企业实行安全生产许可制度。建筑施工企业未取得安全生产许可证的，不得从事建筑施工活动。《规定》的主要内容包括以下几个方面。

1. 安全生产许可证的申请条件

建筑施工企业取得安全生产许可证，应当具备下列安全生产条件：

（1）建立、健全安全生产责任制，制定完备的安全生产规章制度和操作规程。

（2）保证本单位安全生产条件所需资金的投入。

（3）设备安全生产管理机构，按照国家有关规定配备专职安全生产管理人员。

（4）主要负责人、项目负责人、专职安全生产管理人员经建设主管部门或者其他有关部门考核合格。

（5）特种作业人员经有关业务主管部门考核合格，取得特种作业操作资格证书。

（6）管理人员和作业人员每年至少进行一次安全生产教育培训并考核合格。

（7）依法参加工伤保险，依法为施工现场从事危险作业的人员办理意外伤害保险，为从业人员交纳保险费。

（8）施工现场的办公、生活区及作业场所和安全防护用具、机械设备、施工机具及配件符合有关安全生产法律、法规、标准和规程的要求。

（9）有职业危害防治措施，并为作业人员配备符合国家标准或者行业标准的安全防护用具和安全防护服装。

（10）有对危险性较大的分部分项工程及施工现场易发生重大事故的部位，环节的预防、监控措施和应急预案。

（11）有生产安全事故应急救援预案、应急救援组织或者应急救援人员，配备必要的应急救援器材、设备。

（12）法律、法规规定的其他条件。

2. 安全生产许可证的申请与颁发

建筑施工企业从事建筑施工活动前，应当依照规定向省级以上建设主管部门申请领取安全生产许可证。中央管理的建筑施工企业（集团公司、总公司）应当向国务院建设主管部门申请领取安全生产许可证，其他的建筑施工企业，包括中央管理的建筑施工企业（集团公司、总公司）下属的建筑施工企业，应当向企业注册所在地省、自治区、直辖市人民政府建设主管部门申请领取安全生产许可证。

建设主管部门应当自受理建筑施工企业的申请之日起45日内审查完毕；经审查符合安全生产条件的，颁发安全生产许可证；不符合安全生产条件的，不予颁发安全生产许可证，书面通知企业并说明理由。企业自接到通知之日起应当进行整改，整改合格后方可再次提出申请。建设主管部门审查建筑施工企业安全生产许可证申请，涉及铁路、交通、水利等有关专业工程时，可以征求铁路、交通、水利等有关部门的意见。

安全生产许可证的有效期为3年。安全生产许可证有效期满需要延期的，企业应当于期满前3个月向原安全生产许可证颁发管理机关申请办理延期手续。企业在安全生产许可证有效期内，严格遵守有关安全生产的法律法规，未发生死亡事故的，安全生产许可证有效期届满时，经原安全生产许可证颁发管理机关同意，不再审查，安全生产许可证有效期延期3年。

建筑施工企业变更名称、地址、法定代表人等，应当在变更后10日内，到原安全生产许可证颁发管理机关办理安全生产许可证变更手续。

建筑施工企业破产、倒闭、撤销的，应当将安全生产许可证交回原安全生产许可证颁发管理机关予以注销。

建筑施工企业遗失安全生产许可证，应当立即向原安全生产许可证颁发管理机关报告，并在公众媒体上声明作废后，方可申请补办。

安全生产许可证申请表采用建设部规定的统一式样。安全生产许可证采用国务院安全生产监督管理部门规定的统一式样。安全生产许可证分正本和副本，正、副本具有同等法律效力。

3. 安全生产许可证的监督管理

县级以上人民政府建设主管部门应当加强对建筑施工企业安全生产许可证的监督管理。建设主管部门在审核发放施工许可证时，应当对已经确定的建筑施工企业是否有安全生产许可证进行审查，对没有取得安全生产许可证的，不得颁发施工许可证。

跨省从事建筑施工活动的建筑施工企业有违反本规定行为的，由工程所在地的省级人民政府建设主管部门将建筑施工企业在本地区的违法事实、处理结果和处理建议抄告原安全生产许可证颁发管理机关。

建筑施工企业取得安全生产许可证后，不得降低安全生产条件，并应当加强日常安全生产管理，接受建设主管部门的监督检查。安全生产许可证颁发管理机关发现企业不再具备安全生产条件的，应当暂扣或者吊销安全生产许可证。

安全生产许可证颁发管理机关或者其上级行政机关发现有下列情形之一的，可以撤销已经颁发的安全生产许可证。

(1) 安全生产许可证颁发管理机关工作人员滥用职权、玩忽职守颁发安全生产许可证的。

(2) 超越法定职权颁发安全生产许可证的。

(3) 违反法定程序颁发安全生产许可证的。

(4) 对不具备安全生产条件的建筑施工企业颁发安全生产许可证的。

(5) 依法可以撤销已经颁发的安全生产许可证的其他情形。

依照前款规定撤销安全生产许可证，建筑施工企业的合法权益受到损害的，建设主管部门应当依法给予赔偿。

安全生产许可证颁发管理机关应当建立、健全安全生产许可证档案管理制度，定期向社会公布企业取得安全生产许可证的情况，每年向同级安全生产监督管理部门通报建筑施工企业安全生产许可证颁发和管理情况。

建设主管部门工作人员在安全生产许可证颁发、管理和监督检查工作中，不得索取或者接受建筑施工企业的财物，不得谋取其他利益。

任何单位或者个人对违反本规定的行为，有权向安全生产许可证颁发管理机关或者监察相关等有关部门申报。

4. 法律责任

违反规定，建设主管部门工作人员有下列行为之一的，给予降级或者撤职的行政处分；构成犯罪的，依法追究刑事责任。

(1) 向不符合安全生产条件的建筑施工企业颁发安全生产许可证的。

(2) 发现建筑施工企业未依法取得安全生产许可证擅自从事建筑施工活动，不依法处理的。

(3) 发现取得安全生产许可证的建筑施工企业不再具备安全生产条件，不依法处理的。

(4) 接到对违反本规定行为的举报后，不及时处理的。

(5) 在安全生产许可证颁发、管理和监督检查工作中，索取或者接受建筑施工企业的财物，或者谋取其他利益的。

由于建筑施工企业弄虚作假，造成第（1）项行为的，对建设主管部门工作人员不予处分。

取得安全生产许可证的建筑施工企业，发生重大安全事故的，暂扣安全生产许可证并限期整改。

建筑施工企业不再具备安全生产条件的，暂扣安全生产许可证并限期整改；情节严重的，吊销安全生产许可证。

违反规定，建筑施工企业未取得安全生产许可证擅自从事建筑施工活动的，责令其在建项目停止施工，没收违法所得，并处 10 万元以上 50 万元以下的罚款；造成重大安全事故或者其他严重后果，构成犯罪的，依法追究刑事责任。

违反规定，安全生产许可证有效期满未办理延期手续，继续从事建筑施工活动的，责令其在建项目停止施工，限期补办延期手续，没收违法所得，并处 5 万元以上 10 万元以下的罚款；逾期仍不办理延期手续，继续从事建筑施工活动的，依照“未取得安全生产许可证”的规定处罚。

违反规定，建筑施工企业隐瞒有关情况或者提供虚假材料申请安全生产许可证的，不予受理或者不予颁发安全生产许可证，并给予警告，1 年内不得申请安全生产许可证。建筑施工企业以欺骗、贿赂等不正当手段取得安全生产许可证的，撤销安全生产许可证，3 年内不得再次申请安全生产许可证；构成犯罪的，依法追究刑事责任。

上述规定的暂扣、吊销安全生产许可证的行政处罚，由安全生产许可证的颁发管理机关决定；其他行政处罚，由县级以上地方人民政府建设主管部门决定。同时，《规定》施行前已依法从事建筑施工活动的建筑施工企业；应当自《安全生产许可证条例》施行之日起（2004 年 1 月 13 日起）1 年内向建设主管部门申请办理建筑施工企业安全生产许可证；逾期不办理安全生产许可证，或者经审查不符合本规定的安全生产条件，未取得安全生产许可证，继续进行建筑施工活动的，依照“未取得安全生产许可证”的规定处罚。

6.2 建设工程质量管理法规

6.2.1 概述

建设工程质量有广义和狭义之分。从狭义上说，建设工程质量仅指工程实体质量；广义上的建设工程质量还包括工程建设参与者的服务质量和工作质量，它反映在他们的服务是否及时、主动，态度是否诚恳、守信，管理水平是否先进，工作效率是否很高等方面。工程质量主要还是指工程本身的质量，即狭义上的建设工程质量。

产品的生产过程就是质量特性形成的过程，控制产品质量，就必须控制产品质量形成过程中影响质量的诸因素。影响建设工程质量的因素很多，如决策、设计、材料、机械、地形、地质、水文、气象、施工工艺、操作方法、技术措施、人员素质、管理制度等，但归纳起来，可分为五大方面，即人、机器设备、材料、方法、环境。

有关立法活动中，我国对建设工程质量尤其重视。《建筑法》第6章即为“建设工程质量管理”，2000年1月30日国务院发布施行的《建设工程质量管理条例》是《建筑法》的配套法规之一，它对建设行为主体的有关责任和义务作出了十分明确的规定。除此以外还颁发了很多有关工程质量的行政规章及一般规范性文件，现在仍有法律效力的主要有：2008年1月29日建设部颁发的《民用建筑节能工程质量监督工作导则》，2007年7月26日建设部颁发的《建设工程质量监督机构和人员考核管理办法》，2000年7月8日第九届全国人大常务委员会通过了修订的《中华人民共和国产品质量法》，2006年2月9日建设部颁发的《建设工程质量检测管理办法》，2005年1月12日建设部颁发的《建设工程质量保证金管理暂行办法》，2004年1月30日建设部颁发的《关于加强住宅工程质量管理的若干意见》，2003年8月5日建设部颁发的《工程质量监督工作导则》，2003年6月4日建设部颁发的《建设工程质量责任主体和有关机构不良记录管理办法》（试行），2000年1月30日国务院颁发的《建设工程质量管理条例》，2000年6月30日建设部颁发的《房屋建筑工程质量保修办法》，1997年4月2日建设部颁发的《建设工程质量投诉处理暂行规定》。

6.2.2 建设工程质量监督管理

工程质量监督是建设行政主管部门或其委托的工程质量监督机构（统称监督机构）根据国家的法律、法规和工程建设强制性标准、对责任主体（指参与工程建设项目的建设单位、勘察单位、设计单位、施工单位和监理单位）和有关机构履行质量责任的行为以及工程实体质量进行监督检查、维护公众利益的行政执法行为。

6.2.2.1 监督机构的主要工作内容

（1）对责任主体和有关机构履行质量责任的行为的监督检查。

（2）对工程实体质量的监督检查。

（3）对施工技术资料、监理资料以及检测报告等有关工程质量的文件和资料的监督检查。

（4）对工程竣工验收的监督检查。

（5）对混凝土预制构件及预拌混凝土质量的监督检查。

（6）对责任主体和有关机构违法、违规行为的调查取证和核实、提出处罚建议或按委托权限实施行政处罚。

（7）提交工程质量监督报告。

（8）随时了解和掌握本地区工程质量状况。

（9）其他内容。

6.2.2.2 监督注册

监督注册是指建设单位在申领建筑工程施工许可证前、按规定向监督机构办理的工程项目监督登记手续。建设单位在办理质量监督注册手续时提供下列资料：

（1）施工图设计文件审查报告和批准书。

（2）中标通知书和施工、监理合同。

（3）建设单位、施工单位和监理单位工程项目的负责人和机构组成。

（4）施工组织设计和监理规划（监理实施细则）。

（5）其他需要的文件资料。

6.2.2.3 责任主体和有关机构质量行为的监督

1. 监督机构对建设单位的抽查

监督机构应对建设单位的下列行为进行抽查：

（1）施工前办理质量监督注册、施工图设计文件审查、施工许可（开工报告）手续情况。

（2）按规定委托监理情况。

（3）组织图纸会审、设计交底、设计变更工作情况。

（4）组织工程质量验收情况。

（5）原设计有重大修改、变动的、施工图设计文件重新报审情况。

（6）及时办理工程竣工验收备案手续情况。

2. 监督机构对勘察、设计单位的抽查

监督机构应对勘察、设计单位的下列行为进行抽查：

（1）参加地基验槽、基础、主体结构及有关重要部位工程质量验收和工程竣工验收情况。

（2）签发设计修改变更、技术洽商通知情况。

（3）参加有关工程质量问题的处理情况。

3. 监督机构对施工单位的抽查

监督机构应对施工单位的下列行为进行抽查：

（1）施工单位资质、项目经理部管理人员的资格、配备及到位情况；主要专业工种操作上岗资格、配备及到位情况。

（2）分包单位资质与对分包单位的管理情况。

（3）施工组织设计或施工方案审批及执行情况。

（4）施工现场施工操作技术规程及国家有关规范、标准的配置情况。

（5）工程技术标准及经审查批准的施工图设计文件的实施情况。

（6）检验批、分项、分部（子分部）、单位（子单位）工程质量的检验评定情况。

(7) 质量问题的整改和质量事故的处理情况。

(8) 技术资料的收集、整理情况。

4. 监督机构应对监理单位的抽查

监督机构应对监理单位的下列行为进行抽查:

(1) 监理单位资质、项目监理机构的人员资格、配备及到位情况。

(2) 监理规划、监理实施细则(关键部位和工序的确定及措施)的编制审批内容的执行情况。

(3) 对材料、构配件、设备投入使用或安装前进行审查情况。

(4) 对分包单位的资质进行核查情况。

(5) 见证取样制度的实施情况。

(6) 对重点部位、关键工序实施旁站监理情况。

(7) 质量问题通知单签发及质量问题整改结果的复查情况。

(8) 组织检验批、分项、分部(子分部)工程的质量验收、参与单位(子单位)工程质量的验收情况。

(9) 监理资料收集整理情况。

5. 监督机构对工程质量检测单位的抽查

监督机构应对工程质量检测单位的下列行为进行抽查:

(1) 是否超越核准的类别、业务范围承接任务。

(2) 检测业务基本管理制度情况。

(3) 检测内容和方法的规范性程度。

(4) 检测报告形成程序、数据及结论的符合性程度。

6.2.2.4 工程实体质量监督

监督机构可对涉及结构安全、使用功能、关键部位的实体质量或材料进行监督检测、检测记录应列入质量监督报告。监督检测的项目和数量应根据工程的规模、结构形式、施工质量等因素确定。监督检测的项目一般应包括:

(1) 承重结构混凝土强度。

(2) 主要受力钢筋数量、位置及混凝土保护层厚度。

(3) 现浇楼板厚度。

(4) 砌体结构承重墙柱的砌筑砂浆强度。

(5) 安装工程中涉及安全及功能的重要项目。

(6) 钢结构的重要连接部位。

(7) 其他需要检测的项目。

监督机构经监督检测发现工程质量不符合工程建设强制性标准、或对工程质量有怀疑的、应责成有关单位委托有资质的检测单位进行检测。

6.2.2.5 工程竣工验收监督

1. 监督机构对工程竣工验收文件的审查

监督机构应对以下工程竣工验收文件进行审查:

(1) 施工单位出具的工程竣工报告、包括结构安全、室内环境质量和使用功能抽样检测资料等合格证明文件以及施工过程中发现的质量问题整改报告等。

（2）勘察、设计单位出具的工程质量检查报告。

（3）监理单位出具的工程质量评估报告。

2. 工程竣工验收监督的记录

工程竣工验收监督的记录应包括下列内容：

（1）对工程建设强制性标准执行情况的评价。

（2）对观感质量检查验收的评价。

（3）对工程竣工验收的组织及程序的评价。

（4）对工程竣工验收报告的评价。

6.2.3 各方责任主体的质量责任和义务

1. 建设单位的质量责任和义务

（1）建设单位应当将工程发包给具有相应资质等级的单位，不得将建设工程肢解发包。所谓肢解发包，是指建设单位将应当由一个承包单位完成的建设工程分解成若干部分发包给不同的承包单位的行为。

（2）建设单位应当依法对工程建设项目的勘察、设计、施工、监理以及与工程建设有关的重要设备、材料等的采购进行招标，并向有关的勘察、设计、施工、工程监理等单位提供与建设工程有关的真实、准确、齐全的原始资料。

（3）建设单位不得明示或者暗示设计单位或者施工单位违反工程建设强制性标准，降低建设工程质量。建设工程发包单位，不得迫使承包方以低于成本的价格竞标，不得任意压缩合理工期。

（4）建设单位应当将施工图设计文件报县级以上人民政府建设行政主管部门或者其他有关部门审查。施工图设计文件审查的具体办法，由国务院建设行政主管部门会同国务院其他有关部门制定。施工图设计文件未经审查批准的，不得使用。

（5）实行监理的建设工程，建设单位应当委托具有相应资质等级的工程监理单位进行监理，也可以委托具有工程监理相应资质等级并与被监理工程的施工承包单位没有隶属关系或者其他利害关系的该工程的设计单位进行监理。

（6）建设单位在领取施工许可证或者开工报告前，应当按照国家有关规定办理工程质量监督手续。按照合同约定，由建设单位采购建筑材料、建筑构配件和设备的，建设单位应当保证建筑材料、建筑构配件和设备符合设计文件和合同要求。建设单位不得明示或者暗示施工单位使用不合格的建筑材料、建筑构配件和设备。涉及建筑主体和承重结构变动的装修工程，建设单位应当在施工前委托原设计单位或者具有相应资质等级的设计单位提出设计方案；没有设计方案的，不得施工。房屋建筑使用者在装修过程中，不得擅自变动房屋建筑主体和承重结构。

（7）建设单位收到建设工程竣工报告后，应当组织设计、施工、工程监理等有关单位进行竣工验收。

（8）建设单位应当严格按照国家有关档案管理的规定，及时收集、整理建设项目各环节的文件资料，建立、健全建设项目档案，并在建设工程竣工验收后，及时向建设行政主管部门或者其他有关部门移交建设项目档案。

2. 勘察、设计单位的质量责任和义务

(1) 从事建设工程勘察、设计的单位应当依法取得相应等级的资质证书，并在其资质等级许可的范围内承揽工程。禁止勘察、设计单位超越其资质等级许可的范围或者以其他勘察、设计单位的名义承揽工程。禁止勘察、设计单位允许其他单位或者个人以本单位的名义承揽工程。勘察、设计单位不得转包或者违法分包所承揽的工程。

(2) 勘察、设计单位必须按照工程建设强制性标准进行勘察、设计，并对其勘察、设计的质量负责。注册建筑师、注册结构工程师等注册执业人员应当在设计文件上签字，对设计文件负责。勘察单位提供的地质、测量、水文等勘察成果必须真实、准确。并对勘察成果质量负法律责任和相应的经济责任。

(3) 工程勘察企业应当拒绝用户提出的违反国家有关规定的不合理要求，有权提出保证工程勘察质量所必需的现场工作条件和合理工期。工程勘察企业应当参与施工验槽，及时解决工程设计和施工中与勘察工作有关的问题。工程勘察企业应当参与建设工程质量事故的分析，并对因勘察原因造成的质量事故，提出相应的技术处理方案。

(4) 工程勘察项目负责人、审核人、审定人及有关技术人员应当具有相应的技术职称或者注册资格。项目负责人应当组织有关人员做好现场踏勘、调查，按照要求编写《勘察纲要》，并对勘察过程中各项作业资料验收和签字。工程勘察企业的法定代表人、项目负责人、审核人、审定人等相关人员，应当在勘察文件上签字或者盖章，并对勘察质量负责。工程勘察企业法定代表人对本企业勘察质量全面负责；项目负责人对项目的勘察文件负主要质量责任；项目审核人、审定人对其审核、审定项目的勘察文件负审核、审定的质量责任。

(5) 设计单位应当根据勘察成果文件进行建设工程设计，设计文件应当符合国家规定的设计深度要求，注明工程合理使用年限。设计单位在设计文件中选用的建筑材料、建筑构配件和设备，应当注明规格、型号、性能等技术指标，其质量要求必须符合国家规定的标准。除有特殊要求的建筑材料、专用设备、工艺生产线等外，设计单位不得指定生产厂、供应商。设计单位应当就审查合格的施工图设计文件向施工单位作出详细说明。并参与建设工程质量事故分析，并对因设计造成的质量事故，提出相应的技术处理方案。

3. 施工单位的质量责任和义务

(1) 施工单位应当依法取得相应等级的资质证书，并在其资质等级许可的范围内承揽工程。禁止施工单位超越本单位资质等级许可的业务范围或者以其他施工单位的名义承揽工程。禁止施工单位允许其他单位或者个人以本单位的名义承揽工程。施工单位不得转包或者违法分包工程。

(2) 施工单位对建设工程的施工质量负责。施工单位应当建立质量责任制，确定工程项目的项目经理、技术负责人和施工管理负责人。施工单位必须按照工程设计图纸和施工技术标准施工，不得擅自修改工程设计，不得偷工减料。施工单位在施工过程中发现设计文件和图纸有差错的，应当及时提出意见和建议。

(3) 建设工程实行总承包的，总承包单位应当对全部建设工程质量负责；建设工程勘察、设计、施工、设备采购的一项或者多项实行总承包的，总承包单位应当对其承包的建设工程或者采购的设备的质量负责。总承包单位依法将建设工程分包给其他单位的，分包单位应当按照分包合同的约定对其分包工程的质量向总承包单位负责，总承包单位与分包单位对分包工程的质量承担连带责任。

(4) 施工单位必须按照工程设计要求、施工技术标准和合同约定，对建筑材料、建筑构配件、设备和商品混凝土进行检验，检验应当有书面记录和专人签字；未经检验或者检验不合格的，不得使用。施工单位必须建立、健全施工质量的检验制度，严格工序管理，作好隐蔽工程的质量检查和记录。隐蔽工程在隐蔽前，施工单位应当通知建设单位和建设工程质量监督机构。

(5) 施工人员对涉及结构安全的试块、试件以及有关材料，应当在建设单位或者工程监理单位监督下现场取样，并送具有相应资质等级的质量检测单位进行检测。施工单位对施工中出现质量问题的建设工程或者竣工验收不合格的建设工程，应当负责返修。

(6) 施工单位应当建立、健全教育培训制度，加强对职工的教育培训；未经教育培训或者考核不合格的人员，不得上岗作业。

4. 工程监理单位的质量责任和义务

(1) 工程监理单位应当依法取得相应等级的资质证书，并在其资质等级许可的范围内承担工程监理业务。禁止工程监理单位超越本单位资质等级许可的范围或者以其他工程监理单位的名义承担工程监理业务。禁止工程监理单位允许其他单位或者个人以本单位的名义承担工程监理业务。工程监理单位不得转让工程监理业务。

(2) 工程监理单位与被监理工程的施工承包单位以及建筑材料、建筑构配件和设备供应单位有隶属关系或者其他利害关系的，不得承担该项建设工程的监理业务。工程监理单位应当依照法律、法规以及有关技术标准、设计文件和建设工程承包合同，代表建设单位对施工质量实施监理，并对施工质量承担监理责任。

(3) 工程监理单位应当选派具备相应资格的总监理工程师和监理工程师进驻施工现场。监理工程师应当按照工程监理规范的要求，采取旁站、巡视和平行检验等形式，对建设工程实施监理。未经监理工程师签字，建筑材料、建筑构配件和设备不得在工程上使用或者安装，施工单位不得进行下一道工序的施工。未经总监理工程师签字，建设单位不拨付工程款，不进行竣工验收。

6.2.4 建筑工程竣工验收制度

1. 工程竣工验收条件

为规范房屋建筑工程和市政基础设施工程的竣工验收，保证工程质量，根据《建筑法》和《建筑工程质量管理条例》，建设部于 2000 年 6 月 30 日颁布了《房屋建筑工程和市政基础设施工程竣工验收暂行规定》，对建筑工程竣工验收条件作出了详细规定。工程符合下列要求方可进行竣工验收：

(1) 完成工程设计和合同约定的各项内容。

(2) 施工单位在工程完工后对工程质量进行了检查，确认工程质量符合有关法律、法规和工程建设强制性标准，符合设计文件及合同要求，并提出工程竣工报告。工程竣工报告应经项目经理和施工单位有关负责人审核签字。

(3) 对于委托监理的工程项目，监理单位对工程进行了质量评估，具有完整的监理资料，并提出工程质量评估报告。工程质量评估报告应经总监理工程监理单位有关负责人审核签字。

(4) 勘察、设计单位对勘察、设计文件及施工过程中由设计单位签署的设计变更通知书进行了检查，并提出质量检查报告。质量检查报告应经该项目勘察、设计负责人和勘察、设计单位有关负责人审核签字。

(5) 有完整的技术档案和施工管理资料。

(6) 工程使用的主要建筑材料、建筑构配件和设备的进场试验报告。

(7) 建设单位已按合同约定支付工程款。

(8) 有施工单位签署的工程质量保修书。

(9) 城乡规划行政主管部门对工程是否符合规划设计要求进行检查，并出具认可文件。

(10) 有公安消防、环保等部门出具的认可文件或者准许使用文件。

(11) 建设行政主管部门及其委托的工程质量监督机构等有关部门责令整改的问题全部整改完毕。

2. 工程竣工验收程序

工程竣工验收应当按以下程序进行。

(1) 工程完工后，施工单位向建设单位提交工程竣工报告，申请工程竣工验收。实行监理的工程竣工报告须经总监理工程师签署意见。

(2) 建设单位收到工程竣工报告后，对符合竣工验收要求的工程，组织勘察、设计、施工、监理等单位和其他有关方面的专家组成验收组，制定验收方案。

(3) 建设单位应当在工程竣工验收 7 个工作日前将验收的时间、地点及验收组名单书面通知负责监督该工程的工程质量监督机构。

(4) 建设单位组织工程竣工验收。具体包括以下内容。

1) 建设、勘察、设计、施工、监理单位分别汇报工程合同履约情况和在工程建设各个环节执行法律、法规和工程建设强制性标准的情况。

2) 审阅建设、勘察、设计、施工、监理单位的工程档案资料。

3) 实地查验工程质量。

4) 对工程勘察、设计、施工、设备安装质量和各管理环节等方面作出全面评价，形成经验收组人员签署的工程竣工验收意见。

参与工程竣工验收的建设、勘察、设计、施工、监理等各方不能形成一致意见时，应当协商提出解决的方法，等意见一致后，重新组织工程竣工验收。工程竣工验收合格后，建设单位应当及时提出工程竣工验收报告。工程竣工验收报告主要包括工程概况，建设单位执行基本建设程序情况，对工程勘察、设计、施工、监理等方面的评价，工程竣工验收时间、程序、内容和组织形式，工程竣工验收意见等内容。

3. 工程竣工验收备案管理制度

2000 年 4 月 7 日建设部颁发的《房屋建筑工程和市政基础工程验收备案管理暂行办法》规定，建设单位应当自工程竣工验收合格之日起 15 日内，依照本办法规定，向工程所在地的县级以上地方人民政府建设行政主管部门备案。建设单位办理工程竣工验收备案应当提交下列文件。

(1) 工程竣工验收备案表。

(2) 工程竣工验收报告。竣工验收报告应当包括工程报建日期，施工许可证号，施工图设计文件审查意见，勘察、设计、施工、工程监理等单位分别签署的质量合格文件及验收人员签署的竣工验收原始文件，市政基础设施的有关质量检测和功能性试验资料以及备案机关认为需要提供的有关资料。

(3) 法律、行政法规规定应当由规划、公安消防、环保等部门出具的认可文件或者准许使用文件。

(4) 施工单位签署的工程质量保修书。

(5) 法规、规章规定必须提供的其他文件。

(6) 商品住宅还应当提交《住宅质量保证书》和《住宅使用说明书》。

备案机关收到建设单位报送的竣工验收备案文件，验证文件齐全后，应当在工程竣工验收备案表上签署文件收讫。工程竣工验收备案表一式两份，一份由建设单位保存，一份留备案机关存档。工程质量监督机构应当在工程竣工验收之日起 5 日内，向备案机关提交工程质量监督报告。备案机关发现建设单位在竣工验收过程中有违反国家有关建设工程质量管理规定行为的，应当在收讫竣工验收备案文件 15 日内，责令停止使用，重新组织竣工验收。

6.2.5 建筑工程的质量保修制度

房屋建筑工程质量保修，是指对房屋建筑工程竣工验收后在保修期限内出现的质量缺陷，予以修复。所谓质量缺陷，是指房屋建筑工程的质量不符合工程建设强制性标准以及合同的约定。

为保护建设单位、施工单位、房屋建筑所有人和使用人的合法权益，维护公共安全和公众利益，建设部于 2000 年 6 月 30 日颁布了《房屋建筑工程质量保修办法》，本办法的主要依据是《建筑法》和《建设工程质量管理条例》。

建设工程承包单位在向建设单位提交工程竣工验收报告时，应当向建设单位出具质量保修书。质量保修书中应当明确建设工程的保修范围、保修期限和保修责任等。房屋建筑工程在保修范围和保修期限内出现质量缺陷，施工单位应当履行保修义务。

1. 建筑工程质量保修范围、期限

建筑工程质量保修范围包括地基基础工程、主体结构工程、屋面防水工程、有防水要求的房间、外墙面的防渗漏、供热与供冷系统、电气管线、给排水管道、设备安装和装修工程以及双方约定的其他项目。因使用不当或者第三方造成的质量缺陷、不可抗力造成的质量缺陷，均不在保修范围之内。

房屋建筑工程保修期从工程竣工验收合格之日起计算。在正常使用下，房屋建筑工程的最低保修期限为：

(1) 地基基础工程和主体结构工程，为设计文件规定的该工程的合理使用年限。

(2) 屋面防水工程、有防水要求的卫生间、房间和外墙面的防渗漏，为 5 年。

(3) 供热与供冷系统，为 2 个采暖期、供冷期。

(4) 电气管线、给排水管道、设备安装为 2 年；装修工程为 2 年。

(5) 其他项目的保修期限由建设单位和施工单位约定。

2. 建筑工程质量保修责任

房屋建筑工程在保修期限内出现质量缺陷，建设单位或者房屋建筑所有人应当向施工单位发出保修通知。施工单位接到保修通知后，应当到现场核查情况，在保修书约定的时间内予以保修。发生涉及结构安全或者严重影响使用功能的紧急抢修事故，施工单位接到保修通知后，应当立即到达现场抢修。保修完成后，由建设单位或者房屋建筑所有人组织验收。涉及结构安全的，应当报当地建设行政主管部门备案。

发生涉及结构安全的质量缺陷，建设单位或者房屋建筑所有人应当立即向当地建设行政主管部门报告，采取安全防范措施；由原设计单位或者具有相应资质等级的设计单位提出保修方案，施工单位实施保修，原工程质量监督机构负责监督。施工单位不按工程质量保修书约定保修的，建设单位可以另行委托其他单位保修，由原施工单位承担相应责任。

在保修期内，因房屋建筑工程质量缺陷造成房屋所有人、使用人或者第三方人身、财产损害的，房屋所有人、使用人或者第三方可以向建设单位提出赔偿要求。建设单位向造成房屋建筑工程质量缺陷的责任方追偿。因保修不及时造成新的人身、财产损害，由造成拖延的责任方承担赔偿责任。

保修费用由质量缺陷的责任方承担。保修费用指的是施工单位承建的建筑安装工程项目竣工并验收合格交付使用后，至工程承包合同保修期满整个期间，施工单位为该工程的保修义务而发生的直接人工、材料和间接费用等支出的费用总和。

因设计原因造成的质量缺陷，由设计单位承担经济责任，由施工单位负责维修。其费用按有关规定通过建设单位向设计单位索赔，不足部分由建设单位负责；因施工单位未按国家有关规范、标准和设计要求施工而造成的质量缺陷，由施工单位负责返修并承担经济责任；因建筑材料、构配件和设备质量不合格引起的质量缺陷，属于施工单位采购的或经其验收同意的，由施工单位承担经济责任，属于建设单位采购的，由建设单位承担经济责任。

6.2.6 建筑工程质量的监督管理制度

国家实行建设工程质量监督管理制度。国务院建设行政主管部门对全国的建设工程质量实施统一监督管理。国务院铁路、交通、水利等有关部门按照国务院规定的职责分工，负责对全国的有关专业建设工程质量的监督管理。国务院发展计划部门按照国务院规定的职责，组织稽查特派员，对国家出资的重大建设项目实施监督检查；国务院经济贸易主管部门按照国务院规定的职责，对国家重大技术改造项目实施监督检查。

县级以上地方人民政府建设行政主管部门对本行政区域内的建设工程质量实施监督管理。县级以上地方人民政府交通、水利等有关部门在各自的职责范围内，负责对本行政区域内的专业建设工程质量的监督管理。

建设工程质量监督管理，可由建设行政主管部门或者其他有关部门委托的建设工程质量监督机构具体实施。从事房屋建筑工程和市政基础设施工程质量监督的机构，必须按照国家有关规定经国务院建设行政主管部门或者省、自治区、直辖市人民政府建设行政主管部门考核；从事专业建设工程质量监督的机构，必须按照国家有关规定经国务院有关部门或者省、自治区、直辖市人民政府有关部门考核。经考核合格后，方可实施质量监督。

县级以上地方人民政府建设行政主管部门和其他有关部门应当加强对有关建设工程质

量的法律、法规和强制性标准执行情况的监督检查。县级以上人民政府建设行政主管部门和其他有关部门履行监督检查职责时，有权采取下列措施：①要求被检查的单位提供有关工程质量的文件和资料；②进入被检查单位的施工现场进行检查；③发现有影响工程质量的问题时，责令改正。有关单位和个人对县级以上人民政府建设行政主管部门和其他有关部门进行的监督检查应当支持与配合，不得拒绝或者阻碍建设工程质量监督检查人员依法执行职务。

建设单位应当自建设工程竣工验收合格之日起 15 日内，将建设工程竣工验收报告和规划、公安消防、环保等部门出具的认可文件或者准许使用文件报建设行政主管部门或者其他有关部门备案。建设行政主管部门或者其他有关部门发现建设单位在竣工验收过程中有违反国家有关建设工程质量管理规定行为的，责令停止使用，重新组织竣工验收。

复习思考题

1. 简述安全生产责任事故的处理。

2. 根据《建筑施工企业安全生产许可证管理规定》，申请办理建筑施工企业安全生产许可证条件有哪些？

3. 简述施工企业的安全生产责任和义务。

4. 《建设部关于加强建筑意外伤害保险工作的指导意见》对建筑意外伤害保险是如何规定的？

5. 简述建筑工程质量监督机构的主要工作内容。

6. 简述建设单位、施工单位、勘察设计单位、监理单位质量责任和义务。

7. 《建筑工程质量管理条例》关于质量保修是如何规定的？

8. 简述建筑工程竣工验收制度。

9. 简述建筑工程质量的监督管理制度。

第7章 建设从业资格法规

本章学习要点：

1. 了解建设从业资格制度及立法现状。
2. 熟悉勘察、设计、施工、监理企业的资质范围和业务范围。
3. 掌握建设领域注册执业人员的报考条件、执业范围。

7.1 概 述

7.1.1 建设从业资格法律制度

工程建设执业资格制度是指对于参与工程建设的单位或个人，必须事先通过法定条件和法定程序依法取得相应资质或资格，才允许其在法律所规定的范围内从事一定建设活动的制度。工程建设的速度、规模、质量对一个国家社会生活和经济建设至关重要，而随着工程建设技术的不断进步和人们对生活质量的要求不断提高，使得工程建设过程日渐复杂，要求更多有丰富知识和实践经验的技术人员所组成的建设主体投入其中，才能保证建设工程的质量，推动社会进步。

世界绝大多数国家都对从事建设活动必须具备的主体资格作出了严格限定。要求从事建设工程的新建、扩建、改建和拆除等活动的单位，必须在资金、技术、装备等方面具备相应的资质条件。从我国目前的实际情况来看，建筑市场的秩序比较混乱，各建筑企业水平参差不齐，一些资质较低的单位和个人通过挂靠、造假等不正当手段进入建筑市场，承揽建设工程，造成建设工程质量隐患甚至导致发生重大人身伤亡和财产损失等恶性事故。因此，为维护建筑市场的正常秩序，提高整体建设水平，加快与国际建筑业接轨，提高我国建筑业的国际竞争力，我国于20世纪90年代就开始实行严格的单位执业资格认证制度，并且日趋完善。

7.1.2 建设从业资格法规立法现状

目前，有效的有关建设从业资格的法律、法规、规章主要有：1997年11月1日第八届全国人民代表大会常委会第二十八次会议通过的《中华人民共和国建筑法》，2006年7月1日起施行的建设部颁布的《工程造价咨询企业管理办法》，2007年10月30日建设部修正的《物业管理企业资质管理办法》，2006年12月11日建设部颁布的《工程监理企业资质管理规定》，2007年5月21日建设部颁布的《工程监理企业标准》，2007年6月26日建设部颁布的《建筑业企业资质管理规定》，2007年6月26日建设部颁布的《建设工程勘察设计资质管理规定》和《工程设计资质标准》（2007年修订本），2007年8月30日第十届全国人民代表大会常务委员会第二十九次会议修正的《中华人民共和国城市房地产管理法》（以下简称《城市房地产管理法》），2000年10月31日第九届全国人民代表大会常务委员会第十八次会议修正的《中华人民共和国外资企业法》，2002年9月27日建设部、对外贸易经济合作部联合颁布的《外商投资建筑业企业管理规定》，2002年9月27日建设部、对外贸易经济合作部联合颁布的《外商投资建设工程设计企业管理规定》，2003年2月13日建设部、对外贸易经济合作部联合颁布的《外商投资城市规划服务企业管理规定》，2003年12月19日颁布的对前述有关法规的补充规定，1997年9月1日建设部、人事部联合颁布的《注册结构工程师执业资格制度暂行规定》，2002年4月8日人事部、建设部联合颁布的《注册土木工程师（岩土）执业资格制度暂行规定》，2003年3月10日建设部颁布的《注册城市规划师注册登记办法》，2006年1月26日建设部颁布的《注册监理工程师管理规定》，2006年12月25日建设部颁布的《注册房地产估价师管理办法》，2006年12月25日建设部颁布的《注册造价工程师管理办法》，2006年12月28日建设部颁布的《注册建造师管理规定》，2008年1月29日建设部颁布的《中华人民共和国注册建筑师条例实施细则》等。

7.2 建筑企业资质法规

7.2.1 建筑业企业资质管理

7.2.1.1 概述

为了加强对建筑活动的监督管理，维护公共利益和建筑市场秩序，保证建设工程质量安全，根据《建筑法》、《中华人民共和国行政许可法》、《建设工程质量管理条例》、《建设工程安全生产管理条例》等法律、法规，建设部颁布《建筑业企业资质管理规定》，自2007年9月1日起施行。

建筑业企业应当按照其拥有的注册资本、专业技术人员、技术装备和已完成的建筑工程业绩等条件申请资质，经审查合格，取得建筑业企业资质证书后，方可在资质许可的范围内从事建筑施工活动。这里所指的建筑业企业，是指从事土木工程、建筑工程、线路管道设备安装工程、装修工程的新建、扩建、改建等活动的企业。

国务院建设主管部门负责全国建筑业企业资质的统一监督管理。国务院铁路、交通、水利、信息产业、民航等有关部门配合国务院建设主管部门实施相关资质类别建筑业企业资质的管理工作。省、自治区、直辖市人民政府建设主管部门负责本行政区域内建筑业企业资质的统一监督管理。省、自治区、直辖市人民政府交通、水利、信息产业等有关部门配合同级建设主管部门实施本行政区域内相关资质类别建筑业企业资质的管理工作。

7.2.1.2 建筑企业资质序列、类别和等级

建筑业企业资质分为施工总承包、专业承包和劳务分包三个序列。取得施工总承包资质的企业，可以承接施工总承包工程。施工总承包企业可以对所承接的施工总承包工程内各专业工程全部自行施工，也可以将专业工程或劳务作业依法分包给具有相应资质的专业承包企业或劳务分包企业。

取得专业承包资质的企业，可以承接施工总承包企业分包的专业工程和建设单位依法

发包的专业工程。专业承包企业可以对所承接的专业工程全部自行施工，也可以将劳务作业依法分包给具有相应资质的劳务分包企业。

取得劳务分包资质的企业，可以承接施工总承包企业或专业承包企业分包的劳务作业。

7.2.1.3 建筑企业资质许可

下列建筑业企业资质的许可，由国务院建设主管部门实施：①施工总承包序列特级资质、一级资质；②国务院国有资产管理部门直接监管的企业及其下属一层级的企业的施工总承包二级资质、三级资质；③水利、交通、信息产业方面的专业承包序列一级资质；④铁路、民航方面的专业承包序列一级、二级资质；⑤公路交通工程专业承包不分等级资质、城市轨道交通专业承包不分等级资质。

下列建筑业企业资质许可，由企业工商注册所在地省、自治区、直辖市人民政府建设主管部门实施：①施工总承包序列二级资质（不含国务院国有资产管理部门直接监管的企业及其下属一层级的企业的施工总承包序列二级资质）；②专业承包序列一级资质（不含铁路、交通、水利、信息产业、民航方面的专业承包序列一级资质）；③专业承包序列二级资质（不含民航、铁路方面的专业承包序列二级资质）；④专业承包序列不分等级资质（不含公路交通工程专业承包序列和城市轨道交通专业承包序列的不分等级资质）。

下列建筑业企业资质许可，由企业工商注册所在地设区的市人民政府建设主管部门实施：①施工总承包序列三级资质（不含国务院国有资产管理部门直接监管的企业及其下属一层级的企业的施工总承包三级资质）；②专业承包序列三级资质；③劳务分包序列资质；④燃气燃烧器具安装、维修企业资质。

建筑业企业可以申请一项或多项建筑业企业资质；申请多项建筑业企业资质的，应当选择等级最高的一项资质为企业主项资质。资质有效期届满，企业需要延续资质证书有效期的，应当在资质证书有效期届满60日前，申请办理资质延续手续。对在资质有效期内遵守有关法律、法规、规章、技术标准，信用档案中无不良行为记录，且注册资本、专业技术人员满足资质标准要求的企业，经资质许可机关同意，有效期延续5年。

7.2.2 勘察设计企业资质管理

2007年9月1日，建设部颁布了《建设工程勘察设计资质管理规定》，对勘察设计企业的资质等级及标准、申请条件程序、审批程序、业务范围等都作了明确规定。

7.2.2.1 资质申请条件

凡在中华人民共和国境内，依法取得工商行政管理部门颁发的企业法人营业执照的企业，均可申请建设工程勘察、工程设计资质。依法取得合伙企业营业执照的企业，只可申请建筑工程设计事务所资质。因建设工程勘察未对外开放，资质审批部门不受理外商投资企业（含新成立、改制、重组、合并、并购等）申请建设工程勘察资质。

工程设计综合资质涵盖所有工程设计行业、专业和专项资质。凡具有工程设计综合资质的企业不需单独申请工程设计行业、专业或专项资质证书。工程设计行业资质涵盖该行业资质标准中的全部设计类型的设计资质。凡具有工程设计某行业资质的企业不需单独申请该行业内的各专业资质证书。

具备建筑工程行业或专业设计资质的企业，可承担相应范围相应等级的建筑装饰工程设计、建筑幕墙工程设计、轻型钢结构工程设计、建筑智能化系统设计、照明工程设计和消防设施工程设计等专项工程设计业务，不需单独申请以上专项工程设计资质。有下列资质情形之一的，资质审批部门按照升级申请办理：①具有工程设计行业、专业、专项乙级资质的企业，申请与其行业、专业、专项资质对应的甲级资质的；②具有工程设计行业乙级资质或专业乙级资质的企业，申请现有资质范围内的一个或多个专业甲级资质的；③具有工程设计某行业或专业甲级、乙级资质的企业，其本行业和本专业工程设计内容中包含了某专项工程设计内容，申请相应的专项甲级资质的；④具有丙级、丁级资质的企业，直接申请乙级资质的。

7.2.2.2　资质证书

建设工程勘察、工程设计资质证书由国务院建设主管部门统一印制，统一管理，由审批部门负责颁发，并加盖审批部门公章。国务院建设主管部门统一制定资质证书编号规则。各序列、各级别建设工程勘察、工程设计资质证书全国通用，各地不得以任何名义设置审批性准入条件、收取费用。建设工程勘察、工程设计资质证书有效期为5年。建设工程勘察、工程设计资质证书分为正本和副本。

7.2.2.3　工程勘察企业资质和业务范围

1. 资质标准

工程勘察资质范围包括建设工程项目的岩土工程、水文地质勘察和工程测量等专业，其中岩土工程是指：①岩土工程勘察；②岩土工程设计；③岩土工程测试、监测、检测；④岩土工程咨询、监理；⑤岩土工程治理。

工程勘察资质分级标准是核定工程勘察单位工程勘察资质等级的依据。

工程勘察资质分综合类、专业类和劳务类。综合类包括工程勘察所有专业；专业类是指岩土工程、水文地质勘察、工程测量等专业中的某一项，其中岩土工程专业类可以是岩土工程勘察、设计、测试监测检测、咨询监理中的一项或全部；劳务类是指岩土工程治理、工程钻探、凿井等。

工程勘察综合类资质只设甲级；工程勘察专业类资质原则上设甲、乙两个级别，确有必要设置丙级勘察资质的地区经建设部批准后方可设置专业类丙级；工程勘察劳务资质不分级别。

综合类资质勘察企业应满足以下资质和信誉：①具有独立法人资格，3个主专业中有不少于2个具有10年及以上工程勘察资历，是行业的骨干单位，在国内外同行业中享有良好信誉；②至少2个专业分别独立承担过本专业甲级工程专业任务不少于5项，其工程质量合格、效益好；③单位有良好的社会信誉并有相应的经济实力，工商注册资本金不少于800万元人民币。技术力量要求：3个主专业中不少于2个专业各有能力同时承担2项甲级工程任务，每专业至少有5名具有专业高级技术职称的技术骨干和级配合理的技术队伍，在国家实行注册岩土工程师执业制度以后，岩土工程专业至少有5名注册岩土工程师。

专业类甲级勘察企业应满足以下资质和信誉：①具有5年以上的工程勘察资历，近5年独立承担过不少于3项甲级工程勘察业务；②具有法人资格，单位有良好的社会信誉，有相应的经济实力，注册资本金不少于150万元。其技术力量要求：有能力同时承担2项甲级工程专业任务。至少有5名具有本专业高级技术职称（其中有2名可以是从事本专业工作10年以上的中级技术职称）的技术骨干和级配合理的技术队伍。在国家实行注册岩土工程师执业制度以后，岩土工程专业至少有5名注册岩土工程师，单独从事岩土工程勘察的、岩土工程设计的、岩土工程咨询监理的至少有3名注册岩土工程师。

专业类乙级勘察企业应满足以下资质和信誉：①具有5年以上的工程勘察资历，独立承担过不少于3项乙级工程勘察业务；②具有法人资格，单位社会信誉较好，有相应的经济实力，注册资本金不少于80万元。其技术力量要求：有能力同时承担2项甲级工程专业任务。至少有3名具有本专业高级技术职称（其中有1名可以是从事本专业工作10年以上的中级技术职称）的技术骨干和级配合理的技术队伍。在国家实行注册岩土工程师执业制度以后，从事岩土工程勘察的、岩土工程设计的至少有2名注册岩土工程师。

专业类丙级勘察企业应满足以下资质和信誉：①具有5年以上的工程勘察资历，独立承担过不少于3项丙级工程勘察业务；②具有法人资格，单位有社会信誉，有相应的经济实力，注册资本金不少于50万元。其技术力量和水平要求：有编制在册的专业技术人员，其中具有本专业高级技术职称的不少于1名，从事本专业工作不少于5年的中级技术职称的技术骨干不少于4名；有配套的技术人员，工程质量合格。

劳务类勘察企业应满足以下资质和信誉：①具有3年以上从事与岩土工程治理、工程钻探、凿井相关的劳务工作资历；②具有法人资格，有一定的社会信誉，有相应的经济实力，注册资本不少于50万元，岩土工程治理不少于100万元。有满足工作需要的固定工作场所。

2. 业务范围

综合类工程勘察单位承担工程勘察业务范围和地区不受限制。

专业类甲级工程勘察单位承担本专业工程勘察业务范围和地区不受限制。

专业类乙级工程勘察单位可承担本专业工程勘察中、小型工程项目，承担工程勘察业务的地区不受限制。

专业类丙级工程勘察单位可承担本专业工程勘察小型工程项目（工程勘察小型工程项目见附表），承担工程勘察业务限定在省、自治区、直辖市所辖行政区范围内。

劳务类工程勘察单位只能承担岩土工程治理、工程钻探、凿井等工程勘察劳务工作，承担工程勘察劳务工作的地区不受限制。

7.2.2.4　工程设计企业资质和业务范围

1. 资质标准

工程设计范围包括本行业建设工程项目的主体工程和必要的配套工程（含厂区内的自备电站、道路、铁路专用线、各种管网和配套的建筑物等全部配套工程）以及与主体工程、配套工程相关的工艺、土木、建筑、环境保护、消防、安全、卫生、节能等。

工程设计行业资质分级标准是核定工程设计单位工程设计行业资质等级的依据。工程设计行业资质设甲、乙、丙三个级别，除建筑工程、市政公用、水利和公路等行业所设工程设计丙级资质可独立进入工程设计市场外，其他行业工程设计丙级资质设置的对象仅为企业内部所属的非独立法人设计单位。

甲级资质设计企业应满足以下资质和信誉：①具有独立法人资格和15年及以上的工程设计资历，是行业的骨干单位，并具备工程项目管理能力，在国内外同行业中享有良好的信誉。②独立承担过行业大型工程设计不少于3项，并已建成投产。其工程设计项目质量合格、效益好。③单位有良好的社会信誉并有相应的经济实力，工商注册资本金不少于600万元人民币。

乙级资质设计企业应满足以下资质和信誉：①具有独立法人资格和10年及以上的工程设计资历，并具备一定的工程项目管理能力。②独立承担过行业中型及以上工程设计不少于3项，并已建成投产。并已建成投产。其工程设计项目质量合格、效益较好。③单位有较好的社会信誉并有一定的经济实力，工商注册资本单位不少于200万元人民币。

丙级资质设计企业应满足以下资质和信誉：①具有独立法人资格和6年及以上工程设计资历，并具备一定的工程项目管理能力。②独立承担过行业小型及以上工程设计不少于3项，并已建成投产。其工程设计项目质量合格、效益较好。③单位有一定的社会信誉并有必要的经济实力，工商注册资本单位不少于80万元人民币。

2. 业务范围

取得工程设计行业资质的单位允许承担如下的业务范围：

甲级工程设计单位承担相应行业建设项目的工程设计范围和地区不受限制。

乙级工程设计单位可承担相应行业的中、小型建设项目的工程设计任务，承担工程设计任务的地区不受限制。

丙级工程设计单位可承担相应行业的小型建设项目的工程设计任务。承担工程设计限定在省、自治区、直辖市所辖行政区范围内。

具有甲、乙级资质的单位，可承担相应的咨询业务，除特殊规定外，还可承担相应的工程设计专项资质的业务。

7.2.3 建筑施工总承包企业资质管理

7.2.3.1 施工总承包特级企业

1. 施工总承包企业特级资质标准

申请特级资质，必须具备以下条件：

(1) 企业资信能力：①企业注册资本金3亿元以上；②企业净资产3.6亿元以上；③企业近3年上缴建筑业营业税均在5000万元以上；④企业银行授信额度近3年均在5亿元以上。

(2) 企业主要管理人员和专业技术人员要求：①企业经理具有10年以上从事工程管理工作经历。②技术负责人具有15年以上从事工程技术管理工作经历，且具有工程序列高级职称及一级注册建造师或注册工程师执业资格；主持完成过两项及以上施工总承包一级资质要求的代表工程的技术工作或甲级设计资质要求的代表工程或合同额2亿元以上的工程总承包项目。③财务负责人具有高级会计师职称及注册会计师资格。④企业具有注册一级建造师（一级项目经理）50人以上。⑤企业具有本类别相关的行业工程设计甲级资质标准要求的专业技术人员。

(3) 科技进步水平：①企业具有省部级（或相当于省部级水平）及以上的企业技术中心。②企业近3年科技活动经费支出平均达到营业额的0.5%以上。③企业具有国家级工法3项以上；近5年具有与工程建设相关的，能够推动企业技术进步的专利3项以上，累计有效专利8项以上，其中至少有一项发明专利。④企业近10年获得过国家级科技进步奖项或主编过工程建设国家或行业标准。⑤企业已建立内部局域网或管理信息平台，实现了内部办公、信息发布、数据交换的网络化；已建立并开通了企业外部网站；使用了综合项目管理信息系统和人事管理系统、工程设计相关软件，实现了档案管理和设计文档管理。

2. 施工总承包特级企业承包范围

取得施工总承包特级资质的企业可承担本类别各等级工程施工总承包、设计及开展工程总承包和项目管理业务。

取得房屋建筑、公路、铁路、市政公用、港口与航道、水利水电等专业中任意 1 项施工总承包特级资质和其中 2 项施工总承包一级资质，即可承接上述各专业工程的施工总承包、工程总承包和项目管理业务，及开展相应设计主导专业人员齐备的施工图设计业务。

取得房屋建筑、矿山、冶炼、石油化工、电力等专业中任意 1 项施工总承包特级资质和其中 2 项施工总承包一级资质，即可承接上述各专业工程的施工总承包、工程总承包和项目管理业务，及开展相应设计主导专业人员齐备的施工图设计业务。

特级资质的企业，限承担施工单项合同额 3000 万元以上的房屋建筑工程。

7.2.3.2　房屋施工总承包企业资质标准

1. 一级资质标准

(1) 企业近 5 年承担过下列 6 项中的 4 项以上工程的施工总承包或主体工程承包，工程质量合格。

1) 25 层以上的房屋建筑工程。

2) 高度 100 米以上的构筑物或建筑物。

3) 单体建筑面积 3 万平方米以上的房屋建筑工程。

4) 单跨跨度 30 米以上的房屋建筑工程。

5) 建筑面积 10 万平方米以上的住宅小区或建筑群体。

6) 单项建安合同额 1 亿元以上的房屋建筑工程。

(2) 企业经理具有 10 年以上从事工程管理工作经历或具有高级职称；总工程师具有 10 年以上从事建筑施工技术管理工作经历并具有本专业高级职称；总会计师具有高级会计职称；总经济师具有高级职称。

企业有职称的工程技术和经济管理人员不少于 300 人，其中工程技术人员不少于 200 人；工程技术人员中，具有高级职称的人员不少于 10 人，具有中级职称的人员不少于 60 人。企业具有的一级资质项目经理不少于 12 人。

(3) 企业注册资本金 5000 万元以上，企业净资产 6000 万元以上。

(4) 企业近 3 年最高年工程结算收入 2 亿元以上。

(5) 企业具有与承包工程范围相适应的施工机械和质量检测设备。

2. 二级资质标准

(1) 企业近 5 年承担过下列 6 项中的 4 项以上工程的施工总承包或主体工程承包，工程质量合格。

1) 12 层以上的房屋建筑工程。

2) 高度 50 米以上的构筑物或建筑物。

3) 单体建筑面积 1 万平方米以上的房屋建筑工程。

4）单跨跨度21米以上的房屋建筑工程。

5）建筑面积5万平方米以上的住宅小区或建筑群体。

6）单项建安合同额3000万元以上的房屋建筑工程。

（2）企业经理具有8年以上从事工程管理工作经历或具有中级以上职称；技术负责人具有8年以上从事建筑施工技术管理工作经历并具有本专业高级职称；财务负责人具有中级以上会计职称。

企业有职称的工程技术和经济管理人员不少于150人，其中工程技术人员不少于100人；工程技术人员中，具有高级职称的人员不少于2人，具有中级职称的人员不少于20人。企业具有的二级资质以上项目经理不少于12人。

（3）企业注册资本金2000万元以上，企业净资产2500万元以上。

（4）企业近3年最高年工程结算收入8000万元以上。

（5）企业具有与承包工程范围相适应的施工机械和质量检测设备。

3. 三级资质标准

（1）企业近5年承担过下列5项中的3项以上工程的施工总承包或主体工程承包，工程质量合格。

1）6层以上的房屋建筑工程。

2）高度25米以上的构筑物或建筑物。

3）单体建筑面积5000平方米以上的房屋建筑工程。

4）单跨跨度15米以上的房屋建筑工程。

5）单项建安合同额500万元以上的房屋建筑工程。

（2）企业经理具有5年以上从事工程管理工作经历；技术负责人具有5年以上从事建筑施工技术管理工作经历并具有本专业中级以上职称；财务负责人具有初级以上会计职称。

企业有职称的工程技术和经济管理人员不少于50人，其中工程技术人员不少于30人；工程技术人员中，具有中级以上职称的人员不少于10人。企业具有的三级资质以上项目经理不少于10人。

（3）企业注册资本金600万元以上，企业净资产700万元以上。

（4）企业近3年最高年工程结算收入2400万元以上。

（5）企业具有与承包工程范围相适应的施工机械和质量检测设备。

4. 房屋施工总承包企业承包范围

（1）一级企业：可承担单项建安合同额不超过企业注册资本金5倍的下列房屋建筑工程的施工：

1）40层及以下、各类跨度的房屋建筑工程。

2）高度240米及以下的构筑物。

3）建筑面积20万平方米及以下的住宅小区或建筑群体。

（2）二级企业：可承担单项建安合同额不超过企业注册资本金5倍的下列房屋建筑工程的施工：

1）28层及以下、单跨跨度36米及以下的房屋建筑工程。

2）高度 120 米及以下的构筑物。

3）建筑面积 12 万平方米及以下的住宅小区或建筑群体。

（3）三级企业：可承担单项建安合同额不超过企业注册资本金 5 倍的下列房屋建筑工程的施工：

1）14 层及以下、单跨跨度 24 米及以下的房屋建筑工程。

2）高度 70 米及以下的构筑物。

3）建筑面积 6 万平方米及以下的住宅小区或建筑群体。

注：房屋建筑工程是指工业、民用与公共建筑（建筑物、构筑物）工程。工程内容包括地基与基础工程，土石方工程，结构工程，屋面工程，内、外部的装修装饰工程，上下水、供暖、电器、卫生洁具、通风、照明、消防、防雷等安装工程。

7.2.4 工程监理企业资质管理

2006 年 12 月 11 日，建设部颁布了《工程监理企业资质管理规定》，对工程监理企业的资质等级及标准、申请条件程序、审批程序、业务范围等都作了明确规定。

1. 工程监理企业的资质等级

工程监理企业资质分为综合资质、专业资质和事务所资质。其中，专业资质按照工程性质和技术特点划分为若干工程类别。综合资质、事务所资质不分级别。专业资质分为甲级、乙级；其中，房屋建筑、水利水电、公路和市政公用专业资质可设立丙级。

工程监理企业的资质等级标准分为以下几类。

（1）综合资质，要求满足以下条件：

1）具有独立法人资格且注册资本不少于 600 万元。

2）企业技术负责人应为注册监理工程师，并具有 15 年以上从事工程建设工作的经历或者具有工程类高级职称。

3）具有 5 个以上工程类别的专业甲级工程监理资质。

4）注册监理工程师不少于 60 人，注册造价工程师不少于 5 人，一级注册建造师、一级注册建筑师、一级注册结构工程师或者其他勘察设计注册工程师合计不少于 15 人次。

5）企业具有完善的组织结构和质量管理体系，有健全的技术、档案等管理制度。

6）企业具有必要的工程试验检测设备。

7）申请工程监理资质之日前 1 年内没有规定的禁止行为。

8）申请工程监理资质之日前 1 年内没有因本企业监理责任造成重大质量事故。

9）申请工程监理资质之日前 1 年内没有因本企业监理责任发生三级以上工程建设重大安全事故或者发生两起以上四级工程建设安全事故。

（2）专业甲级资质，要求满足以下条件：

1）具有独立法人资格且注册资本不少于 300 万元。

2）企业技术负责人应为注册监理工程师，并具有 15 年以上从事工程建设工作的经历或者具有工程类高级职称。

3）注册监理工程师、注册造价工程师、一级注册建造师、一级注册建筑师、一级注册结构工程师或者其他勘察设计注册工程师合计不少于 25 人次；其中，相应专业注册监理工程师不少于规定人数，注册造价工程师不少于 2 人。

4）企业近2年内独立监理过3个以上相应专业的二级工程项目，但是，具有甲级设计资质或一级及以上施工总承包资质的企业申请本专业工程类别甲级资质的除外。

5）企业具有完善的组织结构和质量管理体系，有健全的技术、档案等管理制度。

6）企业具有必要的工程试验检测设备。

7）申请工程监理资质之日前1年内没有规定的禁止行为。

8）申请工程监理资质之日前1年内没有因本企业监理责任造成重大质量事故。

9）申请工程监理资质之日前1年内没有因本企业监理责任发生三级以上工程建设重大安全事故或者发生两起以上四级工程建设安全事故。

（3）专业乙级资质，要求满足以下条件：

1）具有独立法人资格且注册资本不少于100万元。

2）企业技术负责人应为注册监理工程师，并具有10年以上从事工程建设工作的经历。

3）注册监理工程师、注册造价工程师、一级注册建造师、一级注册建筑师、一级注册结构工程师或者其他勘察设计注册工程师合计不少于15人次。其中，相应专业注册监理工程师不少于规定人数，注册造价工程师不少于1人。

4）有较完善的组织结构和质量管理体系，有技术、档案等管理制度。

5）有必要的工程试验检测设备。

6）申请工程监理资质之日前1年内没有规定的禁止行为。

7）申请工程监理资质之日前1年内没有因本企业监理责任造成重大质量事故。

8）申请工程监理资质之日前1年内没有因本企业监理责任发生三级以上工程建设重大安全事故或者发生两起以上四级工程建设安全事故。

（4）专业丙级资质，要求满足以下条件：

1）具有独立法人资格且注册资本不少于50万元。

2）企业技术负责人应为注册监理工程师，并具有8年以上从事工程建设工作的经历。

3）相应专业的注册监理工程师不少于规定人数。

4）有必要的质量管理体系和规章制度。

5）有必要的工程试验检测设备。

（5）事务所资质，要求满足以下条件：

1）取得合伙企业营业执照，具有书面合作协议书。

2）合伙人中有3名以上注册监理工程师，合伙人均有5年以上从事建设工程监理的工作经历。

3）有固定的工作场所。

4）有必要的质量管理体系和规章制度。

5）有必要的工程试验检测设备。

2. 工程监理企业的业务范围

（1）综合资质。可以承担所有专业工程类别建设工程项目的工程监理业务。

（2）专业甲级资质。可承担相应专业工程类别建设工程项目的工程监理业务。

（3）专业乙级资质。可承担相应专业工程类别二级以下（含二级）建设工程项目的工程监理业务。

（4）专业丙级资质。可承担相应专业工程类别三级建设工程项目的工程监理业务。

（5）事务所资质。可承担三级建设工程项目的工程监理业务，但是，国家规定必须实行强制监理的工程除外。

工程监理企业还可以开展相应类别建设工程的项目管理、技术咨询等业务。

7.3 建设从业人员执业资格法规

7.3.1 注册建筑师

注册建筑师，是指经考试、特许、考核认定取得中华人民共和国注册建筑师执业资格证书，或者经资格互认方式取得建筑师互认资格证书，并按照本细则注册，取得中华人民共和国注册建筑师注册证书和中华人民共和国注册建筑师执业印章，从事建筑设计及相关业务活动的专业技术人员。注册建筑师考试分为一级注册建筑师考试和二级注册建筑师考试。注册建筑师考试实行全国统一考试，每年进行一次。遇特殊情况，经国务院建设主管部门和人事主管部门同意，可调整该年度考试次数。

7.3.1.1 执业资格的取得

1. 报考条件

（1）一级注册建筑师。符合下列条件之一的，可以申请参加一级注册建筑师考试：①取得建筑学硕士以上学位或者相近专业工学博士学位，并从事建筑设计或者相关业务2年以上的；②取得建筑学学士学位或者相近专业工学硕士学位，并从事建筑设计或者相关业务3年以上的；③具有建筑学专业大学本科毕业学历并从事建筑设计或者相关业务5年以上的，或者具有建筑学相近专业大学本科毕业学历并从事建筑设计或者相关业务7年以上的；④取得高级工程师技术职称并从事建筑设计或者相关业务3年以上的，或者取得工程师技术职称并从事建筑设计或者相关业务5年以上的；⑤不具有前四项规定的条件，但设计成绩突出，经全国注册建筑师管理委员会认定达到前四项规定的专业水平的。

（2）二级注册建筑师。符合下列条件之一的，可以申请参加二级注册建筑师考试：①具有建筑学或者相近专业大学本科毕业以上学历，从事建筑设计或者相关业务2年以上的；②具有建筑设计技术专业或者相近专业大专毕业以上学历，并从事建筑设计或者相关业务3年以上的；③具有建筑设计技术专业4年制中专毕业学历，并从事建筑设计或者相关业务5年以上的；④具有建筑设计技术相近专业中专毕业学历，并从事建筑设计或者相关业务7年以上的；⑤取得助理工程师以上技术职称，并从事建筑设计或者相关业务3年以上的。

2. 初始注册

注册建筑师实行注册执业管理制度。取得执业资格证书或者互认资格证书的人员，必须经过注册方可以注册建筑师的名义执业。

取得一级注册建筑师资格证书并受聘于一个相关单位的人员，应当通过聘用单位向单位工商注册所在地的省、自治区、直辖市注册建筑师管理委员会提出申请；省、自治区、直辖市注册建筑师管理委员会受理后提出初审意见，并将初审意见和申请材料报全国注册建筑师管理委员会审批；符合条件的，由全国注册建筑师管理委员会颁发一级注册建筑师注册证书和执业印章。

二级注册建筑师的注册办法由省、自治区、直辖市注册建筑师管理委员会依法制定。考试合格者由省、自治区、直辖市注册建筑师管理委员会颁发二级注册建筑师注册证书和执业印章。

初始注册者可以自执业资格证书签发之日起3年内提出申请。逾期未申请者，须符合继续教育的要求后方可申请初始注册。

3. 延续注册与变更注册

注册建筑师每一注册有效期为2年。注册建筑师注册有效期满需继续执业的，应在注册有效期届满30前，按照本细则第15条规定的程序申请延续注册。延续注册有效期为2年。

注册建筑师变更执业单位，应当与原聘用单位解除劳动关系，并按照本细则第15条规定的程序办理变更注册手续。变更注册后，仍延续原注册有效期。原注册有效期届满在半年以内的，可以同时提出延续注册申请。准予延续的，注册有效期重新计算。

7.3.1.2 注册建筑师的执业

取得资格证书的人员，应当受聘于中华人民共和国境内的一个建设工程勘察、设计、施工、监理、招标代理、造价咨询、施工图审查、城乡规划编制等单位，经注册后方可从事相应的执业活动。从事建筑工程设计执业活动的，应当受聘并注册于中华人民共和国境内一个具有工程设计资质的单位。

1. 注册建筑师的执业范围

注册建筑师的执业范围具体为：①建筑设计（包括建筑工程技术咨询，建筑工程招标、采购咨询，建筑工程项目管理，建筑工程设计文件及施工图审查，工程质量评估，以及国务院建设主管部门规定的其他建筑技术咨询业务）；②建筑设计技术咨询；③建筑物调查与鉴定；④对本人主持设计的项目进行施工指导和监督；⑤国务院建设主管部门规定的其他业务。

一级注册建筑师的执业范围不受工程项目规模和工程复杂程度的限制。二级注册建筑师的执业范围只限于承担工程设计资质标准中建设项目设计规模划分表中规定的小型规模的项目。注册建筑师的执业范围不得超越其聘用单位的业务范围。注册建筑师的执业范围与其聘用单位的业务范围不符时，个人执业范围服从聘用单位的业务范围。

2. 权利和义务

注册建筑师有权以注册建筑师的名义执行注册建筑师业务。非注册建筑师不得以注册建筑师的名义执行注册建筑师业务。二级注册建筑师不得以一级注册建筑师的名义执行业务，也不得超越国家规定的二级注册建筑师的执业范围执行业务。国家规定的一定跨度、跨径和高度以上的房屋建筑，应当由注册建筑师进行设计。修改经注册建筑师签字盖章的设计文件，应当由原注册建筑师进行；因特殊情况，原注册建筑师不能进行修改的，可以由设计单位的法人代表书面委托其他符合条件的注册建筑师修改，并签字、加盖执业印章，对修改部分承担责任。

注册建筑师应当履行下列义务：①遵守法律、法规和职业道德，维护社会公共利益；

②保证建筑设计的质量，并在其负责的设计图纸上签字；③保守在执业中知悉的单位和个人的秘密；④不得同时受聘于两个以上建筑设计单位执行业务；⑤不得准许他人以本人名义执行业务。

7.3.2 注册结构工程师

注册结构工程师，是指取得中华人民共和国注册结构工程师执业资格证书和注册证书，从事房屋结构、桥梁结构及塔架结构等工程设计及相关业务的专业技术人员。注册结构工程师分为一级注册结构工程师和二级注册结构工程师。

建设部、人事部和省、自治区、直辖市人民政府建设行政主管部门、人事行政主管部门依照本规定对注册结构工程师的考试、注册和执业实施指导、监督和管理。全国注册结构工程师管理委员会由建设部、人事部和国务院有关部门的代表及工程设计专家组成。省、自治区、直辖市可成立相应的注册结构工程师管理委员会。各级注册结构工程师管理委员会可依照本规定及建设部、人事部有关规定，负责或参与注册结构工程师的考试和注册等具体工作。

7.3.2.1 执业资格的取得

1. 报考条件

各类报考条件见表 7－1～表 7－3。

表 7－1　　全国一级注册结构工程师执业资格考试基础考试报考条件

类别	专业名称	学历或学位	职业实践最少时间（年）	最低毕业年限（年）
本专业	结构工程	工学硕士或研究生毕业及以上学位		1
	建筑工程（不含岩土工程）	评估通过并在合格有效期内的工学学士学位		1
		未通过评估的工学学士学位		1
		专科毕业	1	2
相近专业	建筑工程的岩土工程 交通土建工程 矿井建设 水利水电建筑工程 港口航道及治河工程 海岸与海洋工程 农业建筑与环境工程 建筑学 工程力学	工学硕士或研究生毕业及以上学位		1
		工学学士或本科毕业		1
		专科毕业	1	2
其他工科专业		工学学士或本科毕业及以上学位	1	2

2. 初始注册

注册结构工程师资格考试合格者，由省、自治区、直辖市人事（职改）部门颁发人事部统一印制、加盖建设部和人事部印章的中华人民共和国注册结构工程师执业资格证书。取得注册结构工程师执业资格证书者，要从事结构工程设计业务的，须申请注册。准予注

表 7-2　　全国一级注册结构工程师执业资格考试专业考试报考条件

类别	专业名称	学历或学位	Ⅰ类人员		Ⅱ类人员	
			职业实践最少时间（年）	最低毕业年限（年）	职业实践最少时间（年）	最低毕业年限（年）
本专业	结构工程	工学硕士或研究生毕业及以上学位	4	4	6	15
	建筑工程（不含岩土工程）	评估通过并在合格有效期内的工学学士学位	4	4	—	—
		未通过评估的工学学士学位或本科毕业	5	5	8	17
		专科毕业	6	5	9	18
相近专业	建筑工程的岩土工程 交通土建工程 矿井建设 水利水电建筑工程 港口航道及治河工程 海岸与海洋工程 农业建筑与环境工程 建筑学 工程力学	工学硕士或研究生毕业及以上学位	5	5	8	17
		工学学士或本科毕业	6	6	9	18
		专科毕业	7	7	10	19
其他工科专业		工学学士或本科毕业及以上学位	8	8	12	21

注　表中"Ⅰ类人员"指基础考试已经通过，继续申报专业考试的人员；"Ⅱ类人员"指按有关文件规定，符合免基础考试条件，只参加专业考试的人员。

表 7-3　　全国二级注册结构工程师执业资格考试报考条件

类别	专业名称	学历	职业实践最少时间（年）	最低毕业年限（年）
本专业	工业与民用建筑	本科及以上学历	2	2
		普通大专毕业	3	3
		成人大专毕业	4	4
		普通中专毕业	6	6
		成人中专毕业	7	7
相近专业	建筑设计技术 村镇建设 公路与桥梁 城市地下铁道 铁道工程 铁道桥梁与隧道 小型土木工程 水利水电工程建筑 水利工程 港口与航道工程	本科及以上学历	4	4
		普通大专毕业	6	6
		成人大专毕业	7	7
		普通中专毕业	9	9
		成人中专毕业	10	10
不具备规定学历		从事结构设计工作满13年以上，且作为项目负责人或专业负责人，完成过三级（或中型工业建筑项目）不少于二项	13	

册的申请人，分别由全国注册结构工程师管理委员会和省、自治区、直辖市注册结构工程师管理委员会核发由建设部统一制作的注册结构工程师注册证书和执业印章。

有下列情形之一的，不予注册：①不具备完全民事行为能力的；②因受刑事处罚，自处罚完毕之日起至申请注册之日止不满5年的；③因在结构工程设计或相关业务中犯有错误受到行政处罚或者撤职以上行政处分，自处罚、处分决定之日起至申请注册之日止不满2年的；④受吊销注册结构工程师注册证书处罚，自处罚决定之日起至申请注册之日止不满5年的；⑤建设部和国务院有关部门规定不予注册的其他情形的。

3. 延续注册

注册结构工程师注册有效期为2年，有效期届满需要继续注册的，应当在期满前30日内办理注册手续。注册结构工程师注册后，有下列情形之一的，由全国或省、自治区、直辖市注册结构工程师管理委员会撤销注册，收回注册证书：①完全丧失民事行为能力的；②受刑事处罚的；③因在工程设计或者相关业务中造成工程事故，受到行政处罚或者撤职以上行政处分的；④自行停止注册结构工程师业务满2年的。

7.3.2.2 注册结构工程师的执业

1. 注册结构工程师的执业范围

注册结构工程师的执业范围包括：①结构工程设计；②结构工程设计技术咨询；③建筑物、构筑物、工程设施等调查和鉴定；④对本人主持设计的项目进行施工指导和监督；⑤建设部和国务院有关部门规定的其他业务。一级注册结构工程师的执业范围不受工程规模及工程复杂程度的限制。

2. 权利和义务

注册结构工程师有权以注册结构工程师的名义执行注册结构工程师业务。非注册结构工程师不得以注册结构工程师的名义执行注册结构工程师业务。国家规定的一定跨度、高度等以上的结构工程设计，应当由注册结构工程师主持设计。任何单位和个人修改注册结构工程师的设计图纸，应当征得该注册结构工程师同意；但是因特殊情况不能征得该注册结构工程师同意的除外。

注册结构工程师应当履行下列义务：①遵守法律、法规和职业道德，维护社会公众利益；②保证工程设计的质量，并在其负责的设计图纸上签字盖章；③保守在执业中知悉的单位和个人的秘密；④不得同时受聘于两个以上勘察设计单位执行业务；⑤不得准许他人以本人名义执行业务。

7.3.3 注册土木工程师（岩土）

注册土木工程师（岩土），是指取得《中华人民共和国注册土木工程师（岩土）执业资格证书》和《中华人民共和国注册土木工程师（岩土）执业资格注册证书》，从事岩土工程工作的专业技术人员。注册土木工程师（岩土）执业资格制度纳入国家专业技术人员执业资格制度，由人事部、建设部批准建立。

7.3.3.1 执业资格的取得

1. 报考条件

建设部、人事部共同负责注册土木工程师（岩土）执业资格考试工作。全国勘察设计注册工程师管理委员会负责审定考试大纲、年度试题、评分标准与合格标准。考试分为基础考试和专业考试。参加基础考试合格并按规定完成职业实践年限者，方能报名参加专业考试。专业考试合格后，方可获得《中华人民共和国注册土木工程师（岩土）执业资格证书》。

具备以下条件之一者，即可申请参加注册土木工程师（岩土）执业资格考试基础考试：①取得本专业（指勘查技术与工程、土木工程、水利水电工程、港口航道与海岸工程专业，下同）或相近专业（指地质勘探、环境工程、工程力学专业，下同）大学本科及以上学历或学位；②取得本专业或相近专业大学专科学历，从事岩土工程专业工作满1年；③取得其他工科专业大学本科及以上学历或学位，从事岩土工程专业工作满1年。

基础考试合格，并具备以下条件之一者，可申请参加专业考试：

1）取得本专业博士学位，累计从事岩土工程专业工作满2年；或取得相近专业博士学位，累计从事岩土工程专业工作满3年。

2）取得本专业硕士学位，累计从事岩土工程专业工作满3年；或取得相近专业硕士学位，累计从事岩土工程专业工作满4年。

3）取得本专业双学士学位或研究生班毕业，累计从事岩土工程专业工作满4年；或取得相近专业双学士学位或研究生班毕业，累计从事岩土工程专业工作满5年。

4）取得本专业大学本科学历，累计从事岩土工程专业工作满5年；或取得相近专业大学本科学历，累计从事岩土工程专业工作满6年。

5）取得本专业大学专科学历，累计从事岩土工程专业工作满6年；或取得相近专业大学专科学历，累计从事岩土工程专业工作满7年。

6）取得其他工科专业大学本科及以上学历或学位，累计从事岩土工程专业工作满8年。

2. *初始注册*

注册土木工程师（岩土）执业资格考试合格者，由省、自治区、直辖市人事行政部门颁发人事部统一印制，人事部、建设部用印的《中华人民共和国注册土木工程师（岩土）执业资格证书》。取得《中华人民共和国注册土木工程师（岩土）执业资格证书》者，应向所在省、自治区、直辖市勘察设计注册工程师管理委员会提出申请，由该委员会向岩土工程专业委员会报送办理注册的有关材料。由岩土工程专业委员会向准予注册的申请人核发由全国勘察设计注册工程师管理委员会统一制作的《中华人民共和国注册土木工程师（岩土）执业资格注册证书》和执业印章，经注册后，方可在规定的业务范围内执业。

3. *延续注册*

注册土木工程师（岩土）执业资格注册有效期为2年。有效期满需继续执业的，应在期满前30日内办理再次注册手续。注册土木工程师（岩土）应按规定接受继续教育，并作为再次注册的依据。

有下列情形之一的，不予注册：①不具备完全民事行为能力的；②在从事岩土工程或相关业务中犯有错误，受到行政处罚或者撤职以上行政处分，自处罚、处分决定之日起至申请注册之日不满2年的；③因受刑事处罚，自处罚完毕之日起至申请注册之日不满5年的；④国务院各有关部门规定的不予注册的其他情形。

注册土木工程师（岩土）注册后，有下列情形之一的，由岩土工程专业委员会撤销其注册：①完全丧失民事行为能力的；②受刑事处罚的；③因在岩土工程业务中造成工程事故，受到行政处罚或者撤职以上行政处分的；④经查实有与注册规定不符的；⑤严重违反职业道德规范的。被撤销注册的人员在处罚期满 5 年后可依照本规定重新申请注册。

7.3.3.2 注册土木工程师（岩土）的执业

1. 执业范围

注册土木工程师（岩土）必须加入一个具有工程勘察或工程设计资质的单位方能执业。注册土木工程师（岩土）执业，由其所在单位接受委托并统一收费。注册土木工程师（岩土）的执业范围：①岩土工程勘察；②岩土工程设计；③岩土工程咨询与监理；④岩土工程治理、检测与监测；⑤环境岩土工程和与岩土工程有关的水文地质工程业务；⑥国务院有关部门规定的其他业务。

2. 权利和义务

注册土木工程师（岩土）有权以注册土木工程师（岩土）的名义从事规定的专业活动。在岩土工程勘察、设计、咨询及相关专业工作中形成的主要技术文件，应当由注册土木工程师（岩土）签字盖章后生效。任何单位和个人修改注册土木工程师（岩土）签字盖章的技术文件，须征得该注册土木工程师（岩土）同意；因特殊情况不能征得签字盖章的注册土木工程师（岩土）同意的，可由其他注册土木工程师（岩土）签字盖章并承担责任。

注册土木工程师（岩土）应履行下列义务：①遵守法律、法规和职业道德，维护社会公众利益；②保证执业工作的质量，并在其负责的技术文件上签字盖章；③保守在执业中知悉的商业技术秘密；④不得同时受聘于两个及以上单位执业；⑤不得准许他人以本人名义执业。

7.3.4 注册监理工程师

注册监理工程师，是指经考试取得中华人民共和国监理工程师资格证书，并按照本规定注册，取得中华人民共和国注册监理工程师注册执业证书和执业印章，从事工程监理及相关业务活动的专业技术人员。

7.3.4.1 执业资格的取得

1. 报考条件

凡中华人民共和国公民，身体健康，遵纪守法，具备下列条件之一者，可申请参加监理工程师执业资格考试：①工程技术或工程经济专业大专（含大专）以上学历，按照国家有关规定，取得工程技术或工程经济专业中级职务，并任职满 3 年；②按照国家有关规定，取得工程技术或工程经济专业高级职务；③1970 年（含 1970 年）以前工程技术或工程经济专业中专毕业，按照国家有关规定，取得工程技术或工程经济专业中级职务，并任职满 3 年。

2. 初始注册

注册监理工程师实行注册执业管理制度。取得资格证书的人员，经过注册方能以注册监理工程师的名义执业。注册监理工程师依据其所学专业、工作经历、工程业绩，按照《工程监理企业资质管理规定》划分的工程类别，按专业注册。每人最多可以申请两个专业注册。取得资格证书并受聘于一个建设工程勘察、设计、施工、监理、招标代理、造价咨询等单位的人员，应当通过聘用单位向单位工商注册所在地的省、自治区、直辖市人民政府建设主管部门提出注册申请；省、自治区、直辖市人民政府建设主管部门受理后提出初审意见，并将初审意见和全部申报材料报国务院建设主管部门审批；符合条件的，由国务院建设主管部门核发注册证书和执业印章。注册证书和执业印章是注册监理工程师的执业凭证，由注册监理工程师本人保管、使用，有效期为3年。

初始注册者，可自资格证书签发之日起3年内提出申请。逾期未申请者，须符合继续教育的要求后方可申请初始注册。

3. 延续注册

注册监理工程师每一注册有效期为3年，注册有效期满需继续执业的，应当在注册有效期满30日前申请延续注册。延续注册有效期为3年。

7.3.4.2 注册监理工程师的执业

1. 执业范围

从事工程监理执业活动的，应当受聘并注册于一个具有工程监理资质的单位。注册监理工程师可以从事工程监理、工程经济与技术咨询、工程招标与采购咨询、工程项目管理服务以及国务院有关部门规定的其他业务。

2. 权利和义务

工程监理活动中形成的监理文件由注册监理工程师按照规定签字盖章后方可生效。修改经注册监理工程师签字盖章的工程监理文件，应当由该注册监理工程师进行；因特殊情况，该注册监理工程师不能进行修改的，应当由其他注册监理工程师修改，并签字、加盖执业印章，对修改部分承担责任。

注册监理工程师享有下列权利：①使用注册监理工程师称谓；②在规定范围内从事执业活动；③依据本人能力从事相应的执业活动；④保管和使用本人的注册证书和执业印章；⑤对本人执业活动进行解释和辩护；⑥接受继续教育；⑦获得相应的劳动报酬；⑧对侵犯本人权利的行为进行申诉。

注册监理工程师应当履行下列义务：①遵守法律、法规和有关管理规定；②履行管理职责，执行技术标准、规范和规程；③保证执业活动成果的质量，并承担相应责任；④接受继续教育，努力提高执业水准；⑤在本人执业活动所形成的工程监理文件上签字、加盖执业印章；⑥保守在执业中知悉的国家秘密和他人的商业、技术秘密；⑦不得涂改、倒卖、出租、出借或者以其他形式非法转让注册证书或者执业印章；⑧不得同时在两个或者两个以上单位受聘或者执业；⑨在规定的执业范围和聘用单位业务范围内从事执业活动；⑩协助注册管理机构完成相关工作。

7.3.5 注册造价工程师

注册造价工程师，是指通过全国造价工程师执业资格统一考试或者资格认定、资格互认，取得中华人民共和国造价工程师执业资格，并按照本办法注册，取得中华人民共和国造价工程师注册执业证书和执业印章，从事工程造价活动的专业人员。

2007年3月1日起，建设部颁布的新的《注册造价工程师管理办法》开始施行。

7.3.5.1 执业资格的取得

1. 报考条件

凡中华人民共和国公民，遵纪守法并具备以下条件之一者，均可申请造价工程师执业资格考试：

1）工程造价专业大专毕业，从事工程造价业务工作满5年；工程或工程经济类大专毕业，从事工程造价业务工作满6年。

2）工程造价专业本科毕业，从事工程造价业务工作满4年；工程或工程经济类本科毕业，从事工程造价业务工作满5年。

3）获上述专业第二学士学位或研究生班毕业和获硕士学位，从事工程造价业务工作满3年。

4）获上述专业博士学位，从事工程造价业务工作满2年。

2. 初始注册

注册造价工程师实行注册执业管理制度。取得执业资格的人员，经过注册方能以注册造价工程师的名义执业。取得执业资格的人员申请注册的，应当向聘用单位工商注册所在地的省、自治区、直辖市人民政府建设主管部门或者国务院有关部门提出注册申请。取得资格证书的人员，可自资格证书签发之日起1年内申请初始注册。逾期未申请者，须符合继续教育的要求后方可申请初始注册。初始注册的有效期为4年。

3. 延续注册与变更

注册造价工程师注册有效期满需继续执业的，应当在注册有效期满30日前，按照《注册造价工程师管理办法》第8条规定的程序申请延续注册。延续注册的有效期为4年。

在注册有效期内，注册造价工程师变更执业单位的，应当与原聘用单位解除劳动合同，并按照本办法第八条规定的程序办理变更注册手续。变更注册后延续原注册有效期。

7.3.5.2 注册造价工程师的执业

1. 执业范围

注册造价工程师执业范围包括：①建设项目建议书、可行性研究投资估算的编制和审核，项目经济评价，工程概、预、结算、竣工结（决）算的编制和审核；②工程量清单、标底（或者控制价）、投标报价的编制和审核，工程合同价款的签订及变更、调整、工程款支付与工程索赔费用的计算；③建设项目管理过程中设计方案的优化、限额设计等工程造价分析与控制，工程保险理赔的核查；④工程经济纠纷的鉴定。注册造价工程师应当在本人承担的工程造价成果文件上签字并盖章。修改经注册造价工程师签字盖章的工程造价成果文件，应当由签字盖章的注册造价工程师本人进行；注册造价工程师本人因特殊情况不能进行修改的，应当由其他注册造价工程师修改，并签字盖章；修改工程造价成果文件的注册造价工程师对修改部分承担相应的法律责任。

2. 权利和义务

注册造价工程师享有下列权利：①使用注册造价工程师名称；②依法独立执行工程造价业务；③在本人执业活动中形成的工程造价成果文件上签字并加盖执业印章；④发起设立工程造价咨询企业；⑤保管和使用本人的注册证书和执业印章；⑥参加继续教育。

注册造价工程师应当履行下列义务：①遵守法律、法规、有关管理规定，恪守职业道德；②保证执业活动成果的质量；③接受继续教育，提高执业水平；④执行工程造价计价标准和计价方法；⑤与当事人有利害关系的，应当主动回避；⑥保守在执业中知悉的国家秘密和他人的商业、技术秘密。

3. 监督管理

县级以上人民政府建设主管部门和其他有关部门应当依照有关法律、法规和本办法的规定，对注册造价工程师的注册、执业和继续教育实施监督检查。注册机关应当将造价工程师注册信息告知注册初审机关。省级注册初审机关应当将造价工程师注册信息告知本行政区域内市、县人民政府建设主管部门。

注册造价工程师违法从事工程造价活动的，违法行为发生地县级以上地方人民政府建设主管部门或者其他有关部门应当依法查处，并将违法事实、处理结果告知注册机关；依法应当撤销注册的，应当将违法事实、处理建议及有关材料报注册机关。

7.3.6 注册建造师

注册建造师，是指通过考核认定或考试合格取得中华人民共和国建造师资格证书，并按照本规定注册，取得中华人民共和国建造师注册证书和执业印章，担任施工单位项目负责人及从事相关活动的专业技术人员。

2002 年 12 月 5 日，建设部发布了《建造师执业资格制度暂行规定》；2007 年 3 月 1 日起，建设部颁布的新的《注册建造师管理规定》开始施行；2008 年 2 月 26 日起，建设部颁布的《注册建造师执业管理办法》（试行）开始施行。

7.3.6.1 执业资格的取得

1. 报考条件

建造师分为一级建造师和二级建造师。一级建造师执业资格实行统一大纲、统一命题、统一组织的考试制度，由人事部、建设部共同组织实施，原则上每年举行一次考试。建设部负责编制一级建造师执业资格考试大纲和组织命题工作，统一规划建造师执业资格的培训等有关工作。

凡遵守国家法律、法规，具备下列条件之一者，可以申请参加一级建造师执业资格考试：①取得工程类或工程经济类大学专科学历，工作满 6 年，其中从事建设工程项目施工管理工作满 4 年；②取得工程类或工程经济类大学本科学历，工作满 4 年，其中从事建设工程项目施工管理工作满 3 年；③取得工程类或工程经济类双学士学位或研究生班毕业，工作满 3 年，其中从事建设工程项目施工管理工作满 2 年；④取得工程类或工程经济类硕士学位，工作满 2 年，其中从事建设工程项目施工管理工作满 1 年；⑤取得工程类或工程经济类博士学位，从事建设工程项目施工管理工作满 1 年。

建设部负责拟定二级建造师执业资格考试大纲，人事部负责审定考试大纲。各省、自治区、直辖市人事厅（局），建设厅（委）按照国家确定的考试大纲和有关规定，在本地区组织实施二级建造师执业资格考试。凡遵纪守法并具备工程类或工程经济类中专以上学历并从事建设工程项目施工管理工作满 2 年，可报名参加二级建造师执业资格考试。

2. 初始注册

初始注册者，可自资格证书签发之日起 3 年内提出申请。逾期未申请者，须符合本专业继续教育的要求后方可申请初始注册。

取得一级建造师资格证书并受聘于一个建设工程勘察、设计、施工、监理、招标代理、造价咨询等单位的人员，应当通过聘用单位向单位工商注册所在地的省、自治区、直辖市人民政府建设主管部门提出注册申请。省、自治区、直辖市人民政府建设主管部门受理后提出初审意见，并将初审意见和全部申报材料报国务院建设主管部门审批。符合条件的，由国务院建设主管部门核发《中华人民共和国一级建造师注册证书》，并核定执业印章编号。

取得二级建造师资格证书的人员申请注册，由省、自治区、直辖市人民政府建设主管部门负责受理和审批，具体审批程序由省、自治区、直辖市人民政府建设主管部门依法确定。对批准注册的，核发由国务院建设主管部门统一样式的《中华人民共和国二级建造师注册证书》和执业印章。

3. 延续注册与变更

注册有效期满需继续执业的，应当在注册有效期届满 30 日前，按照《注册建造师执业管理办法》第 7 条、第 8 条的规定申请延续注册。延续注册的，有效期为 3 年。

在注册有效期内，注册建造师变更执业单位，应当与原聘用单位解除劳动关系，并按照有关规定办理变更注册手续，变更注册后仍延续原注册有效期。

7.3.6.2　注册建造师的执业

1. 执业范围

注册建造师应当在其注册证书所注明的专业范围内从事建设工程施工管理活动。大中型工程施工项目负责人必须由本专业注册建造师担任。一级注册建造师可担任大、中、小型工程施工项目负责人，二级注册建造师可以承担中、小型工程施工项目负责人。

一级注册建造师可在全国范围内以一级注册建造师名义执业。通过二级建造师资格考核认定，或参加全国统考取得二级建造师资格证书并经注册人员，可在全国范围内以二级注册建造师名义执业。

2. 权利和义务

担任建设工程施工项目负责人的注册建造师对其签署的工程管理文件承担相应责任。注册建造师签章完整的工程施工管理文件方为有效。注册建造师有权拒绝在不合格或者有弄虚作假内容的建设工程施工管理文件上签字并加盖执业印章。

修改注册建造师签字并加盖执业印章的工程施工管理文件，应当征得所在企业同意后，由注册建造师本人进行修改；注册建造师本人不能进行修改的，应当由企业指定同等资格条件的注册建造师修改，并由其签字并加盖执业印章。

注册建造师还享有以下权利：①使用注册建造师名称；②在规定范围内从事执业活动；③在本人执业活动中形成的文件上签字并加盖执业印章；④保管和使用本人注册证书、执业印章；⑤对本人执业活动进行解释和辩护；⑥接受继续教育；⑦获得相应的劳动报酬；⑧对侵犯本人权利的行为进行申述。

注册建造师应当履行下列义务：①遵守法律、法规和有关管理规定，恪守职业道德；②执行技术标准、规范和规程；③保证执业成果的质量，并承担相应责任；④接受继续教育，努力提高执业水准；⑤保守在执业中知悉的国家秘密和他人的商业、技术等秘密；⑥与当事人有利害关系的，应当主动回避；⑦协助注册管理机关完成相关工作。

7.3.7　注册城市规划师

注册城市规划师是指通过全国统一考试，取得注册城市规划师执业资格证书，并经注册登记后从事城市规划业务工作的专业技术人员。

7.3.7.1 执业资格的取得

1. 报考条件

注册城市规划师执业资格考试实行全国统一大纲、统一命题、统一组织的办法。原则上每年举行一次。凡中华人民共和国公民，遵纪守法并具备以下条件之一者，可申请参加注册城市规划师执业资格考试：

1）取得城市规划专业大专学历，并从事城市规划业务工作满6年。

2）取得城市规划专业大学本科学历，并从事城市规划业务工作满4年；或取得城市规划相近专业大学本科学历，并从事城市规划业务工作满5年。

3）取得通过评估的城市规划专业大学本科学历，并从事城市规划业务满3年。

4）取得城市规划相近专业硕士学位，并从事城市规划业务满3年。

5）取得城市规划专业硕士学位或相近专业博士学位，从事城市规划业务工作满2年。

6）取得城市规划专业博士学位，并从事城市规划业务工作满1年。

7）人事部、建设部规定的其他条件。

注册城市规划师执业资格考试合格者，由各省、自治区、直辖市人事部门颁发人事部统一印制、人事部和建设部用印的中华人民共和国注册城市规划师执业资格证书。

2. 初始注册

取得注册城市规划师执业资格证书的人员，只能在城市规划编制、审批、实施管理、政策法规研究制定，城市规划技术咨询及城市综合开发策划等其中一个单位，办理注册登记申请。遵纪守法，遵守职业道德，身体健康的人员，在取得注册城市规划师执业资格证书的3年内，经所在单位同意，均可申请初始注册登记。经批准注册的申请人，由建设部核发《注册城市规划师注册证》。取得注册城市规划师执业资格证书3年后申请初始注册登记的人员，还需要达到继续教育标准。注册城市规划师初始注册登记的有效期为3年，自批准注册登记之日起计算。

3. 延续注册与变更

城市规划师应当在注册登记有效期满前3个月向省级注册机构申请续期注册登记。省级注册机构对有关申报材料进行初审，将符合续期注册登记条件人员的申请表（一式两份）加盖公章后报国家注册机构审核，核发新的注册证。续期注册登记的有效期限为3年，自准予续期注册登记之日起计算。

注册城市规划师转换工作单位，应由本人先提出申请变更注册登记。注册城市规划师在注册登记有效期内，有下列情形之一者可申请变更注册登记：①在注册有效期内离、退休且所在单位不再聘用；②所在单位发生重大变化；③工作调动。

7.3.7.2 注册城市规划师的权利和义务

注册城市规划师对所经办的城市规划工作成果的图件、文本以及建设用地和建设工程规划许可文件有签名盖章权，并承担相应的法律和经济责任；其有权对违反国家有关法律、法规和技术规范的要求及决定提出劝告，并可在拒绝执行的同时向上级城市规划部门报告。

注册城市规划师应严格执行国家有关城市规划工作的法律、法规和技术规范，秉公办事，维护社会公众利益，保证工作成果质量。注册城市规划师应保守工作中的技术和经济秘密，不得同时受聘于两个或两个以上单位执行城市规划业务。不得准许他人以本人名义执行业务。注册城市规划师还应按规定接受专业技术人员继续教育，不断更新知识，提高工作水平。参加规定的专业培训和考核，并作为重新注册登记的必备条件之一。

上述取得建设从业执业资格的人员，应按照国家有关规定的方式和时间参加所在注册专业的继续教育，不断更新知识、提高自身业务水平。继续教育情况作为延续注册的条件之一。

另外，国家目前正在研究制定组建项目管理公司的指导意见，不久将会公布实施。相信随着指导意见的实施将会进一步规范项目管理公司的组建工作。

复习思考题

1. 简述建筑从业资格法律制度的主要内容。
2. 简述各类勘察企业工程承包的范围。
3. 特级施工总承包企业成立的条件是什么？
4. 简述各类设计企业工程承包的范围。
5. 简述各类施工企业工程承包的范围。
6. 简述各类监理企业工程承包的范围。
7. 报考注册建筑师、建造师、监理工程师、造价师的条件分别是什么？
8. 简述我国各类建筑执业资格的执业范围。

第 8 章　建设工程合同法律制度

本章学习要点：

1. 掌握合同的一般条款、合同签订的程序。
2. 掌握有效合同的成立要件、无效合同的认定与处理。
3. 熟悉合同履行中的抗辩权、代位权和撤销权的规定。
4. 掌握违约责任的构成要件、违约责任的形式和免责规定。
5. 熟悉合同的形式、可撤销合同、效力待定合同和附条件、附期限合同的效力的规定。
6. 掌握施工合同索赔的分类、原因、依据、条件和费用计算。
7. 了解合同的概念、合同法的基本原则、合同的种类。
8. 了解合同担保的形式。

8.1　概　　述

8.1.1　建设工程合同的概念

合同是平等主体的自然人、法人、其他组织之间设立、变更、终止民事权利义务关系的协议。

民法中的合同有广义和狭义之分。广义的合同是指两个以上的民事主体之间设立、变更、终止民事权利义务关系的协议；狭义的合同是指债权合同，即两个以上的民事主体之间设立、变更、终止债权关系的协议。广义的合同除了民法中债权合同之外，还包括物权合同、身份合同，以及行政法中的行政合同和劳动法中的劳动合同等。《合同法》中所称的合同，是指狭义上的合同。此外，《合同法》第 2 条第 2 款还明确规定："婚姻、收养、监护等有关身份关系的协议，适用其他法律的规定。"

总之，合同是指具有平等民事主体资格的当事人，为了达到一定目的，经过自愿、平等、协商一致设立、变更、终止民事权利义务关系达成的协议。

8.1.2　合同法的基本原则

《合同法》总则第 1 章对合同法的基本原则作了明确的规定。

1. 平等、自愿原则

《合同法》第 3 条规定："合同当事人的法律地位平等。"此项规定明确指出，当事人无论是有什么身份，其在合同关系中相互之间的法律地位是平等的，都是独立的，享有平等主体资格的合法当事人。法律地位平等是自愿原则的前提。

2. 公平、诚实信用原则

《合同法》第 5 条规定："当事人应当遵循公平原则确定各方的权利和义务。"《合同法》第6条规定："当事人行使权利、履行义务应当遵循诚实信用原则。"公平、诚实信用是民事活动的最重要的基本原则。公平、诚实信用原则，要求当事人在订立和履行合同，以及合同终止后的全过程中，都要讲诚实，重信用，相互协作，不得滥用权利。

3. 遵守法律、维护社会公共利益的原则

《合同法》第7条规定："当事人订立、履行合同，应当遵守法律、行政法规，尊重社会公德，不得扰乱社会经济秩序，损害社会公共利益。"遵守法律和不得损害社会公共利益，是合同法的重要基本原则。

4. 依法成立的合同对当事人具有约束力的原则

《合同法》第8条规定："依法成立的合同，对当事人具有法律约束力。当事人应按照约定履行自己的义务，不得擅自变更或者解除合同。"订立合同实行自愿原则，但是，依法成立的合同，对当事人具有法律约束力，受法律保护。当事人应按照合同的约定履行各自的义务，非依法律规定或者取得相对人的同意，不得擅自变更或者解除合同；如果不履行合同义务或者履行合同义务不符合约定，必须承担违约责任或者受到法律的制裁。

8.1.3 合同的种类

《合同法》分则中列出了15种有名合同：买卖合同；供用电、水、气、热力合同；赠与合同；借款合同；租赁合同；融资租赁合同；承揽合同；建设工程合同；运输合同；技术合同；保管合同；仓储合同；委托合同；行纪合同；居间合同。

《合同法》分则或者其他法律没有明文规定的合同，适用本法总则的规定，并可以参照分则或其他法律最相类似的规定。

8.1.4 合同的内容

合同的一般条款，即合同的内容，是指由合同当事人约定的合同条款。

《合同法》第12条规定："合同的内容由当事人约定，一般包括以下条款：①当事人的名称或者姓名和住所；②标的；③数量；④质量；⑤价款或者报酬；⑥履行期限、地点和方式；⑦违约责任；⑧解决争议的方法。当事人可以参照各类合同的示范文本订立合同。"

1. 当事人的名称或者姓名和住所

当事人的名称或者姓名，是指法人和其他组织的名称，或者自然人的姓名，住所是指其主要办事机构所在地。

2. 标的

标的，是指合同当事人双方权利和义务共同指向的对象。即合同法律关系的客体。标的可以是货物、劳务、工程项目或者货币等。依据合同种类的不同，合同的标的也各有不同。

3. 数量

数量，是计算标的的尺度。它把标的定量化，以便确立合同当事人之间的权利和义务的量化指标，从而计算价款或报酬。签订合同时，应当使用国家法定计量单位，做到计量标准化、规范化。如果计量单位不统一，一方面会降低工作效率，另一方面也会因发生误解而引起纠纷。

4. 质量

质量，是标的物内在特殊物质属性和一定的社会属性，是标的物性质差异的具体特征。它是标的物价值和使用价值的集中表现，并决定着标的物的经济效益和社会效益，还直接关系到生产的安全和人身的健康等。因此，当事人签订合同时，必须对标的物的质量作出明确的规定。标的物的质量，有国家标准的按国家标准签订，没有国家标准而有行业标准的按行业标准签订，没有国家标准、行业标准而有地方标准的按地方标准签订。如果标的物是没有上述标准的新产品时，可按企业新产品鉴定的标准（如产品说明书、合格证载明的），写明相应的质量标准。国家鼓励企业采用国际质量标准。

5. 价款或者报酬

价款，通常指当事人一方为取得对方出让的标的物，而支付给对方一定数额的货币。

报酬，通常指当事人一方为对方提供劳务、服务等，从而向对方收取一定数额的货币报酬。

在建立社会主义市场经济过程中，当事人签订合同时，应接受有关部门的监督，不得违反有关规定，扰乱社会经济秩序。

6. 履行期限、地点和方式

（1）履行期限，是指当事人交付标的和支付价款或报酬的日期。也就是依据合同的约定，权利人要求义务人履行义务的请求权发生的时间。合同的履行期限，是一项重要条款，当事人必须写明具体的履行起止日期，避免因履行期限不明确而产生纠纷。倘若合同当事人在合同中没有约定履行期限，只能按照有关规定处理。

（2）履行地点，是指当事人交付标的和支付价款或报酬的地点。它包括标的交付、提取地点，服务、劳务或工程项目建设的地点，价款或报酬结算的地点等。合同履行地也是一项重要条款。它不仅关系到当事人实现权利和承担义务的发生地，还关系到人民法院受理合同纠纷案件的管辖地问题。因此，合同当事人双方签订合同时，必须将履行地点写明，并且要写得具体、准确，以免发生差错而引起纠纷。

（3）履行方式，是指合同当事人双方约定以哪种方式转移标的物和结算价款。履行方式应视所签订合同的类别而定。例如，买卖货物、提供服务、完成工作合同，其履行方式均有所不同。此外在某些合同中还应写明运输、包装、结算方式等，以利于合同的完全履行。

7. 违约责任

违约责任，是指合同当事人约定一方或双方不履行或不完全履行合同义务时，必须承担的法律责任。违约责任包括支付违约金、偿付赔偿金以及发生意外事故的处理等其他责任。法律有规定责任范围的按规定处理；法律没有规定责任范围的，由当事人双方协商议定办理。

8. 争议解决的方式

争议解决的方式，是指合同当事人约定在合同产生争议时，采取什么方式解决争议。我国解决合同争议采取“或裁或审”制度，选择何种方式应在合同中加以约定。特别是仲裁方式，若没有约定，双方产生争议后又没有达成仲裁协议，只能通过诉讼方式解决争议。

8.2 建设工程合同的签订

8.2.1 建设工程合同的签订的程序

签订经济合同一般要经过要约与承诺两个步骤。而建设工程合同的签订有其特殊性，需要经过要约邀请—要约—承诺三个步骤。

1. 要约邀请

要约邀请，是指当事人一方邀请不特定的另一方向自己提出要约的意思表示。在《合同法》中，要约邀请行为属于事实行为而一般没有法律约束力，只有经过被邀请的一方作出要约并经邀请方承诺后，合同方能成立。

在建设工程合同签订的过程中，发包方发布招标通告或招标邀请书的行为就是一种要约邀请行为。其目的在于邀请承包方投标。在建设工程合同签订程序中有一个显著的特点：受要约人（承诺人）是特定的，而要约人是不特定的。

2. 要约

要约，是指当事人一方向另一方提出合同条件，希望另一方订立合同的意思表示。提出要约的一方称为要约人，另一方则称为受要约人。要约是以签订合同为目的的一种意思表示，首先必须符合签订合同的原则，其内容必须具体明确，并应包括合同应具备的主要条款，而且必须向受要约人提出。要约具有法律约束力。要约生效后，要约人不得擅自撤回或更改。在建设工程合同签订过程中，承包方向发包方递交投标文件的投标行为就是一种要约行为，投标文件中应包含建设工程合同应具备的主要条款，如工程造价、工程质量、工程工期等内容，作为要约的投标对承包方具有法律约束力，表现在承包方在投标生效后无权修改或撤回投标以及一旦中标就必须与发包方签订合同，否则要承担相应责任等。

3. 承诺

承诺，是指受要约人完全同意要约的意思表示。它是受要约人愿意按照要约的内容与要约人订立合同的允诺。承诺的内容必须与要约完全一致，不得有任何修改，否则将视为拒绝要约或反要约。承诺必须在要约规定的有效期限内向要约人提出，而承诺生效的时间就是要约人收到承诺的时刻。承诺人（受要约人）作出承诺后。即受到法律的约束，不得任意变更或解除承诺，在招投标中，发包方经过开标、评标过程，最后发出中标通知书，确立承包方的行为即为承诺。《招标投标法》规定：“招标人和中标人应当自中标通知书发出之日起 30 日内，按照招标文件和中标人的投标文件订立书面合同。”因此，确定中标单位后，发包方和承包方各自均有权力要求对方签订建设工程合同，也有义务与对方签订建设工程合同。

8.2.2 缔约过失责任

1. 缔约过失责任的概念

缔约过失责任，是指当事人在订立合同过程中，因一方或者双方的过失行为，致使预期的合同不成立，被确认无效或者被撤销，从而导致另一方当事人信赖其合同能够有效成立而受到损失时，有权要求相对人承担相应民事责任，赔偿基于此项信赖而发生的实际损失，所应承担的民事责任。缔约过失责任不同于违约责任。

2. 缔约过失责任的构成要件

（1）缔约过失责任发生在合同订立过程中。缔约过失行为的出现，是发生在当事人之间洽商合同订立的过程中，也即双方作出订立合同的意思表示，但是合同尚未成立。

（2）缔约人一方主观上有过错行为。当事人的过错行为，包括主观上的故意行为、过失行为而引发合同不成立。

（3）缔约人另一方受到实际损失。实际损失是构成缔约过失责任的前提条件，即缔约人一方基于对另一方的信赖，能够订立有效的合同，却因对方的过错行为，致使合同不能成立，而造成损失，有权依法得到保护，而追究对方的缔约过失责任。

（4）缔约当事人一方有过错行为与另一方当事人的损失之间存在因果关系。缔约过程中，当事人一方的过错行为与当事人另一方的损失之间在客观上有因果关系，是承担法律责任的前提条件之一。缔约过失责任人承担其行为造成相对人实际损失的法律责任，不属于合同中的违约责任，而是因其订约中的过错行为违反了法定的合同义务形成的因果关系。

3. 关于缔约过失责任的法律规定

《合同法》第 42 条规定："当事人在订立合同过程中有下列情形之一的，给对方造成损失的，应当承担损害赔偿责任：

（1）假借订立合同，恶意进行磋商；

（2）故意隐瞒与订立合同有关的重要事实或者提供虚假情况；

（3）有其他违背诚实信用原则的行为。"

《合同法》第 43 条规定："当事人在订立合同过程中知悉的商业秘密无论合同是否成立，不得泄露或者不正当地使用。泄露或者不正当地使用该商业秘密给对方造成损失的，应当承担损害赔偿责任。"

8.3 有效合同的成立要件及无效合同的认定与处理

8.3.1 有效合同的成立要件

合同成立后，能否产生法律效力，能否产生当事人所预期的法律后果，要视合同是否具备生效要件。合同生效应当具备以下要件。

（1）合同当事人具有相应的民事权利能力和民事行为能力。合同当事人必须具有相应的民事权利能力和民事行为能力以及缔约能力，才能成为合格的合同主体。若主体不合格，合同不能产生法律效力。

（2）合同当事人意思表示真实。当事人意思表示真实，是指行为人的意思表示应当真实反映其内心的意思。合同成立后，当事人的意思表示是否真实往往难以从其外部判断，法律对此一般不主动干预。缺乏意思表示真实这一要件即意思表示不真实，并不绝对导致合同一律无效。

（3）合同不违反法律或者社会公共利益。主要包括两层含义：一是合同的内容合法，即合同条款中约定的权利、义务及其指向的对象即标的等，应符合法律的规定和社会公共利益的要求。二是合同的目的合法，即当事人缔约的原因合法，并且是直接的内心原因合法，不存在以合法的方式达到非法目的等规避法律的事实。

（4）具备法律、行政法规规定的合同生效必须具备的形式要件。所谓形式要件，是指法律、行政法规对合同形式上的要求。形式要件通常不是合同生效的要件，但如果法律、行政法规规定将其作为合同生效的条件时，便成为合同生效的要件之一，不具备这些形式要件，合同不能生效。当然法律另有规定的除外。

8.3.2 无效合同的认定与处理

1. 合同无效的概念

合同无效，是指虽经合同当事人协商订立，但因其不具备或违反了法定条件，法律规定不承认其效力的合同。

2. 合同无效的法律规定

《合同法》第52条规定："有下列情形之一的，合同无效：

（1）一方以欺诈、胁迫的手段订立合同，损害国家利益；

（2）恶意串通、损害国家、集体或者第三人利益；

（3）以合法形式掩盖非法目的；

（4）损害社会公共利益；

（5）违反法律、行政法规的强制性规定。"

3. 合同中免责条款无效的法律规定

（1）合同中免责条款，是指当事人在合同中约定免除或者限制其未来责任的合同条款免责条款无效，是指没有法律约束力的免责条款。

（2）《合同法》第53条规定："合同中的下列免责条款无效：①造成对方人身伤害的；②因故意或者重大过失造成对方财产损失的。"

法律之所以规定上述两种情况的免责条款无效，原因有二：一是这两种行为具有一定的社会危害性和法律的谴责性；二是这两种行为都可能构成侵权行为责任，如果当事人约定这种侵权行为可以免责，就等于以合同的方式剥夺了当事人合同以外的合法权利。

8.4 合同的履行

8.4.1 合同履行的一般规定

8.4.1.1 合同履行的概念

合同履行，是指合同当事人双方依据合同条款的规定，实现各自享有的权利，并承担各自负有的义务。合同的履行，就其实质来说，是合同当事人在合同生效后，全面地、适当地完成合同义务的行为。

8.4.1.2 合同履行的原则

《合同法》第60条规定："当事人应当按照约定全面履行自己的义务。

当事人应当遵循诚实信用原则，根据合同的性质、目的和交易习惯履行通知，协助、保密等义务。"

合同当事人履行合同时，应遵循以下原则：

（1）全面、适当履行的原则。全面、适当履行，是指合同当事人按照合同约定全面履行自己的义务，包括履行义务的主体、标的、数量、质量、价款或者报酬以及履行的方式、地点、期限等，都应当按照合同的约定全面履行。

（2）诚实信用的原则。诚实信用原则，是《民法通则》的基本原则，也是《合同法》的一项十分重要的原则，它贯穿于合同的订立、履行、变更、终止等全过程。因此，当事人在订立合同时，要讲诚实，要守信用，要善意，当事人双方要互相协作，合同才能圆满地履行。

（3）公平合理，促进合同履行的原则。合同当事人双方自订立合同时起，直到合同的履行、变更、转让以及发生争议时对纠纷的解决，都应当依据公平合理的原则，按照《合同法》的规定，根据合同的性质、目的和交易习惯善意地履行通知、协助和保密等附随义务。

（4）当事人一方不得擅自变更合同的原则。合同依法成立，即具有法律约束力，因此，合同当事人任何一方均不得擅自变更合同。

《合同法》在若干条款中根据不同的情况，对合同的变更分别作了专门的规定。这些规定更加完善了我国的合同法律制度，并有利于促进我国社会主义市场经济的发展和保护合同当事人的合法权益。

8.4.1.3　合同履行中条款空缺的法律适用

1. 合同条款空缺的概念

合同条款空缺，是指合同生效后，当事人对合同条款约定有缺陷，依法采取完善或妥善处理的法律行为。

当事人订立合同时，对合同条款的约定应当明确、具体，以便于合同履行。然而，由于某些当事人因合同法律知识的欠缺，对事物认识上的错误以及疏忽大意等原因，而出现欠缺某些条款或者条款约定不明确，致使合同难以履行，为了维护合同当事人的正当权益，法律规定允许当事人之间可以约定，采取措施，补救合同条款空缺的问题。

2. 协议补充、按照有关规定或者交易习惯

《合同法》第 61 条规定："合同生效后，当事人就质量、价款或者报酬、履行地点等内容没有约定或者约定不明确的，可以协议补充。不能达成补充协议的，按照合同有关条款或者交易习惯确定。"

（1）协议补充，是指合同当事人对没能约定或者约定不明确的合同内容通过协商的办法订立补充协议，该协议是对原合同内容的补充，因而成为原合同的组成部分。

（2）合同当事人不能达成补充协议，按照合同有关条款或者交易习惯确定，是指在合同当事人就没有约定或者约定不明确的合同内容不能达成补充协议的情况下，可以依据合同的其他方面的内容确定；或者按照人们在同样的合同交易中通常或者采用的合同内容（即交易习惯）予以补充或者加以确定。

3. 合同内容不明确，又不能达成补充协议时的法律适用

《合同法》第 62 条规定："当事人就有关合同内容约定不明确，依照本法第 61 条的规定仍不能确定的，适用下列规定。

（1）质量要求不明确的，按照国家标准、行业标准履行；没有国家标准、行业标准

的，按照通常标准或者符合合同目的的特定标准履行。

(2) 价款或者报酬不明确的，按照订立合同时履行地市场价格履行；依法应当执行政府定价或者政府指导价的，按照规定履行。

(3) 履行地点不明确的，给付货币的，在接受货币一方所在地履行；交付不动产的，在不动产所在地履行；其他标的，在履行义务一方所在地履行。

(4) 履行期限不明确的，债务人可以随时履行，债权人也可以随时要求履行，但应当给对方必要的准备时间。

(5) 履行方式不明确的，按照有利于实现合同目的的方式履行。

(6) 履行费用的负担不明确的，由履行义务一方负担。”

8.4.1.4 合同中规定执行政府定价或政府指导价的法律规定

《合同法》第 63 条规定：“执行政府定价或者政府指导价的，在合同约定的交付期限内政府价格调整时，按照交付时的价格计价。逾期交付标的物的，遇价格上涨时，按照原价格执行，价格下降时，按照新价格执行。逾期提取标的物或者逾期付款的，遇价格上涨时，按照新价格执行，价格下降时，按照原价格执行。”

8.4.1.5 合同履行中的第三人

依据法律规定，合同履行中，当事人约定由债务人向第三人履行债务或者由第三人向债权人履行债务，原债权人与债务人的债务法律关系并不因此而变更。

1. 由债务人向第三人履行债务

《合同法》第 64 条规定：“当事人约定由债务人向第三人履行债务的，债务人未向第三人履行债务或者履行债务不符合约定，应当向债权人承担违约责任。”

向第三人履行债务，即债务人本应向债权人履行债务，而由于债权人与债务人通过约定由债务人向第三人履行债务，但原债权人的地位不变。向第三人履行债务的合同也被称作为第三人利益订立的合同。

依据法律规定，债务人未向第三人履行债务或者履行债务不符合约定，应向债权人承担违约责任。

2. 由第三人向债权人履行债务

(1)《合同法》第 65 条规定：“当事人约定由第三人向债权人履行债务的，第三人不履行债务或者履行债务不符合约定，债务人应当向债权人承担违约责任。”

(2) 第三人代为履行债务，是指经当事人双方约定由第三人代替债务人履行债务的，第三人并不因履行债务而成为合同的当事人。

(3) 第三人替代债务人履行债务，只要不违反法律规定和合同约定，且未给债权人造成损失或增加费用，此种履行在法律上是有效的。第三人代为履行债务必须符合一定条件：①与向第三人履行的情况相同，在第三人代为履行债务时，该第三人并没有成为合同的当事人，仅是债务履行的辅助人；②当事人约定由第三人向债权人履行债务时，必须经当事人协商一致，特别是征得债权人的同意；③第三人代为履行债务时，对债权人不得造成消极影响，即第三人代为履行不能损害债权人的权益。

依据法律规定，第三人不履行债务或履行债务不符合约定，债务人应当向债权人承担违约责任。

8.4.2 抗辩权的规定

8.4.2.1 抗辩权的概念

抗辩权，是指在双务合同中，当事人一方有依法对抗对方要求或否认对方权利主张的权利。《合同法》规定了同时履行抗辩权和异时履行抗辩权。

8.4.2.2 同时履行抗辩权

《合同法》第 66 条规定："当事人互负债务，没有先后履行顺序的，应当同时履行。一方在对方履行之前有权拒绝其履行要求。一方在对方履行债务不符合约定时，有权拒绝其相应的履行要求。"

(1) 同时履行，是指合同订立后，在合同有效期限内，当事人双方不分先后地履行各自的义务的行为。

(2) 同时履行抗辩权，是指在没有规定履行顺序的双务合同中，当事人一方未为对待给付以前，有权拒绝先为给付的权利。

(3) 同时履行抗辩权的适用条件包括以下几个方面。

1) 由同一双务合同产生互负的债务，只有在同一双务合同中才能产生同时履行抗辩权。

2) 在合同中未约定履行顺序，即"没有先后履行顺序"，在这种情况下往往要求当事人同时履行。只有在当事人双方的债务同时到期时才可能产生同时履行抗辩权。

3) 当事人另一方未履行债务。

4) 对方的对待给付是可能履行的义务，倘若对方所负债务已经没有履行的可能性，即同时履行的目的已不可能实现时，则不发生同时履行抗辩问题，当事人可依照法律规定解除合同。

8.4.2.3 异时履行抗辩权

异时履行抗辩权，包括后履行一方的抗辩权和先履行一方的抗辩权。

1. 后履行一方的抗辩权

(1) 后履行一方的抗辩权的概念。后履行一方的抗辩权是指在有履行顺序的双务合同中，后履行合同的一方有权要求应当履行的一方履行其义务，如果应当履行的一方未履行债务或者履行债务不符合约定，后履行的一方当事人有权拒绝应当先履行一方的履行的请求。此时，后履行的一方当事人有权行使其异时履行抗辩权。

(2) 后履行一方抗辩权应适用的条件：①由同一双务合同产生互负的对价给付债务；②合同中约定了履行的顺序；③应当先履行的合同当事人没有履行合同债务或者没有正确履行债务；④应当先履行的对价给付是可能履行的义务。

2. 先履行一方的抗辩权——不安抗辩权

(1) 不安抗辩权的概念。不安抗辩权是指在双务合同中，当事人互负债务，合同约定有先后履行顺序的，先履行债务的当事人一方应当先履行其债务。但是，在应当履行债务的当事人一方，有确协证据证明对方有丧失或者可能丧失履行债务能力的情况下可以中止履行其债务。此时，先履行的一方当事人有权行使其异时履行抗辩权。

(2) 不安抗辩权的法律规定。《合同法》第 68 条规定："应当先履行债务的当事人，有确切证据证明对方有下列情形之一的，可以中止履行：

1）经营状况严重恶化；

2）转移财产、抽逃资金，以逃避债务；

3）丧失商业信誉；

4）有丧失或者可能丧失履行债务能力的其他情形。当事人没有确切证据中止履行的，应当承担违约责任。”

（3）不安抗辩权适用于双务合同；后履行债务的当事人一方的债务履行期限尚未截止；后履行债务的一方当事人有丧失或者可能丧失履行债务能力的情况。

（4）法定不安抗辩权的目的。《合同法》规定，当事人行使不安抗辩权的法律结果是中止履行。中止履行，是指行使不安抗辩权当事人一方，有权暂时停止合同的履行或者延期履行合同；一旦中止履行的原因排除后，应当恢复履行合同，从而达到实现合同当事人权利的目的。因此，中止履行与终止合同不同，终止合同是指解除、消灭合同关系的法律行为。

（5）行使不安抗辩权的当事人中止履行的义务和权利。《合同法》第 69 条规定：“当事人依照本法第 68 条的规定中止履行的，应当及时通知对方。对方提供适当担保时，应当恢复履行。中止履行后，对方在合理期内未恢复履行能力并且未提供适当担保的，中止履行的一方可以解除合同。”

（6）行使不安抗辩权的当事人应当承担的义务。首先，通知义务，是指行使不安抗辩权的当事人应当将中止履行的事实、理由以及恢复履行的条件及时通知对方；其次，当对方当事人提供担保时，应当恢复履行合同。

（7）行使不安抗辩权的当事人享有的权利。行使不安抗辩权当事人在中止履行后，对方在合理期限内未恢复履行能力并且未提供适当担保的，有权通知对方解除合同。

8.4.3 代位权的规定

1. 债权人代位权的概念

债权人代位权，是指债权人为了保障其债权不受损害，而以自己的名义代替债务人行使债权的权利。

关于债权，债权人只能向债务人请求履行，原则上是不涉及第三人的。但是，当债务人与第三人的行为危害到债权人的利益时，法律规定允许债权人对债务人与第三人的行为行使一定权利，以排除对其债权的危害。

2. 债权人行使代位权的法律规定

《合同法》第 73 条规定：“因债务人怠于行使到期债权，对债权人造成损害的，债权人可以向人民法院请求以自己的名义代位行使债务人的债权，但该债权专属于债务人自身的除外。

代位权的行使范围以债权人的债权为限。债权人行使代位权的必要费用，由债务人负担。”

法律规定代位权的成立应具备的法定要件：一是债务人怠于行使其债权；二是债务人怠于行使权利的行为对债权人造成危害；三是债权人有保全债权的必要。

3. 债权人行使代位权的效力

代位权的行使对债权人和债务人都会产生一定的法律效力。对于债权人的代位权的效力表现在以下两个方面。

(1) 代位权行使所产生的费用。债权人行使代位权的必要费用，有权要求债务人予以返还，也即该项费用应由债务人负担。

(2) 原债务人拒绝受领。在债务链中，如果原债务人的债务人向原债务人履行债务，原债务人拒绝受领时，则债权人有权代原债务人受领。但在接受之后，应当将该财产交给原债务人，而不能直接独占财产。然后，再由原债务人向债权人履行其债务。如原债务人不主动履行债务时，债权人可请求强制履行受偿。

8.4.4 撤销权的规定

1. 债权人撤销权的概念

债权人撤销权，是指债权人对于债务人危害其债权实现的不当行使，有请求人民法院予以撤销的权利。

在合同履行过程中，当债权人发现债务人的行为将会危害自身的债权实现时，可以行使法定的撤销权，以保障合同中约定的合法权益。

2. 债权人行使撤销权的法律规定

《合同法》第74条规定："因债务人放弃其到期债权或者无偿转让财产，对债权人造成损害的，债权人可以请求人民法院撤销债务人的行为。债务人以明显不合理的低价转让财产，对债权人造成损害，并且受让人知道该情形的，债权人也可以请求人民法院撤销债务人的行为。撤销权的行使范围以债权人的债权为限。债权人行使撤销权的必要费用，由债务人负担。"

3. 债权人撤销权的行使

债权人撤销权的行使必须由享有撤销权的人以自己的名义，向人民法院提出诉讼，请求法院撤销债务人危害其债权的行为。因行使撤销权而取得的财产价值应与债权人的债权价值相当。债权人行使撤销权发生的必要费用由债务人承担。

4. 债权人行使撤销权的期限

《合同法》第75条规定："撤销权自债权人知道或者应当知道撤销事由之日起1年内行使。自债务人的行为发生之日起5年内没有行使撤销权的，该撤销权消灭。"

法律规定的债权人撤销权行使的期限，即为撤销权行使的除斥期间，也就是法律规定撤销权于存续期间届满当然消灭的期间。法律规定一方面赋予债权人一定的撤销权，以保护其债权不受侵害；另一方面又对其行使时间上的限制，即规定除斥期间，其目的是为了维护交易的稳定状态和平衡各方当事人的利益。

8.4.5 违约责任与免责

8.4.5.1 违约责任的构成要件

1. 违约责任的概念

违约责任，就是合同当事人违反合同的责任，是指合同当事人因违反合同约定所应承担的责任。也就是合同当事人对其违约行为所应承担的责任。违约行为，是指合同当事人不履行合同义务或者履行合同义务不符合约定条件的行为。

2. 违约责任的构成要件

违约责任的构成要件，是指合同当事人因违约必须承担法律责任的法定要素。一般来说，构成法律责任或违约责任的要件包括两个方面，即主观要件和客观要件。合同中的违约责任的构成要件，与侵权的民事责任以及刑事法律责任或行政法律责任的构成要件有所不同。

依据《合同法》的规定，违约责任，除另有规定者外，总体上实行严格责任原则。依据该项原则，违约责任的构成要件包括主观要件和客观要件。

(1) 主观要件，是指作为合同当事人，在履行合同中不论其主观上是否有过错，即主观上有无故意或过失，只要造成违约的事实，均应承担违约法律责任。

《合同法》还规定，当事人一方因第三人的原因造成违约的，应向对方承担责任。当事人一方和第三人之间的纠纷，应当依照法律的规定或者按照约定解决。

依据《合同法》的规定违约责任采取严格责任原则，即无过错责任原则，只有不可抗力方可免责。至于缔约过失、无效合同或者可撤销合同，则采取过错责任原则。由有过错一方向受损害方承担赔偿损失责任。

不论主观上是否有过错，即主观上的故意或过失，只要造成违约的事实均应承担违约的法律责任。

(2) 客观要件，是指合同依法成立、生效后，合同当事人一方或者双方未按照法定或约定全面地履行应尽的义务，也即出现了客观的违约事实，即应承担违约的法律责任。此外，《合同法》还有关于先期违约责任制度的规定，当事人一方明确表示或者以自己的行为表明不履行合同义务的，对方可以在履行期限届满之前，请求其承担违约责任。先期违约的构成要件是：

1) 违约的时间必须在合同有效成立后至合同履行期限截止前。

2) 违约必须是对根本性合同义务的违反，即导致合同目的落空。

《合同法》明确规定，违约责任采取的是严格责任原则，只有不可抗力可以免责。至于缔约过失、无效合同或者可撤销合同，采取过错责任原则。由过错方向受损害方赔偿损失。

8.4.5.2 违约责任的形式

1. 当事人违约及违约责任的法律规定

《合同法》第107条规定："当事人一方不履行合同义务或者履行合同义务不符合约定的，应当承担继续履行、采取补救措施或者赔偿损失等违约责任。"依照《合同法》的这一规定，当事人不履行合同义务或履行合同义务不符合约定时，就要承担违约责任。此项规定确立了对违约责任实行"严格责任原则"，只有不可抗力的原因方可免责。至于缔约过失、无效合同或可撤销合同，则采取过错责任，《合同法》分则中特别规定了过错责任的，实行过错责任原则。

2. 当事人违约行为形态的表现形式

当事人违约行为形态，是指当事人不履行和不适当履行义务的违约形态。不履行合同义务，是指合同当事人不能履行或者拒绝履行合同义务。履行合同义务不符合约定，即不适当履行，是指包括不履行以外的一切违反合同义务的情形。

3. 当事人承担违约责任的形式

(1) 继续实际履行，是指违约当事人不论是否已经承担赔偿损失或者违约金的责任，都必须根据对方的要求，并在自己能够履行的条件下，对原合同未履行部分继续按照要求履行。

价款或者报酬的实际履行，《合同法》第109条规定："当事人一方未支付价款或者报酬的，对方可以要求其支付价款或者报酬。"

对于非金钱债务的实际履行，《合同法》第110条规定："当事人一方不履行非金钱债务或者履行非金钱债务不符合约定的，对方可以要求履行，但有下列情形之一的除外：①法律上或者事实上不能履行的；②债务的标的不适于强制履行或者履行费用过高的；③债权人在合理期限内未要求履行的。"根据此条的规定，对于非金钱债务的实际履行，法律规定了限制性条件，对于具有这些情形的当事人不得请求实际履行。

（2）采取补救措施，是指当事人违反合同的事实发生后，为防止损失发生或者扩大，而由违反合同行为人依法律规定或者约定采取的修理、更换、重新制作、退货、减少价款或者报酬、补充数量、特资处置等措施，以给权利人弥补或者挽回损失的责任形式。

（3）赔偿损失，是指当事人一方因违反合同造成对方损失时，应以其相应价值的财产予以补偿的法律责任。

4. 关于违约责任的相关规定

（1）当事人以明示或行为表明不履行合同义务的法律责任。

1）《合同法》第108条规定："当事人一方明确表示或者以自己的行为表明不履行合同义务的，对方可以在履行期限届满之前要求其承担违约责任。"

2）当事人明确表示不履行合同的义务，也即当事人拒绝履行的意思表示；当事人以自己的行为表明不履行合同义务的，是指当事人一方通过自己的行为使对方有确切的证据预见到其在履行期限届满时将不履行或者不能履行合同的主要义务。

上述两种违约行为是发生于履行期限届满之前，因此，另一方当事人可以在履行限届满之前要求违约方承担违约责任。

（2）当事人未支付价款或者报酬承担违约责任。支付价款或报酬是以给付货币形式履行的债务，民法上称之为金钱债务。对于金钱债务的违约责任，一是债权人有权请求债务人履行债务，即继续履行；二是债权人可以要求债务人支付违约金或逾期利息。例如，工程承包合同中，拖欠工程款支付和结算的违约责任。

（3）当事人违反质量约定的违约责任。《合同法》第111条规定："质量不符合约定的，应当按照当事人的约定承担违约责任。对违约责任没有约定或者约定不明确，依照本法第61条规定仍不能确定的，受损害方根据标的的性质以及损失的大小，可以合理选择要求对方承担修理、更换、重点、退货、减少价格或者报酬违约责任。"

（4）当事人一方违约给对方造成其他损失的法律责任。

1）当事人一方不履行合同义务或者履行合同不符合约定的，在履行义务或者采取补救措施后，对方还有其他损失的，应当赔偿损失。

2）法律规定，债务人不履行或不适当履行合同，在继续履行或者采取补救措施后，仍给债权人造成损失时，债务人仍应承担赔偿责任。

（5）当事人违约承担责任的赔偿额。当事人一方不履行合同义务或者履行合同义务不符合约定，给对方造成损失的，损失赔偿额应当相当于因违约所造成的损失，包括合同履行后可以获得的利益，但不得超过违反合同一方订立合同时预见到或者应当预见到的因违反合同可能造成的损失。

经营者对消费者提供商品或者服务有欺诈行为的，依照《中华人民共和国消费者权益保护法》的规定承担损害赔偿责任。

（6）违约金及损失赔偿的法律规定。《合同法》第114条规定："当事人可以约定一方违约时应根据违约情况向对方支付数额的违约金，也可以约定因违约产生的损失赔偿额的计算方法。约定的违约金低于造成的损失的，当事人可以请求人民法院或者仲裁机构予以增加，约定的违约金过分高于造成的损失的，当事人请求人民法院或者仲裁机构予以适当减少。当事人就迟延履行约定的，违约方支付违约金后，还应当履行债务。"

1）违约金，是指当事人在合同中或合同订立后约定因一方违约而应向另一方支付一定数额的金钱。违约金可分为约定违约金和法定违约金。

违约金的根本属性是其制裁性，此外还具有补偿性。

2）赔偿金，也即约定赔偿额，是指当事人在订立合同时，预先约定一方因违约给对方造成损失时，向对方支付一定数额的金钱或者约定损失赔偿的计算方法。

3）继续履行，法律规定，违约人支付违约金后并不当然免除继续其履行的义务，权利人要求继续履行时，而违约人有继续履行能力的，必须继续履行其义务。

（7）定金担保的法律规定。

1）《合同法》第115条规定："当事人可以依照《中华人民共和国担保法》（以下简称《担保法》）约定一方向对方给付定金作为债权的担保，债务人履行债务后，定金应当抵作价款或者收回。给付定金的一方不履行约定的债务的，无权要求返还定金；收受定金的一方不履行约定的债务的，应当双倍返还定金。"

定金，是合同当事人一方预先支付给对方的款项，其目的在于担保合同债权的实现。定金是债权担保的一种形式，定金之债是从债务，因此，合同当事人对定金的约定是一种从属于被担保债权所依附的合同的从合同。

2）《合同法》第116条规定："当事人既约定违约金，又约定定金的，一方违约时，对方可以选择适用违约金或者定金条款。"

法律规定合同中违约金与定金条款的选用问题。如果合同中既有约定违约金，又有约定定金的情形下，当事人只能在违约金与定金条款中选择一种方式，保护其合法权益。

（8）合同当事人一方违约后相对人的减损义务。

1）《合同法》第119条规定："当事人一方违约后，对方应采取适当措施防止损失的扩大；没有采取适当措施致使损失扩大的，不得就扩大的损失要求赔偿。

当事人因防止损失扩大而支出的合理费用，由违约方承担。"

2）非违约方减损义务，是指当事人一方违约后，另一方应当及时采取措施防止损失的扩大；否则就不享有就扩大的损失要求赔偿的权利。

法律还规定，非违约方因防止损失扩大而支出的合理费用，由违约方承担。此项规定是符合《合同法》规定的遵循公平合理原则的。

（9）当事人双方相互违约的责任承担。《合同法》第120条规定："当事人双方都违反合同的，应当各自承担相应的责任。"

（10）当事人因第三人原因而违约的责任承担。《合同法》第121条规定："当事人一方因第三人的原因造成违约的，应当向对方承担违约责任。当事人一方和第三人之间的纠纷，依照法律规定或者按照约定解决。"

债务人与第三人之间的纠纷按照法律规定或者依据约定解决。债务人与第三人之间的关系属于另一独立的法律关系，应当依照有关法律规定另行解决。

（11）违约损害赔偿责任中受损害方的权益保护选择权。《合同法》第122条规定："因当事人一方的违约行为，侵害对方人身、财产权益的，受损害方有权选择依照本法要求其承担违约责任或者依照其他法律要求其承担侵权责任。"

侵权责任与违约责任都是民事责任，但两者在许多方面都有不同，其中最大的区别在于违约责任是基于合同而产生的违反合同的责任；而侵权责任是基于行为人没有履行法律上的规定或者认可的应尽的注意义务而产生的责任。

8.4.5.3 免责规定

违约责任的免除，是指合同生效后，当事人之间因不可抗力事件的发生，造成合同不能履行时，依法可以免除责任。关于免责的规定，主要涉及：不可抗力，责任免除和发生不可抗力时，造成合同不能履行的一方当事人的义务。

《合同法》规定，"因不可抗力不能履行合同的，根据不可抗力的影响，部分或者全部免除责任，但法律另有规定的除外。当事人迟延履行后发生不可抗力的，不能免除责任。"

1. 不可抗力及其构成

不可抗力，是指当事人在订立合同时不能预见、对其发生和后果不能避免并不能克服的客观情况。不可抗力的构成要件包括以下四个方面：

1）不可抗力事件是发生在合同订立生效之后。

2）该事件是当事人双方订立合同时均不能预见的。而依据人们的常识或经验，在订立合同时应当预见到的事件，则不构成不可抗力事件。

3）不可抗力事件的发生是不可避免，不能克服的，如果当事人能够避免事件对合同履行的影响，则当事人就不能以此事件为由要求以不可抗力而免责。

4）不可抗力事件是非由任何一方的过失行为引起的客观事件。

不可抗力的事件范围一般包括以下两大类：一类是自然事件，如水灾、火灾、地震、瘟疫等；另一类是社会事件，如战争、动乱、暴乱、武装冲突、罢工等，以及政府法律、行政行为等。

2. 不可抗力与免责

对于因不可抗力导致的合同不能履行，应当根据不可抗力的影响程度，部分或者全部免除责任。也就是说，要根据不可抗力对合同履行造成影响的程度确定免责的范围。对于造成部分义务不能履行的，免除部分责任。对于造成全部不能履行的，免除全部责任。

但是，对于不可抗力发生在迟延履行期间造成的合同不能履行，则不能免除责任。因为，当事人应当在合同约定的期限内履行完合同义务，如果不是迟延履行，就不会受到不可抗力的影响。

3. 因不可抗力不能履行合同一方当事人的义务

根据《合同法》规定，不可抗力发生后，当事人一方应当及时通知对方，以减轻可能给对方造成的损失，并且应当在合理的期限内提供证明，及时通知对方，这是当事人的首要义务，目的在于避免给对方造成更大的损失，如果由于当事人通知不及时，而给对方造成损失的扩大，则对扩大的损失不应当免除责任。

8.5 合同的效力

8.5.1 合同的形式

合同的形式，是指合同当事人双方对合同的内容、条款经过协商，作出共同的意思表示的具体方式。

《合同法》第10条规定："当事人订立合同，有书面形式、口头形式和其他形式。法律、行政法规规定采用书面形式的，应当采用书面形式。当事人约定采用书面形式的，应当采用书面形式。"

《合同法》第36条规定："法律、行政法规规定或者当事人约定采用书面形式订立合同，当事人未采用书面形式但一方已经履行主要义务，对方接受的，该合同成立。"

《合同法》第11条规定："书面形式是指合同书、信件和数据电文（包括电报、电传、传真、电子数据交换和电子邮件）等可以有形地表现所载内容的形式。"

合同书，是指记载合同内容的文书，合同书有标准合同书与非标准合同书之分。标准合同书指合同条款由当事人一方预先拟定，对方只能表示全部同意或者不同意的合同书；非标准合同书指合同条款完全由当事人双方协商一致所签订的合同书。

信件，是指当事人就要约与承诺所作的意思表示的普通文字信函。

数据电文，是指与现代通信技术相联系，包括电报、电传、传真、电子数据交换和电子邮件等。

8.5.2 可撤销合同

1. 当事人依法请求变更或撤销的合同的概念

当事人依法请求变更或撤销的合同，是指合同当事人订立的合同欠缺生效条件时，一方当事人可以依照自己的意思，请求人民法院或仲裁机构作出裁定，从而使合同的内容变更或者使合同的效力归于消灭的合同。

2. 可变更或可撤销的合同的法律规定

《合同法》第53条规定："下列合同，当事人一方有权请人民法院或者仲裁机构变更或者撤销：

（1）因重大误解订立的；

（2）在订立合同时显失公平的。

一方以欺诈、胁迫的手段或者乘人之危，使对方在违背真实意思的情况下订立的合同，受损害方有权请求人民法院或者仲裁机构变更或者撤销。"

重大误解，是指当事人一方因自己的过失导致对合同的内容等发生重大误解而订立的合同的行为。

显失公平，是当事人一方处于紧迫或者缺乏经验的情况下而订立的明显对自身有重大不利的合同的行为。

当事人一方因欺诈、胁迫的手段或者乘人之危，使对方在违背真实意思的情况下订立的合同，根据《合同法》的规定应属于无效合同。但是，与违法合同以及损害国家、集体利益的合同不同，这种合同受害者只是受欺诈、受胁迫或被乘人之危的一方当事人，根据“意思自治”原则，受害方可以有选择合同效力的权利，即可以撤销或者变更合同而使合同无效，也可以直接请求人民法院或者仲裁机构确认合同无效，也还可以保持合同有效。

3. 撤销权消灭

(1) 撤销权消灭，是指依照法律的规定，当事人原享有的撤销权因一定的法定事由的出现，而使其撤销权丧失的法律事实。

(2) 撤销权消灭的法律规定。《合同法》第55条规定：“有下列情形之一的，撤销权消灭：

1) 具有撤销权的当事人自知道或者应当知道撤销事由之日起一年内没有行使撤销权；

2) 具有撤销权的当事人知道撤销事由后明确表示或者以自己的行为放弃撤销权。”

(3) 撤销权的行使期间。合同当事人一方行使撤销权时，应当在其知道或者应当知道撤销事由的1年内行使。这一年的期间在法律上称作除斥期间，除斥期间是法律规定的当事人的某种权利的存续期间，期间届满后，权利归于消灭。

(4) 撤销权的放弃。撤销权的放弃，是指享有撤销权的当事人以明示或者默示的方式放弃撤销权的行为。撤销权作为合同当事人一方基于法律规定而享有的一项权利，对因重大误解或显失公平等法律事实真相如实了解后，有权按照“意思自治”原则，作出“明确表示”或者“以自己的行为放弃撤销权”，最终达到维护自身根本利益的目的。

4. 无效的合同或被撤销的合同的法律效力

无效的合同或被撤销的合同的法律效力问题，是《合同法》中关于合同的效力的重要内容，当事人订立的合同被确认无效或者被撤销后，并不表明当事人的权利和义务的全部结束。

(1) 合同自始无效和部分无效。《合同法》第56条规定：“无效的合同或者被撤销的合同自始没有法律约束力。合同部分无效，不影响其他部分效力的，其他部分仍然有效。”

1) 自始无效是指合同一旦被确认为无效或者被撤销，即将产生溯及力，使合同从订立时起即不具有法律约束力。

2) 合同部分无效是指合同的部分内容无效，即无效或者被撤销而宣告无效的只涉及合同的部分内容，那么，合同的其他部分仍然有效。

(2) 合同无效、被撤销或者终止时，有关解决争议的条款的效力。《合同法》第57条规定：“合同无效、被撤销或者终止时，不影响合同中独立存在的有关解决争议方法的条款的效力。”依照此条的规定，合同中关于解决争议的方法条款的效力具有相对的独立性，因此，不受合同无效、变更或者终止的影响。也即合同无效、合同变更或者合同终止并不必然导致合同中解决争议方法的条款无效、变更、终止。

8.5.3 效力待定合同

1. 效力待定合同的概念

效力待定合同，是指合同一方当事人签订的合同已经成立，但因其不完全符合有关合同生效要件的规定，其法律效力能否发生尚未确定，一般须经有权人表示承认方能生效的合同。

2. 效力待定合同的法律规定

(1) 限制民事行为能力人订立的合同。经法定代理人追认后，该合同有效，但纯获利益的合同或者与其年龄、智力、精神健康状况相适应而订立的合同，不必经法定代理人追认。

相对人可以催告法定代理人在1个月内予以追认。法定代理人未作表示的，视为拒绝追认。合同被追认之前，善意相对人有撤销的权利。撤销应当以通知的方式作出。

根据法律规定。限制民事行为能力人订立的合同在以下三种情况下是有效的：

1) 经过法定代理人追认。

2) 纯获利益的合同，如赠与合同。

3) 与其年龄、智力、精神健康状况相适应而订立的合同。

此外，还应当注意相对人依法行使催告权和撤销权的规定。

(2) 无权代理的行为人代订合同的效力待定。无权代理行为，是指行为人没有代理权、超越代理权限范围代理或者代理权终止后仍以被代理人的名义订立的合同，属于效力待定的合同。

1) 无权代理人代订的合同对被代理人不发生效力。未经被代理人追认，对被代理人不发生效力，由行为人承担责任。

2) 无权代理人代订合同行为有效的规定。行为人没有代理权、超越代理权或者代理权终止后以被代理人名义订立合同，相对人有正当理由相信行为人有代理权的，该代理行为有效。

(3) 法人或者其他组织的法定代表人、负责人越权订立合同的效力待定。知道法定代表人、负责人超越权限时，才属无效。

(4) 无处分权人处分他人财产的合同效力。当事人订立合同处分财产时，应当享有财产处分权，否则合同无效。但是，法律规定，无处分权的人处分他人的财产，经权利人追认或者无处分权的人订立合同后取得处分权的，该合同有效。

8.5.4 附条件、附期限合同的效力

《合同法》第45条规定："当事人对合同的效力可以约定附条件。附生效条件的合同，自条件成就时生效。附解除条件的合同，自条件成就时生效。

当事人为自己的利益不正当地阻止条件成就的，视为条件已成就；不正当地促成条件成就的，视为条件不成熟。"

《合同法》第46条规定："当事人对合同的效力可以约定附期限。附生效期限的合同，自期限届时效期限届至时生效。附终止期限的合同，自期限届满时失效。"

8.6 合同的变更、转让和终止

8.6.1 合同变更

1. 合同变更的概念

合同变更，是指合同依法成立后，在尚未履行或尚未完全履行时，当事人依法经过协商，对合同的内容进行修订或调整所达成的协议。

2. 合同变更的法律规定

《合同法》第77条规定："当事人协商一致，可以变更合同。法律、行政法规规定变更合同应当办理批准、登记手续的，依照其规定。"

法律还规定当事人因重大误解、显失公平、欺诈、胁迫或乘人之危而订立的合同，受损害一方有权请求人民法院或者仲裁机构变更或撤销。

3. 合同变更必须遵守法定的形式

《合同法》规定，法律、法规规定变更合同应当办理批准、登记等手续的，依照其规定。因此，当事人变更有关合同时，必须按照规定办理批准、登记手续；否则合同之变更不发生效力。

4. 合同变更内容约定不明确的法律规定

《合同法》第78条规定："当事人对合同变更的内容约定不明确的，推定为未变更。"此项规定是指当事人对合同变更的内容约定含义不清，令人难以判断约定的新内容与原合同的内容的本质区别。

有效的合同变更，必须有明确的合同内容的变更。合同的变更，是指合同内容局部的、非实质性的变更，即合同内容的变更并不会导致原合同关系的消灭和新的合同关系的产生。合同内容的变更，是在保持原合同效力的基础上，所形成的新的合同关系。此种新的合同关系应当包括原合同的实质性条款的内容。

8.6.2 合同转让

1. 合同转让的概念

合同转让，是指合同成立后，当事人依法可以将合同中的全部权利、部分权利或者合同中的全部义务、部分义务转让或转移给第三人的法律行为。合同转让分为权利转让和义务转移，《合同法》还规定了当事人将权利和义务一并转让时适用的法律条款。

2. 债权人转让权利

（1）债权转让，是指合同债权人通过协议将其债权全部或者部分转让给第三人的行为。债权转让又称债权让与或合同权利的转让。

（2）债权转让的法律规定。

1）《合同法》第79条规定："债权人可以将合同的权利全部或者部分转让给第三人，但是下列情形之一的除外：根据合同性质不得转让；按照当事人约定不得转让；依照法律规定不得转让。"

2）《合同法》第80条规定："债权人转让权利的，应当通知债务人。未经通知，该转让对债务人不发生效力。债权人转让权利的通知不得撤销，但经受让人同意的除外。"

3）《合同法》第81条规定："债权人转让权利的，受让人取得与债权有关的从权利，但该从权利专属于债权人自身的除外。"法律规定，受让人取得与债权有关的从权利，是指债权人转让债权时，从属于主债权的从权利也随主权利转让给受让人而发生转让。

4）《合同法》第82条规定："债务人接到债权转让通知后，债务人对让与人的抗辩，可以向受让人主张。"法律规定，债权人转让债权后，债务人对让与人的抗辩权仍然可以对抗受让人。依据上述规定，为了保护债务人不因合同权利转让而处于不利地位，债务人得以对抗原债权人的抗辩权，亦得以对抗新的债权人，即受让人。

5)《合同法》第83条规定："债务人接到债权转让通知时，债务人对让与人享有债权，并且债务人的债权先于转让的债权到期或者同时到期的，债务人可以向受让人主张抵消。"

法律规定，债务人对让与人的抵消权可以向受让人行使。依据规定，既然受让人接受了让与人的债权，那么，为了保护债务人的利益不受侵害，受让人对于让与人基于同一债权而应该承担的义务也应承受，包括债务人的清偿抵消权。

3. 债务人转移义务

（1）债务转移，是指合同债务人与第三人之间达成协议，并经债权人同意，将其义务全部或部分转移给第三人的法律行为。债务转移又称债务承担或合同义务转让。

（2）债务转移的法律规定。

1）《合同法》第84条规定："债务人将合同的义务全部或者部分转移给第三人的，应当经债权人同意。"

2）《合同法》第85条规定："债务人转移义务的，新债务人可以主张原债务人对债权人的抗辩。"

3）《合同法》第86条规定："债务人转移义务的，新债务人应当承担与主债务有关的从债务，但该从债务属于原债务人自身的除外。"

（3）转让权利或转移义务的批准或登记。《合同法》第87条规定："法律、行政法规规定转让权利或者转移义务应当办理批准、登记等手续的，依照其规定。"

法律、行政法规规定了特定的合同的成立、生效要经过批准、登记；否则不得成立或者不能生效。因此，此类合同的权利转让或者义务转移也须经过批准、登记。

（4）合同当事人对合同中权利和义务的概括转让。

1）债权、债务概括转让的概念。债权债务概括转让是指合同当事人一方将其债权债务一并转移给第三人，由第三人概括地接受原当事人的债权和债务的法律行为。

2）债权债务概括转让的法律规定。《合同法》第88条规定："当事人一方经对方同意，可以将自己在合同中的权利和义务一并转让给第三人。"

债权债务的概括转让有两种方式：一是合同转让，即依据当事人之间的约定而发生的债权债务的转移；二是因企业的合并而发生的债权债务的转移。《合同法》第88条所作的规定是指合同转让。合同转让，又称合同承担，是指当事人一方与他人订立合同之后，又与第三人约定并经当事人另一方的同意，由第三人取代自己在合同关系中的法律地位，享有合同中的权利和承担合同中的义务。

（5）合同当事人合并、分立后的债权债务关系。

1）合同当事人合并分立后债权债务的法律规定。《合同法》第90条规定："当事人订立合同后合并的，由合并后的法人或者其他组织行使合同权利，履行合同义务。当事人订立合同后分立的，除债权人和债务人另有约定的以外，由分立的法人或者其他组织对合同的权利和义务享有连带债权，承担连带债务。"

2）法人、其他组织合并引起的债权债务概括转让，是指两个以上的法人、其他组织合并以后，其债权债务也随之合并，即"当事人订立合同后合并的，由合并后的法人或其他组织行使合同权利、履行合同义务"。

3）法人、其他组织分立引起的债权债务概括转让，是指一个法人、其他组织分立以后，其债权债务由分立以后的法人或其他组织承担。合同当事人分立后的债权债务承担包括：约定承担和法定承担。法律规定，当事人订立合同后分立的、除债权人和债务人另有约定的以外，由分立的法人或者其他组织对合同的权利和义务享有连带债权，承担连带债务。

8.6.3 合同终止

8.6.3.1 合同终止的概念

合同终止是指因某种原因而引起的合同权利义务客观上不复存在。

8.6.3.2 合同中止的原因

《合同法》第 91 条规定，导致合同中止的原因主要有以下几个方面。

（1）债务已经按照约定履行。

（2）合同解除。

（3）债务相互抵消。

（4）债务人依法将标的物提存。

（5）债权人免除债务。

（6）债权债务同归于一人。

（7）法律规定或者当事人约定中止的其他情形。

8.6.3.3 合同解除

合同解除，是指合同当事人依法行使解除权或者双方协商决定，提前解除合同效力的行为，合同解除包括：约定解除、法定解除。

合同解除的法律规定如下：

（1）约定解除合同。《合同法》第 93 条规定：“当事人协商一致，可以解除合同。当事人可以约定一方解除合同的条件。解除合同的条件成就时，解除权人可以解除合同。”

1）当事人协商一致，可以解除合同。是指合同当事人双方都同意解除合同，而不是单方行使解除权。

2）约定一方解除合同条件的解除。是指当事人在合同中约定解除合同的条件，当合同成立之后，全部履行之前，由当事人一方在某种情形出现后享有解除权，从而终止合同关系。

（2）法定解除合同。《合同法》第 94 条规定：“有下列情形之一的，当事人可以解除合同：

1）因不可抗力致使不能实现合同目的；

2）在履行期限届满之前，当事人一方明确表示或者以自己的行为表明不履行主要债务；

3）当事人一方迟延履行主要债务，经催告后在合理期限内仍未履行；

4）当事人一方迟延履行债务或者有其他违约行为致使不能实现合同目的；

5）法律规定的其他情形。”

（3）解除权行使的期限和解除权行使的方式。

1）解除权行使的期限。《合同法》第 95 条规定：“法律规定或者当事人约定解除权行使期限，期限届满当事人不行使的，该权利消灭。法律没有规定或者当事人没有约定解除权行使期限，经对方催告后在合理期限内不行使的，该权利消灭。”解除权的行使期限一般只存在于约定解除期限的解除和法定解除中，而协商解除是当事人双方协商解除合同，一般不会发生解除期限问题。

2）解除权行使的方式。《合同法》第 96 条规定：“当事人一方依照《合同法》第 93 条第 2 款、第 94 条的规定主张解除合同的，应当通知对方。合同自通知到达对方时解除。对方有异议的，可以请求人民法院或者仲裁机构确认解除合同的效力。法律、行政法规规定解除合同应当办理批准、登记等手续的，依照其规定。”

依据上述法律规定，当事人未办理有关手续时，合同的解除则不一定发生解除效力。如果法律、行政法规规定以批准、登记等作为解除合同生效要件时，不经批准、登记的解除是不生效的，则当事人要承担不生效的民事责任；如果法律、行政法规规定登记只作为备案之用时，那么即使没有经批准或者登记，合同的解除仍然生效，但当事人可能要承担某些行政上的责任，如行政处罚。

（4）合同解除的法律后果。《合同法》第 97 条规定：“合同解除后，尚未履行的，终止履行；已经履行的，根据履行情况和合同性质，当事人可以要求恢复原状、采取其他补救措施，并有权要求赔偿损失。”

（5）合同终止后的结算和清理。《合同法》第 98 条规定：“合同的权利义务终止，不影响合同中结算和清理条款的效力。”

依照法律规定，合同终止，是合同债权债务关系的消灭，此种债权债务关系的消灭不影响合同当事人关于经济往来的结算以及合同终止后如何处理合同中遗留问题的效力。

8.7 合同担保的形式

担保，是指合同的当事人双方为了使合同能够得到全面按约履行，根据法律、法规的规定，经双方协商一致而采取的一种具有法律效力的保护措施。

《担保法》规定的担保形式有五种，即保证、抵押、质押、留置和定金。

8.7.1 保证

8.7.1.1 保证的概念

保证，是指保证人和债权人约定，当债务人不履行债务时，保证人按照约定履行债务或承担责任的法律行为。

8.7.1.2 保证人

保证人须是具有代为清偿债务能力的人，既可以是法人，也可以是其他组织或公民。下列单位不可以做保证人。

（1）国家机关不得做保证人，但经国务院批准为使用外国政府或国际经济组织贷款而进行的转贷除外。

（2）学校、幼儿园、医院等以公益为目的的事业单位、社会团体不得做保证人。

（3）企业法人的分支机构、职能部门不得做保证人，但有法人书面授权的，可在授权范围内提供保证。

8.7.1.3 保证合同

保证人与债权人应当以书面形式订立保证合同。保证合同应包括以下内容。

(1) 被保证的主债权种类、数量。

(2) 债务人履行债务的期限。

(3) 保证的方式。

(4) 保证担保的范围。

(5) 保证的期间。

(6) 双方认为需要约定的其他事项。

8.7.1.4 保证方式

保证的方式有两种：一是一般保证；二是连带保证。保证方式没有约定或约定不明确的，按连带保证承担保证责任。

1. 一般保证

一般保证，是指当事人在保证合同中约定，当债务人不履行债务时，由保证人承担保证责任的保证方式。一般保证的保证人在主合同纠纷未经审判或仲裁，并就债务人财产依法强制执行仍不能履行债务前，对债权人可以拒绝承担保证责任。

2. 连带保证

连带保证，是指当事人在保证合同中约定保证人与债务人对债务承担连带责任的保证方式。连带责任保证的债务人在主合同规定的债务履行期届满没有履行债务的，债权人可以要求债务人履行债务，也可以要求保证人在其保证范围内承担保证责任。

当事人对保证方式没有约定或者约定不明确的，按照连带保证承担保证责任。

8.7.1.5 保证责任范围及保证期间

1. 保证责任范围

保证责任范围，包括主债权及利息、违约金、损害赔偿和实现债权的费用。保证合同另有约定的，按照约定。当事人对保证责任范围无约定或约定不明确的，保证人应对全部债务承担责任。

2. 保证期间

(1) 保证期间，债权人依法将主债权转让给第三人的，保证人在原保证担保的范围内继续担保保证责任。保证合同另有约定的，按照约定执行。

(2) 保证期间，债权人许可债务人转让债务的，应当取得保证人书面同意，保证人对未经其同意转让的债务，不再承担债务。

(3) 债权人与债务人协议变更主合同的，应当取得保证人书面同意，未经保证人书面同意的，保证人不再承担保证责任。保证合同另有约定的，按照约定执行。

8.7.2 抵押

1. 抵押的概念

抵押是指债务人或者第三人不转移对特定财产（主要是不动产）的占有，将该财产作为债权的担保。

2. 禁止抵押的财产

(1) 土地所有权。

(2) 耕地、宅基地、自留地、自留山等集体所有的土地使用权；抵押人依法承包并经发包方同意抵押的荒山、荒沟、荒丘、荒滩等荒地的土地使用权以乡镇村企业厂房等建筑抵押的除外。

(3) 学校、幼儿园、医院等以公益为目的的事业单位、社会团体的教育设施、医疗设施和其他社会公益设施。

(4) 所有权、使用权不明确或有争议的财产。

(5) 依法被查封、扣押、监管的财产。

(6) 依法不得抵押的其他财产。

以抵押作不履行合同的担保，还应依据有关法律、法规签订抵押合同并办理抵押登记。

3. 抵押合同

抵押人和抵押权人应当以书面形式订立抵押合同。抵押合同应当包括以下内容：

(1) 被担保的主债权种类、数额。

(2) 债务人履行债务的期限。

(3) 抵押物的名称、数量、质量、状况、所在地、所有权权属或者使用权权属。

(4) 抵押担保的范围。

(5) 当事人认为需要约定的其他事项。

法律规定，抵押人以土地使用权、城市房地产权等财产作为抵押物时，当事人应到有关主管登记部门办理抵押物登记手续，抵押合同自登记之日起生效。当事人以其他财产抵押的，可以自愿办理抵押物登记，抵押合同自签订之日起生效。

4. 抵押的效力

抵押担保的范围包括主债权及利息、违约金、损害赔偿金和实现抵押权的费用。抵押合同另有约定的，按照约定。

《担保法》第49条规定，抵押期间，抵押人转让已办理登记的抵押物的，应当通知抵押权人并告知受让人转让物已经抵押的情况；抵押人未通知抵押权人或者未告知受让人的，转让行为无效。

转让抵押物和价款明显低于其价值的，抵押权人可以要求抵押人提供相应的担保；抵押人不提供的，不得转让抵押物。

抵押人转让抵押物所得的价款，应当向抵押权人提前清偿所担保的债权或者向与抵押权人约定的第三人提存。超过债权数额的部分，归抵押人所有，不足部分由债务人清偿。

抵押权与其担保的债权同时存在，债权消灭时，抵押权也消灭。

5. 抵押权的实现

当债务履行期届满而抵押权人未受清偿的，债权人可以与抵押人协议以抵押物折价或者以拍卖、变卖该抵押物所得的价款受偿。协议不成的，抵押权人可以向人民法院提起诉讼。

抵押物折价或者拍卖、变卖后，其价款超过债权数额的部分归抵押人所有，不足部分由债务人清偿。

法律规定，为债务人抵押担保的第三人，在抵押权人实现抵押权后，有权向债务人追偿。此外，抵押权因抵押物灭失而消灭。因灭失所得的赔偿金，应当作为抵押财产。

6. 最高额抵押

最高低押额，是指抵押人与抵押权人协议，在最高债权额限度内，以抵押物对一定期间内连续发生的债权作担保。借款合同可以附最高额抵押合同。此外，债权人与债务人就某项商品在一定期间内连续发生交易而签订的合同，可以附最高额抵押合同。最高额抵押的主合同债权不得转让。

8.7.3 质押

8.7.3.1 质押的概念

质押，是指债务人或第三人将其动产或权利转移债权人占有，用以担保债权的实现，当债务人不能履行债务时，债权人依法有权就该动产或权利优先得到清偿的担保法律行质押担保的当事人，即质权人、债务人或者第三人为出质人；出质人移交的动产为质物。

8.7.3.2 质押的种类

质押包括动产质押和权利质押两种。

1. 动产质押

(1) 动产质押的概念。动产质押是指债务人或者第三人将其动产移交债权人占有，将该动产作为债权。债务人不履行债务时，债权人有权依照法律规定以该动产折价或者以拍卖、变卖该动产的价款优先受偿的法律行为。

(2) 动产质押合同。出质人和质权人应当以书面形式订立动产质押合同。质押合同自质物移交于质权人占有时生效。质押合同的内容应符合法律规定，当合同不具备法律规定的内容的，可以补正。出质人和质权人在合同中不得约定在债务履行期限届满质权人未受清偿时，质物的所有权转移为质权人所有。

(3) 质押担保的范围。质押担保包括主债权及利息、违约金、损害赔偿金、质物保管费用和实现质权的费用。质押合同另有约定的，按照约定执行。质权人有权收取质物所生的孳息。

(4) 质权人的义务。质权人负有妥善保管质物的义务。因保管不善致使质物灭失或者毁损的，质权人应当承担民事责任。质权人不能妥善保管质物可能致使其灭失或者毁损的，出质人可以要求质权人将质物提存，或者要求提前清偿债权而返还质物。

(5) 返还质物与质物折价。债务履行期届满债务人履行债务的，或者出质人提前清偿所担保的债权的，质权人应当返还质物。

债务履行期届满质权人未受清偿的，可以与出质人协议以质物折价，也可以依法拍卖、变卖质物。质物折价或者拍卖、变卖后，其价款超过债务数额的部分归出质人所有，不足部分由债务人清偿。

法律规定，为债务人质押担保的第三人，在质权人实现质权后，有权向债务人追偿。

质权与其担保的债务同时存在，债权消灭的质权也消灭。

2. 权利质押

(1) 权利质押的概念。权利质押是指出质人将其法定的可以质押的权利凭证交付质权人，以担保质权人的债权得以实现的法律行为。

(2) 出质人、质权人和质押的权利。将权利出质与他人者为出质人；享有质押权利者为质权人。

法律规定下列权利可以质押：

1）汇票、支票、本票、债券、存款单、仓单、提单。

2）依法可以转让的股份、股票。

3）依法可以转让的商标专用权，专利权，著作权中的财产权。

4）依法可以质押的其他权利。

(3) 权利质押合同。出质人与质权人应当依法订立书面合同。

以汇票、支票、本票、债券、存款单、仓单、提单出质的，应当在合同约定的期限内将权利凭证交付质权人。质押合同自权利凭证交付之日起生效。

以依法可以转让的股票出质的，出质人与质权人应当订立书面合同，并向证券登记机构办理出质登记。质押合同自登记之日起生效。

以依法可以转让的商标专用权，专利权、著作权中的财产权出质的，出质人与质权人应当订立书面合同，并向其管理部门办理出质登记。质押合同自登记之日起生效。

(4) 权利质押合同当事人的权利、义务。出质人以载明兑现或提货日期先于债务履行期的，质权人可以在债务履行期届满前兑现或者提货，并与出质人协议将兑现的价款或者提取的货物用于提前清偿所担保的债权或者向与出质人约定的第三人提存。

出质人将股票出质后，不得转让，但经出质人与质权人协商同意的可以转让。出质人转让股票所得的价款应当向质权人提前清偿所担保的债权或者向与质权人约定的第三人提存。

(5) 知识产权的质押。出质人将依法可以转让的商标专用权、专利权、著作权中的财产权出质后，出质人不得转让或者许可他人使用，但经出质人与质权人协商同意的可以转让或者许可他人使用。出质人所得的转让费、许可费应当向质权人提前清偿所担保的债权或者向与质权人约定的第三人提存。

8.7.4 留置

1. 留置的概念

留置，是指合同当事人一方依据法律规定或合同约定，占有合同中对方的财产，有权留置以保护自身合法利益的法律行为。因保管合同、运输合同、加工承揽合同发生的债权，债务人不履行债务的，债权人有留置权。法律规定可以留置的其他合同，债权人也享有留置权。

2. 留置合同

合同当事人双方为调整债权、债务关系应签订留置合同，以保障债权人和债务人的合法权益。债权人为留置权人，债务人为留置人。

3. 留置担保的范围

留置担保包括主债权及利息、违约金、损害赔偿金，留置物保管费用和为实现留置权的费用。

4. 留置物

《担保法》规定，债权人按照合同约定占有债务人的动产。留置的财产为可分的，留置物的价值应当相当于债务的金额。

5. 当事人的权利和义务以及留置权的消灭

(1) 债权人与债务人应当在合同中约定相互之间的权利和义务。债权人留置财产后，债务人应当在不少于两个月的期限内履行债务。债权人与债务人在合同中未约定的，债权人留置债务人财产后，应当确定两个月以上的期限，通知债务人在该期限内履行债务。

债务人逾期仍不履行的，债权人可以与债务人协议留置物折价，也可以依法拍卖、变卖留置物。留置物折价或者拍卖、变卖后，其价款超过债权数额的部分归债务人所有，不足部分由债务人清偿。

留置权人负有妥善保管留置物的义务。因保管不善致使留置物灭失或者毁损的，留置权人应当承担民事责任。

(2) 留置权的消灭。留置权因下列原因而消灭：

1) 债权消灭的。

2) 债务人另行提供担保并被债权人接受的。

8.7.5 定金

1. 定金的概念

定金，是指合同当事人一方为了证明合同的成立和担保合同的履行，在按合同规定应给付的款额内，向对方预先给付一定数额的货币。定金的数额由当事人约定，但不得超过主合同标的额的20%。

2. 定金合同和当事人的权利义务

(1) 定金合同。当事人采用定金方式作担保时，应签订书面合同。定金合同从实际交付定金之日起生效。

(2) 当事人的权利义务。定金是根据合同的约定，需方向供方给付或者需方应供方的要求给付一定数额货币所作出的担保。法律规定债务人履行债务后，定金应当抵作价款或者收回。给付定金的一方不履行约定的债务的，无权要求返还定金；收受定金的一方不履行约定的债务的，应当双倍返还定金。

采用定金的担保方式，可以约束当事人双方严格履行合同约定的义务。当事人一方违约，则失去收回定金的权利或者承担双倍返还的义务。如果当事人双方对合同的不履行都无过错，则收取定金的一方应将定金如数返还给对方。

8.8 建设工程索赔处理

8.8.1 索赔概述

8.8.1.1 索赔的概念

“索赔”一词对人们来说已不陌生，它经常出现在我们的经济生活中，其一般含义是指对某事、某物权利的一种主张、要求、坚持等。

所谓工程索赔，是指在工程施工过程中，合同一方根据合同和法律的规定，对并非由于自己的过错所造成的损失，或承担了合同规定之外的工作所付的额外支出，要求合同另一方在经济或时间上给予补偿的权利。

8.8.1.2 索赔的特点

(1) 索赔是一种合法的正当权利要求，不是无理争利。

(2) 索赔事件的发生，可以是一定行为造成的，也可以是不可抗力造成的。

(3) 索赔是双向的，不仅承包人可以向发包人索赔，发包人同样也可以向承包人索赔。同时，被索赔方可以对索赔方提出异议，阻止对方的不合理的索赔要求。

(4) 索赔的依据是法律法规、合同文件及工程建设惯例，但主要是合同文件。

(5) 索赔是单方行为，是某一方认为自己应该获得补偿的一种申请或请示，双方还没有达成协议。

(6) 大部分索赔都可以通过和解或调解等方式获得解决，只有少数是在无法协商一致的情况才会提交仲裁或诉诸法院以求解决。

8.8.1.3 索赔的原因

由于建筑产品的特殊性、建筑生产过程的复杂性以及建筑市场的激烈竞争等原因，使得建筑业成为索赔多发的行业。在工程实施过程中，导致索赔发生的原因很多，主要有以下几种。

1. 合同缺陷

由于建设工程承包合同是基于对未来情况的预测和历史经验做出的。而工程本身和工程环境有许多不确定性，合同不可能对所有的问题都做出预见和规定，合同中总会出现一些考虑不周的条款、缺陷和不足，如技术规范或图纸的缺陷、合同条款中的措词不当、某些条款不明确、构成合同文件的各部分文件规定不一致等，从而导致合同履行过程中其中一方合同当事人的利益受到损害而向另一方提出索赔。

对于合同的缺陷，如果承包商执行工程师的解释后引起成本增加或工期延长，则承包商可以为此提出索赔，工程师应给予证明，业主应给予补偿。一般情况下，业主作为合同起草人，他要对合同中的缺陷负责，除非其中有非常明显的含糊不清或其他缺陷，根据法律可以推断承包商有义务在投标前发现并及时向业主指出。

2. 当事人违约

合同规定了合同当事人双方权利、义务和责任，由于合同当事人双方中的一方违约，造成合同的另一方损失，则其可以向违约方要求赔偿，即索赔。如业主未按规定时限向承包商提供有关材料、场地使用权、支付工程款等，工程师未按规定时间发出有关指示、指令或批复等，承包商有权就这些由于业主方的原因而引起的施工费用增加或工期延长向业主提出索赔。反之，如果承包商未按合同约定的质量或工期交付工程等情况，则业主可以向承包商索赔。

3. 合同理解差异

由于合同文件复杂，分析困难，合同双方的立场和角度不同，工程经验不同，尤其在国际工程承包工程中，由于合同双方可能来自不同的国家，使用不同的语言，采用不同的工程习惯，以及不同的法律体系，使得合同双方对合同理解产生差异，从而造成工程实施行为的失调而引起索赔。

4. 施工条件变化

由于土木工程承包施工工期长，受环境影响大，尽管在开始施工前承包商已分析了地质勘察资料，并且也进行了现场实地考察，但很难准确无误地发现施工现场的全部问题，业主不可能将极其准确的施工条件，如工程地质条件资料，提供给承包商，而承包商也不可能通过现场查勘等方式将施工条件准确无误地确定下来。况且还有很多的自然条件和技术经济条件，不是人力所能控制得了的。因此，伴随施工现场条件的变化，往往会导致设计变更、暂停施工或工程成本的大幅度上升，从而使承包商蒙受损失。承包商只有通过索赔来弥补自己不应承担的损失。

5. 风险分担不均

土木工程建设市场在相当长的时期内一直是买方市场，虽然施工的风险相对于施工合同的双方均存在，但是业主和承包商承担的合同风险并不均等，承包商承担着更大的风险。因此，承包商必须通过施工索赔，弥补风险引起的损失。

6. 工程变更

在土木工程施工中，经常会发现许多招标文件中没有考虑或估算不准确的工程量，因而不得不改变施工项目或增减工程量，或者是由于一些客观原因导致工程变更。总之，当工程师发现设计、质量标准或施工顺序等方面的问题时，通常会进行工程变更，指示增加新工作，暂停施工或加速施工，改变材料或工程质量等，这些变更指令往往导致工程费用增加或工期拖延，使承包商蒙受损失。因此，承包商会提出索赔要求以弥补自己不该承担的损失。

7. 土木工程的特殊性

由于土木工程本身具有工期长、技术结构复杂、露天作业、投资多、材料设备需求量大、涉及的单位和环节多，影响工程本身和其环境的因素多等特殊的技术经济特点，使工程施工中经常会出现工程本身发生变化，如设计变更或者工程环境发生变化，自然条件变化或建筑市场物价变化等，这些变化均会造成工程费用的变化，都可能引起索赔。另外，由于土木工程项目建设中，参与的单位多，除了承包商与业主之外，可能还有其他的承包商、分包商、材料设备供应商及设计单位。在工程施工过程中，可能由于某一个单位的工作出现失误，从而造成一系列的连锁反应，造成其他方面的损失，导致索赔。

8. 工程拖期

土木工程施工中，由于受到气候、水文地质等自然条件和施工图等原因，经常造成工程不能按原计划进行，而使工程竣工时间拖延。如果拖延的责任应由业主承担，则承包商有权就工期和费用的损失提出索赔。如果拖延的责任在承包商一方，则业主有权向承包商提出索赔，即由承包商承担误期损害赔偿费。

9. 法律法规变化及市场影响

工程所在国家的法律和法规的变化，如外汇管制、汇率提高、提出更严格的强制性质量标准等，这些情况都可能使施工成本发生变化。如果法律法规的变化是在承包商投标报价前发生的（FIDIC 合同条件中规定投标截止日期的 28 日以前），则认为此种变化已经在投标时考虑了。若此种变化在此时间之后发生，则按国际惯例，允许调整合同价格。

建筑产品由于生产周期比较长，在施工过程中，市场物价的变化会对工程成本产生比较大的影响。当物价上涨，承包商的成本增加，会提出索赔要求（可调价合同），如果市场物价下降，则应该由业主受益。

8.8.1.4 索赔的依据

（1）招标文件、投标书、施工合同文本及附件，其他各种备忘录、修正案、工程图纸、技术规范等。这些索赔的依据可在索赔报告中直接引用。

（2）双方的往来信件及各种会谈纪要。在合同履行过程中，项目参与各方会有大量往来信件，这些信件大多牵涉技术问题。而且，各方还会定期或不定期召开会议，每次会议结束后，各方都会接收到记录会议主要内容的会谈纪要，这同样也可作为索赔的依据。

（3）施工现场记录。主要包括施工日志、进度计划、气象资料、工程检查验收报告、各种技术鉴定报告、工程中送停电、送停水、道路开通和封闭的记录及证明等。

（4）工程师指示。有书面指示和口头指示，如果是口头指示应自指示发出后尽快以书面形式进行确认，否则将不能作为索赔依据。

（5）国家有关法律、法令、政策文件，官方的物价指数、工资指数，各种会计核算资料，材料的采购、订货、运输、进场、使用方面的凭据。

可见，索赔要有证据，证据是索赔报告的重要组成部分，证据不足或没有证据，索赔就不可能成立。索赔证据的基本要求如下：

1）真实性。索赔证据必须是在实施合同过程中确实存在和实际发生的，是施工过程中产生的真实资料，能经得住推敲。

2）及时性。索赔证据的取得及提出应当及时。这种及时性反映了承包人的态度和管理水平。

3）全面性。所提供的证据应能说明事件的全部内容。索赔报告中涉及的索赔理由、事件过程、影响、索赔值等都应有相应证据，不能零乱和支离破碎。

4）关联性。索赔的证据应当与索赔事件有必然联系，并能够互相说明、符合逻辑，不能互相矛盾。

5）有效性。索赔证据必须具有法律效力。一般要求证据必须是书面文件，有关记录、协议、纪要必须是双方签署的；工程中重大事件、特殊情况的记录、统计必须由工程师签证认可。

8.8.1.5 索赔的分类

1. 按索赔的主体分类

合同的双方都可以提出索赔，从提出索赔的主体出发，将索赔分为以下两类。

（1）承包商索赔，即承包商向业主索赔。

（2）业主索赔，即业主向承包商索赔。

2. 按合同类型分类

按所签订的合同的类型，索赔可以分为以下几类。

（1）总承包合同索赔，即承包商和业主之间的索赔。

（2）分包合同索赔，即总承包商和分包商之间的索赔。

（3）联营合同索赔，即联营成员之间的索赔。

（4）劳务合同索赔，即承包商与劳务供应商之间的索赔。

（5）其他合同索赔，如承包商与设备材料供应商、与保险公司、与银行等之间的索赔。

3. 按索赔的合同依据分类

(1) 合同中明示的索赔。指承包人所提出的索赔要求，在该工程项目的合同文件中有文字依据，承包人可以据此提出索赔要求，并取得经济补偿。这些在合同文件中有文字规定的合同条款，称为明示条款。

(2) 合同中默示的索赔。承包人的该项索赔要求，虽然在工程项目的合同条款中没有专门的文字叙述，但可以根据该合同的某些条款的含义，推论出承包人有索赔权。这种索赔要求同样有法律效力，有权得到相应的经济补偿。默示条款是一个广泛的合同概念，它包含合同明示条款中没有写入、但符合双方签订合同时设想的愿望和当时环境条件的一切条款。这些默示条款，或者从明示条款所表述的设想愿望中引申出来，或者从合同双方在法律上的合同关系引申出来，经合同双方协商一致，或被法律和法规所指明，都成为合同文件的有效条款，要求合同双方遵照执行。

4. 按索赔目的分类

(1) 工期索赔。由于非承包人责任的原因而导致施工进程延误，要求批准顺延合同工期的索赔，称为工期索赔。工期索赔形式上是对权利的要求，以避免在原定合同竣工日不能完工时，被发包人追究拖期违约责任。一旦获得批准合同工期顺延后，承包人不仅免除了承担拖期违约赔偿费的严重风险，而且可能提前工期得到奖励，最终仍反映在经济收益上。

(2) 费用索赔。费用索赔的目的是要求经济补偿。当施工的客观条件改变导致承包人增加开支，要求对超出计划成本的附加开支给予补偿，以挽回不应由承包人承担的经济损失。

5. 按索赔事件的性质分类

(1) 工程延误索赔。因发包人未按合同要求提供施工条件，如未及时交付设计图纸、施工现场、道路等，或因发包人指令工程暂停或不可抗力事件等原因造成工期拖延的，承包人对此提出索赔。

(2) 工程变更索赔。由于发包人或监理工程师指令增加或减少工程量或增加附加工程、修改设计、变更工程顺序等，造成工期延长和费用增加，承包人对此提出索赔。

(3) 合同被迫终止的索赔。由于发包人或承包人违约以及不可抗力事件等原因造成合同非正常终止，无责任的受害方因其蒙受经济损失而向对方提出索赔。

(4) 工程加速索赔。由于发包人或工程师指令承包人加快施工速度，缩短工期，引起承包人的人、财、物的额外开支而提出的索赔。

(5) 以外风险和不可预见因素索赔。在工程实施过程中，因人力不可抗拒的自然灾害。特殊风险以及一个有经验的承包人通常不能合理预见的不利施工条件或外界障碍，如地下水、地质断层、溶洞、地下障碍物等引起的索赔。

(6) 其他索赔。如因货币贬值、汇率变化、物价、工资上涨、政策法令变化等原因引起的索赔。

6. 按索赔的处理方式和时间不同分类

(1) 单项索赔，是指在工程实施过程中，出现了干扰原合同的索赔事件，承包商为此一事件提出的索赔。如业主发出设计变更指令，造成承包商成本增加、工期延长。承包商为变更设计这一事件提出索赔要求，就可能是单项索赔。应当注意，单项索赔往往在合同中规定必须在索赔有效期内完成，即在索赔有效期内提出索赔报告，经监理工程师审核后交业主批准。如果超过规定的索赔有效期，则该索赔无效。因此对于单项索赔，必须有合同管理人员对日常的每一个合同事件跟踪，一旦发现问题即应迅速研究是否对此提出索赔要求。

单项索赔由于涉及的合同事件比较简单，责任分析和索赔值计算不太复杂，金额也不会太大，双方往往容易达成协议，获得成功。

(2) 总索赔，又称一揽子索赔。它是指承包商在工程竣工前后，将施工过程中已提出但未解决的索赔汇总在一起，向业主提出一份总索赔报告的索赔。

这种索赔是在合同实施过程中，一些单项索赔问题比较复杂，不能立即解决，经双方协商同意留待以后解决。有的是业主对索赔迟迟不作答复，采取拖延的办法，使索赔谈判旷日持久，或有的承包商对合同管理的水平差，平时没有注意对索赔的管理，忙于工程施工，当工程快完工时，发现自己亏了本，或业主不付款时，才准备进行索赔，甚至提出仲裁或诉讼。

由于以上原因，在处理总索赔时，因许多干扰事件交织在一起，影响因素比较复杂，有些证据已时过境迁，责任分析和索赔值的计算发生困难，使索赔处理和谈判很艰难。加上一揽子索赔的金额较大，往往需要承包商做出较大让步才能解决。

8.8.1.6　索赔的意义

(1) 索赔是合同管理的重要环节。索赔和合同管理有直接的联系，合同是索赔的依据。整个索赔处理的过程就是执行合同的过程，从项目开工后，合同人员就必须将每日的实施合同的情况与原合同进行对比分析，若出现索赔事件，就应当研究是否提出索赔。索赔的依据在于日常合同管理的证据，要想索赔成功就必须加强合同管理。

(2) 索赔有利于建设单位、施工单位双方自身素质和管理水平的提高。工程建设索赔直接关系到建设单位和施工单位的双方利益，索赔和处理索赔的过程实质上是双方管理水平的综合体现。作为建设单位为使工程顺利进行，如期完成，早日投产取得收益，就必须加强自身管理，做好资金、技术等各项有关工作，保证工程中各项问题及时解决；作为施工单位要实现合同目标，取得索赔，争取应得利益，就必须加强各项基础管理工作，对工程的质量、进度、变更等进行严格、细致的管理，进而推动建筑行业管理的加强与提高。

(3) 索赔是合同双方利益的体现。从某种意义上讲，索赔是一种风险费用的转移或再分配，如果施工单位利用索赔的方法使自己的损失尽可能得到补偿，就会降低工程报价中的风险费用，当工程施工中发生索赔费用时可以按实际支出给予补偿，也使工程造价更趋于合理。作为施工单位，要取得索赔，保证自己应得的利益，就必须做到自己不违约，全力保证工程质量和进度，实现合同目标。同样，作为建设单位，要通过索赔的处理和解决，保证工程质量和进度，实现合同目标，早日投产取得经济收益。

(4) 索赔是挽回成本损失的重要手段。在合同实施过程中，由于建设项目的主客观条件发生了与原合同不一致的情况，使施工单位的实际工程成本增加，施工单位为了挽回损失，可以通过索赔加以解决。显然，索赔是以赔偿实际损失为原则的，施工单位必须准确地提供整个工程成本的分析和管理资料，以便确定挽回损失的数量。

(5) 索赔有利于国内工程建设管理与国际惯例接轨。索赔是国际工程建设中非常普遍的做法，尽快学习、掌握运用国际上工程建设管理的通行作法，不仅有利于我国企业工程建设管理水平的提高，而且对我国企业顺利参与国际工程承包、国外工程建设都有着重要的意义。

8.8.2 施工索赔的程序

8.8.2.1 发出索赔意向通知

在索赔事件发生后，承包商应抓住索赔机会，迅速作出反应。承包商应在索赔事件发生后的28日内向工程师递交索赔意向通知，即索赔通知书，声明将对此事件提出索赔。该意向通知是承包商就具体的索赔事件向工程师和业主表示的索赔愿望和要求。如果超过这个期限，工程师和业主有权拒绝承包商的索赔要求。

1. 索赔通知书的内容

索赔通知书没有统一的要求，一般包括以下内容：

(1) 指明合同依据。

(2) 索赔事件发生的时间、地点。

(3) 事件发生的原因、性质、责任。

(4) 承包商在事件发生后所采取的控制事件进一步发展的措施。

(5) 说明索赔事件的发生已经给承包商带来的后果，如工期的延长，费用的增加。

(6) 申明保留索赔的权利。

2. 索赔工作内容

当索赔事件发生，承包商就应该进行索赔处理工作，直到正式向工程师和业主提交索赔报告。这一阶段包括许多具体的复杂的工作，主要有以下几方面。

(1) 事件原因调查分析。通过对合同实施的跟踪、分析、诊断，以了解事件经过、前因后果、掌握事件详细情况。然后分析这些损害事件是由谁引起的，责任应由谁来承担。一般只有非承包商责任的损害事件才有可能提出索赔。在实际工作中，损害事件的责任往往是多方面的，必须进行责任分解，划分责任范围，按责任大小承担损失。这里特别容易引起合同双方的争执。

(2) 索赔根据。索赔根据即索赔理由，主要指合同文件。必须按合同判明这些索赔事件是否违反合同，是否在合同规定的索赔范围之内。只有符合合同规定的索赔要求才有合法性，才能成立。例如，某合同规定，在工程总价15%的范围内的工程变更属于承包商承担的风险，则业主指令增加的工程量在此范围内时，承包商不能提出索赔。

(3) 损失调查。损失调查即为索赔事件的影响分析。它主要表现为工期的延长和费用的增加。如果索赔事件不造成损失，则无索赔可言。损失调查的重点是收集、分析、对比实际和计划的施工进度、工程成本和费用方面的资料，在此基础上计算索赔值。

(4) 搜集证据。索赔事件发生，承包商就应抓紧搜集证据，并在索赔事件持续期间一直保持有完整的同期记录。同样，这也是索赔要求有效的前提条件。如果在索赔报告中提不出证明其索赔理由、索赔事件的影响、索赔值的计算等方面的详细资料，索赔要求是不能成立的。在实际工作中，许多索赔要求都因没有或缺少书面证据而得不到合理的解决。因此，承包商必须对这个问题有足够的重视。通常，承包商应按工程师的要求做好并保持同期记录，并接受工程师的审查。

(5) 起草索赔报告。索赔报告是上述各项工作的结果和总括。它表达了承包商的索赔要求和支持这个要求的详细依据。它决定了承包商索赔的地位，是索赔要求能否获得有利和合理解决的关键。

(6) 索赔报告的递交。

3. 索赔报告的编写

承包商的索赔可分为工期索赔和费用索赔。一般地，对大型、复杂工程的索赔报告应分别编写和报送，对小型工程可合二为一。

(1) 一个完整的索赔报告应包括如下内容：

1) 总论部分，即概括地叙述索赔事项，包括事件发生的具体时间、地点、原因、产生持续影响的时间等。

2) 合同论述部分，即说明依据合同条件中的哪些条款提出该项索赔。

3) 索赔款额和工期延长的计算论证部分。

4) 证据部分，包括收据、发票、照片等。

(2) 有关规定。对于报送索赔资料和索赔报告，FIDIC《由业主设计的房屋和工程施工合同条件》有如下规定：

1)"如果承包商认为根据本条件任何条款或与合同有关的其他文件，他有权得到竣工时间的任何延长期和（或）任何追加付款，承包商应向工程师发出通知，说明引起索赔的事件或情况。该通知应该在承包商察觉或应已察觉该事件或情况后 28 日内发出"。"如果承包商未能在上述 28 日期限内发出索赔通知，则竣工时间不得延长，承包商无权获得追加付款，而雇主应免除有关该索赔的全部责任。"

2)"承包商还应提交所有有关此事件或情况的合同要求的任何其他通知，以及支持索赔的详细资料。承包应在现场或工程师认可的其他地点，保持用以证明任何索赔可能需要的此类同期记录。工程师收到根据本款发出的任何通知后，未承认雇主责任前，可检查记录保持情况，并可指示承包商保持进一步的同期记录。承包商应允许工程师检查所有这些记录，并应向工程师（若有指示要求）提供复印件。"

3)"在承包商察觉（或应已察觉）引起索赔的事件或情况后 28 日内，或在承包商可能建议并经工程师认可的其他期限内，承包商应向工程师递交一份充分详细的索赔报告，包括索赔的依据、要求延长的时间和（或）追加付款的全部详细资料。如果引起索赔的事件或情况具有连续性，则上述充分详细索赔报告应被视为中间的报告。""承包商应按月递交进一步的中间索赔报告，说明累计索赔的延误时间和（或）金额，以及工程师可能合理要求的此类进一步详细资料；以及承包商应在索赔的事件或情况产生影响结束后 28 日内，或在承包商可能建议并经工程师认可的此类其他期限内，递交一份最终索赔报告。"

4)"每份付款证书应包括已经根据合同有关规定合理证明是有依据的、对任何索赔的此类应付款额。除非并直到提供的详细资料足以证明索赔的全部要求是有依据的以前，承包商只可以得到索赔中他已能证明是有依据的部分。"

(3) 索赔报告的一般要求。

1) 事件真实准确。索赔报告对索赔事件的描述应该真实准确，这关系到承包商的信誉和索赔的成功与否。对索赔事件描述不实，主观臆测，或缺乏证据，都会影响到业主和工程师对承包商的信任，给索赔工作造成困难。为了证明事实的准确性，在索赔报告的后面要附上相应的证据资料，以便于业主和工程师核查。

2）逻辑性强，责任划分明确。对于引起索赔事件的原因，要清楚明白。承包商对于干扰事件的不可预见性，索赔通知书的按时提交，该事件对承包商造成的影响，以及相应的合同支持都应明确说明，以使业主和工程师接受承包商的索赔要求。

索赔报告要有逻辑性，将索赔要求同干扰事件、责任、合同条款、影响形成明确的逻辑关系。索赔报告的文字论述要有明确的、必然的因果关系，要说明在客观事实与索赔费用损失之间的必然联系。例如：从原因上划分，如果是业主方面的责任，则承包商可以同时得到工期延长和经济补偿；如果是客观原因造成，则承包商只能得到适当的工期延长；如果是承包商的责任，则承包商不但得不到相应的工期、费用补偿，还要自费弥补相应对业主造成的损失。只有合乎逻辑的因果关系才具有法律上的意义。

3）条理清楚，层次分明。索赔报告通常在最前面简明扼要地说明索赔的事项、理由和要求的款额或工期延长，让工程师一开始就了解你的全部要求。接着再逐步地比较详细地论述事实和理由，展示具体的计算方法或计算公式，列出详细的费用清单，并附以必要的证据资料。这样，业主或工程师既可以了解索赔的全貌，又可以逐项深入地审阅索赔报告，审查数据，检查证据资料，较快地对承包商的索赔报告提出自己的评审意见及决策建议。

4）文字简洁，用词礼貌。作为承包商，在索赔报告中尤其应避免使用强硬的不友好的抗议式的语言。你所写的索赔报告的读者，除了业主代表和工程师以外，还可能是业主的上级领导部门，他们是索赔的决策者。因此，索赔报告一定要清晰简练，用词婉转有礼，避免文字生硬和不友好的语言。

索赔的目的就是取得赔偿，说服对方承认自己索赔要求的合理性，而不能损害对方。所以在索赔报告以及索赔谈判中应强调干扰事件的不可预见，强调不可抗力的原因或应由对方负责的第三者责任，应避免出现对业主代表和工程师当事人个人的指责。

8.8.2.2 工程师审核索赔报告

1. 工程师审核承包商的索赔申请

工程师应建立自己的索赔档案，密切关注事件的影响。在接到正式索赔报告以后，认真研究承包商报送的索赔资料。首先，在不确认责任归属的情况下，客观地分析事件发生的原因，重温合同的有关条款，研究承包商的索赔证据，并检查他的同期记录。其次，通过对事件的分析，工程师再依据合同条款划清责任界限，必要时还可以要求承包商进一步提供补充资料。尤其是对承包商与业主或工程师都负有一定责任的事件影响，更应划出各方应该承担合同责任的比例。最后，再审查承包商提出的索赔补偿要求，剔除其中的不合理部分，拟定自己计算的合理索赔款额和工期延展天数。

2. 工程师审核承包商索赔申请的时间要求

工程师应在收到索赔报告或对过去索赔的任何进一步证明资料后 42 日内，也可在工程师可能建议并经承包商认可的此类其他期限内，作出回应，表示批准或不批准并附具体意见。工程师还可以要求任何必需的进一步资料，但工程师仍要在上述期限内对索赔的要求做出回应。如果在规定期限内既未予以答复，也未对承包商做进一步要求的话，则视为承包商提出的该项索赔要求已经认可。

8.8.2.3 工程师与承包商协商解决索赔问题

工程师核查后初步确定应予以补偿的额度，往往与承包商的索赔报告中要求的额度不一致，甚至差额较大。其原因大多为对承担事件损害责任的界限划分不一致，索赔证据不充分；索赔计算的依据和方法分歧较大等。因此，双方应就索赔的处理进行协商。通过协商达不成共识时，承包商仅有权得到所提供的证据满足工程师认为索赔成立那部分的付款和工期延展。不论工程师通过协商与承包商达到一致，还是工程师单方面作出的处理决定，批准给予补偿的款额和延展工期的天数如果在授权范围之内，则可将此结果通知承包商，并抄送业主。补偿款将计入下月支付工程进度款的支付证书内，延展的工期加到原合同工期中去。如果批准的额度超过工程师权限，则应报请业主批准。

对于持续影响时间超过 28 日以上的工期延误事件，当工期索赔条件成立时，对承包商每月报送的阶段索赔临时报告审查后，每次均应作出批准临时延长工期的决定，并于事件影响结束后 28 日内承包商提出最终索赔报告后，批准延展工期总天数。应当注意的是，最终批准的总延展天数，不应少于以前各阶段已同意延展天数之和。规定承包商在事件影响期间必须每月提出一次阶段索赔报告，可以使工程师能及时根据同期记录批准该阶段应予延展工期的天数，避免事件影响时间太长而不能准确确定索赔值。

8.8.2.4 工程师索赔处理决定

在经过认真分析研究，并与承包商、业主进行充分讨论后，工程师应向业主和承包商提出自己的《索赔处理决定》。工程师收到承包商送交的索赔报告和有关资料后，于 42 日内给予答复，或要求承包商进一步补充索赔理由和证据。工程师在 42 日内未予答复或未对承包商作出进一步要求，则视为该项索赔已经认可。

工程师在《索赔处理决定》中应该简明地叙述索赔事件、理由和建议给予补偿的金额及（或）延长的工期。《索赔评价报告》则是作为该决定的附件提供的。它根据工程师所掌握的实际情况详细叙述索赔的事实依据、合同及法律依据，论述承包商索赔的合理方面及不合理方面，详细计算应给予的补偿。《索赔评价报告》是工程师站在公正的立场上独立编制的。

通常工程师的处理决定不是终局性的，对业主和承包商都不具有强制性的约束力。在收到工程师的《索赔处理决定》后，无论业主还是承包商，如果认为该处理决定不公正，都可以在合同规定的时间内提请工程师重新考虑。工程师不得无理拒绝这种要求。一般来说，对工程师的处理决定，业主不满意的情况较少，而承包商不满意的情况较多。承包商如果持有异议，应该提供进一步的证明材料，向工程师进一步表明为什么其决定是不合理的。有时甚至需要重新提交索赔申请报告，对原报告做一些修正，补充或做一些让步。如果工程师仍然坚持原来的决定，或承包商对工程师的新决定仍然不满意，则可以按合同中的仲裁条款提交仲裁机构仲裁（或向人民法院提起诉讼）。

8.8.2.5 业主审查索赔处理

当工程师确定的索赔额超过其权限范围时，必须报请业主批准。

业主首先根据事件发生的原因、责任范围、合同条款审核承包商的索赔申请和工程师的处理报告，再依据工程建设的目的、投资控制、竣工投产日期要求以及针对承包商在施工中的缺陷或违反合同规定等的有关情况，决定是否批准工程师的处理意见，而不能超越合同条款的约定范围。例如，承包商某项索赔理由成立，工程师根据相应条款规定，既同意给予一定的费用补偿，也批准延展相应的工期。但业主权衡了施工的实际情况和外部条件的要求后，可能不同意延展工期，而宁可给承包商增加费用补偿额，要求他采取赶工措施，按期或提前完工。这样的决定只有业主才有权作出。索赔报告经业主批准后，工程师即可签发有关证书。

8.8.2.6　承包商是否接受最终索赔处理

承包商接受最终的索赔处理决定，索赔事件的处理即告结束。如果承包商不同意，就会导致合同争议。通过协商双方达到互谅互让的解决方案，是处理争议的最理想方式。如达不成谅解，承包商有权提交仲裁解决或向人民法院提起诉讼。

8.8.3　施工索赔计算

8.8.3.1　工期索赔

1. 工期索赔的原因

在工程施工中，常常会发生一些未能预见的干扰事件，使得施工不能顺利进行。工期延长意味着工程成本的增加，对合同双方都会造成损失：业主会因工程不能及时投入使用、投入生产而不能实现预计的投资目的，减少盈利的机会，同时会增加各种管理费的开支；承包商则会因为工期延长而增加支付工人工资、施工机械使用费、工地管理费以及其他一些费用，如果超出合同工期，最终可能还要支付合同规定的拖期的违约金。

因此，承包商进行工期索赔的目的，一个是弥补工期拖延造成的费用损失，另一个是免去自己对已经形成的工期延长的合同责任，使自己不必支付或尽可能少支付工期延长的违约金（误期损害赔偿金）。工期索赔的原因主要有以下两个方面。

（1）承包商原因。

1）对施工条件估计不充分，制定的进度计划过于乐观。

2）施工组织不当。

3）其他承包商自身的原因。

（2）非承包商原因。

1）业主的原因。合同文件含义模糊或歧义；业主未能按合同规定的时间提供施工所需的现场和道路；业主违约；工程变更。

2）工程师原因。工程师未在合同规定的时间内颁发图纸和指示；工程师指示进行合同中未规定的检验；工程师指示暂时停工。

3）不可抗力原因。承包商遇到一个有经验的承包商无法合理预见到的障碍或条件；处理现场发掘出的具有地质或考古价值的遗迹或物品；异常恶劣的气候条件；其他不可抗力事件。

2. 工程拖期的分类及处理措施

工程拖期可分为如下三种情况。

（1）承包商原因。由于承包商造成的工程拖期，称为工程延误，承包商必须向业主支付误期损害赔偿费。工程延误，也称为不可原谅的工程拖期。在这种情况下，承包商无权获得工期延长。

(2) 非承包商原因。由于非承包商原因造成的工程拖期，称为工程延期，承包商有权要求业主给予工期延长。工程延长也称为可原谅的工程拖期。它是由于业主、工程师或其他客观因素造成的，承包商有权获得工期延长，但是否能获得经济补偿要视具体情况而定。因此，可原谅的工程拖期下又分为可原谅并给予补偿的拖期和可原谅但不给予补偿的拖期，前者拖期的责任者是业主或工程师，而后者拖期往往是由于客观因素造成的。

(3) 共同延误下工期索赔的有效期处理。承包商、工程师或业主，或某些客观因素均可造成工程拖期，但在实际施工过程中，工程拖期经常是由上述两种以上的原因共同作用产生的，称为共同延误。

在共同延误情况下，要具体分析哪一种延误是有效的，即承包商可以得到工期延长，或既可延长工期，又可得到经济补偿。在确定拖期索赔的有效期时，可依据下述原则：

1) 首先判别造成拖期的哪一种原因是最先发生的，即确定“初始延误”者，它应对工程拖期负责。在初始延误发生作用期间，其他并发的延误者不承担拖期责任。

2) 如果初始延误者是业主，则在业主造成的延误期内，承包商既可得到工期延长，也可得到经济补偿。

3) 如果初始延误者是客观因素，则在客观因素发生影响的时间段内，承包商可以得到工期延长，但很难得到经济补偿。

3. 工期索赔的计算方法

工期索赔的计算主要有网络图分析和比例计算法两种。

(1) 网络分析法是利用进度计划的网络图，分析其关键线路。如果延误的工作为关键工作，则总延误的时间为批准顺延的工期；如果延误的工作为非关键工作，当该工作由于延误超过时差限制而成为关键工作时，可以批准延误时间与时差的差值；若该工作延误后仍为非关键工作，则不存在工期索赔问题。

(2) 比例计算法的公式。

对于已知部分工程的延期的时间：

工期索赔值＝受干扰部分工程的合同价÷原合同总价×该受干扰部分工期拖延时间

对于已知额外增加工程量的价格：

工期索赔值＝额外增加的工程量的价格÷原合同总价×原合同总工期

比例计算法简单方便，但有时不尽符合实际情况，比例计算法不适用于变更施工顺序、加速施工、删减工程量等事件的索赔。

8.8.3.2 费用索赔

1. 索赔费用的构成

索赔费用的构成，同施工合同价格所包括的内容一致。从原则上说，只要是承包商有索赔权的事项，导致了工程成本的增加，承包商都可以提出费用索赔，因为这些费用是承包商完成超出合同范围的工作而实际增加的开支。一般索赔费用中主要包括以下内容。

(1) 人工费。人工费主要包括生产工人的工资、津贴、加班费、奖金等。对于索赔费用中的人工费部分来说，主要是指完成合同之外的额外工作所花费的人工费用；由于非承包人责任的工效降低所增加的人工费用；超过法定工作时间的加班费用；法定的人工费增长以及非承包人责任造成的工程延误导致的人员窝工费；相应增加的人身保险和各种社会保险支出等。

在以下几种情况下，承包人可以提出人工费的索赔：

1）因业主增加额外工程，或因业主或工程师原因造成工程延误，导致承包人人工单价的上涨和工作时间的延长。

2）工程所在国法律、法规、政策等变化而导致承包人人工费用方面的额外增加，如提高当地雇佣工人的工资标准、福利待遇或增加保险费用等。

3）若由于业主或工程师原因造成的延误或对工程的不合理干扰打乱了承包人的施工计划，致使承包人劳动生产率降低，导致人工工时增加的损失，承包人有权向业主提出生产率降低损失的索赔。

（2）材料费。可索赔的材料费主要包括：

由于索赔事项导致材料实际用量超过计划用量而增加的材料费；由于客观原因导致材料价格大幅度上涨；由于非承包人责任工程延误导致的材料价格上涨；由于非承包人原因致使材料运杂费、采购与保管费用的上涨；由于非承包人原因致使额外低值易耗品使用等。

在以下两种情况下，承包人可提出材料费的索赔：

1）由于业主或工程师要求追加额外工作、变更工作性质、改变施工方法等，造成承包人的材料耗用量增加，包括使用数量的增加和材料品种或种类的改变。

2）在工程变更或业主延误时，可能会造成承包人材料库存时间延长、材料采购滞后或采用代用材料等，从而引起材料单位成本的增加。

（3）机械设备使用费。

可索赔的机械设备费主要包括：

1）由于完成额外工作增加的机械设备使用费。

2）非承包人责任致使的工效降低而增加的机械设备闲置、折旧和修理费分摊、租赁费用。

3）由于业主或工程师原因造成的机械设备停工的窝工费。机械设备台班窝工费的计算，如系租赁设备，一般按实际台班租金加上每台班分摊的机械调进调出费计算；如系承包人自有设备，一般按台班折旧费计算，而不能按全部台班费计算，因台班费中包括了设备使用费。

4）非承包人原因增加的设备保险费、运费及进口关税等。

（4）现场管理费。现场管理费是某单个合同发生的、用于现场管理的总费用，一般包括现场管理人员的费用、办公费、通信费、差旅费、固定资产使用费、工具用具使用费、保险费、工程排污费、供热、水及照明费等。它一般约占工程总成本的5％～10％。索赔费用中的现场管理费是指承包人完成额外工程、索赔事项工作以及工期延长、延误期间的工地管理费。在确定分析索赔费用时，有时把现场管理费具体又分为可变部分和固定部分。所谓可变部分是指在延期过程中可以调到其他工程部位（或其他工程项目）上去的那部分人员和设施；所谓固定部分是指施工期间不易调动的那部分人员或设施。

(5）总部管理费。总部管理费是承包人企业总部发生的、为整个企业的经营运作提供支持和服务所发生的管理费用，一般包括总部管理人员费用、企业经营活动费用、差旅交通费、办公费、通信费、固定资产折旧、修理费、职工教育培训费用、保险费、税金等。它一般约占企业总营业额的3%～10%。索赔费用中的总部管理费主要指的是工程延误期间所增加的管理费。

(6）利息。利息又称融资成本或资金成本，是企业取得和使用资金所付出的代价。融资成本主要有两种：额外贷款的利息支出和使用自有资金引起的机会损失。只要因业主违约（如业主拖延或拒绝支付各种工程款、预付款或拖延退还扣留的保留金）或其他合法索赔事项直接引起了额外贷款，承包人有权向业主就相关的利息支出提出索赔。利息的索赔通常发生于下列情况：

1）业主拖延支付预付款、工程进度款或索赔款等，给承包人造成较严重的经济损失，承包人因而提出拖付款的利息索赔。

2）由于工程变更和工期延误增加投资的利息。

3）施工过程中业主错误扣款的利息。

(7）分包商费用。索赔费用中的分包费用是指分包商的索赔款项，一般包括人工费、材料费、施工机械设备使用费等。因业主或工程师原因造成分包商的额外损失，分包商首先应向承包人提出索赔要求和索赔报告，然后以承包人的名义向业主提出分包工程增加费及相应管理费用索赔。

(8）利润。对于不同性质的索赔，取得利润索赔的成功率是不同的。在以下几种情况下，承包人一般可以提出利润索赔：

1）因设计变更等引起的工程量增加。

2）施工条件变化导致的索赔。

3）施工范围变更导致的索赔。

4）合同延期导致机会利润损失。

5）由于业主的原因终止或放弃合同带来预期利润损失等。

(9）相应保函费、保险费、银行手续费及其他额外费用的增加等。

复习思考题

1. 如何理解合同的基本原则？

2. 合同的一般条款应包括哪些内容？

3. 什么是缔约过失责任？在什么情况下要承担缔约过失责任？

4. 效力待定合同与无效合同有什么区别？

5. 承担违约责任的方式有哪些？

6. 合同条款约定不明确时应怎样履行？

7. 在什么情况下，承包方可以行使建设合同索赔的权利？

8. 索赔的程序是如何规定的？

9. 什么是抗辩权？同时履行抗辩权是怎样规定的？

10. 简述抵押与质押各自的特点。

11. 简述索赔的意义及索赔的分类。

12. 工期索赔的计算方法有哪些？

13. 费用索赔的计算方法有哪些？

14. 简述索赔费用的构成。

第 9 章　建设工程纠纷的处理

本章学习要点：

1. 了解建设工程纠纷处理的基本形式及特点。
2. 掌握建设工程纠纷处理的程序。
3. 掌握证据的种类、保全和应用。
4. 熟悉《民事诉讼法》的有关内容。
5. 了解《仲裁法》的有关内容。
6. 了解建设工程中常见纠纷的成因与防范措施。

9.1　建设工程纠纷处理的程序

9.1.1　建设工程纠纷处理的基本形式及特点

1. 建设工程纠纷的概念

建设工程纠纷，是指建设工程当事人对建设过程中的权利和义务产生了不同的理解。

2. 建设工程纠纷处理的基本形式及特点

建设工程纠纷处理的基本形式有和解、调解、仲裁、诉讼四种。

（1）和解，是指建设工程纠纷当事人在自愿友好的基础上，互相沟通、互相谅解，从而解决纠纷的一种方式。

建设工程发生纠纷时，当事人应首先考虑通过和解解决纠纷。事实上，在工程建设过程中，绝大多数纠纷都可以通过和解解决。建设工程纠纷和解解决有以下特点。

1）简便易行，能经济、及时地解决纠纷。

2）纠纷的解决依靠当事人的妥协与让步，没有第三方的介入，有利于维护合同双方的友好合作关系，使合同能更好地得到履行。

3）和解协议不具有强制执行的效力，和解协议的执行依靠当事人的自觉履行。

（2）调解，是指建设工程当事人对法律规定或者合同约定的权利、义务发生纠纷，第三人依据一定的道德和法律规范，通过摆事实、讲道理，促使双方互相作出适当的让步，平息争端，自愿达成协议，以求解决建设工程纠纷的方法。这里讲的调解是狭义的调解，不包括诉讼和仲裁程序中在审判庭和仲裁庭主持下的调解。建设工程纠纷调解解决有以下特点。

1）有第三者介入作为调解人，调解人的身份没有限制，但以双方都信任者为佳。

2）它能够较经济、较及时地解决纠纷。

3）有利于消除合同当事人的对立情绪，维护双方的长期合作关系。

4）调解协议不具有强制执行的效力，调解协议的执行依靠当事人的自觉履行。

（3）仲裁，亦称“公断”，是当事人双方在纠纷发生前或纠纷发生后达成协议，自愿将纠纷交给第三者，由第三者在事实上作出判断、在权利义务上作出裁决的一种解决纠纷的方式。这种纠纷解决方式必须是自愿的，因此必须有仲裁协议。如果当事人之间有仲裁协议，纠纷发生后又无法通过和解和调解解决，则应及时将纠纷提交仲裁机构仲裁。建设工程纠纷仲裁解决有以下特点。

1）体现当事人的意思自治，这种意思自治不仅体现在仲裁的受理应当以仲裁协议为前提，还体现在仲裁的整个过程，许多内容都可以由当事人自主确定。

2）专业性，由于各仲裁机构的仲裁员都是由各方面的专业人士组成，当事人完全可以选择熟悉纠纷领域的专业人士担任仲裁员。

3）保密性，保密和不公开审理是仲裁制度的重要特点，除当事人、代理人，以及需要时的证人和鉴定人外，其他人员不得出席和旁听仲裁开庭审理，仲裁庭和当事人不得向外界透露案件的任何实体及程序问题。

4）裁决的终局性，仲裁裁决作出后是终局的，对当事人具有约束力。

5）执行的强制性，仲裁裁决具有强制执行的法律效力，当事人可以向人民法院申请强制执行。由于中国是《承认及执行外国仲裁裁决公约》的缔约国，中国的涉外仲裁裁决可以在世界上100多个公约成员国得到承认和执行。

（4）诉讼，是指建设工程当事人依法请求人民法院行使审判权，审理双方之间发生的纠纷，作出有国家强制保证实现其合法权益、从而解决纠纷的审判活动。合同双方当事人如果未约定仲裁协议，则只能以诉讼作为解决纠纷的最终方式。建设工程纠纷诉讼解决有以下特点。

1）程序和实体判决严格依法，与其他解决纠纷的方式相比，诉讼的程序和实体判决都应当严格依法进行。

2）当事人在诉讼中对抗的平等性，诉讼当事人在实体和程序上的地位平等。原告起诉，被告可以反诉；原告提出诉讼请求，被告可以反驳诉讼请求。

3）二审终审制，建设工程纠纷当事人如果不服第一审人民法院判决，可以上诉至第二审人民法院。建设工程纠纷经过两级人民法院审理，即告终结。

4）执行的强制性，诉讼判决具有强制执行的法律效力，当事人可以向人民法院申请强制执行。

9.1.2 仲裁程序

1. 申请和受理

（1）当事人申请仲裁的条件。纠纷发生后，当事人申请仲裁应当符合下列条件：

1）有仲裁协议。

2）有具体的仲裁请求、事实和理由。

3）属于仲裁委员会的受理范围。

（2）仲裁委员会的受理。仲裁委员会收到仲裁申请书之日起5日内，认为符合受理条件的，应当受理，并通知当事人；认为不符合受理条件的，应当书面通知当事人不予受理，并说明理由。

仲裁委员会受理仲裁申请后，应当在仲裁规则规定的期限内将仲裁规则和仲裁员名册送达申请人，并将仲裁申请书副本和仲裁规则、仲裁员名册送达被申请人。被申请人收到仲裁申请书副本后，应当在仲裁规则规定的期限内向仲裁委员会提交答辩书。仲裁委员会收到答辩书后，应当在仲裁规则规定的期限内将答辩书副本送达申请人。被申请人未提交答辩书的，不影响仲裁程序的进行。

2. 仲裁庭的组成

(1) 仲裁庭的组成形式。仲裁庭可以由 3 名仲裁员或者 1 名仲裁员组成。由 3 名仲裁员组成的，设首席仲裁员。

(2) 仲裁员的产生。当事人约定由 3 名仲裁员组成仲裁庭的，应当各自选定或者各自委托仲裁委员会主任指定一名仲裁员，第三名仲裁员由当事人共同选定或者共同委托仲裁委员会主任指定。第三名仲裁员是首席仲裁员。当事人约定由 1 名仲裁员成立仲裁庭的，应当由当事人共同选定或者共同委托仲裁委员会主任指定仲裁员。

当事人没有在仲裁规则规定的限期内约定仲裁庭的组成的方式或者选定仲裁员的，由仲裁委员会主任指定。

3. 开庭和裁决

(1) 开庭与否的决定。仲裁应当开庭进行，当事人协议不开庭的，仲裁庭可以根据仲裁申请书、答辩书以及其他材料作出裁决。仲裁不公开进行，但当事人协议公开的，可以公开进行，但涉及国家秘密的除外。

(2) 不到庭或者未经许可中途退庭的处理。申请人经书面通知，无正当理由不到庭或者未经仲裁庭许可中途退庭的，可以视为撤回仲裁申请。被申请人经书面通知，无正当理由不到庭或者未经仲裁庭许可中途退庭的，可以缺席裁决。

(3) 证据的提供。当事人应当对自己的主张提供证据。仲裁庭认为有必要收集的证据，可以自行收集。仲裁庭对专门性问题认为需要鉴定的，可以交由当事人约定的鉴定部门鉴定，也可以由仲裁庭指定的鉴定部门鉴定。根据当事人的请求或者仲裁庭的要求，鉴定部门应当派鉴定人参加开庭。当事人经仲裁庭许可，可以向鉴定人提问。

(4) 开庭中的辩论。当事人在仲裁过程中有权进行辩论。辩论终结时，首席仲裁员或者独任仲裁员应当征询当事人的最后意见。

(5) 当事人自行和解。当事人申请仲裁后，可以自行和解。达成和解协议的，可以请求仲裁庭根据和解协议作出裁决书，也可以撤回仲裁申请。当事人达成和解协议，撤回仲裁申请后反悔的，可以根据仲裁协议申请仲裁。

(6) 仲裁庭主持下的调解。仲裁庭在作出裁决前，可以先行调解。调解达成协议的，仲裁庭应当制作调解书或者根据协议的结果制作裁决书。调解书与裁决书具有同等法律效力。调解书经双方当事人签收后，即发生法律效力。在调解书签收前当事人反悔的，仲裁庭应当及时作出裁决。

(7) 仲裁裁决的作出。裁决应当按照多数仲裁员的意见作出，少数仲裁员的不同意见可以记入笔录。仲裁庭不能形成多数意见时，裁决应当按照首席仲裁员的意见作出。裁决书自作出之日起发生法律效力。

4. 执行

仲裁裁决的执行。仲裁委员会的裁决作出后，当事人应当履行。同时，国家建立了裁决的执行制度，在当事人不履行裁决时，强制当事人履行。如果没有执行制度，仲裁的法律效力将无从体现。由于仲裁委员会本身并无强制执行的权力，因此，当一方当事人不履行仲裁裁决时，另一方当事人可以依照《中华人民共和国民事诉讼法》（以下简称《民事诉讼法》）的有关规定向人民法院申请执行。接受申请的人民法院应当执行。

9.1.3 诉讼程序

1. 起诉和受理

（1）起诉的条件。如果当事人没有在合同中约定通过仲裁解决纠纷，则只能通过诉讼作为解决纠纷的最终方式。纠纷发生后，如需要通过诉讼解决纠纷，则首先应当向人民法院起诉。起诉必须符合下列条件：

1）原告是与本案有直接利害关系的公民、法人和其他组织。

2）有明确的被告。

3）有具体的诉讼请求、事实和理由。

4）属于人民法院受理民事诉讼的范围和受诉人民法院管辖。

（2）人民法院受理案件。人民法院对符合规定的起诉，必须受理当事人；认为不符合起诉条件的，应当在7日内裁定不予受理；原告对裁定不服的，可以提起上诉。人民法院受理起诉后，首先需要确定在第一审中适用普通程序还是简易程序。基层人民法院和它派出的法庭审理事实清楚、权利义务关系明确、争议不大的简单的民事案件，可以适用简易程序。建设工程中发生的纠纷一般都适用普通程序，因此第一审程序只介绍普通程序。

（3）被告答辩。人民法院应当在立案之日起5日内将起诉状副本发送被告，被告在收到之日起15日内提出答辩状。被告提出答辩状的，人民法院应当在收到之日起5日内将答辩状副本发送原告。被告不提出答辩状的，不影响人民法院审理。

2. 第一审开庭审理

人民法院审理民事案件，除涉及国家秘密、个人隐私或者法律另有规定的以外，应当公开进行。离婚案件，涉及商业秘密的案件，当事人申请不公开审理的，可以不公开审理。

（1）法庭调查。法庭调查按照下列顺序进行：

1）当事人陈述。

2）告知证人的权利义务，证人作证，宣读未到庭的证人证言。

3）出示书证、物证和视听资料。

4）宣读鉴定结论。

5）宣读勘验笔录。

当事人在法庭上可以提出新的证据。当事人经法庭许可，可以向证人、鉴定人、勘验人发问。当事人要求重新进行调查、鉴定或者勘验的，是否准许，由人民法院决定。

（2）法庭辩论。法庭辩论按照下列顺序进行：

1）原告及其诉讼代理人发言。

2）被告及其诉讼代理人答辩。

3）第三人及其诉讼代理人发言或者答辩。

4）互相辩论。

法庭辩论终结，由审判长按照原告、被告、第三人的先后顺序征询各方最后意见。法庭辩论终结，应当依法作出判决。判决前能够调解的，还可以进行调解，调解不成的，应当及时判决。

（3）当事人拒不到庭或者未经许可中途退庭的处理。原告经传票传唤，无正当理由拒不到庭的，或者未经法庭许可中途退庭的，可以按撤诉处理；被告反诉的，可以缺席判决。被告经传票传唤，无正当理由拒不到庭的，或者未经法庭许可中途退庭的，可以缺席判决。

（4）审限要求。人民法院适用普通程序审理的案件，应当在立案之日起6个月内审结。有特殊情况需要延长的，由本院院长批准，可以延长6个月；还需要延长的，报请上级人民法院批准。

3. 第二审程序

（1）当事人提起上诉。当事人不服地方人民法院第一审判决的，有权在判决书送达之日起15日内向上一级人民法院提起上诉。第二审人民法院应当对上诉请求的有关事实和适用法律进行审查。

（2）第二审审理要求。第二审人民法院对上诉案件，应当组成合议庭，开庭审理。经过阅卷和调查，询问当事人，在事实核对清楚后，合议庭认为不需要开庭审理的，也可以径行判决、裁定。第二审人民法院审理上诉案件，可以在本院进行，也可以到案件发生地或者原审人民法院所在地进行。

（3）第二审的处理。第二审人民法院对上诉案件，经过审理，按照下列情形，分别处理：

1）判决认定事实清楚，适用法律正确的，判决驳回上诉，维持原判决。

2）判决适用法律错误的，依法改判。

3）原判决认定事实错误，或者原判决认定事实不清，证据不足，裁定撤销原判决，发回原审人民法院重审，或者查清事实后改判。

4）原判决违反法定程序，可能影响案件正确判决的，裁定撤销原判决，发回原审人民法院重审。当事人对重审案件的判决、裁定，可以上诉。

人民法院审理对原审判决的上诉案件，应当在第二审立案之日起3个月内审结。第二审人民法院的判决、裁定，是终审的判决、裁定。

4. 审判监督程序

审判监督程序，是指为了保障法院裁判的公正，使已经发生法律效力但有错误的判决裁定、调解协议得以改正而特设的一种程序。它并不是每个案件必经的程序。

各级人民法院院长对本院已经发生法律效力的判决、裁定，发现确有错误，认为需要再审的，应当提交审判委员会讨论决定。最高人民法院对地方各级人民法院已经发生法律效力的判决、裁定，上级人民法院对下级人民法院已经发生法律效力的判决、裁定，发现确有错误的，有权提审或者指令下级人民法院再审。当事人对已经发生法律效力的判决、裁定，认为有错误的，可以向原审人民法院或者上一级人民法院申请再审，但不停止判决、裁定的执行。

9.2 证据的种类、保全和应用

9.2.1 证据的种类

证据通常包括以下几种。

（1）书证。

（2）物证。

（3）视听资料。

（4）证人证言。

（5）当事人的陈述。

（6）鉴定结论。

（7）勘验笔录。

9.2.2 证据保全

1. 证据保全的概念

证据保全，是指法院在起诉前或在对证据进行调查前，依据申请人、当事人的请求，或依职权对可能灭失或今后难以取得的证据，予以调查收集和固定保存的行为。可能灭失或今后难以取得的证据，具体是指：证人生命垂危；具有民事诉讼证据作用的物品极易腐败变质；易于灭失的痕迹等。出现上述情况，诉讼参加人可以向人民法院申请保全证据，人民法院也可以主动采取保全措施。向人民法院申请保全证据，不得迟于举证期限届满前7日。

2. 证据保全的方法

人民法院采取证据保全的方法主要有三种。

（1）向证人进行询问调查，记录证人证言。

（2）对文书、物品等进行录像、拍照、抄写或者用其他方法加以复制。

（3）对证据进行鉴定或者勘验。获取的证据材料，由人民法院存卷保管。

9.2.3 证据的应用

1. 证据的提供或者收集

当事人对自己提出的主张，有责任提供证据。当事人及其诉讼代理人因客观原因不能自行收集的证据，或者人民法院、仲裁机构认为审理案件需要的证据，人民法院或者仲裁机构应当调查收集。人民法院或者仲裁机构应当按照法定程序，全面地、客观地审查核实证据。

2. 开庭质证

证据应当在开庭时出示，并由当事人互相质证。经过法定程序公证证明的法律行为、法律事实和文书，人民法院或者仲裁机构应当作为认定事实的根据。但有相反证据足以推翻公证证明的除外。书证应当提交原件。物证应当提交原物。提交原件或者原物确有困难的，可以提交复制品、照片、副本、节录本。提交外文书证，必须附有中文译本。

3. 专门性问题的鉴定

人民法院或者仲裁机构对专门性问题认为需要鉴定的，应当交由法定鉴定部门鉴定；

没有法定鉴定部门的，由人民法院或者仲裁机构指定的鉴定部门鉴定。鉴定部门及其指定的鉴定人有权了解进行鉴定所需要的案件材料，必要时可以询问当事人、证人。鉴定部门和鉴定人应当提出书面鉴定结论，在鉴定书上签名或者盖章。建设工程纠纷往往涉及工程质量、工程造价等专门性的问题，在诉讼中一般需要进行鉴定。因此，在建设工程纠纷中，鉴定是常用的举证手段。

当事人申请鉴定，应当在举证期限内提出。对需要鉴定的事项负有举证责任的当事人，在人民法院指定的期限内无正当理由不提出鉴定申请或者不预交鉴定费用或者拒不提供相关材料，致使对案件纠纷的事实无法通过鉴定结论予以认定的，应当对该事实承担举证不能的法律后果。

4. 重新鉴定

当事人对人民法院委托的鉴定部门作出的鉴定结论有异议申请重新鉴定提出证据证明存在下列情形之一的人民法院应予准许：

（1）鉴定机构或者鉴定人员不具备相关的鉴定资格的。

（2）鉴定程序严重违法的。

（3）鉴定结论明显依据不足的。

（4）经过质证认定不能作为证据使用的其他情形。

对有缺陷的鉴定结论，可以通过补充鉴定、重新质证或者补充质证等方法解决的，不予重新鉴定。一方当事人自行委托有关部门作出的鉴定结论，另一方当事人有证据足以反驳并申请重新鉴定的，人民法院应予准许。

9.3 民事诉讼法的有关内容

9.3.1 起诉和答辩

1. 起诉

（1）起诉的概念。起诉是指原告向人民法院提起诉讼，请求司法保护的诉讼行为。

（2）起诉的方式。

1）书面形式。《民事诉讼法》第 109 条 1 款规定，起诉应向人民法院递交起诉状。由此可见，我国《民事诉讼法》规定的起诉形式是以书面为原则的。

2）口头形式。虽然起诉以书面为原则，但当事人书写起诉状有困难的，也可口头起诉，由人民法院记入笔录，并告知对方当事人。可见，我国起诉的形式是以书面起诉为主，口头形式为例外。

（3）起诉状的内容。根据《民事诉讼法》第 110 条规定，起诉状应当记明下列事项：

1）当事人的姓名、性别、年龄、民族、职业、工作单位和住所，法人或其他经济组织的名称、住所和法定代表人或主要负责人的姓名、职务。

2）诉讼请求和所根据的事实与理由。

3）证据和证据来源，证人姓名和住所。

2. 答辩

人民法院对原告的起诉情况进行审查后，认为符合条件的，即立案，并于立案之日起

5 日内将起诉状副本发送到被告，被告在收到之日起 15 日内提出答辩状。被告不提出答辩状的，不影响人民法院的审理。

(1) 答辩的概念。答辩是针对原告的起诉状而对其予以承认、辩驳、拒绝的诉讼行为。

(2) 答辩的形式。

1) 书面形式，即以书面形式向法院提交的答辩状。

2) 口头形式，答辩人在开庭前未以书面形式提交答辩状，开庭时以口头方式进行的答辩。

(3) 答辩状的内容。针对原告、上诉人诉状中的主张和理由进行辩解，并阐明自己对案件的主张和理由。即揭示对方当事人法律行为的错误之处，对方诉状中陈述的事实和依据中的不实之处；提倡相反的事实和证据说明自己法律行为的合法性；列举有关法律规定，论证自己主张的正确性，以便请求人民法院予以司法保护。

9.3.2 诉讼管辖

1. 诉讼管辖的概念

诉讼管辖，是指在人民法院系统中，各级人民法院之间以及同级人民法院之间受理第一审案件的权限分工。诉讼管辖分为级别管辖、地域管辖、移送管辖和指定管辖。

2. 级别管辖

级别管辖，是指划分上下级人民法院之间受理第一审民事案件的分工和权限。级别管辖是人民法院组织系统内部从纵向划分各级人民法院的管辖权限，它是划分人民法院管辖范围的基础。根据人民法院组织法的规定，我国人民法院设为四级：即基层人民法院、中级人民法院、高级人民法院、最高人民法院。

法律规定，基层人民法院管辖第一审民事案件，但另有规定的除外。

3. 地域管辖

(1) 地域管辖，是指确定同级人民法院在各自的辖区内管辖第一审民事案件的分工和权限。它是在人民法院组织系统内部，从横向确认人民法院的管辖范围，是在级别管辖的基础上确认的。

(2) 地域管辖是根据各种不同民事案件的特点来确定的，一般原则是“原告就被告”，对其他特殊类型的案件，也是以当事人所在地、诉讼标的所在地或诉讼标的物所在地的人民法院管辖为原则的。

(3) 民事诉讼法规定，地域管辖有三种：一般地域管辖、特殊地域管辖、专属管辖。一般地域管辖，是指根据当事人所在地确定有管辖权的人民法院；特殊地域管辖，是指根据诉讼标的或诉讼标的物所在地确定有管辖权的人民法院。对特殊地域管辖，我国民事诉讼法采取列举的方式予以确定；专属管辖是指根据案件的特殊性质，法律规定必须由一定地区的人民法院管辖。专属管辖具有排他性。除上级人民法院指定管辖外，凡是法律明确规定专属管辖的案件，不能适用一般地域管辖和特殊地域管辖的原则确定管辖的法院。此类案件只能由法律所确认的法院行使管辖权，其他法院无权管辖。此外，协议管辖也不能变更专属管辖的有关规定。

(4) 合同纠纷的管辖。民事诉讼法规定，因合同纠纷提起的诉讼，由被告住所地或者合同履行地人民法院管辖。但合同的双方当事人可以在书面合同中协议选择被告所在地、合同履行地、合同签订地、原告住所地、标的物所在地人民法院管辖，但不得违反级别管辖和专属管辖。

法律还规定，因侵权行为提起的诉讼，由侵权行为地或者被告住所地人民法院管辖。

(5) 专属管辖。

1) 因不动产纠纷提起的诉讼，由不动产所在地人民法院管辖。

2) 因港口作业中发生纠纷提起的诉讼，由港口所在地人民法院管辖。

3) 因继承遗产纠纷提起的诉讼，由被继承人死亡时住所地或者主要遗产所在地人民法院管辖。

4. 移送管辖和指定管辖

(1) 移送管辖，是指某一人民法院受理案件后，发现自己对该案件没有管辖权，将案件移送有管辖权的人民法院审理。

(2) 指定管辖，是指有管辖权的人民法院由于特殊原因，不能行使管辖权的，由上级人民法院指定管辖。

人民法院之间因管辖权发生争议，由争议双方协商解决；协商解决不了的，报请它们的共同上级人民法院指定管辖。

9.3.3 执行程序

9.3.3.1 执行程序概述

1. 执行程序的概念

执行程序，是指人民法院的执行机构运用国家强制力，强制义务人履行生效的法律文书所确定的义务的程序。

2. 执行程序的一般规定

执行程序的一般规定，包括执行的根据、执行案件的管辖、执行担保和执行等内容。

(1) 执行的根据，是指人民法院据以执行的法律文书。包括以下几种。

1) 发生法律效力的民事判决、裁定。

2) 发生法律效力并且具有财产内容的刑事判决、裁定。

3) 法律规定由人民法院执行的其他法律文书。如先予执行的民事裁定书；仲裁机构制作的发生法律效力的裁决书、调解书；公证机关制作的依法赋予强制执行效力的债权文书。

(2) 执行管辖，是指各人民法院之间划分对生效法律文书的执行权限。人民法院执行管辖因法律文书的种类不同而有区别。包括以下几种。

1) 人民法院作出生效的法律文书，由第一审人民法院执行。也即无论生效的裁判是第一审人民法院作出的，还是第二审人民法院作出的生效的法律文书，均由第一审人民法院开始执行程序。

2) 法律规定由人民法院执行的其他法律文书，由被执行人住所所在地或者被执行财产所在地人民法院执行。

3) 执行中发生异议的处理。法律规定，执行过程中，案外人对执行标的提出异议的，执行员应当按照法定程序进行审查。理由不成立的，予以驳回；理由成立的，由院长批准中止执行。如果发现判决、裁定确有错误的，按照审判监督程序处理。

4）执行中，当事人自行达成和解协议时的处理。法律规定，在执行中，双方当事人自行和解达成协议的，执行员应当将协议内容记入笔录，由双方当事人签名或者盖章。

一方当事人不履行和解协议的，人民法院可以根据对方当事人的申请，恢复对原生效法律文书的执行。

9.3.3.2 执行的申请和移送

申请执行是根据生效的法律文书，享有权利的一方当事人，在义务人拒绝履行义务时，在申请执行的期限内请求人民法院依法强制执行，从而引起执行程序的发生。移送执行程序是指人民法院的判决、裁定或者调解协议发生法律效力后，由审理该案的审判组织决定，将案件直接交付执行人员执行，从而引起执行程序的开始。

调解书和其他应当由人民法院执行的法律文书，当事人必须履行。一方拒绝履行的，对方当事人可以向人民法院申请执行。

法律还规定，对依法设立的仲裁机构的裁决，一方当事人不履行的，对方当事人可以向有管辖权的人民法院申请执行。受申请的人民法院应当执行。

被申请人提出证据证明仲裁裁决中有违反相关法律规定的，经人民法院组成合议庭审查核实，裁定不予执行。仲裁裁决被人民法院裁定不予执行的当事人可以根据双方达成的书面仲裁协议重新仲裁，也可以向人民法院起诉。

9.3.3.3 执行措施

执行措施的法律规定如下：

（1）向银行、信用合作社和其他有储蓄业务的单位，查询被执行人的存款情况，冻结、划拨被执行人应当履行义务部分的收入。

（2）查封、扣押、冻结并依照规定拍卖变卖被执行人应当履行义务部分的财产。

（3）对隐瞒财产的被执行人及其住所或者财产隐匿地进行搜查。

（4）被执行人加倍支付迟延还债期间的债务利息。

（5）强制交付法律文书指定交付的财物或者票证。

（6）强制迁出房屋或退出土地。

（7）强制执行法律文书指定的行为。

（8）划拨或转交企业、事业单位、机关、团体的存款等。

9.3.3.4 执行中止和终结

（1）中止执行的法律规定。法律规定，有下列情形之一的，人民法院应当裁定中止执行：申请人表示可以延期执行；案外人对执行标的提出确有理由的异议的；作为一方当事人的公民死亡，需要等待继承人继承权利或者承担义务的；作为一方当事人的法人或者其他组织终止的，尚未确定权利义务承受人的；人民法院认为应当中止执行的其他情形。

（2）中止的情形消失后，恢复执行。

（3）终结执行的法律规定。法律规定，有下列情形之一的，人民法院裁定终结执行：申请人撤销申请的；据以执行的法律文书被撤销的；作为被执行人的公民死亡，无遗产可供执行，又无义务承担人的；只追索赡养费、抚养费、抚育费案件的权利人死亡的；作为被执行人的公民因生活困难无力偿还借款，无收入来源，又丧失劳动能力的；人民法院认为应当终结执行的其他情形。

（4）中止和终结执行的裁定，送达当事人后立即生效。

9.4 仲裁法的有关内容

9.4.1 仲裁组织

1. 仲裁委员会

仲裁委员会是依法成立的仲裁机构。仲裁委员会可以在直辖市或省、自治区人民政府所在地的市设立，也可以根据需要在其他设区的市设立，不按行政区划层层设立。

2. 仲裁协会

中国仲裁协会是依法成立的社会团体法人。全国各地的仲裁委员会是中国仲裁协会的会员。中国仲裁协会的章程由全国会员大会制定。

中国仲裁协会是仲裁委员会的自律性组织，根据章程对仲裁委员会及其组成人员、仲裁员的违纪行为进行监督。

中国仲裁协会依照《中华人民共和国仲裁法》（以下简称《仲裁法》）和《民事诉讼法》的有关规定制定仲裁规则。

9.4.2 仲裁协议

1. 仲裁协议的概念

仲裁协议是当事人自愿将争议提交仲裁机构进行仲裁达成协议的文书。《仲裁法》规定，仲裁协议包括合同中订立的仲裁条款和以其他书面方式在纠纷发生前或者纠纷发生后达成请求仲裁的协议。

2. 仲裁协议的特点

（1）合同当事人均受仲裁协议的约束。

（2）仲裁协议是仲裁机构对纠纷进行仲裁的先决条件。

（3）仲裁协议排除了法院对纠纷的管辖权。

（4）仲裁机构应按照仲裁协议进行仲裁。

3. 仲裁协议的内容

（1）请求仲裁的意思表示。

（2）仲裁事项。

（3）选定仲裁委员会。

4. 仲裁协议的无效

仲裁协议是合同的组成部分，是合同的内容之一。有下列情况的，仲裁协议无效。

（1）约定的事项超出法律规定的仲裁范围的。

（2）无民事行为能力人或者限制民事行为能力人订立的仲裁协议。

（3）一方采取胁迫手段，迫使对方订立仲裁协议的。

（4）在仲裁协议中，当事人对仲裁事项或者仲裁委员会没有约定或者约定不明确，当事人又达不成补充协议的，仲裁协议无效。

仲裁协议独立存在，合同的变更、解除、终止或者无效，不影响仲裁协议的效力。仲裁庭有权确认合同的效力。当事人对仲裁协议的效力有异议，应在仲裁庭首次开庭前提出。当事人对仲裁协议的效力有异议的，可以请求仲裁委员会作出决定或者请求人民法院作出裁定。一方请求仲裁委员会作出决定，另一方请求人民法院作出裁定的，由人民法院裁定。

当事人对仲裁协议的效力有异议，应当在仲裁庭首次开庭前提出。

9.4.3 仲裁裁决的效力与执行

1. 仲裁裁决的效力

当事人一旦选择了仲裁解决争议，仲裁委员会所作出的裁决对双方都有约束力，双方都要认真履行，否则，权利人可以向法院申请强制执行。

2. 仲裁裁决的执行

仲裁委员会的裁决作出后，当事人应当自觉履行。如果当事人不履行裁决时，仲裁委员会不能强制执行。因此，当一方当事人不履行仲裁裁决时，另一方当事人可以依据《民事诉讼法》的有关规定向有管辖权的人民法院执行庭申请执行。

当被申请人提出证据证明仲裁裁决不符合法律规定时，经人民法院合议庭审查核实，可作出裁定不予执行。

9.5 工程建设中常见纠纷的成因与防范措施

9.5.1 施工合同纠纷的成因与防范措施

9.5.1.1 施工合同主体纠纷

1. 纠纷成因

(1) 因承包商资质不够导致的纠纷。

(2) 因无权代理与表见代理导致的纠纷。

(3) 因联合体承包导致的纠纷。

(4) 因“挂靠”问题而产生的纠纷。

2. 防范措施

(1) 加强对建筑市场承包商资质的监管。

(2) 加强对承包商资质的审查，避免与不具备相应资质的承包商订立合同。

(3) 施工合同各方应当加强对授权委托书的管理，避免无权代理和表见代理的产生。

(4) 避免与无权代理人签订合同。

(5) 联合体承包应当规范、自愿。

(6) 避免“挂靠”。

9.5.1.2 施工合同工程款纠纷

1. 纠纷成因

(1) 承包商竞争过分激烈。

(2)“三边工程”引起的工程造价失控。

(3) 从业人员法律意识薄弱。

(4) 施工合同调价与索赔条款的重合。

(5) 合同缺陷。

(6) 双方理解分歧。

(7) 工程款拖欠。

2. 防范措施

(1) 签订书面合同。

(2) 避免合同总价与分项工程单价之和不符。

(3) 避免约定不明与理解分歧。

(4) 避免合同缺项。

(5) 协调合同内容冲突。

(6) 预防风险。

(7) 调价条款与索赔条款重合的处理。

9.5.1.3 施工合同质量纠纷

1. 纠纷成因

(1) 建设单位不顾实际的降低造价，缩短工期。

(2) 不按建设程序运作。

(3) 在设计或施工中提出违反法律、行政法规和建筑工程质量、安全标准的要求。

(4) 将工程发包给没有资质的单位或者将工程任意肢解进行发包。

(5) 建设单位未将施工图设计文件报县级以上人民政府建设行政主管部门或者其他有关部门审查。

(6) 建设单位采购的建筑材料、建筑构配件和设备不合格或给施工单位指定厂家，明示、暗示使用不合格的材料、构配件和设备。

(7) 施工单位脱离设计图纸、违反技术规范以及在施工过程中偷工减料。

(8) 施工单位未履行属于自己在施工前产品检验的强化责任。

(9) 施工单位对于在质量保修期内出现的质量缺陷不履行质量保修责任。

(10) 监理制度不严格。

2. 防范措施

(1) 应当严格按照建设程序进行工程建设。

(2) 对造价和工期的要求应当符合客观规律。

(3) 应当按照法律、行政法规和建筑工程质量、安全标准的要求进行设计和施工。

(4) 标段的划分应当合理，不能随意肢解工程。

(5) 施工图设计文件应当按照规定进行审查。

(6) 加强建筑材料、建筑构配件和设备采购的管理。

(7) 应当按照设计图纸、技术规范进行施工。

(8) 严格施工前产品检验的强化责任。

(9) 完善质量保修制度。

(10) 严格监理制度，加强质量监督管理。

9.5.1.4 施工合同分包与转包纠纷

1. 纠纷成因

(1) 因资质问题而产生的纠纷。

(2) 因履约范围不清而产生的纠纷。

(3) 因转包而产生的纠纷。

(4) 因配合与协调问题而产生的纠纷。

(5) 因违约和罚款问题而产生的纠纷。

(6) 因各方对分包管理不严而产生的纠纷。

2. 防范措施

(1) 加强对分包商资质的管理。

(2) 在分包合同中明确各自的履约范围。

(3) 严格禁止转包。

(4) 加强有关各方的配合与协调。

(5) 避免违约和罚款。

(6) 加强对分包的管理。

9.5.1.5 施工合同变更和解除纠纷

1. 纠纷成因

(1) 工程本身具有的不可预见性。

(2) 设计与施工以及不同专业设计之间的脱节。

(3)"三边工程"导致大量变更产生。

(4) 大量的口头变更导致事后责任无法分清。

(5) 单方解除合同。

2. 防范措施

(1) 做好工程的计划性。

(2) 避免设计与施工以及不同专业设计之间的脱节。

(3) 避免"三边工程"。

(4) 规范口头变更。

(5) 规范单方解除合同。

9.5.1.6 施工合同竣工验收纠纷

1. 纠纷成因

(1) 隐蔽工程竣工验收产生的纠纷。

(2) 未经竣工验收提前使用产生的纠纷。

2. 防范措施

(1) 严格按照规范和合同约定进行隐蔽工程竣工验。

(2) 避免未经竣工验收提前使用。

9.5.1.7 施工合同审计纠纷

1. 纠纷成因

(1) 有关各方对审计监督权的认识偏差。

（2）审计机关的独立性得不到保证。

（3）工程造价的技术性问题也是导致纠纷的原因。

2. 防范措施

（1）正确认识审计监督权。

（2）确保审计机关的独立性。

（3）规范审计工作。

9.5.2 建设工程物资采购合同纠纷的成因与防范措施

9.5.2.1 建设工程物资采购合同质量纠纷的成因与防范措施

1. 纠纷的成因

（1）合同约定不明确。

（2）检查验收不严格、不及时。

2. 防范措施

（1）合同约定应当明确。

（2）严格检查验收制度。

（3）到货后及时验收。

9.5.2.2 建设工程物资采购合同数量纠纷的成因与防范措施

1. 纠纷的成因

（1）合同约定不明确。

（2）检查验收不严格、不及时。

2. 防范措施

（1）合同约定应当明确。

（2）严格检查验收制度。

（3）到货后及时验收。

9.5.2.3 建设工程物资采购合同履行期限、地点的纠纷的成因

1. 纠纷的成因

（1）合同约定不明确。

（2）不按合同约定履行。

2. 防范措施

（1）合同约定应当明确。

（2）严格按照合同约定履行。

9.5.2.4 建设工程物资采购合同价款纠纷的成因与防范措施

1. 纠纷的成因

（1）合同约定不明确。

（2）履行期间价格的变动。

2. 防范措施

（1）合同约定应当明确。

（2）按照合同法的规定处理履行期间价格的变动。

9.5.3 建设工程其他合同纠纷的成因与防范措施

1. 建设工程勘察、设计合同纠纷的成因与防范措施

(1) 纠纷的成因。

1) 建设工程勘察、设计质量纠纷。

2) 建设工程勘察、设计期限纠纷。

3) 建设工程勘察、设计变更纠纷。

(2) 防范措施。

1) 严格建设工程勘察、设计的质量与期限管理。

2) 避免和减少建设工程勘察、设计变更。

2. 建设工程监理合同纠纷的成因与防范措施

(1) 纠纷的成因。

1) 监理工作内容的纠纷。

2) 监理工作缺陷纠纷。

(2) 防范措施。

1) 合同约定应当明确。

2) 严格按照合同约定完成各自的职责。

3) 出现监理工作缺陷，应当按照规定补救和承担相应的责任。

9.5.4 建设工程其他纠纷的成因与防范措施

1. 相邻关系纠纷的成因与防范措施

(1) 纠纷的成因。没有正确处理截水、排水、通行、通风、采光等方面的相邻关系。

(2) 防范措施。做好规划，严格按照有利生产、方便生活、团结互助、公平合理的精神进行建设。

2. 环境保护纠纷的成因与防范措施

(1) 纠纷的成因。建设项目施工中可能对环境的影响主要体现在两个方面：一方面是对自然环境造成了破坏；另一方面是施工产生的粉尘、噪声、振动等对周围生活居住区的污染和危害。

(2) 防范措施。施工单位应当严格按照国家规定的标准、规范和合同的约定进行施工。

3. 施工中的安全措施措施不当产生的损害赔偿纠纷的成因与防范措施

(1) 施工中的安全措施措施不当产生的损害赔偿纠纷的成因。

在工程施工过程中，没有按照需要设置明显标志、采取安全措施。

(2) 防范措施。

在工程施工过程中，按照需要设置明显标志、采取安全措施，避免给他人造成损害。

4. 施工中搁置物、悬挂物造成损害赔偿纠纷的成因与防范措施

(1) 施工中搁置物、悬挂物造成损害赔偿纠纷的成因施工中搁置物、悬挂物管理不当，给他人造成人身和财产损害。

(2) 防范措施。施工单位应当严格管理搁置物、悬挂物。

复习思考题

1. 建设工程纠纷和解解决有什么特点?
2. 建设工程纠纷仲裁解决有什么特点? 仲裁协议应包括哪些内容?
3. 通过诉讼方式解决建设工程纠纷，起诉必须符合哪些条件?
4. 什么是证据保全? 证据保全的方法有哪些?
5. 施工合同工程款纠纷的成因与防范措施有哪些?

第10章 房地产与物业管理法规

本章学习要点：

1. 了解房地产管理法的一些基本概念和立法目的。
2. 熟悉房地产管理法的调整对象、适用范围、基本原则。
3. 熟悉房地产开发用地的法律制度。
4. 掌握房地产交易的法律制度。
5. 熟悉物业管理制度。

10.1 概　　述

10.1.1 房地产与房地产管理法的概念和立法目的

1. 房地产的概念

房地产是个古老而又"年轻"的概念，它是房产和地产的统称，不仅包括房屋财产还包括土地财产，在国外，房地产一般称为不动产，也就是从形态上描述房地产是不能移动位置的财产。在我国现行法律中，至今没有关于"房地产"的定义，连《中华人民共和国城市房地产管理法》也没有对"房地产"一词做出定义，因此对房地产的概念只能从内涵上予以示意。首先，从物质实体的角度看，房地产是指土地、建筑物及其他地上定着物，也就是说房依地而建，房地不可分离；其次，从房地产权益来看，房地产的权益包括寓于房地产实体中的各种权利，但是对于房屋所占有的土地来说，只拥有它的使用权。房地产这一概念不能从表面来理解，还要从内涵上加以说明。其中国家标准——《房地产估价规范》对房地产是这样定义的：土地、建筑物及其他地上定着物，包括物质实体和依托于物质实体上的权益。

2. 房地产管理法的概念

房地产管理法是调整房地产法律关系的行为规范，又有广义和狭义之分：广义的房地产管理法，是指调整在房地产开发、经营和各种服务活动中形成的一定社会关系的法律规范的总称。狭义的房地产管理法，是指1994年7月5日第八届全国人民代表大会常务委员会第八次会议通过的《中华人民共和国城市房地产管理法》(以下简称《城市房地产管理法》)。《城市房地产管理法》共7章、72条，规定了：房地产开发用地、房地产开发、房地产交易、房地产权属登记制管理等内容，于1995年1月1日起施行。十届全国人民代表大会常务委员会第二十九次会议表决通过了修改《城市房地产管理法》的决定，授权国务院就征收国有土地上单位、个人房屋与拆迁补偿先制定行政法规，确保《物权法》实施后我国城市拆迁有法可依。新修订的《城市房地产管理法》于2007年10月1日开始施行。

3. 房地产管理法的立法目的

（1）加强对城市房地产的管理。房地产业，是指从事土地和地产开发、经营、管理和服务活动的产业，它主要包括：国有土地使用权的出让，房地产的开发和再开发；房地产经营；房地产中介服务；房地产的调控和管理。房地产业的发展，不仅为城市经济发展提供了基本物质基础和前提，改善了城市居民的生活条件，而且为国家GDP的增长作出了重要的贡献。鉴于房地产业在国民经济和社会发展中的重要地位和作用，客观上要求用法律对其加以规范、引导、推动和保障。因此，制定《城市房地产管理法》的首要目的就是要加强对房地产的管理。

（2）维护房地产市场秩序。房地产市场秩序，是指人们在从事房地产市场活动中应当遵循的准则。近几年来，随着房地产业的迅猛发展，房地产市场也出现了一些问题：房地产开发投资结构不合理、房地产市场交易行为不规范等，要维护房地产市场秩序，国家就要使用比较权威的法律手段，因此制定《城市房地产管理法》的另外一个目的就是有效地维护房地产市场秩序。

（3）保障房地产权利人的合法利益。房地产权利人，是指拥有土地的使用权及其上的房屋所有权的产权人，是在房地产法律关系中，依法享受权利并承担相应义务的自然人、法人及其他社会组织等。房地产权利人应当遵守法律和行政法规，房地产权利人的合法权益受法律保护，任何单位和个人不得侵犯。房地产权利人对他人侵犯房地产权益的行为，可要求得到国家法律的保护，追究侵权行为人的法律责任，对他们实行法律制裁。但是不合法的房地产权益不受国家法律的保护。

（4）促进房地产业的健康发展。改革开放至今，在国家的法律规范和宏观调控下，房地产业有序的快速、健康发展，为我国的经济发展做出了不可磨灭的贡献。为了维护房地产市场的秩序，保障房地产权利人的合法权益，促进房地产行业的健康发展，国家制定《城市房地产管理法》加强对城市房地产行业的管理。

10.1.2 房地产管理法的调整对象、适用范围、基本原则

1. 调整对象

《城市房地产管理法》的调整对象包括房地产开发、交易、行政管理和物业管理中形成的一定的社会关系，换句话说就是包括房地产经营关系和房地产管理关系。其中，房地产经营关系又包括城市土地财产经营关系和房屋财产经营关系，房地产管理关系又包括城市土地管理关系和城市房屋管理关系。房地产法律关系从社会关系上看其还有行政和民事性质，行政关系是国家政府机关及部门基于行政职权与相对管理人依法形成的权力与义务的关系，如房地产项目开发建设审批、土地征用、房地产市场管理关系等；民事关系指平等的民事主体间依法形成的有关房地产的权力与义务的关系，如房地产转让、房地产租赁、房地产抵押关系等。

2. 适用范围

《城市房地产管理法》总则的第2条规定了房地产管理法的适用范围：在中华人民共和国城市规划区国有土地（以下简称国有土地）范围内取得房地产开发用地的土地使用权，从事房地产开发、房地产交易，实施房地产管理，应当遵守本法。《城市房地产管理法》所称房屋，是指土地上的房屋等建筑物及构筑物；《城市房地产管理法》所称房地产

开发，是指在依据本法取得国有土地使用权的土地上进行基础设施、房屋建设的行为；《城市房地产管理法》所称房地产交易，包括房地产转让、房地产抵押和房屋租赁。

3. 基本原则

《城市房地产管理法》的基本原则是制定和实施房地产管理法的根本出发点，必须符合国家产业政策、国民经济和社会发展的计划；符合经济效益、社会效益和环境效益相统一的原则；符合全面规划、合理布局，综合开发，配套建设的原则。《城市房地产管理法》的基本原则主要有四点：节约用地、保护耕地原则；国有土地有偿、有限期使用原则；扶持发展居民住宅建设，逐步改善居民居住条件原则；保护房地产权利人合法权益（请求排除妨碍、恢复原状、返还房地产、赔偿损失等）和房地产权利人必须守法原则。

10.2 房地产开发用地

10.2.1 城市房地产开发用地

房地产开发，一般是对土地和地上建筑物进行的投资开发建设活动。依照《城市房地产管理法》第2条的规定，房地产开发是指在依法取得土地使用权的国有土地上进行基础设施、房屋建设的行为。

房地产开发用地是指房地产开发商在房地产开发过程中所需要使用的土地，具体而言，是指房地产开发企业依据国家法律的规定，在取得土地使用权后，进行投资开发建设基础设施和房屋的国有土地。房地产开发用地，包括两类用地，即基础设施建设用地和房屋建设用地。①基础设施一般包括交通、邮电、供水供电、商业服务、科研与技术服务、园林绿化、环境保护、文化教育、卫生事业等市政公用工程设施和公共生活服务设施等。基础设施建设用地，一般是指这些公用工程设施和公共生活服务设施的建设用地。基础设施建设用地又称土地开发用地。②房屋建设用地，一般是指住宅建设用地；工业、交通、仓库用房；商业服务用房；文化、体育、娱乐用房；教育、医疗、科研用房以及办公用房等各类房屋建设用地。房屋建设用地又称房屋开发用地。

10.2.2 房地产开发用地的取得

房地产开发用地有两种取得方式：一是国有土地使用权的有偿出让；二是国有土地使用权的无偿划拨。随着国有土地有偿使用制度的建立，土地使用权出让已成为获取房地产开发用地的主要途径。

10.2.2.1 土地使用权的出让

1. 土地使用权有偿出让的概念

《城市房地产管理法》第8条规定：“土地使用权出让，是指国家将国有土地使用权（以下简称土地使用权）在一定年限内出让给土地使用者，由土地使用者向国家支付土地使用权出让金的行为。”第9条规定：“城市规划区内的集体所有的土地，经依法征用转为国有土地后，该幅国有土地的使用权方可有偿出让。”土地使用权的出让方是有权代表国家的土地管理部门。

依照法律规定，土地使用权的出让由市、县人民政府负责，土地使用权出让合同由市、县人民政府土地管理部门与土地使用者签订，其他任何主体都不能成为土地使用权的出让方，都无权实施土地使用权出让行为。土地使用权出让是一种有偿行为。

2. 土地使用权出让的方式

《城市房地产管理法》第13条规定："土地使用权出让，可以采取拍卖、招标或者双方协议的方式。商业、旅游、娱乐和豪华住宅用地，有条件的，必须采取拍卖、招标方式；没有条件的，可以采取双方协议的方式。采用双方协议方式出让土地使用权的出让金不得低于按国家规定所确定的最低价。"

为了规范国有土地使用权出让行为，建立公开、公平、公正的土地使用权制度，2002年5月国土资源部发布的《招标拍卖挂牌出让国有土地使用权规定》（国土资源部令第11号）提出商业、旅游、娱乐和商品住宅等各类经营性用地以及其他用途的同一宗地有两个以上意向用地者的，必须以招标、拍卖或者挂牌方式出让。

（1）拍卖出让。拍卖也称竞买，商业中的一种买卖方式。拍卖出让土地使用权，是指出让人发布拍卖公告，由竞买人在指定的时间、地点、由土地行政主管部门主持拍卖指定地块的土地使用权，由拍卖主持人首先叫出底价，诸多的竞投者公开竞价，根据出价结果和"价高者得"原则确定土地使用权归属的行为。其特点是，竞争具有公开性，价格是确定受让人的唯一条件。它一般适用于商业用地、居住用地或娱乐用地等。

拍卖出让的程序是：①拍卖准备前期；②发布拍卖公告；③有意受让人索取有关文件办理竞投手续；④在约定的时间、地点按程序进行拍卖；⑤与竞得人签约；⑥竞得人按出让合同规定的期限支付土地使用权出让金，办理土地使用权登记手续，领取土地使用证。

（2）招标出让。招标出让土地使用权，是指市、县人民政府土地行政主管部门（出让方）发布招标公告，在规定的期限内，由符合规定的单位或个人（受让方），以书面投标形式，竞投某块土地的使用权，土地使用权出让方评标决标择优确定土地使用权归属的行为。其特点是引入了市场竞争机制，但在确定受让方时，既要考虑投标报价，又要考虑投标人的实际开发能力、企业的业绩及资信状况、土地开发规划设计方案以及与招标人合作的前景等，最后在综合评比的基础上择优而定，因此中标者不一定是投标标价最高者，其经济效益可能比拍卖略逊一筹。

招标出让的程序是：①市、县人民政府土地行政主管部门（招标人）发布招标公告；②招标人对报名的竞投人进行资格审查。经审查合格的竞投人缴纳保证金，领取招标文件，并在公告规定的时间内将密封的标书投入指定标箱；③在公告规定的时间、地点，招标人邀请所有竞投人在公证机构监督下开标，当众启封并宣读标书。竞投人少于3名的，招标人应当重新组织出让；④评标小组按照招标文件确定的评标标准和方法，评审投标文件，提出书面评标报告，并推荐合格的中标候选人；⑤招标人根据评标小组提出的评标报告和推荐的中标候选人确定中标人。中标人应当能够最大限度地满足招标文件中规定的各项综合评价标准；或者能够满足招标文件的实质性要求，且投标价格最高；⑥中标人确定后，招标人应当向中标人发出中标通知书，并同时将中标结果通知未中标的竞标人。中标人已缴纳的保证金抵作定金；未中标竞投人的保证金于定标后5个工作日内退还，不计利息；⑦中标人应当在接到中标通知书后15日内与招标人签订国有土地使用权出让合同，并支付土地使用权出让金的定金；⑧中标人按照出让合同约定付清出让金后，依法申请办理土地使用权登记，领取土地使用权证。

（3）协议出让。协议出让土地使用权，是指出让方与受让方通过协商、谈判，就有关土地使用权出让所涉及的相关事宜达成一致的法律行为。根据《协议出让国有土地使用权规定》第五条说明：协议出让最低价不得低于新增建设用地的土地有偿使用费、征地（拆迁）补偿费用以及按照国家规定应当缴纳的有关税费之和；有基准地价的地区，协议出让最低价不得低于出让地块所在级别基准地价的70%。低于最低价时国有土地使用权不得出让。

协议出让的特点是由于存在受让方的单一性，也就是受让方没有竞争，因此不能体现市场公开、竞争的原则，存在一定的弊端。一般适用于有特殊要求的政府、国防项目用地，公益事业用地等不能采取拍卖和招标方式的项目。

协议出让的程序是：①用地单位经政务中心向国土资源部门提交协议出让土地申请，规划提供的《选址意见书》、《设计条件通知书》、《规划用地红线图》，地籍调查证明，勘测定界技术报告，用地红线图及其他有关资料；②现场查勘，资料审查，委托地价评估；③填写会审意见表，提交会审；④审定地价，拟定出让方案，填写土地出让呈报表；⑤集体会审或会签，协商地价并草签出让合同；⑥上报审批；⑦正式签订出让合同，缴纳出让金，资料归档；⑧土地使用权有意受让人按照合同规定交付全部的土地出让金后，在土地管理部门办理土地使用权登记手续，并领取土地使用证。

3. 土地使用权出让的最高年限规定

《城市房地产管理法》第3条规定："国家依法实行国有土地有偿、有限期使用制度。"这就是说，土地有偿使用必须是有期限的，具体期限《城市房地产管理法》没有规定，而是授权由国务院规定。国务院于1990年5月19日发布的《城镇国有土地使用权出让和转让暂行条例》第12条规定了各类用地的最高年限，具体为：

（1）居住用地70年。

（2）工业用地50年。

（3）教育、科技、文化、卫生、体育用地50年。

（4）商业、旅游、娱乐用地40年。

（5）综合或者其他用地50年。

国有土地使用权的土地出让年限，自领取土地的《国有土地使用证》之日起计算，出让土地使用权的最高年限不是唯一年限，具体出让项目的实际年限由国家根据情况与用地者商定。土地使用权出让的实际年限不得突破规定的最高年限，而只能限于最高年限的范围内。另外，根据《物权法》规定：住宅建设用地使用权期间届满，自动续期。非住宅建设用地使用权期间届满后的续期，依照法律规定办理。

4. 土地使用权出让合同

（1）土地使用权出让合同的概念。土地使用权出让合同又称为土地使用权出让协议，是土地出让方与土地受让方就城市国有土地使用权出让的明确相互之间权利和义务的法律行为。与一般合同不同，土地使用权出让合同是标准合同，即格式合同，是由国家制作统一的文本，国有土地使用权出让时，受让人只能就出让金的数额多少、支付方式等几项与出让方协商，其余条款只有表示赞同，才能达成协议。这是因为土地使用权出让合同具有计划合同的性质，它必须包含法律法规规定的强制性内容。

（2）土地使用权出让合同的主要内容。土地使用权出让合同的主要内容是用来确定在出让土地使用权时双方的权利和义务的条款，一般包括下列内容：

1）合同主体。合同的主体即合同的当事人，就是出让与受让双方，首先要明确双方当事人的名称、身份等基本特征。根据《城市房地产管理法》的规定，土地使用权出让合同的出让方是当地市、县人民政府的土地管理部门。受让方是与出让方协商谈判或在招标、拍卖竞争中取得土地使用权的自然人、法人或其他组织。

2）合同的标的。合同的标的是指所出让的地块的具体位置、界限、四至、地块编号、地块形状及地块的面积等土地的自然状况。

3）出让年限。土地使用权的出让年限依双方约定，但必须遵从国务院规定的各类用地的最高年限，该年限自领取土地的《国有土地使用证》之日起计算。

4）出让价款及支付方式。土地出让合同规定，受让方按照合同向出让方支付土地使用权出让金、土地使用费用以及受让方向第三方转让时的土地增值费（税）。

合同应明确标示出出让金的数额、币种、支付方式和支付期限。出让金是出让合同的重要条款，应明确约定，以免发生争议。

5）出让地块的用途及使用条件。地块的用途是土地出让合同中规定的该块土地的使用途径，一般情况下不得进行更改。地块的使用条件为合同的附件，与合同具有同等法律效力。受让方必须同意按土地使用条件使用土地。土地的使用条件包括该地块的桩届定点，土地利用要求、城市建设管理要求、建设要求、市政基础设施要求。土地使用权受让方应当按照出让合同的规定开发、利用、经营土地，如需改变合同规定的土地用途或改变规划要求，应当征得出让方的同意并经土地管理部门和城市规划部门批准，重新签订合同，调整土地出让金，并办理登记。

6）土地使用权转让、出租、抵押的条件。合同中明确标示出转让、出租、抵押的内容，以免当事双方发生纠纷。

7）期限届满的处置。合同规定的使用年限届满，甲方有权无偿收回出让地块的使用权，并无偿取得该地块上建筑物及其他附着物所有权。土地使用者应当交还土地使用证，并依照规定办理土地使用权注销登记手续。如果乙方需继续使用该地块，须在期满预先约定的期限内向甲方提交续期申请书，并经甲方同意在确定了新的土地使用权出让年限和出让金及其他条件后，签订续期合同，并重新办理土地使用权登记手续。

8）违约责任。违约责任是指合同当事人任何方不履行合同或不适当履行合同规定的义务，将承担的法律责任。签订合同前应该明确，以成为书面的法律凭证。

9）争议的解决方式。在合同中先明确争议解决的方式，根据《土地管理法》的规定，对土地使用权争议一般首先由县级以上人民政府土地管理部门作出处理决定，当事人对处理决定不服的，应当在接到处理通知之日起 30 日内向人民法院起诉。当然，被侵权人也可以直接向人民法院起诉。

5. 土地使用权出让金

关于土地使用权出让金在我国有两种不同的理解：从广义上讲，土地使用权出让金是指政府作为城镇土地的所有者将土地使用权在一定年限内让与土地使用者时所收取的费用。即土地的地租价格。一般而言，土地价格应包括土地资源（物质）价格和土地资本（资产）价格两部分。从狭义上讲，土地使用权出让金是指政府作为城镇土地的所有者将土地使用权在一定年限内让与土地使用者时收取的地租资本化的费用。即土地资源价格。在我国的土地使用权出让的实践中，这两种意义上的土地出让金都在使用，但是不管怎样，土地使用者取得一定年限的土地使用权后必须按照出让合同约定，支付土地使用权出让金；未按合同约定支付土地使用权出让金的，土地管理部门有权解除合同，并可以请求违约赔偿。

土地使用者按照出让合同的约定支付土地使用权出让金的，市、县人民政府与土地管理部门必须按照出让合同的约定，提供出让的土地；未按合同约定提供出让土地的，土地使用者有权解除合同。要求返还出让金，并可以请求违约赔偿。

当出让合同约定的土地用途发生变更时，土地使用权出让金也要进行相应的调整。

6. 土地使用权的终止和续期

(1) 土地使用权的终止。根据《城市房地产管理法》，土地使用权的终止有四种情况。

1) 提前收回。《城市房地产管理法》第20条规定："国家对土地使用者依法取得的土地使用权，在出让合同约定的使用年限届满前不收回；在特殊情况下，根据社会公共利益的需要，可以依照法律程序提前收回，并根据土地使用者使用土地的实际年限和开发土地的实际情况给予相应的补偿。"

2) 土地灭失。《城市房地产管理法》第21条规定："土地使用权因土地灭失而终止。"所谓的土地灭失就是因不可抗拒的自然灾害（如地震、火山爆发、洪水等）或人为原因导致土地实际使用价值消失的事实。当土地灭失，土地的现况与登记簿的标示登记发生不一致的现象，土地的利用形态发生了变化，无法被人们开发和经营。

3) 自然收回。《城市房地产管理法》第22条规定："土地使用权出让合同约定的使用年限届满，土地使用者未申请续期或者虽申请续期但依照前款规定未获批准的，土地使用权由国家无偿收回。"此规定为出让年限期满的自然收回。

4) 强制收回。《城市房地产管理法》第26条规定："超过出让合同约定的动工开发日期满一年未动工开发的，可以征收相当于土地使用权出让金20%以下的土地闲置费；满二年未动工开发的，可以无偿收回土地使用权；但是，因不可抗力或者政府、政府有关部门的行为或者动工开发必需的前期工作造成动工开发迟延的除外。"

为切实保护耕地，大力促进节约集约用地，《国务院关于促进节约集约用地的通知》（国发〔2008〕3号）强调："土地闲置满两年、依法应当无偿收回的，坚决无偿收回，重新安排使用；不符合法定收回条件的，也应采取改变用途、等价置换、安排临时使用、纳入政府储备等途径及时处置、充分利用。土地闲置满一年不满两年的，按出让或划拨土地价款的20%征收土地闲置费。对闲置土地特别是闲置房地产用地要征缴增值地价。"

(2) 土地使用权续期。《城市房地产管理法》第22条规定："土地使用权出让合同约定的使用年限届满，土地使用者需要继续使用土地的，应当至迟于届满前一年申请续期，除根据社会公共利益需要收回该幅土地的，应当予以批准。经批准准予续期的，应当重新签订土地使用权出让合同，依照规定支付土地使用权出让金。"

10.2.2.2 土地使用权的划拨

依据《划拨土地使用权管理暂行办法》第2条规定：划拨土地使用权，是指土地使用者通过除出让土地使用权以外的其他各种方式依法取得的国有土地使用权。依据《城市房地产管理法》第23条规定，土地使用权划拨，是指县级以上人民政府依法批准，在土地使用者缴纳补偿、安置等费用后将该幅土地交付其使用，或者将土地使用权无偿交付给土地使用者使用的行为，依照本法规定以划拨方式取得土地使用权的，除法律、行政法规另有规定外，没有使用期限的限制。这一规定是迄今为止在立法层面上对土地使用权划拨这一概念所作的最权威的定义。

1. 当前我国划拨土地使用权的含义

(1) 国有土地使用权划拨有两种方式：一是土地使用权附条件划拨，土地使用者必须在缴纳规定的补偿费、安置费用后方可获得该幅土地的使用权；二是土地使用者不需要缴纳任何费用即取得土地使用权。不论是何种形式，土地使用者均无需缴纳土地使用权出让金。

(2) 取得划拨土地使用权，必须经有批准权的人民政府核准并按法定的工作程序办理手续。除法律、法规另有规定外，划拨土地没有使用期限的限制，但未经许可不得进行转让、出租、抵押等经营活动。

2. 土地使用权划拨的范围

依据《城市房地产管理法》第24条和《土地管理法》第54条规定，下列建设用地的土地使用权，确属必需的，可以由县级以上人民政府依法批准划拨：

(1) 国家机关用地和军事用地。

(2) 城市基础设施用地和公益事业用地。

(3) 国家重点扶持的能源、交通、水利等项目用地。

(4) 法律、行政法规规定的其他用地。

10.2.3 房屋拆迁

《物权法》于2007年10月1日施行后，原《城市房屋拆迁管理条例》也于2007年10月1日停止执行，城市房屋征收与拆迁工作可能出现无法可依的状况。为防止《物权法》实施后我国城市拆迁出现无法可依的状况，国务院通过修改《城市房地产管理法》，就征收国有土地上单位、个人房屋与拆迁补偿先制定行政法规。

新修正的《城市房地产管理法》中增加了这样一条："为了公共利益的需要，国家可以征收国有土地上单位和个人的房屋，并依法给予拆迁补偿，维护被征收人的合法权益；征收个人住宅的，还应当保障被征收人的居住条件。具体办法由国务院规定。"它在法律层面规范了城市房屋拆迁。此次修改不仅把城市房屋拆迁包括在征收中，还特别强调，征收城市居民房屋的，在进行合理补偿的同时，还应当保障被征收人的居住条件。修改城市房地产管理法，有利于维护社会公共利益，保障被征收人的合法权益以及城市建设的顺利进行，也有利于保持社会稳定。

事实上，早在《物权法》起草之初，维护公共利益，抵制"乱拆迁"、"恶意拆迁"就被寄予厚望。但是何为公共利益，这个问题十分抽象，起草之时就多有争论，以致最后在作为正式条文进入物权法后，它仍然是个不甚明确的条款。而这样的后果是，在涉及城市拆迁这样的重大实际问题时，我们仍然需要面对如何对其进行界定的困难问题，在这种背景下，国务院第590号令公布了《国有土地上房屋征收与补偿条例》，该条例从2011年1月21日公布之日起施行。

《国有土地上房屋征收与补偿条例》总则中规定：为了公共利益的需要，征收国有土地上单位、个人的房屋，应当对被征收房屋所有权人（以下称被征收人）给予公平补偿。市、县级人民政府负责本行政区域的房屋征收与补偿工作。市、县级人民政府确定的房屋征收部门可以委托房屋征收实施单位，承担房屋征收与补偿的具体工作，但房屋征收实施单位不得以营利为目的。

10.2.3.1 征收决定

（1）为了保障国家安全、促进国民经济和社会发展等公共利益的需要，确需征收房屋的，由市、县级人民政府作出房屋征收决定。市、县级人民政府作出房屋征收决定前，应当进行社会稳定风险评估；房屋征收决定涉及被征收人数量较多的，应当经政府常务会议讨论决定。作出房屋征收决定前，征收补偿费用应当足额到位、专户存储、专款专用。

（2）市、县级人民政府作出房屋征收决定后应当及时公告。公告应当载明征收补偿方案和行政复议、行政诉讼权利等事项。房屋被依法征收的，国有土地使用权同时收回。市、县级人民政府应对征收补偿方案进行以公布，征求公众意见，征求意见期限不得少于30日。市、县级人民政府应当将征求意见情况和根据公众意见修改的情况及时公布。因旧城区改建需要征收房屋，多数被征收人认为征收补偿方案不符合本条例规定的，市、县级人民政府应当组织由被征收人和公众代表参加的听证会，并根据听证会情况修改方案。

（3）被征收人对市、县级人民政府作出的房屋征收决定不服的，可以依法申请行政复议，也可以依法提起行政诉讼。

（4）房屋征收部门应当对房屋征收范围内房屋的权属、区位、用途、建筑面积等情况组织调查登记，并将调查结果向被征收人公布。房屋征收范围确定后，不得在房屋征收范围内实施新建、扩建、改建房屋和改变房屋用途等不当增加补偿费用的行为；违反规定实施的，不予补偿。

10.2.3.2 补偿

房屋征收部门应当依法建立房屋征收补偿档案，并将分户补偿情况在房屋征收范围内向被征收人公布。被征收人可以选择货币补偿，也可以选择房屋产权调换。

1. 补偿范围

（1）被征收房屋价值的补偿。

（2）因征收房屋造成的搬迁、临时安置的补偿。

（3）因征收房屋造成的停产停业损失的补偿。

（4）市、县级人民政府应当制定补助和奖励办法，对被征收人给予补助和奖励。

（5）征收个人住宅，被征收人符合住房保障条件的，作出房屋征收决定的市、县级人民政府应当优先给予住房保障。

（6）市、县级人民政府作出房屋征收决定前，应当组织有关部门依法对征收范围内未经登记的建筑进行调查、认定和处理。对认定为合法建筑和未超过批准期限的临时建筑的，应当给予补偿；对认定为违法建筑和超过批准期限的临时建筑的，不予补偿。

2. 补偿金额的确定

(1) 对被征收房屋价值的补偿，不得低于房屋征收决定公告之日被征收房屋类似房地产的市场价格。被征收房屋的价值，由具有相应资质的、被征收人协商选定的（协商不成的，通过多数决定、随机选定等方式确定）房地产价格评估机构按照房屋征收评估办法评估确定。

(2) 被征收人选择房屋产权调换的，市、县级人民政府应当提供用于产权调换的房屋，并与被征收人计算、结清被征收房屋价值与用于产权调换房屋价值的差价。

(3) 因旧城区改建征收个人住宅，被征收人选择在改建地段进行房屋产权调换的，作出房屋征收决定的市、县级人民政府应当提供改建地段或者就近地段的房屋。

3. 补偿协议

(1) 房屋征收部门与被征收人依照本条例的规定，就补偿方式、补偿金额和支付期限、用于产权调换房屋的地点和面积、搬迁费、临时安置费或者周转用房、停产停业损失、搬迁期限、过渡方式和过渡期限等事项，订立补偿协议。补偿协议订立后，一方当事人不履行补偿协议约定的义务的，另一方当事人可以依法提起诉讼。

(2) 在征收补偿方案确定的签约期限内达不成补偿协议，或者被征收房屋所有权人不明确的，由房屋征收部门报请作出房屋征收决定的市、县级人民政府依照本条例的规定，按照征收补偿方案作出补偿决定，并在房屋征收范围内予以公告。补偿决定应当公平，被征收人对补偿决定不服的，可以依法申请行政复议，也可以依法提起行政诉讼。

(3) 搬迁与强制执行。

1) 房屋征收应当先补偿、后搬迁。任何单位和个人不得采取暴力、威胁或者违反规定中断供水、供热、供气、供电和道路通行等非法方式迫使被征收人搬迁。禁止建设单位参与搬迁活动。

2) 被征收人在法定期限内不申请行政复议或者不提起行政诉讼，在补偿决定规定的期限内又不搬迁的，由作出房屋征收决定的市、县级人民政府依法申请人民法院强制执行。强制执行申请书应当附具补偿金额和专户存储账号、产权调换房屋和周转用房的地点和面积等材料。

10.2.3.3 法律责任

(1) 市、县级人民政府及房屋征收部门的工作人员在房屋征收与补偿工作中不履行本条例规定的职责，或者滥用职权、玩忽职守、徇私舞弊的，由上级人民政府或者本级人民政府责令改正，通报批评；造成损失的，依法承担赔偿责任；对直接负责的主管人员和其他直接责任人员，依法给予处分；构成犯罪的，依法追究刑事责任。

(2) 采取暴力、威胁或者违反规定中断供水、供热、供气、供电和道路通行等非法方式迫使被征收人搬迁，造成损失的，依法承担赔偿责任；对直接负责的主管人员和其他直接责任人员，构成犯罪的，依法追究刑事责任；尚不构成犯罪的，依法给予处分；构成违反治安管理行为的，依法给予治安管理处罚。

(3) 采取暴力、威胁等方法阻碍依法进行的房屋征收与补偿工作，构成犯罪的，依法追究刑事责任；构成违反治安管理行为的，依法给予治安管理处罚。

(4) 贪污、挪用、私分、截留、拖欠征收补偿费用的，责令改正，追回有关款项，限期退还违法所得，对有关责任单位通报批评、给予警告；造成损失的，依法承担赔偿责任；对直接负责的主管人员和其他直接责任人员，构成犯罪的，依法追究刑事责任；尚不构成犯罪的，依法给予处分。

（5）房地产价格评估机构或者房地产估价师出具虚假或者有重大差错的评估报告的，由发证机关责令限期改正，给予警告，对房地产价格评估机构并处5万元以上20万元以下罚款，对房地产估价师并处1万元以上3万元以下罚款，并记入信用档案；情节严重的，吊销资质证书、注册证书；造成损失的，依法承担赔偿责任；构成犯罪的，依法追究刑事责任。

10.3 房地产交易

10.3.1 房地产交易概述

10.3.1.1 房地产交易的概念

房地产交易是房地产交易主体之间以房地产这种特殊商品作为交易对象所从事的市场交易活动，有广义和狭义之分，狭义的房地产交易，是指当事人之间进行的房地产转让、房地产抵押和房屋租赁的活动。广义的房地产交易，是指当事人之间不仅进行房地产转让、抵押、租赁等交易行为，还包括与房地产交易行为有着密切关系的房地产价格的确定、房地产交易的中介服务等。

房地产交易是一种极具专业性的交易。房地产交易的形式、种类很多，每一种交易都需要具备不同的条件，遵守不同的程序及办理相关手续。

10.3.1.2 房地产交易的分类

根据《城市房地产管理法》规定，房地产交易有以下几种分类：

（1）按交易形式的不同，房地产的交易包括房地产转让、房地产抵押、房地产租赁三种。

（2）按交易客体中土地权利的不同，可分为国有土地使用权及其地上房产的交易和集体土地使用权及其地上房产的交易。在我国，一般房地产交易仅指前者。

（3）按交易客体所受限制的程度不同，可分为受限交易（如划拨土地使用权及其地上房产的交易，带有福利性的住房及其占用土地使用权的交易等）和非受限交易（如商品房交易等）。

（4）按交易客体存在状况的不同，可分为单纯的土地使用权交易、房地产期权交易和房地产现权交易。

10.3.1.3 房地产交易的原则

1. 房产权和地产权不可分离原则

房产权和地产权不可分离原则是指房地产转让、抵押时，房屋所有权和该房屋占用范围内的土地使用权同时转让、抵押的原则。房产权与地产权是不能分割的，房地产属于一种不可移动的特殊商品，房屋一经建造完毕，就立于该房屋占用范围内的土地上。同一房地产的房屋所有权与土地使用权只能由同一主体享有。在房地产交易中只有遵循这一规则，才能保证交易的顺利进行。

2. 房地产价格评估原则

房地产价格评估，也称房地产估价，简称房地产评估，是指按照特定的目的，遵循法定或公允的标准，根据估价程序，运用科学的方法，由房地产专业估价人员对房地产的现时价格进行估算与评定的工作。我国法律规定房地产交易中实行房地产价格评估制度，房地产价格评估，应当遵守公正、公平、公开的原则，按照国家规定的技术标准和评估程序，以基准地价、标定地价和各类房屋的重置价格为基础，参照当地的市场价格进行评估。其中基准地价是政府对城镇各级土地或均质地域及其商业、住宅、工业等土地利用类型分别评估的土地使用权平均价格；标定地价是指在城镇不同土地级别或区段内，按照土地的条件、用途、市场行情、地块大小、形状、容积率、微观区位和土地使用年限等条件评定的具体地块在具体时间的价格，标定地价是在基准地价的基础上估算出来的；重置价格是指在当前的建筑技术和工艺水平、建筑材料价格、人工和运输费用条件下，重新建造相同结构、相同建筑标准、相同质量的房屋标准价。

3. 房地产成交价格申报原则

根据《城市房地产管理法》规定，房地产权利人转让房地产，应当向县级以上地方人民政府规定的部门如实申报成交价，不得瞒报或者作不实的申报。实施该制度的意义在于：房地产交易应当以申报的房地产成交价格作为缴纳税费的依据。当事人作不实申报时，国家将依法委托有关部门评估，按评估的价格作为计算税费的依据。

4. 房地产交易依法办理登记原则

由于房地产交易具有投资大、风险高的特点，故房地产转让、抵押，当事人应当依照《城市房地产管理法》第五章的规定办理权属登记，我国法律规定：房地产转让、抵押，未办理权属登记，转让、抵押行为无效。

10.3.2 房地产转让

1. 房地产转让的概念

根据《城市房地产管理法》规定，房地产转让，是房地产权利人通过买卖、赠与或者其他合法方式将其房地产转移给他人的行为。房地产转让主要包括下列方式：买卖；赠与；交换；以房地产抵押的；以房地产作价出资入股作为合作条件或者与他人成立企业法人，房地产权属随之转移的；因企业被兼并、合并或被收购，房地产权属随之转移的；法律、法规规定许可的其他情形。

2. 房地产转让的一般条件

《城市房地产管理法》规定，房地产转让时，土地使用权出让合同载明的权利、义务随之转移。房地产转让人应持有合法取得的土地使用权证书；转让房地产时房屋已经建成的，还应当持有房屋所有权证书。被转让的房地产权利属于可依法转让的类型并具备依法转让的条件。房地产转让一般经过洽谈、审核、估价与定价、签订转让合同（或发生、确定转让的法律事实）、缴纳税费、产权过户登记等程序。

（1）根据《城市房地产管理法》规定：以出让方式取得土地使用权的，转让房地产时，应当符合下列条件：①按照出让合同约定已经支付全部土地使用权出让金，并取得土地使用权证书；②按照出让合同约定进行投资开发，属于房屋建设工程的，完成开发投资总额的25%以上，属于成片开发土地的，形成工业用地或者其他建设用地条件。转让房地产时房屋已经建成的，还应当持有房屋所有权证书。另外，以出让方式取得土地使用权的，转让房地产后，其土地使用权的使用年限为原土地使用权出让合同约定的使用年限减去原土地使用者已经使用年限后的剩余年限。并且在转让房地产后，受让人改变原土地使用权出让合同约定的土地用途的，必须取得原出让方和市、县人民政府城市规划行政主管部门的同意，签订土地使用权出让合同变更协议或者重新签订土地使用权出让合同，相应调整土地使用权出让金。

(2) 以划拨方式取得土地使用权的，转让房地产时，应当按照国务院规定，报有批准权的人民政府审批。有批准权的人民政府准予转让的，应当由受让方办理土地使用权出让手续，并依照国家有关规定缴纳土地使用权出让金。此时，转让房地产报批时，有批准权的人民政府按照国务院规定决定可以不办理土地使用权出让手续的，转让方应当按照国务院规定将转让房地产所获收益中的土地收益上缴国家或者作其他处理。

3. 禁止房地产转让的情形

房地产交易客体具有合法性，是房地产转让行为合法的基本前提。根据《城市房地产管理法》第 38 条规定，下列房地产不得转让：

(1) 以出让方式取得土地使用权的，不符合《城市房地产管理法》第 39 条规定的条件的。

(2) 司法机关和行政机关依法裁定、决定查封或者以其他形式限制房地产权利的。

(3) 依法收回土地使用权的。

(4) 共有房地产，未经其他共有人书面同意的。

(5) 权属有争议的。

(6) 未依法登记领取权属证书的。

(7) 法律、行政法规规定禁止转让的其他情形。

4. 房地产转让的程序

房地产权利人在具备了规定的转让条件后，可以转让房产。依据《城市房地产转让管理规定》第 8 条的规定，房地产转让应按照下列程序办理：

(1) 房地产转让当事人签订书面转让合同。

(2) 房地产转让当事人在房地产转让合同签订 90 日内持房地产权属证书、当事人的合法证明、转让合同等有关文件向房地产所在地的房地产管理局部门提出申请，并申报提交价格。

(3) 房地产管理部门对提供的有关文件进行审查，并在 7 日内作出是否受理申请的书面回答，7 日内未作书面答复的，视为同意受理。

(4) 房地产管理部门核实申报的成交价格，并根据需要对转让的房地产进行现场查勘和评估。

(5) 房地产转让当事人按照规定交纳有关税费。

(6) 办理房屋权属登记手续，核发房地产权属证书。

5. 房地产转让合同

房地产转让合同是指房地产的转让方与受让方为明确双方在房地产转让过程中各自的权利和义务而达成的书面一致意见。房地产转让合同的主体须是房产所有人；客体是土地使用权和房屋所有权。在房地产转让合同中转让的房地产交付给受让方，并将土地使用权或房屋所有权以合法形式转给受让方，受让方的主要义务是接受房地产并向转让方支付有关费用。

房地产转让合同应当载明下列内容：

(1) 双方当事人的姓名或者名称、住所。

(2) 房地产权属证书名称和编号。

(3) 房地产坐落位置、面积、四至界限。

(4) 土地宗地号、土地使用权取得的方式及年限。

(5) 房地产的用途或使用性质。

(6) 成交价格及支付方式。

(7) 房地产交付使用的时间及过户时间。

(8) 双方的权利和义务。

(9) 违约责任。

(10) 双方约定的其他事项。

10.3.3 房屋租赁

1. 房屋租赁的概念

房屋租赁，是房屋所有权人作为出租人将其房屋出租给承租人使用，由承租人向出租人支付租金的行为。依据 2011 年 2 月 1 日起施行的《商品房屋租赁管理办法》，房屋租赁应当遵循平等、自愿、合法和诚实信用原则，房屋租赁当事人应当依法订立租赁合同。出租住房的，应当以原设计的房间为最小出租单位，人均租住建筑面积不得低于当地人民政府规定的最低标准。厨房、卫生间、阳台和地下储藏室不得出租供人员居住。

2. 有下列情形之一的房屋不得出租

(1) 属于违法建筑的。

(2) 不符合安全、防灾等工程建设强制性标准的。

(3) 违反规定改变房屋使用性质的。

(4) 法律、法规规定禁止出租的其他情形。

3. 房屋租赁合同

(1) 房屋租赁当事人应当依法订立租赁合同。房屋租赁合同的内容由当事人双方约定，一般应当包括以下内容：

1) 房屋租赁当事人的姓名（名称）和住所。

2) 房屋的坐落、面积、结构、附属设施，家具和家电等室内设施状况。

3) 租金和押金数额、支付方式。

4) 租赁用途和房屋使用要求。

5) 房屋和室内设施的安全性能。

6) 租赁期限。

7) 房屋维修责任。

8) 物业服务、水、电、燃气等相关费用的缴纳。

9) 争议解决办法和违约责任。

10）其他约定。

（2）房屋租赁当事人应当在房屋租赁合同中约定房屋被征收或者拆迁时的处理办法。建设（房地产）管理部门可以会同工商行政管理部门制定房屋租赁合同示范文本，供当事人选用。

4. *房屋租赁登记备案制度*

房屋租赁合同订立后30日内，房屋租赁当事人应当到租赁房屋所在地直辖市、市、县人民政府建设（房地产）主管部门办理房屋租赁登记备案。房屋租赁当事人可以书面委托他人办理房屋租赁登记备案。

（1）办理房屋租赁登记备案，房屋租赁当事人应当提交下列材料：

1）房屋租赁合同。

2）房屋租赁当事人身份证明。

3）房屋所有权证书或者其他合法权属证明。

4）直辖市、市、县人民政府建设（房地产）主管部门规定的其他材料。房屋租赁当事人提交的材料应当真实、合法、有效，不得隐瞒真实情况或者提供虚假材料。

（2）对符合下列要求的，直辖市、市、县人民政府建设（房地产）主管部门应当在3个工作日内办理房屋租赁登记备案，向租赁当事人开具房屋租赁登记备案证明：

1）申请人提交的申请材料齐全并且符合法定形式。

2）出租人与房屋所有权证书或者其他合法权属证明记载的主体一致。

3）不属于《商品房屋租赁管理办法》第6条规定不得出租的房屋。

申请人提交的申请材料不齐全或者不符合法定形式的，直辖市、市、县人民政府建设（房地产）主管部门应当告知房屋租赁当事人需要补正的内容。

（3）房屋租赁登记备案证明应当载明出租人的姓名或者名称，承租人的姓名或者名称、有效身份证件种类和号码，出租房屋的坐落、租赁用途、租金数额、租赁期限等。

（4）房屋租赁登记备案证明遗失的，应当向原登记备案的部门补领。

（5）房屋租赁登记备案内容发生变化、续租或者租赁终止的，当事人应当在30日内，到原租赁登记备案的部门办理房屋租赁登记备案的变更、延续或者注销手续。

（6）房屋租赁登记备案记载的信息应当包含以下内容：

1）出租人的姓名（名称）、住所。

2）承租人的姓名（名称）、身份证件种类和号码。

3）出租房屋的坐落、租赁用途、租金数额、租赁期限。

4）其他需要记载的内容。

5. *房屋租赁双方的权利和义务*

（1）出租人应当按照合同约定履行房屋的维修义务并确保房屋和室内设施安全。未及时修复损坏的房屋，影响承租人正常使用的，应当按照约定承担赔偿责任或者减少租金。房屋租赁合同期内，出租人不得单方面随意提高租金水平。

（2）承租人应当按照合同约定的租赁用途和使用要求合理使用房屋，不得擅自改动房屋承重结构和拆改室内设施，不得损害其他业主和使用人的合法权益。承租人因使用不当等原因造成承租房屋和设施损坏的，承租人应当负责修复或者承担赔偿责任。

6. 转租

房屋转租，是指房屋承租人将承租的房屋再出租的行为。承租人转租房屋的，应当经出租人书面同意。承租人未经出租人书面同意转租的，出租人可以解除租赁合同，收回房屋并要求承租人赔偿损失。

7. 租赁期间产权发生变更

(1) 房屋租赁期间内，因赠与、析产、继承或者买卖转让房屋的，原房屋租赁合同继续有效。承租人在房屋租赁期间死亡的，与其生前共同居住的人可以按照原租赁合同租赁该房屋。

(2) 房屋租赁期间出租人出售租赁房屋的，应当在出售前合理期限内通知承租人，承租人在同等条件下有优先购买权。

10.3.4 房地产抵押

1. 房地产抵押的概念

房地产抵押，是抵押人以其合法的房地产以不转移占有的方式向抵押权人提供债务履行担保的行为。其中抵押人，是指将依法取得的房地产提供给抵押权人，作为本人或者第三人履行债务担保的公民、法人或者其他组织；抵押权人，是指接受房地产抵押作为债务人履行债务担保的公民、法人或者其他组织。债务人不履行债务时，抵押权人有权依法以抵押的房地产拍卖所得的价款优先受偿。

2. 房地产抵押的条件

依据《城市房地产管理法》第48条规定，以下两类房地产可以设定抵押权：①依法取得的房屋所有权连同该房屋所占用范围内的国有土地使用权，可以设定抵押权；②以出让方式取得的国有土地使用权，可以设定抵押权。

房地产抵押，应当凭土地使用权证书、房屋所有权证书办理房地产抵押的书面凭证。因此《城市房地产管理法》规定，房地产抵押，抵押人和抵押权人应当签订书面抵押合同。并遵循自愿、互利、公平和诚实信用的原则。

房地产抵押合同签订后，土地上新增的房屋不属于抵押财产。需要拍卖该抵押的房地产时，可以依法将土地上新增的房屋与抵押财产一同拍卖，但对拍卖新增房屋所得，抵押权人无权优先受偿。

以划拨方式取得的土地使用权不得单纯设定抵押，但如果该土地上有房产，以房产设定抵押时需同时抵押房屋所占用的划拨土地使用权。这时由于抵押人对土地无处分权，需按划拨土地使用权转让的规定，报有审批权的人民政府审批，同时由于抵押人对土地无完全收益权，已设定房地产抵押权的土地使用权是以划拨方式取得的，依法拍卖该房地产后，应当从拍卖所得的价款中缴纳相当于应缴的土地使用权出让金的款额后，抵押权人方可优先受偿。

3. 房地产抵押权的设定

根据《城市房地产抵押登记管理办法》规定，下列房地产不得设定抵押：

(1) 权属有争议的房地产。

(2) 用于教育、医疗、市政等公共福利事业的房地产。

(3) 列入文物保护的建筑物和有重要纪念意义的其他建筑物。

(4) 已依法公告列入拆迁范围的房地产。

(5) 被依法查封、扣押、监管或者以其他形式限制的房地产。

(6) 依法不得抵押的其他房地产。

同一房地产设定两个以上抵押权的，抵押人应当将已经设定过的抵押情况告知抵押权人。抵押人所担保的债权不得超出其抵押物的价值。房地产抵押后，该抵押房地产的价值大于所担保债权的余额部分，可以再次抵押，但不得超出余额部分。以两宗以上房地产设定同一抵押权的，视为同一抵押房地产。但抵押当事人另有约定的除外。

4. 房地产抵押合同

房地产抵押合同，是抵押人与抵押权人签订的关于以房屋所有权、土地使用权作为抵押以担保债务履行的书面文件。

(1) 根据《城市房地产抵押登记管理办法》规定，房地产抵押合同应当载明下列主要内容：

1) 抵押人、抵押权人的名称或者个人姓名、住所。

2) 主债权的种类、数额。

3) 抵押房地产的处所、名称、状况、建筑面积、用地面积以及四至等。

4) 抵押房地产的价值。

5) 抵押房地产的占用管理人、占用管理方式、占用管理责任以及意外损毁、灭失的责任。

6) 债务人履行债务的期限。

7) 抵押权灭失的条件。

8) 违约责任。

9) 争议解决方式。

10) 抵押合同订立的时间与地点。

11) 双方约定的其他事项。

另外，以预购商品房贷款抵押的，须提交生效的预购房屋合同。

(2) 以在建工程抵押的，抵押合同还应当载明以下内容：

1)《国有土地使用权证》、《建设用地规划许可证》和《建设工程规划许可证》编号。

2) 已交纳的土地使用权出让金或需交纳的相当于土地使用权出让金的款额。

3) 已投入在建工程的工程款。

4) 施工进度及工程竣工日期。

5) 已完成的工作量和工程量。

5. 房地产抵押登记

根据《城市房地产抵押登记管理办法》规定，房地产抵押合同自签订之日起 30 日内，抵押当事人应当到房地产所在地的房地产管理部门办理房地产抵押登记，房地产抵押合同自抵押登记之日起生效。办理房地产抵押登记，应当向登记机关交验下列文件：

(1) 抵押当事人的身份证明或法人资格证明。

(2) 抵押登记申请书。

(3) 抵押合同。

(4)《国有土地使用权证》、《房屋所有权证》或《房地产权证》，共有的房屋还必须提交《房屋共有权证》和其他人同意抵押的证明。

(5) 可以证明抵押人有权设定抵押权的文件与证明材料。

(6) 可以证明抵押房地产价值的资料。

(7) 登记机关认为必要的其他文件。

登记机关应当对申请人的申请进行审核，凡权属清楚、证明材料齐全的，应当在受理登记之日起7日内作出是否予以登记的书面答复，对不予登记的，应当书面通知申请人。以依法取得房屋所有权证书的房地产抵押的，登记机关应当在原《房屋所有权证》上作他项权利记载，由抵押人收执，并向抵押权人颁布《房屋他项权证》。以预售商品房或者在建工程抵押的，登记机关应当在抵押合同上作记载。抵押的房地产在抵押期间竣工的，当事人应当在抵押人领取房地产权属证书后，重新办理房地产抵押登记。

因依法处分抵押房地产而取得土地使用权和土地建筑物、其他附着物所有权的，抵押当事人应当自处分行为生效之日起30日内，到县级以上地方人民政府房地产管理部门申请房屋所有权转移登记，并凭变更后的房屋所有权证书向同级人民政府土地管理部门申请土地使用权变更登记。抵押权转让时，应办理抵押权变更登记。抵押合同发生变更或者抵押关系终止时，抵押当事人应当在变更或者终止之日起15日内，到原登记机关办理变更或者注销抵押登记。

6. 房地产抵押人和抵押权人的权利和义务

已作抵押的房地产，由抵押人占用与管理。抵押人在抵押房地产占用与管理期间应当维护抵押房地产的安全与完好。抵押权人有权按照抵押合同的规定监督、检查抵押房地产的管理情况。抵押人占用与管理的房地产发生损毁、灭失的，抵押人应当及时将情况告知抵押权人，并应当采取措施防止损失的扩大。抵押的房地产因抵押人的行为造成损失使抵押房地产价值不足以作为履行债务的担保时，抵押权人有权要求抵押人重新提供或者增加担保以弥补不足。抵押人对抵押房地产价值减少无过错的，抵押权人只能在抵押人因损害而得到的赔偿的范围内要求提供担保。抵押房地产价值未减少的部分，仍作为债务的担保。

抵押权可以随债权转让。抵押权转让时，应当签订抵押权转让合同，并办理抵押权变更登记。抵押权转让后，原抵押权人应当告知抵押人。经抵押权人同意，抵押房地产可以转让或者出租。抵押房地产转让或者出租所得价款，应当向抵押权人提前清偿所担保的债权。超过债权数额的部分，归抵押人所有，不足部分由债务人清偿。

因国家建设需要，将已设定抵押权的房地产列入拆迁范围的，抵押人应当及时书面通知抵押权人；抵押双方可以重新设定抵押房地产，也可以依法清理债权债务，解除抵押合同。

7. 抵押房地产的处分

(1) 房地产抵押后，如果债务人有下列情形之一的，抵押权人有权要求处分抵押的房地产：

1) 债务履行期满，抵押权人未受清偿的，债务人又未能与抵押权人达成延期履行协议的。

2）抵押人死亡，或者被宣告死亡而无人代为履行到期债务的；或者抵押人的合法继承人、受遗赠人拒绝履行到期债务的。

3）抵押人被依法宣告解散或者破产的。

4）抵押人违反本办法的有关规定，擅自处分抵押房地产的。

5）抵押合同约定的其他情况。

此时，抵押权人可以采用拍卖、抵押房地产等措施，对拍卖房地产所得价款，抵押权人有比其他债权人优先得到清偿债务的权利。设定房地产抵押权的土地使用权是以划拨方式取得的，依法拍卖该房地产后，应当从拍卖所得的价款中缴纳相当于应缴纳的土地使用权出让金的款额后，抵押权人方可优先受偿。同一房地产设定两个以上抵押权时，以抵押登记的先后顺序受偿。

(2) 处分抵押房地产所得金额，依下列顺序分配：

1）支付处分抵押房地产的费用。

2）扣除抵押房地产应缴纳的税款。

3）偿还抵押权人债权本息及支付违约金。

4）赔偿由债务人违反合同而对抵押权人造成的损害。

5）剩余金额交还抵押人。

处分抵押房地产所得金额不足以支付债务和违约金、赔偿金时，抵押权人有权向债务人追索不足部分。

10.4 物业管理法规

10.4.1 物业管理法概述

1. 物业管理的概念

物业一词源于中国香港及东南亚一带地区和国家，英语为“estate”或“property”，其含义是已建成并投入使用的各类房屋及与之相配套的设备、设施和场地。

物业管理是指业主通过选聘物业管理企业，由业主和物业管理企业按照物业服务合同约定，对房屋及配套设施设备和相关场地进行维修、养护、管理、维护相关区域内的环境卫生和秩序的活动。物业管理是房地产综合开发的派生物，它作为房地产市场的消费环节，实质上是房地产综合开发的延续和完善，是一种综合性经营服务方式。

为了规范物业管理活动，维护业主和物业服务企业的合法权益，改善人民群众的生活和工作环境，国务院颁布了《物业管理条例》，确立了一系列重要的物业管理制度，明确了相应的法律责任。为维护物业管理市场秩序，规范物业管理活动，保障业主和物业管理企业合法权益提供法律保障。

2. 物业管理的起源和在我国的发展

物业管理首先产生于19世纪60年代的英国，到现在已有100多年的历史，在国外已运作了一个多世纪。物业管理在我国的发展是伴随我国房地产业的发展与国家的改革开放而得以发展的。进入20世纪80年代，随着我国市场化改革的不断深入，房地产业加快了其发展的步伐。在沿海开放城市和一些特大城市，由于房地产业的迅猛发展，城市有了对物业管理的需求。从我国改革开放的前沿阵地——深圳和广州开始，出现了借鉴香港经验，大胆探索、不断创新的现代物业管理行业。

物业管理在我国首先是从住宅管理开始的，从无到有，再到2000年成立了中国物业管理协会，发展至今已有20多年历史。1996年2月9日原国家计划委员会、建设部颁布《城市住宅小区物业管理服务收费暂行办法》；1997年8月15日建设部、国家工商行政管理局颁布《物业管理委托合同示范文本》；1998年3月12日财政部颁布《物业管理企业财务管理规定》；1999年10月31日建设部颁布《物业管理企业资质管理试行办法》；2003年6月8日国务院颁布《物业管理条例》，2007年8月26日国务院又对该条例做出了修订。

10.4.2 物业管理的法律关系

1. 物业管理法规

物业管理法规，是在物业管理活动中调整其涉及的各方面的权利和义务的法律规范。物业管理涉及面十分广泛，不仅要接触到社会多个行业和部门，而且几乎涉及家庭和个人家居生活的方方面面，因此，物业管理法规是保证物业管理健康发展的前提，我国物业管理的法律规范根据不同的标准或从不同的角度，可以划分为各种不同的类型和体系：根据立法机关的不同，可分为国家性的物业管理法律法规和地方性的物业管理法律法规；根据法规的内容，可分为综合性的物业管理法律法规和专门性的物业管理法律法规。

2. 物业管理法律关系的内容

物业管理法律关系是物业管理法规在调整人们在物业管理行为过程中形成的权利义务关系。它是物业管理社会关系的法律形式，是按照物业管理法律规范建立的法律关系。

物业管理法律关系在中国内地是随着改革开放后房地产市场经济发展而推进而出现的一种崭新的法律关系，对其进行研究具有十分重要的意义：首先，物业管理法律关系是根据物业管理法律规范确立的一种社会关系，它以民事经济权利和义务为主要内容；其次，物业管理法律关系的存在是以物业管理法规的存在为前提的，物业管理法规通过物业管理法律关系实现其调整物业管理社会关系的目的。

3. 物业管理法律关系的要素

物业管理法律关系的要素是指该种关系必要的构成因素或条件，缺了要素之一则不能构成物业管理法律关系。物业管理法律关系的构成要素有：权利主体、权利客体和内容即权利义务。随着我国现代化城市管理体制的完善，随着住房制度改革的不断发展，物业管理已成为现代都市中人们行为的一个组成部分。因此，在物业管理权利主体之间必然会产生权利义务关系，也就是物业管理的法律关系。

（1）权利主体。物业管理法律关系的主体就是法律所规定的物业管理法律关系的参与者，是具有法定身份的享有权利承担义务的当事人。具体的就是指物业管理者、物业所有者或物业使用者，还有政府业务主管部门及相关单位、个人等。

（2）权利客体。物业管理法律关系的客体是指物业管理法律关系主体的权利义务共同指向的对象，是主体所需合法利益的外在表现载体，它直接反映了人们社会关系中最核心的利益关系。各种不同的具体物业管理法律关系，其客体有所不同。按利益表现形式的不同，可划分为物业、权利、行为效果三类。

(3) 内容。物业管理法律关系的内容是指物业管理法律关系的主体之间依据法律、法规和合同而享有的权利和承担的义务，也称为物业管理权利和物业管理义务。在物业管理法律关系的权利义务关系中，权利主体一般是特定的，如管理者、物业所有者、主管部门等。义务主体有时也是特定的，如缴费者；有时是不特定的，如维护住宅区的公共卫生等。任何法律关系都包含权利和义务两方面的内容，权利内容是通过相应的义务来表现的，义务内容又用相应的权利来限定。权利和义务相互对应地存在于同一个法律关系中，同时约束着物业管理法律关系的当事人双方。

4. 物业管理法律关系的分类

物业管理法律关系的具体种类很多，可按不同标准划分出多种类型。按照引起责任的行为性质标准，物业管理法律关系可分为民事法律关系、经济法律关系、行政法律关系、刑事法律关系四大类。其中刑事法律关系一般不在物业管理规范性法律文件中直接作出规定，只是指出物业管理行为涉及犯罪的按《中华人民共和国刑法》(以下简称《刑法》) 相应规定处理，因此本节不对物业管理刑事法律关系作论析。

(1) 物业管理民事法律关系。物业管理民事法律关系是指根据民事法律规范所确立的物业管理社会关系。物业管理民事法律关系发生的原因大致有两种：一是侵权行为，即侵犯他人人身权利、财产权利和政治权利的行为；二是违约行为，即合同当事人不履行或不完全履行合同的责任。由侵权行为和违约责任所引起的必须承担的法律责任属于民事法律责任。

物业管理民事法律关系具有一些自身特色：①物业管理民事法律关系的基本主体为业主、业主团体组织和物业管理企业；②物业管理民事法律关系的客体主要是物业和基于物业管理发生的服务效果；③物业管理民事法律关系的内容即权利义务的设定，受国家意志制约性较强。根据我国民事法律规定，物业管理民事法律责任的承担方式有：停止侵害；排除妨碍；消除危险；返还财产；支付违约金；恢复原状；赔偿损失；修理、重作或更换；消除影响、恢复名誉；赔礼道歉。

(2) 物业管理经济法律关系。物业管理经济法律关系，又称物业管理事业法律关系，是指国家及各级政府职能部门在协调和控制物业管理事业运行过程中与业主、业主团体组织、物业管理事业及其他单位（物业的开发建设单位、公房出售单位等）和社会组织（物业管理行业协会、业主自治团体联合会等）之间依经济法形成的经济权利义务关系。

物业管理经济法律关系是物业管理法规中规定内容最多的部分，这是由物业管理法规属于经济法范畴的性质所决定的。

(3) 物业管理行政法律关系。物业管理行政法律关系是指物业管理相关的行政部门、其他有关职能部门之间及其与业主、物业使用人、业主团体组织、物业管理企业、其他与物业管理有关社会组织和单位之间形成的行政管理事务方面的权利义务的关系。物业管理行政法律关系一般划归行政管理法律关系类。在我国承担行政责任的方式有两大类：行政处罚，即对物业管理行政相对人（公民和法人）违反物业管理行政法规的行为所实施的制裁。包括：警告和通报批评；罚款；没收财产；行政拘留；许可证处罚；停止营业等。行政处分，即由物业管理行政主体（房地产管理部门和其他行政部门）对其工作人员在执行公务中违反物业管理行政法规的行为所实施的处理。

10.4.3 物业管理

1. 物业管理的内容

物业管理的内容主要是对物的管理和对人的管理。主要包括以下几个方面。

(1) 常规性的公共服务。这是物业管理中的基本业务工作，一般不需在物业管理服务合同中事先提出或作出约定。其内容包括：房屋建筑主体的管理；物业公共设施、设备的管理；公共环境卫生的管理；绿化管理；保安管理；消防管理；车辆道路管理；公共代办性质的服务；物业管理维修基金的管理；做好管理费用的核收和使用管理；协助政府进行社会管理。

(2) 针对性的专项服务。这些服务项目一般不在统一的物业管理服务合同约定的范围之内，若业主需要享受这些服务须单独提出并支付服务费用。包括：日常生活类服务，如收洗衣服，代购物品，接送小孩上学等；商业服务类，如商业网点的开发与管理，餐饮及各项经营活动的开展；文化、教育、卫生、体育类，如在高级住宅区提供游泳等健身活动场所；金融服务类；代理与中介服务，包括代办物业的租赁等。

(3) 委托性的特约服务，为满足业主、使用人的个别需求，受其委托而提供。

2. 物业管理的模式

物业管理模式有福利型管理模式和市场化管理模式。市场化管理模式又可分为委托服务型和自主经营型。委托服务型物业管理指业主将自己物业委托专业机构进行管理，是典型的物业管理方式。双方通过物业管理合同约定管理服务事项，明确双方权利义务，实现物业所有权与管理的分离。按其委托内容又可分为管理服务为主的委托和出租经营与管理服务并重的委托。自主经营型物业管理指物业业主自己直接实施管理，是传统的物业管理方式。其物业业主即物业经营管理人，物业所有权与管理权未实现分离，适用于业主单一，规模较小的物业。

3. 物业管理的业务

(1) 前期物业管理。前期物业管理是指在房地产开发项目销售前及过程中（业主、业主大会选聘物业管理企业之前），由建设单位（开发商）代替未来业主选聘物业管理企业，并与之签订物业服务委托合同，由该物业管理企业所实施的物业管理。前期物业服务合同可以约定期限；但是，期限未满、业主委员会与物业管理企业签订的物业服务合同生效的，前期物业服务合同终止。建设单位（开发商）与物业买受人签订的买卖合同应当包含前期物业服务合同约定的内容。物业买受人在与建设单位（开发商）签订物业买卖合同时，应当对遵守业主临时公约予以书面承诺。

(2) 物业的接管验收。物业接管验收指物业管理企业在承接物业管理项目时，进行以物业的建筑主体结构安全和满足使用功能为主要内容的再检验，同时接受图纸、说明文件等物业资料，从而着手实施物业管理。物业管理企业应当在前期物业服务合同终止时将上述资料移交给业主委员会。物业的接管验收是在竣工验收合格的基础上的再检验，接管验收符合要求后，物业管理企业应签署验收合格凭证，签发接管文件，办理必要的手续，建立物业档案。

4. 物业管理企业

物业管理是一种服务性和技术性均很强，经营范围较复杂的活动，如果没有一定的管理手段，物业管理可能会出现混乱的现象。我国对从事物业管理的企业实行资质管理制度，用于规范物业管理市场。根据1999年10月31日建设部颁布的《物业管理企业资质管理试行办法》规定，物业管理企业划分为一级、二级、三级三个资质等级和临时资质，一级企业可参加全国范围内物业管理项目的投标、议标；二级企业只限参加全国范围内30万平方米以下物业管理项目的投标、议标；三级企业只限参加本省（自治区、直辖市）区域内15万平方米以下物业管理项目的投标、议标。未经主管部门进行资质评定并取得资质证书的，不得从事物业管理业务。该办法规定物业管理企业的资质管理实行分级审批制度：一级由省、自治区建委（建设厅），直辖市房地局初审，初审合格后报建设部审批；二级、三级由省、自治区建委（建设厅），直辖市房地局审批；三级经省、自治区建委（建设厅）同意，可由地级以上城市的物业管理主管部门审批，报省、自治区、直辖市建委（建设厅）备案。经资质审查合格的企业，由资质审批部门发给相应等级的《资质证书》。物业管理企业资质等级实行动态管理，每两年核定一次。对于不符合原定资质等级标准的企业，由资质等级评定初审部门提出降级或吊销《资质证书》的意见，报审批部门批准后执行。申请升级的物业管理企业将所需材料报初审部门，初审部门将审核意见报审批部门。资质等级升级应依次逐级上升，不得越级升级。

5. 物业管理合同

物业服务合同是委托方与受托方就物业管理事项、服务质量、服务费用、双方的权利义务、专项维修资金的管理与使用、物业管理用房、合同期限、违约责任等内容进行书面约定。1997年8月15日建设部、国家工商行政管理局颁布了《物业管理委托合同示范文本》，该文本共8章。物业服务合同终止时，物业管理企业应当将物业管理用房和《物业管理条例》规定的资料交还给业主委员会。物业服务合同终止时，业主大会选聘了新的物业管理企业的，物业管理企业之间应当做好交接工作。

6. 物业的使用与维修

房屋的维修管理是物业管理中的重要的一个环节，一般分为小型维修、中型维修、大型维修、翻修和综合维修这五类。搞好房屋维修管理是房屋实现增值保值的保证，所以物业的维修也是物业管理的一个重点。住宅物业、住宅小区内的非住宅物业或者与单幢住宅楼结构相连的非住宅物业的业主，应当按照国家有关规定交纳专项维修资金。1998年7月3日国务院颁布的《国务院关于进一步深化城镇住房制度改革，加快住房建设的通知》规定："加强住房售后的维修管理，建立住房共用部位、设备和小区公共设施专项维修资金，并健全业主对专项维修资金管理和使用的监督制度。"2007年12月4日建设部、财政部颁布了《住宅专项维修资金管理办法》规定，商品住宅的业主应当在办理房屋入住手续前，将首期住宅专项维修资金存入住宅专项维修资金专户；已售公有住房的业主应当在办理房屋入住手续前，将首期住宅专项维修资金存入公有住房住宅专项维修资金专户或者交由售房单位存入公有住房住宅专项维修资金专户。住宅专项维修资金应当专项用于住宅共用部位、共用设施设备保修期满后的维修和更新、改造，不得挪作他用。

复习思考题

1. 房地产管理法的立法目的、调整对象、适用范围及基本原则是什么？
2. 房地产开发用地的取得方式是什么？
3. 简述房地产交易的类型。
4. 叙述房地产转让的程序。
5. 房地产抵押的条件、范围是什么？
6. 简述物业管理法律关系的三要素。

第11章 市政建设法规

本章学习要点：

1. 熟悉市政公用事业的概念和法律制度。
2. 了解城市市容、环境卫生管理法规和城市园林绿化管理法规。
3. 了解有关城市道路工程的概念、规划建设、养护、维修和路政管理的相关规定。
4. 熟悉城市给水、排水、防洪、供热、燃气、公交等有关规定。
5. 了解违反市政建设法规的法律责任。

11.1 概述

11.1.1 市政公用事业的概念及分类

1. 城市市政公用事业的概念

城市市政公用事业是指市政工程、公用事业、园林绿化、市容和环境卫生四大行业。城市市政公用事业包括供水、供气、供热、公共交通、园林绿化、市容和环境卫生、排水、防洪、道路、桥涵、路灯等与城市发展及其他与人民生产生活密切相关的事业。

2. 城市市政公用事业的分类

(1) 市政工程业。市政工程业是指从事城市的道路、桥涵、排水、污水处理、防洪、路灯等建设的行业。市政工程可划分为：城市道路、城市排水、城市防洪三部分。

(2) 城市公用事业。城市公用事业是指从事城市供水、供热、供气、公共交通（公共汽车、电车、地铁、轮渡、出租汽车及索道缆车）等建设与管理的行业。

(3) 园林和绿化业。园林和绿化业是指从事城市各类园林、苗圃、树木、花草等城市绿化建设与管理的行业。

(4) 市容和环境卫生业。市容和环境卫生业是指从事城市容貌、环境卫生设施、城市生活垃圾及卫生埋填、城市公共厕所等建设与管理的行业。

11.1.2 市政公用事业法规

我国目前还没有颁布规范城市市政公用事业的法典，但是已经颁布了一系列有关城市市政公用事业的法律、法规及规范性文件。

(1) 关于城市供水管理。除《中华人民共和国水法》（以下简称《水法》）外，还有1994年7月19日颁布的《城市供水条例》，1988年颁布的《城市节约用水管理规定》。另外，有关部门还制定了《城市地下水资源管理规定》、《饮用水水源保护区污染防治管理规定》、《城市节约用水奖励暂行办法》等部门规章。

（2）关于城市供热、供气管理。国务院于1986年2月6日批准了原城乡建设环境保护部、国家计委《关于加强城市集中供热管理工作报告》，建设部于1991年发布了《城市燃气安全管理规定》。

（3）关于城市公共交通管理。除《中华人民共和国道路交通安全法》、《道路交通管理条例》以外，1983年12月20日建设部与公安部联合颁布了《城市公共交通车船乘坐规则》、《城市出租汽车管理暂行办法》及《城市公共交通当前产业政策实施办法》等。

（4）关于城市园林绿化。1982年12月城乡建设环境保护部颁布了《城市园林绿化管理暂行条例》，国务院于1992年6月22日颁布的《城市绿化条例》。

（5）关于城市市容和环境卫生。1992年6月28日国务院颁发了《城市市容和环境卫生管理条例》。

（6）关于城市排水和防洪。除《中华人民共和国水污染防治法》（以下简称《水污染防治法》）外，还有1982年8月原城乡建设环境保护部颁发的《市政工程设施管理条例》。

11.2 市政工程法规

11.2.1 城市道路工程

11.2.1.1 城市道路的概念及范围

城市道路是城市的骨架，是城市社会、经济活动产生的人流、物流的运输载体，是城市赖以生存和发展的基础，是现代化城市的一个重要构成部分。城市道路包括以下几部分。

（1）机动车道、非机动车道、人行道、广场、公共停车场、隔离带、路肩、路坡、路堤、边沟。

（2）桥梁（立体交叉桥、高架路）、隧道、涵洞、人行地下通道。

（3）路灯、路标、路牌以及城市道路其他附属设施。

（4）已征用的道路建设用地。

11.2.1.2 城市道路建设

（1）城市道路建设原则。

1）城市人民政府、城市建设行政主管部门应当会同有关部门根据城市总体规划制定城市道路建设、改造规划和年度建设、改造计划，报城市人民政府批准实施。

2）城市供水、排水、燃气、热力、供电、通信、消防、交通标志、交通信号、道路绿化等依附于城市道路建设的各种管线、标线和其他设施的建设改造规划和年度建设、改造规划，与城市道路的建设、改造规划和建设计划相协调，并坚持先地下，后地上的施工原则，与城市道路同步建设。其他在城市道路范围内的设施，必须符合城市道路技术要求。

（2）城市道路建设资金采取中央和地方投资、社会集资、国内外贷款、国有土地使用权有偿出让、发行债券、股票等多种渠道筹措解决。

（3）城市道路建设的设计和施工应符合下列规定：

1）承担城市道路设计和施工的单位，必须具备与所承担工程规模相应的资格（质）等级，必须取得有关行政主管部门颁发的资格（质）证书，并按规定的资格（质）等级承担设计和施工任务。

2）城市道路的设计和施工，必须严格执行国家和地方规定的城市道路设计和施工技术标准、规范和规程，城市道路的工程质量必须接受城市人民政府指定的工程质量监督机构的监督检查。

3）城市道路竣工必须由城市建设行政主管部门或有关部门组织验收。未经验收或者验收不合格的工程不得交付使用。城市道路的建设是一个系统工程，它必须在城市规划具体安排下和各种地下管网的布局、道路与地下管网相互衔接，按照国家和地方规定的标准进行建设，形成有机的整体，才能保证建成后正常运转。而且，城市道路设计、施工难度大，情况复杂，必须由取得相应资格（质）的设计、施工单位才能承担其相应的任务。

城市道路的建设实行监督检查和竣工验收制度。其目的就是要促使设计和施工单位，严格按照国家规定的设计、施工技术标准、规范和规程进行设计和施工，以确保城市道路工程质量，防止不合格的工程交付使用。

（4）过桥收费制度。利用贷款建设的大型桥梁（高架路和立体交叉桥）、隧道等可以采取征收车辆通行费的办法偿还贷款。

11.2.1.3　城市道路养护维修

1. 城市道路养护维修原则

城市建设行政主管应当按照管理与养护并重，预防和维修相结合的原则，加强城市道路的养护和维修工作，保证城市道路经常处于完好状态。

2. 城市道路养护维修职责划分

城市道路养护维修单位负责城市道路的养护维修工作。城市建设行政主管部门建设的广场、停车场，由城市道路养护维修单位负责管理和养护维修，其他部门建设的广场、停车场由建设单位负责管理和维修。经城市人民政府批准作封闭集贸市场的城市道路，由市场管理部门按照城市道路的养护标准负责养护维修，也可委托城市道路养护维修单位负责养护维修。

11.2.1.4　城市道路的路政管理

1. 路政管理的任务

城市道路是城市基本的交通设施，在使用过程中受到交通荷载及自然条件的影响，会产生磨耗或损坏，一些人为的因素也会对城市道路的正常运行产生不利影响，如占用、挖掘城市道路和故意损坏城市道路设施等。城市道路路政管理的任务就是：制定城市道路管理规章，负责城市道路的日常管理，制止一切破坏城市道路和妨碍城市道路正常使用的行为。

2. 违反路政管理的行为

在城市道路范围内禁止下列行为：

（1）在人行道上行驶或停放机动车、畜力车。

（2）履带车、铁轮车及超重、超高、超长车辆擅自在城市道路上行驶。

（3）机动车在桥梁或非指定地点试刹车、停放。

（4）擅自建设永久性建筑物、构筑物。

（5）在桥梁上架设压力在 0.3 兆帕以上的煤气管道、10 千伏以上高压电力线和其他易燃易爆线。

(6) 擅自侵占桥孔。

(7) 擅自在桥梁和路灯设施上设置广告牌和其他悬挂物。

(8) 擅自在城市道路上施工或堆放物料。

(9) 其他损害、侵占城市道路的行为。

3. 城市道路占用、挖掘管理

(1) 城市道路占用管理。任何单位和个人未经城市建设行政主管部门批准，不得占用城市道路，因特殊情况需要临时占用城市道路的单位和个人，必须先到城市建设行政主管部门办理申请和审批手续，缴纳城市道路占用费，并经公安机关审核同意后，方可按规定占用。临时占用城市道路期满，占用单位或者个人应当恢复城市道路原状，损坏城市道路的应予以修复或赔偿。根据城市建设的需要，城市建设行政主管部门有权对临时占用城市道路的单位和个人决定缩小使用面积和减少占用时间，或停止其使用。城市人民政府应当加强对集贸市场的规划和建设，已批准占用城市道路作为封闭集贸市场的，要限期予以清退，恢复城市道路的功能。

(2) 城市道路挖掘管理。任何单位和个人未经城市建设行政主管部门批准，不得挖掘城市道路。因特殊情况需要挖掘城市道路的单位和个人应持规划部门签发的批准文件和有关的设计文件到城市建设行政主管部门办理城市道路挖掘申请审批手续，缴纳城市道路挖掘修复费，并经公安机关审批同意方可挖掘。新建、改建的城市道路 5 年内不准挖掘，大修后的城市道路 3 年内不准挖掘。经批准挖掘城市道路的单位和个人，应当在施工现场设置标志和安全防卫设施，按期完工后应当清理场地，并通知城市建设行政主管部门检查验收。

(3) 城市道路占用挖掘收费管理。为了加强城市道路的管理，严格控制占用挖掘道路行为，保障城市道路安全畅通和市容环境整洁，建设部、财政部、国家物价局 1993 年联合颁布了《城市道路占用挖掘收费管理办法》，对城市道路占用挖掘收费管理做了规定。

1) 县级以上地方人民政府城市建设行政主管部门负责道路占用挖掘收费管理工作。

2) 因特殊需要必须临时占用道路兴建各种建筑物、构筑物、基建施工、堆物堆料、停放车辆、搭建棚亭、摆设摊点、设置广告标志或者其他临时占道的单位和个人，必须缴纳占道费。因施工、抢修地下管线或者其他情况需要挖掘道路的单位和个人，必须缴纳道路挖掘修复费。

3) 占道费的收费标准按所占道路的等级、占道类型（经营性、非经营性或者其他占道）及使用性质等因素确定。挖掘修复费的收费标准按道路的结构使用年限及当年材料费等因素确定。

4) 占道费由城市建设行政主管部门统一征收，作为预算外资金管理，实行财政专户储存，所收占道费用于道路养护维修和管理，专款专用，并按规定向财政部门报送财务收支报表。

5) 占道费具体收费标准由省级建设行政主管部门提出意见报同级财政、物价部门核定。挖掘修复费标准由各省、自治区建设行政主管部门制定，并报同级财政、物价部门备案。

11.2.1.5 城市道路照明设施

城市道路照明设施是指用于城市道路、不售票的公园和绿地等处的路灯配电室、变电器、配电箱、灯杆、地上、地下管线、灯具、工作井以及照明附属设备等。任何单位和个人在进行可能触及、迁移、拆除城市道路照明设施或者影响其安全运行的地上、地下施工时，应当经城市建设行政主管部门审核同意后，由城市道路照明设施管理机构负责其迁移或拆除工作，费用由申报单位承担。任何单位和个人在损坏城市道路照明设施后，应当保护事故现场，防止事故扩大，并立即通知城市道路照明设施管理机构及有关单位。

城市道路照明设施附近的树木距带电物体的安全距离不得小于1.0米。因自然生长而不符合安全距离标准影响照明效果的树木，城市道路照明设施的管理机构应当及时剪修，并同时通知城市园林绿化管理部门。

11.2.2 城市排水工程

11.2.2.1 城市排水的概念

城市排水是指城市生活污水、工业废水、大气废水回流和其他废水的收集、输送、净化、利用和排放。城市排水工程包括城市污水和雨水输送管网的管道、暗渠、泵站、出水口、窨井及附属设施、污水处理厂、污泥处理场和调蓄排水的湖、排污河道等。

11.2.2.2 城市排水的规划与建设

(1) 城市建设行政主管部门应当根据城市规划和城市经济发展计划，经济发展的需要编制城市排水设施建设规划和年度建设计划，报城市人民政府批准后实施。

(2) 建设单位在城市中进行新建、改建、扩建项目的，应当对需要增加排水设施用量进行评估，编制排水设施用量报告书，并在项目立项前，向项目所在地的城市建设行政主管部门提出增加用量申请，城市建设行政主管部门审查同意后，由建设单位随建设项目计划书一并上报计划部门审批。

(3) 城市排水设施的建设资金，采取国家和地方投资、受益者集资、国内外贷款以及实行排水设施有偿使用等多种渠道筹集，专款专用，任何单位和个人不得挪作他用。

(4) 承担城市排水设施建设任务的设计和施工单位必须具备相应的资质证书，严禁无证或者越级承担设计和施工任务。城市排水设施建设项目必须严格执行国家和地方技术规范和标准，城市排水设施须经城市建设行政主管部门验收合格后，方可投入使用。

11.2.2.3 排水设施的维护

1. 排水设施的保护

(1) 不准在排水设施的防护区内修建建筑物、构筑物或者设置有碍维护作业的设施。严禁拆动、破坏、堵、占压、窃取排水设施的行为。

(2) 严禁其他管道、电缆穿越排水管道和附属设施。城市内各项建设项目在施工时，必须注意保护排水设施。建设工程管线与排水管道交叉或者近距平行时，必须报经城市建设行政主管部门审查同意后，方可施工。因敷设地下管线损坏排水设施时，由建设单位负责修复赔偿。

2. 排水设施有偿使用

凡在城市规划区范围内直接或者间接使用城市排水设施的国有、集体，个体工商企业，服务和经营性事业单位，应当缴纳排水设施有偿使用费，作为城市排水设施维修养护、运行管理和更新改造的专项资金。由城市建设行政主管部门提出使用计划，经审核后安排使用，专款专用。

长期以来，由于城市排水设施建设和运营缺少资金，致使城市排水建设滞后于经济发展，与保护和改善生活环境、生态环境、防治污染的要求不相适应。要改变这一状况，就要实行排水设施的有偿使用。在各单位使用城市排水设施所获得的效益中，包含了城市排水设施的服务效益。因此，征收排水设施使用费也是合理的。通过排水设施有偿使用费的征收，可以弥补财政的缺口，有利于节约用水，减少污水排放量，有利于加快排水设施的建设。

3. 使用城市排水设施单位的管理

(1) 使用城市排水设施的单位（以下简称排水单位）专用排水设施需要与城市排水设施连接的，应当报经城市建设行政主管部门批准，发给《排放污水许可证》后，方可排放。

(2) 排水单位应当采取有利于减少污水量和污染物的技术和措施。推行雨污分流体制，发展高效低耗能源的污水处理技术，积极发展污水综合治理，在缺水地区发展污水净化再用和海水利用技术。

(3) 排水单位排放污水，应当遵照国家规定的水质排放标准排水。因特殊情况需要超标准排放污水的单位，应当报经城市建设行政主管部门批准并限期治理。

(4) 严禁向城市排水设施内排放腐蚀物质、剧毒物质、易燃易爆物质和有害气体。排水单位因发生事故和意外事件，排放或泄漏有毒有害污水、物料，造成或者可能造成影响排水设施正常运行的事故时，应当及时采取治理措施，并向当地城市建设行政主管部门和环境保护部门报告。

11.2.3 城市防洪工程建设法规

1. 城市防洪设施的范围

城市防洪设施包括：城市防洪堤岸、侧坝、防洪墙、排涝泵站、排洪道及其附属设施。城市防洪是城市建设的重要组成部分，同时又是河流流域防洪规划的一部分，做好城市防洪工作，对确保城市各项建设的顺利进行和人民生命财产免遭洪水灾害至关重要。为了使城市防洪纳入依法管理的轨道，从1979年起到1993年，国务院建设行政主管部门多次发布加强城市防洪工作的通知，要求防汛、水利和城建部门要建立健全各项制度，做到有法必依，执法必严，违法必究。1982年原城乡建设环境保护部颁发的《市政工程设施管理条例》设专章规定了城市防洪的管理。另外，国家颁发的许多法规如：《水法》、《河道管理条例》等，也都对城市防洪管理作了规定。

2. 城市防洪设施的规划和建设

根据《城乡规划法》的规定，制定和实施城乡规划应符合防灾减灾和公共安全的需要，城市总体规划、镇总体规划的内容应包括各类专项规划。因此，城市防洪设施应制定专项规划，该专项规划既要以江河流域规划为依据，又要密切配合城市总体规划的实际情况。城市防洪设施的建设要根据轻重缓急、近远期相结合、分期分批建设城市防洪设施，充分起到抗御洪水灾害的作用。应当注意城市防洪设施的综合效益，不但要建设防洪堤坝，而且还应当根据需要和可能修建排洪泵站、涵闸，还可以把建设堤防和城市道路建设、园林绿化建设结合起来。

3. 城市防洪设施的维护

(1) 在城市防洪设施防护带内，禁止乱挖、乱填、搭盖、摊放物料，不准进行有损防洪设施的任何活动。任何单位和个人不得擅自利用堤坝进行与防洪无关的活动和修建作业。

(2) 在城市防洪设施保护带内，禁止在非码头区装卸或堆放货物。机械装卸设备需要装设在护岸、防水墙或排洪道上时，应经当地城市建设行政主管部门和防汛部门同意。

(3) 在城市防洪堤和护堤地，禁止建房、放牧、开渠、打井、挖窖、葬坟、晒粮、存放物料以及开展集市贸易活动。

(4) 城市内河的故道、旧堤、原有防洪设施等，非经城市建设行政主管部门批准，不得填堵、占用或者拆毁。

(5) 城市建设行政主管部门应当根据《水法》、《城乡规划法》、《河道管理条例》制定各种管理制度。建立健全管理机构，并根据需要建立执法队伍，依法进行管理。

11.2.4 市政相关工程建设法规

11.2.4.1 城市供水、节水管理

1. 城市供水、节水工程管理

随着城市经济的发展和人民生活水平的提高，对城市供水的需求越来越大，供需矛盾也相应突出。为了增加城市供水能力，满足城市供水量的需要，就必须建设新的供水设施。同时要对原有和新建的供水设施进行必要的维护。

(1) 城市供水、节水工程建设管理。

1) 根据《城市供水条例》第3章的规定，城市供水工程的建设，首先应当按照城市供水发展规划及其年度建设计划进行。要执行国家规定的基本建设程序，建立健全并执行工程立项、设计文件和开工报告审批、施工监督检查及竣工验收制度。

2) 城市供水工程的设计、施工，应当委托持有相应资质证书的设计、施工单位承担，并遵守国家有关技术标准和规范。禁止无证或超越资质证书规定的经营范围承担城市供水工程的设计、施工任务。

3) 城市供水工程竣工后，应当按照国家规定组织验收：未经验收或者验收不合格的，不得投入使用。

4) 城市新建、扩建、改建工程项目需要增加用水的，其工程项目总概算应当包括供水工程建设投资；需要增加城市公共供水量的，应当将其供水工程建设投资交付城市供水行政主管部门，由其统一组织城市公共供水工程建设。

(2) 城市供水、节水设施维护管理。《城市供水条例》第5章对城市供水、节水设施的维护管理作了如下规定：

城市自来水供水企业和自建设施供水的企业对其管理的城市供水的专用水库、引水渠道、取水口、泵站、井群、输（配）水管网、进户总水表、净（配）水厂、公用水站等设施，应当定期检查维修，确保安全运行。用水单位自行建设的与城市公共供水管道连接的户外管道及其附属设施，必须经城市自来水供水企业验收合格并交其统一管理后，方可使用。在规定的城市公共供水管道及其附属设施的地面和地下的安全保护范围内，禁止挖坑取土或者修建建筑物、构筑物等危害供水设施安全的活动。

因工程建设确需改装、拆除或者迁移城市公共供水设施的，建设单位应当报经县级以上人民政府城市规划行政主管部门和城市供水行政主管部门批准，并采取相应的补救措施。涉及城市公共供水设施的建设工程开工前，建设单位或者施工单位应当向城市自来水供水企业查明地下水管网情况。施工影响城市公共供水设施安全的，建设单位或者施工单位应当与城市自来水供水企业商定相应的保护措施，由施工单位负责实施。

禁止擅自将自建设施供水管网系统与城市公共供水管网系统连接；因特殊情况确需连接的，必须经城市供水企业同意，报城市供水行政主管部门和卫生行政主管部门批准，并在管道连接处采取必要的防护措施。禁止产生或者使用有毒有害物质的单位将其生产用水管网系统与城市公共供水管网系统直接连接。

2. 城市供水、节水管理

城市供水是指城市公共供水和自建设施供水。公共供水，是指城市自来水供水企业以公共供水管道及其附属设施向单位和居民的生活、生产和其他各项建设提供用水；自建设施供水，是指城市的用水单位以其自行建设的供水管道及其附属设施主要向本单位的生活、生产和其他各项建设提供用水。加强城市供水管理，有利于发展城市供水事业，保障城市生活、生产用水和其他各项用水。城市供水工作实行开发水源和计划用水、节约用水相结合的原则。县级以上人民政府应当将发展城市供水事业纳入国民经济和社会发展计划。国家实行有利于城市供水事业发展的政策，鼓励城市供水科学技术研究，推广先进技术，提高城市供水的现代化水平。国务院城市建设行政主管部门主管全国城市供水工作。省、自治区、直辖市人民政府城市建设行政主管部门主管本行政区域内的城市供水工作。县级以上城市人民政府确定的城市供水行政主管部门主管本行政区域内的城市供水工作。根据《城市供水条例》规定，城市供水管理措施主要有以下几方面：一是加强城市供水水源管理，使之纳入城市总体规划；二是加强城市供水工程建设管理，使之符合国家城市供水发展规划及其年度建设计划；三是加强城市供水设施维护管理，确保安全供水；四是规定违反《城市供水条例》的城市自来水供水企业或者自建设施对外供水的企业的法律责任，从而保障供水管理措施得以实现。

城市实行计划用水和节约用水。国家鼓励城市节约用水科学技术研究，推广先进技术，提高城市节约用水科学技术水平。国务院城市建设行政主管部门主管全国的城市节约用水工作。国务院其他有关部门按照国务院规定的职责分工，负责本行业的节约用水管理工作。省、自治区、直辖市人民政府和县级以上城市人民政府城市建设行政主管部门和其他有关行业行政主管部门，按照同级人民政府规定的职责分工，负责城市节约用水管理工作。

3. 城市供水水源

《城市供水条例》第 2 章对城市供水水源作了如下规定：

县级以上城市人民政府应当组织城市规划行政主管部门、水行政主管部门、城市供水行政主管部门和地质矿产行政主管部门等共同编制城市供水水源开发利用规划，作为城市供水发展规划的组成部分，纳入城市总体规划。

编制城市供水水源开发利用规划，应当从城市发展的需要出发，并与水资源统筹规划和水长期供求计划相协调；编制城市供水水源开发利用规划，应当根据当地情况，合理安排利用地表水和地下水；编制城市供水水源开发利用规划，应当优先保证城市生活用水，统筹兼顾工业用水和其他各项建设用水。

县级以上地方人民政府环境保护部门应当会同城市供水行政主管部门、水行政主管部门和卫生行政主管部门等共同划定饮用水水源保护区，经本级人民政府批准后公布；划定跨省、市、县的饮用水水源保护区，应当由有关人民政府共同商定并经其共同的上级人民政府批准后公布。在饮用水水源保护区内，禁止一切污染水质的活动。

4. 城市供水的经营

《城市供水条例》第2章和《城市供水企业资质管理规定》，对城市供水质量作了如下规定：

城市自来水供水企业和自建设施对外供水的企业，必须经资质审查合格并经工商行政管理机关登记注册后，方可从事经营活动。城市供水企业资质按日综合能力实行分级审批。日综合能力在100万立方米以上（含100万立方米）企业的资质，由省、自治区、直辖市、计划单列市人民政府城市建设行政主管部门进行预审并提出意见，报国务院建设行政主管部门审查批准并发证；也可以委托省、自治区、直辖市、计划单列市人民政府城市建设行政主管部门审查同意，由建设部核准并发证。日综合供水能力不足100万立方米企业的资质由省、自治区、直辖市人民政府城市建设行政主管部门审查批准并发证；也可根据企业规模大小，委托企业所在地城市人民政府城市建设行政主管部门审查同意，由省、自治区、直辖市建设行政主管部门核准并发证，报建设部备案。

城市自来水供水企业和自建设施对外供水的企业经营城市供水，应符合下列规定：一是应当建立、健全水质检测制度，确保城市供水的水质符合国家规定的饮用水卫生标准。二是应当按照国家有关规定设置管网测压点，做好水压监测工作，确保供水管网的压力符合国家规定的标准。禁止在城市公共供水管道上直接装泵抽水。三是应当保持不间断供水。由于工程施工、设备维修等原因确需停止供水的，应当经城市供水行政主管部门批准提前24小时通知用水单位和个人；因发生灾害或者紧急事故，不能提前通知的，应当在抢修的同时通知用水单位和个人，尽快恢复正常供水，并报告城市供水行政主管部门。四是应当实行职工持证上岗制度。

城市供水价格应当按照生活用水保本微利、生产和经营用水合理计价的原则制定。用水单位和个人应当按照规定的计量标准和水价标准按时缴纳水费。禁止盗用或者转供城市公共供水。

5. 城市节约用水

经国务院批准，由建设部发布的《城市节约用水管理规定》，对城市节约用水作了如下规定：

城市人民政府应当在制定城市供水发展规划的同时，制定节约用水发展规划，并根据节约用水发展规划制定节约用水年度计划。各有关行业行政主管部门应当制定本行业的节约用水发展规划和节约用水年度计划。

工业用水重复利用率低于40%（不包括热电厂用水）的城市，新建供水工程时，未经上一级城市建设行政主管部门同意，不得新增工业用水量。城市的新建、扩建和改建工程项目，应当配套建设节约用水设施。城市建设行政主管部门应当参加节约用水设施的竣工验收。

实行超计划用水加价收费制度。城市用水计划由城市建设行政主管部门根据水资源统筹规划和长期供水计划制定，并下达执行。超计划用水必须缴纳超计划用水加价水费。超计划用水加价水费，应当从税后留利或者预算包干经费中支出，不得纳入成本或者从当年预算中支出。超计划用水加价收费的具体征收办法由省、自治区、直辖市人民政府制定。超计划用水加价水费必须按规定的期限缴纳。逾期不交纳的，城市建设行政主管部门除限期缴纳外，并按日加收超计划用水加价水费5‰的滞纳金。

实行生活用水计量收费制度。生活用水按户计量收费。新建住宅应当安装分户计量水表，现有住户未装分户计量水表的，应当限期安装。拒不安装生活用水分户计量水表的，城市建设行政主管部门应当责令其限期安装；逾期不安装的，由城市建设行政主管部门限制其用水量，可以并处罚款。

各用水单位应当在用水设备上安装计量水表，进行用水单耗考核，降低单位产品用水量；应当采取循环用水，一水多用等措施，在保证用水质量标准的前提下，提高水的重复利用率。

水资源紧缺的城市，应当在保证用水质量标准的前提下，采取措施提高城市污水利用率。沿海城市应当积极开发利用海水资源。有咸水资源的城市，应当合理开发利用咸水资源。城市供水企业，自建供水设施的单位应当加强供水设施的维修管理，减少水的漏损量。各级统计部门、城市建设行政主管部门应当做好城市节约用水统计工作。

11.2.4.2 城市供热、供气管理

1. 城市供热、供气工程管理

城市集中供热设施是现代化城市的基础设施之一。在城市经济建设中，加强对这项工作的管理，有利于推动城市集中供热的工作开展。根据国务院发布的《节约能源管理暂行条例》第36条有关规定，凡新建采暖住宅以及公共建筑，应当统一规划，采取集中供热。对现有的分散供热系统，必须积极采取措施，逐步淘汰低效锅炉，实行集中供热。建筑物的采暖设施，应当根据经济合理的原则，采用或者改为热水采暖。根据《关于加强城市集中供热管理工作的报告》的要求，城市供热设施，由建设部归口管理。凡生活用热规模较大的城市热力公司，负责城市热网、集中锅炉房的建设和管理工作。各单位建设各类供热锅炉房，应由计划部门组织规划、环保、供热管理、劳动、煤炭供应等部门审查批准。

加强供气工程管理，对于保护人身和财产安全具有十分重大意义。因此，燃气工程管理必须依法进行。城市燃气工程的建设必须符合《城市燃气安全管理规定》的有关规定。

（1）城市燃气厂（站）、输配设施等的选址，必须符合城市规划、消防安全等要求。在选址审查时，应当征求城建、公安消防、劳动部门的意见。

（2）城市燃气工程的设计、施工，必须由持有相应资质证书的单位承担。

（3）城市燃气工程的设计、施工，必须按照国家或主管部门有关安全的标准、规范、规定进行。审查燃气工程设计时，应当有城建、公安消防、劳动部门参加，并对燃气安全设施严格把关。

（4）城市燃气工程的施工必须保证质量，确保安全可靠。竣工验收时，应当组织城建、公安消防、劳动等有关部门及燃气安全方面的专家参加。凡验收不合格的，不准交付使用。

(5) 城市燃气工程的通气作业，必须有严格的安全防范措施，并在燃气生产、储存、输配、经营单位和公安消防部门的监督配合下进行。

2. 城市供热管理

(1) 城市集中供热的方针。城市供热应明确集中供热的方针。要因地制宜，广开热源，并且力求技术先进、经济合理。今后，集中供热要根据工业用热和生活用热的需要，采取热电联产，建设集中供热的锅炉房，充分利用工业余热和开发地热等多种方式，在城市总体规划的指导下，有计划、有步骤地分期实施。凡是新建住宅、公用设施和工厂用热，在技术经济合理的条件下，都应采取集中供热，一般不再建分散的供热锅炉房。

(2) 城市集中供热的管理体制。城市供热设施，是城市建设的基础设施之一。按照国务院关于各部委分工的规定，由建设部归口管理，负责拟定城市供热工作的方针、政策和法规，指导城市供热的管理工作。凡生活用热规模较大的城市可以设立热力公司，负责城市热网、集中锅炉房的建设和管理工作。各单位建设各类供热锅炉房，应由计划部门组织规划、环保、供热管理、劳动、煤炭供应等部门审查批准。各城市人民政府要加强对集中供热工作的领导，协调各方面的工作。以工业用热为主的蒸汽供热设施的管理工作，可采取企业自管、电力部门管理和地方管理等多种形式。

(3) 城市集中供热的建设资金。城市供热的建设资金，可以采取多种渠道解决：一是地方自筹；二是向受益单位集资，受益单位也可根据具体情况，从自有的更新改造资金和生产发展基金中，适当拿出一部分用于供热建设；三是从城市维护建设税中适当拿出部分资金补助城市民用集中供热网的建设；四是国家根据情况，可给予部分节能投资，以补助热力建设。

(4) 城市集中供热的政策与价格。城市集中供热是公用事业，社会效益好。城市供热企业，是服务性的生产企业，利润甚微，因此，国家要采取优惠政策。个别城市的供热企业纳税确有困难的，按国家税法规定，可根据具体情况酌情减免调节税，以加强城市供热企业热力设施的维修和更新改造。热力价格要按照热源生产单位、热力公司和用户三兼顾的原则，根据实际成本和效益，合理确定。

(5) 城市集中供热的立法和管理工作需进一步加强。为了适应城市集中供热发展的需要，应及早制定城市集中供热规范、技术标准和管理法规。城市集中供热企业要加强管理，减少能耗，防止跑、冒、滴、漏，千方百计降低成本，提高管理水平。

3. 城市供气管理

由建设部、劳动部、公安部联合发布的《城市燃气安全管理规定》，对城市燃气安全管理的有关内容作了如下规定：

(1) 城市燃气的管理。城市燃气，是指供给城市中生活、生产等使用的天然气、液化石油气、人工煤气（煤制气、重油制气）等气体燃料。为了加强城市燃气的安全管理，保护人身和财产安全，城市燃气的生产、储存、输配、经营、使用以及燃气工程的设计、施工和燃气用具的生产，均应依法进行。根据国务院规定的职责分工和有关法律、法规的规定，建设部负责管理全国城市燃气安全工作，劳动部负责全国城市燃气的安全监察，公安部负责全国城市燃气的消防监督。县级以上地方人民政府城建、劳动（安全监察）、公安（消防监督）部门按照同级人民政府规定的职责分工，共同负责本行政区域的城市燃气安全监督管理工作。

城市燃气的生产、储存、输配、经营和使用，必须贯彻“安全第一、预防为主”的方针，高度重视燃气安全工作。城市燃气生产、储存、输配、经营单位应当指定一名企业负责人主管燃气安全工作，并设立相应的安全管理机构，配备专职安全管理人员；车间班组应当设立群众性安全组织和安全员，形成三级安全管理网络。单位用户应当确立相应的安全管理机构，明确专人负责。城市燃气生产、储存、输配、经营单位应当严格遵守有关安全规定及技术操作规程，建立健全相应的安全管理规章制度，并严格执行。

(2) 城市燃气的生产、储存和输配。城市燃气生产单位向城市供气的压力和质量应当符合国家规定的标准，无溴燃气应当按照规定进行加溴处理。在使用发生炉、水煤气炉、油制气炉生产燃气及电捕焦油器时，其含氧量必须符合 GB 6222—86《工业企业煤气安全规程》的规定。对于制气和净化使用的原料应当按批进行质量分析；原料品种作必要变更时，应当进行分析试验。凡达不到规定指标的原料，不得投入使用。

城市燃气生产、储存和输配所采用的各类锅炉、压力容器和气瓶设备，必须符合劳动部门颁布的有关安全管理规定，按要求办理使用登记和建立档案，并定期检验；其安全附件必须齐全、可靠，并定期校验。凡有液化石油气充装单位的城市，必须设置液化石油气瓶定期检验站。气瓶定期检验站和气瓶充装单位应当同时规划、同时建设、同时验收运行。气瓶定期检验工作不落实的充装单位，不得从事气瓶充装业务。气瓶定期检验站须经省、自治区、直辖市人民政府劳动部门审查批准，并取得资格证书后，方可从事气瓶检验工作。

城市燃气管道和容器在投入运行前，必须进行气密试验和置换。在置换过程中，应当定期巡回检查，加强监护和检漏，确保安全无泄漏。对各类防爆设施和各种安全装置，应当进行定期检查，并配足够的备用设备、备品备件以及抢修人员和工具，保证其灵敏可靠。城市燃气生产、储存、输配经营单位应当对燃气管道及设施进行定期检查，发现管道和设施有破损、漏气等情况时，必须及时修理或更换。

城市燃气生产、储存、输配系统的动火作业应当建立分级审批制度，由动火作业单位填写动火作业审批报告和动火作业方案。并按级向安全管理部门申报，取得动火证后方可实施。在动火作业时，必须在作业点周围采取保证安全的隔离措施和防范措施。

城市燃气生产、储存、输配单位和管理部门必须制定停气、降压作业的管理制度，包括停气、降压的审批权限、申报程序以及恢复供气的措施等，并指定技术部门负责。涉及用户的停气、降压工程，不宜在夜间恢复供气。除紧急事故外，停气及恢复供气应当事先通知用户。

任何单位和个人严禁在城市燃气管道及设施上修筑建筑物、构筑物和堆放物品。确需在城市燃气管道及设施附近修筑建筑物、构筑物和堆放物品时，必须符合城市燃气设计规范及消防技术规范中的有关规定。凡在城市燃气管道及设施附近进行施工，有可能影响管道及设施安全运营的，施工单位须事先通知城市燃气生产、储存、输配、经营单位，经双方商定保护措施后方可施工。

(3) 城市燃气的使用。单位和个人使用城市燃气必须向城市燃气经营单位提出申请，经许可后方可使用。城市燃气经营单位应当建立用户档案，与用户签订供气、使用合同

（协议）。使用城市燃气的单位和个人需要增加安装供气及使用设施时，必须经城市燃气经营单位批准。

城市燃气经营单位必须制定用户安全使用规定，对居民用户进行安全教育，定期对燃气设施进行检修，并提供咨询等服务；居民用户应当严格遵守安全使用规定。城市燃气经营单位对单位用户要进行安全检查和监督，并负责其操作和维修人员的技术培训。

使用燃气管道设施的单位和个人，不得擅自拆、改、装燃气设施和用具，严禁在卧室安装燃气管道设施和使用燃气，并不得擅自抽取或采用其他不正当手段使用燃气。

用户不得用任何手段加热和摔、砸、倒卧液化石油气钢瓶，不得自行倒罐、排残和拆修瓶阀等附件，不得自行改换检验标记或瓶体漆色。

（4）城市燃气用具的生产和销售。城市燃气用具生产单位生产实行生产许可制度的产品时，必须取得归口管理部门颁发的《生产许可证》，其产品受颁证机关的安全监督。

民用燃具的销售，必须经销售地城市人民政府城建行政主管部门指定的检测中心（站）进行检测，经检测符合销售地燃气使用要求，并在销售地城市人民政府城建行政主管部门指定的城市燃气经营单位的安全监督下方可销售。

凡经批准销售的燃气用具，其销售单位应当在销售地设立维修站点，也可以委托当地城市燃气经营单位代销代修，并负责提供修理所需要的燃气用具零部件。城市燃气经营单位应当对专业维修人员进行考核。燃气用具产品必须有产品合格证和安全使用说明书，重点部位要有明显的警告标志。

（5）对城市燃气事故，要及时进行抢修和处理。

（6）违反城市燃气管理法规的行为有：

1）在城市燃气管道及设施上修筑建筑物、构筑物和堆放物品的。

2）在城市燃气管道及设施附近进行施工，有可能影响管道及设施安全运营的。

3）未经批准擅自增加安装供气及使用设施的。

4）擅自拆、改、迁、装燃气设施和用具的。

5）擅自加热、摔、砸、倒卧液化石油气钢瓶和自行倒罐、排残、拆修瓶阀等附件、改换检验标记或瓶体漆色的。

6）破坏、盗窃、哄抢燃气设施，尚不够刑事处罚的。

对违法行为的处罚：

对第1）种行为，城市燃气生产、储存、输配、经营单位有权加以制止，并限期拆除违章设施和要求违章者赔偿经济损失。对第3）至第5）种行为，城市燃气生产、储存、输配、经营单位有权加以制止，责令恢复原状，对于屡教不改或者危及燃气使用安全的，城市燃气生产、储存、输配、经营单位可以报城市人民政府城市建设行政主管部门批准后，采取暂停供气的措施，以确保安全。对第6）种行为，由公安机关依照《中华人民共和国治安管理处罚条例》给予处罚；构成犯罪的，由司法机关依法追究其刑事责任。

4. 城市燃气和集中供热企业资质管理

为了加强城市燃气和集中供热企业资质管理，保障向城市安全、可靠、持续稳定地供气、供热，促进城市燃气和供热行业的发展，1996年，建设部发布了《城市燃气和集中供热企业资质管理规定》，规定了城市燃气和供热企业资质按供气、供热能力实行分级审批；新建企业的资质审查分初审和正式审查两个阶段。

11.2.4.3　城市市容管理

1. 建筑物和城市设施的市容管理

（1）建筑物和城市设施应当符合国家规定的城市容貌标准。

城乡建设环境保护部批准发布的城市容貌标准要求为：新建、扩建、改建一切建筑物，应当讲究建筑艺术，注意美观，其造型、装饰应当与周围环境相协调。城市中的市政公用设施应当与周围环境相协调，如新建架空管线设施，应当避免跨越道路上空架设，避免因架空管线影响城市的景观。交通信号灯、噪声监测器、照明设施、电信设施等应当标志明显、整洁美观。已经建成的市政公用设施，应当维护和保持设施的完好、整洁。道路应当保持平坦，便于通行；路面出现坑凹、碎裂、隆起、溢水、塌方等情况，应当及时修复；地面设置的各种井盖应当保持齐备完好；给水、排水、排污管道应当保持畅通，自来水、污水、污物不得外溢，雨水积水应当及时排除；交通场、站应当平整、清洁，不得裸露。

（2）建筑物和城市设施应符合城市规划要求。

1）建筑物和城市设施的市容管理应始于城市规划阶段。《城乡规划法》规定：编制城市规划应加强城市绿化建设和市容环境卫生建设。保护历史文化遗产、城市传统风貌、地方特色和自然景观。对外开放城市、风景旅游城市和有条件的其他城市，可以结合本地具体情况，制定严于国家规定的城市容貌标准；建制镇可以参照国家规定的城市容貌标准执行。

2）建设项目竣工验收时，各类建筑物的平面位置、立面造型、装修色调等应符合批准的规划设计要求。城市中的市政公用设施，应当与周围环境相协调，并维护和保持设施完好、整洁。例如：城市道路管理要求：凡在道路上新建或改建管线，埋设各种标志、杆件，搭设棚、亭、画廊、存车处等设施者，应报经市政工程管理部门同意，并由城市规划部门发照后，方准施工；铁路与道路平面交叉道口，应与城市道路接平；各种管线或检查井，应与路面衔接好。城市排水设施管理要求：不得在排水管道上，圈占用地或修建构筑物，不得向排水明沟、检查井、雨水口内倾倒垃圾、粪便、渣土等杂物；排水系统采取分流制的，不准将雨水管和污水管混接。城市中的一切单位和个人都应保持建筑物的整洁、美观。在城市人民政府规定的街道的临街建筑物的阳台和窗外，不得堆放、吊挂有碍市容的物品。搭建或者封闭阳台必须符合城市人民政府市容环境卫生行政主管部门的有关规定。

2. 户外广告等的市容管理

在城市中设置户外广告、标语牌、画廊、橱窗等，应当内容健康、外形美观，并定期维修、油饰或者拆除。所谓内容健康要求：不得进行反动宣传；不得妨碍社会公共秩序和违背社会良好风尚；不得妨碍社会安定和危害人身、财产安全，损害社会公共利益；不得含有淫秽、迷信、恐怖、暴力、丑恶的内容；不得含有民族、种族、宗教、性别歧视的内容；不得出现法律、行政法规禁止的其他情形。

大型户外广告的设置必须征得城市人民政府市容环境卫生行政主管部门同意后，按照有关规定办理审批手续。市容环境卫生主管部门应当对大型广告牌设置的地点、设置、造型等是否影响城市容貌进行审查，以保证大型广告牌的设置不影响城市的容貌。有下列情形之一的，不得设置户外广告。

（1）利用交通安全设施、交通标志的。

（2）影响市政公共设施、交通安全设施、交通标志使用的。

（3）妨碍生产或者人民生活，损害市容市貌的。

（4）国家机关、文物保护单位和名胜风景点的建筑控制地带。

（5）当地县级以上地方人民政府禁止设置户外广告的区域。

任何单位和个人不得在建筑物、设施以及树木上擅自涂写、刻画或者张贴。如果确要在城市中利用一些建筑物、设施设置标语、广告，张贴宣传画等，除要经过有关部门和单位的批准外，还必须得到市容和环境卫生行政主管部门的批准。经批准张贴的广告、标语、宣传画等，在污损和破损时应及时清理和更换，以保证不影响城市容貌。

3. 街道两侧和公共场地的市容管理

主要街道两侧的建筑物前，应当根据需要与可能选用透景、半透景的围墙、栅栏或者绿篱、花坛（池）、草坪等作为分界，除特殊情况外，不得设置实体围墙。

临街树木、绿篱、花坛（池）、草坪等，应当保持整洁、美观，栽培、整修或者其他作业留下的渣土、枝叶等，管理单位、个人或者作业者应当及时清除。管理单位、个人与作业者应当在作业开始前即明确清除责任，以免日后发生纠纷。

任何单位和个人都不得在街道两侧和公共场地堆放物料，搭建建筑物、构筑物或者其他设施。因建设等特殊需要，在街道两侧和公共场地临时堆放物料，搭建非永久性建筑物、构筑物或者其他设施的，必须征得城市人民政府市容环境卫生行政主管部门同意后，按照有关规定办理审批手续。

各地人民政府市容和环境卫生行政管理部门应根据法律、法规的要求，加强对临街建筑物的市容管理，对临街建筑物阳台封闭的设计、规格、材料、颜色等作出规定。

4. 工程施工现场的市容管理

工程施工现场的材料、机具应当堆放整齐，渣土应当及时清运；临街工地应当设置护栏或者围布遮挡；施工场地应当及时整理并做必要的覆盖；竣工后，应当及时清理和平整场地。建设部对此有较为具体的规定：项目经理全面负责施工过程中的现场管理，建立施工现场管理责任制；施工应当在批准的施工场地内组织进行；施工单位应该保证施工现场道路畅通，排水系统处于良好的使用状态；保持场容场貌的整洁，随时清理建筑垃圾；在车辆、行人通行的地方施工，应当设置沟、井、坎、穴覆盖物和施工标志。

11.2.4.4 城市环境卫生管理

1. 城市环境卫生设施的建设和设置

城市中的环境卫生设施，应当符合国家规定的城市环境卫生标准，环境卫生设施包括楼内垃圾道、楼外化粪池、垃圾站、公共厕所、小区环卫专用车辆停放场地和工人休息室。在城市总体规划中，应当安排环境卫生专用车辆场、废弃物转运设施、无害化处理场和填埋用地。在详细规划中，则应当根据国家规定建设公共厕所、垃圾站、市容环境卫生工作用房。多层和高层建筑应当设置封闭式垃圾通道或者垃圾贮存设施，并修建清运车辆通道，城市街道两侧居住区或者人流密集地区，应当设置封闭式垃圾容器、果皮箱等设施。一切单位和个人都不得擅自拆除环境卫生设施；因建设需要必须拆除的，建设单位必须事先提出拆迁方案，报城市人民政府市容环境卫生行政主管部门批准。

2. 公共厕所的管理

城市公共厕所是指供城市居民和流动人口共同使用的厕所，包括公共建筑（如车站、码头、商店、饭店、影剧院、体育场馆、展览馆、办公楼等）附设的公厕。对公共厕所的管理主要依据《城市市容和环境卫生管理条例》。

(1) 城市公厕的规划。城市公厕应当按照“全面规划、合理布局、改建并重、卫生适用、方便群众、水厕为主、有利排运”的原则，依照《城市公共厕所规划和设计标准》及公共建筑设计规范进行规划建设。下列城市公共场所应当设置公厕，并应当设立明显的标志或指路牌。

1) 广场和主要交通干道两侧。

2) 车站、码头、展览馆等公共建筑物附近。

城市公厕应当修建在明显易找、便于粪便排放或机器抽运的地段。新修建的公厕外观应当与周围环境相协调。

(2) 城市公厕的建设和维修管理。城市人民政府市容环境卫生行政主管部门应按照规定的标准建设、改造或者支持有关单位建设、改造公共厕所。公厕的建设和维修管理，按照下列分工，分别由城市环境卫生单位和有关单位负责。

1) 城市主次干道两侧的公厕由城市人民政府环境卫生行政主管部门指定的管理单位负责。

2) 城市各类集贸市场的公厕由集贸市场经营管理单位负责。

3) 新建、改建居民楼群和住宅小区的公厕由其主管部门或经营管理单位负责。

4) 风景名胜、旅游点的公厕由其主管部门或经营管理单位负责。

5) 公共建筑附设的公厕由产权单位负责。

(3) 城市公厕的保洁和使用管理。城市公厕的保洁，应当逐步逐座规范化、标准化，保持公厕的清洁、卫生和设备设施完好。城市人民政府环境卫生行政主管部门应当对公厕的卫生及设备、设施等进行检查，对于不符合规定的，应当予以纠正。在旅游景点、车站、繁华商业区等公共场所独立设置的较高档次公厕，可以适当收费。

11.2.4.5 公共场所和主要街道、广场、公共水域的环境卫生管理

依据《城市市容和环境卫生管理条例》以及《城市道路和公共场所清扫保洁管理办法》对其进行管理。

1. 环境卫生责任制

(1) 按国家行政建制设立的主要街道、广场和公共水域的环境卫生，由环境卫生专业单位负责。

(2) 居住区、街巷等地方由街道办事处负责组织专人清扫保洁。

(3) 飞机场、火车站、公共汽车始末站、港口、影剧院、博物馆、展览馆、纪念馆、体育馆（场）和公园等公共场所，由本单位负责清扫保洁。

(4) 机关、团体、部队、企事业单位，应当按照城市人民政府市容环境卫生行政主管部门划分的卫生责任区负责清扫保洁工作。

(5) 城市集贸市场，由主管部门（工商行政管理部门）负责组织专人清扫保洁。

(6) 各种摊点，由从业者负责清扫保洁。

(7) 城市港口客货码头作业范围内的水面，由港口客货码头经营单位责成作业者清理保洁。

(8) 在市区水域行驶或者停泊的各类船舶上的垃圾、粪便，由船上负责人依照规定处理。

2. 城市道路和公共场所清扫保洁管理办法

负责清扫、保洁本责任区的道路和公共场所的单位，应当配备足够的垃圾容器和运输工具。城市清扫的垃圾、冰雪，应当运到指定的堆放场地。城市中的所有单位和市民，应按照城市市容环境卫生行政主管部门划分的卫生责任区，承担扫雪等义务劳动。凡从事城市道路和公共场所经营性清扫、保洁和进城车辆冲洗等经营性服务的单位和个人，必须向城市市容环境卫生行政主管部门申请资质审查，经批准后方可从事经营性服务。城市中的单位和个人，必须维护城市道路和公共场所的清洁，并严格遵守相关规定。

(1) 生活废弃物的收集、运输和处理。生活废弃物即生活垃圾，是指城市中的单位和居民在日常生活及为生活服务中产生的废弃物，以及建筑施工活动中产生的垃圾。建设部1993年7月2日发布了《城市垃圾管理办法》，加强对生活废弃物的管理。城市人民政府市容环境卫生行政主管部门对城市生活废弃物的收集、运输和处理实施监督管理。

1) 城市生活垃圾的倾倒。城市居民必须按当地规定的地点、时间和其他要求，将生活垃圾倒入垃圾容器或者指定的生活垃圾场所。逐步做到分类收集、运输和处理。在城市生活垃圾实行分类、袋装收集的地区，应当按当地规定的分类要求，投入垃圾容器或者指定场所。废旧家具等大件废弃物应当按规定时间投放在指定的收集场所，不得随意投放。

单位处理产生的生活垃圾，必须向城市市容环境卫生行政主管部门申报，按批准指定地点存放、处理，不得任意倾倒。单位和个人不得将有害废弃物混入生活垃圾中。

2) 城市生活垃圾的无害化处理和综合利用。对垃圾、粪便应当及时清运，并逐步做到垃圾、粪便的无害化处理和综合利用。

3) 有下列行为之一的，由城市市容环境卫生行政主管部门或者其委托的城市市容环境卫生管理单位分别给予警告，责令其限期改正，赔偿经济损失，并处以罚款。

a. 未经城市市容环境卫生行政主管部门批准，从事城市生活垃圾经营性清扫、收集、运输、处理等服务的。

b. 将有害废弃物混入生活垃圾中。

c. 不按当地规定地点、时间和其他要求任意倾倒垃圾的。

d. 影响存放垃圾的设施、容器周围环境整洁的。

e. 随意拆除、损坏垃圾收集容器、处理设施的。

f. 垃圾运输车辆不加封闭，沿途扬、散、遗漏的。

g. 违反城市生活垃圾管理办法的其他行为。

(2) 环境卫生管理的社会化服务。环境卫生管理的社会化服务，可以使环境卫生管理职业化、专业化，从而提高管理水平。同时，还可以减轻政府和单位的经济压力。根据不同的情况，可以有以下两个途径：

1）成立环境卫生专业单位。

2）由物业管理公司进行环境卫生管理。

11.2.4.6　城市绿化管理

1. 城市绿化管理体制

根据《城市绿化条例》第7条规定，城市绿化管理体制是：

(1) 国务院设立全国绿化委员会，统一组织领导全国城乡绿化工作，其办公室设在国务院林业行政主管部门。

(2) 国务院城市建设行政主管部门和国务院林业行政主管部门等，按照国务院规定的职权划分，负责全国城市绿化工作。

(3) 地方绿化管理体制，由省、自治区、直辖市人民政府根据本地实际情况规定。

(4) 城市人民政府城市绿化行政主管部门主管本行政区域内城市规划区的城市绿化工作。

(5) 在城市规划区内，有关法律、法规规定由林业主管部门等管理的绿化工作，依照法律、法规执行。

2. 城市绿化的规划与建设

(1) 城市人民政府应当组织城市规划行政主管部门和城市绿化行政主管部门等共同编制城市绿化规划，并纳入城市总体规划。

(2) 城市绿化规划应当从实际出发，根据城市发展需要，合理安排同城市人口和城市面积相适应的城市绿化用地面积、城市人均公共绿地面积和绿化覆盖率等规划指标，由国务院城市建设行政主管部门根据不同城市的性质、规模和自然条件等实际情况规定。

(3) 城市绿化规划，应当根据当地的特点，利用原有的地形、地貌、水体、植被和历史文化遗址等自然、人文条件，以方便群众为原则，合理设置公共绿地、居住区绿地、防护绿地、生产绿地和风景绿地等。

(4) 城市绿化工程的设计，应当委托持有相应资格证书的设计单位承担。所谓"相应资格证书的设计单位"是指国家或地方主管部门根据统一标准和业务范围按照一定程序评定合格，并取得相应等级的设计资格证书的设计单位。根据有关规定，城市绿化工程专业设计资格分为甲、乙、丙、丁四级。甲级设计资格评定由国务院建设行政主管部门负责，乙级以下设计资格评定由省、自治区、直辖市建设行政主管部门和下属行政主管部门负责。具有甲级设计资格的设计单位业务范围不受限制；具有乙级设计资格的设计单位可承担中、小型园林绿化工程设计，地区不限；具有丙级设计资格的设计单位可承担单位所在地范围内的中、小型园林绿化工程设计；具有丁级设计资格的设计单位可承担所属地区范围内的小型园林绿化工程设计。

(5) 城市绿化工程的施工，是城市绿化建设的重要实施阶段，对提高城市绿化水平具有举足轻重的作用。因此《城市绿化条例》第16条规定："城市绿化工程的施工，应当委托有相应资格证书的单位承担。绿化工程竣工后，应当经城市人民政府城市绿化行政主管部门或者该工程的主管部门验收合格后交付使用。"

3. 城市绿化的保护和管理

(1) 城市公共绿地、风景林地、防护绿地、行道树及干道绿化带的绿化，由城市人民政府城市绿化行政主管部门管理；各单位管界内的防护绿地的绿化，由该单位按照国家有关规定管理；单位自建的公园和单位附属绿地的绿化，由该单位管理；居住区绿地的绿化，由城市人民政府城市绿化行政主管部门根据实际情况确定的单位管理；城市苗圃、花圃等，由其经营单位管理。

(2) 任何单位和个人都不得擅自改变城市绿化规划用地性质或者破坏绿化规划用地的地形、地貌、水体和植被。任何单位和个人不得擅自占用城市绿化用地，占用的城市绿化用地，应当限期归还。临时占用城市绿化用地，需经城市人民政府城市绿化行政主管部门同意。并按照规定办理临时用地手续。对于未经同意擅自占用城市绿化用地的，由城市绿化行政主管部门责令限期退还、恢复原状，可以并处罚款；造成损失的，应负赔偿责任。

(3) 任何单位和个人都不得损坏城市树木花草和绿化设施。砍伐城市树木，必须经城市人民政府城市绿化行政主管部门批准，并按照国家有关规定补植树木或者采取其他补救措施。城市的绿地管理单位，应当建立健全管理制度，保护树木花草繁茂及绿化设施完好。为保证各类工程管线的安全使用需要修剪树木时，必须根据城市绿化行政主管部门标准，按照兼顾工程管线安全使用和树木正常生长的原则进行修剪。因不可抗力致使树木倾斜危及管线安全时，各类工程管线管理单位可以先来修剪、扶正或者砍伐树木，但是，应当及时报告城市绿化行政主管部门和绿地管理单位。对城市古树名木（100 年以上树龄的树木、稀、珍贵树木，具有历史价值或者重要纪念意义的树木）实行统一管理，分别养护。城市绿化行政主管部门，应当建立古树名木的档案和标志，划定保护范围，加强养护管理。在单位管界内或者私人庭院内的古树名木，由该单位或者居民负责养护，城市绿化行政主管部门负责监督和技术指导，严禁砍伐或者迁移古树名木。因特殊需要迁移古树名木，必须经城市绿化行政主管部门审查同意，并报同级或者上级人民政府批准。根据《城市绿化条例》第 27 条规定：对损坏城市树木花草的，擅自迁移或者砍伐城市树木的，砍伐、擅自迁移古树名木或者因养护不善致使古树名木受到损伤或者死亡的，损坏城市绿化设施的，由城市绿化行政主管部门或者其授权的单位责令停止侵害，可以并处罚款，造成损失的，应当负赔偿责任；应当给予治安管理处罚的，依照《中华人民共和国治安管理处罚法》的有关规定处罚；构成犯罪的，依法追究刑事责任。

(4) 根据《城市绿化条例》第 22 条规定，在城市的公共绿地内开设商业、服务摊点的，必须向公共绿地管理单位提出申请，经城市绿化行政主管部门或者其授权的单位同意后，持工商行政管理部门批准的营业执照，在公共绿地管理单位指定的地点从事经营活动，并遵守公共绿地和工商行政管理的规定。

(5) 未经同意擅自在城市公共绿地内开设商业、服务摊点的，由城市绿化行政主管部门或者其授权的单位责令限期迁出或者拆除，可以并处罚款；造成损失的，应负赔偿责任。对不服从公共绿地管理单位管理的商业、服务摊点，由城市绿化行政主管部门或者其授权的单位给予警告，可以并处罚款；情节严重的，由城市绿化行政主管部门取消其设点申请批准文件，并可以提请工商行政管理部门吊销营业执照。

11.2.4.7 城市园林管理

1. 园林的分类

古今中外的园林，尽管内容丰富多样，风格也各自不同，但可根据一定的标准进行分类。按照山、水、植物、建筑四者本身的经营和它们之间的组合关系来考查，园林分为：规整式园林、风景式园林、混合式园林、庭园四种形式。按照它们的性质和使用功能来区分，可分为：风景名胜区、公共园林（包括公园、街心花园或小游园、花园广场、儿童公园、文化公园、小区花园、体育公园）、动物园、植物园、游乐园、休疗园林、纪念性园林、文物古迹园林、庭园、宅园、别墅园。城市园林绿化的系统工程包括城市、县镇、工矿区的园林绿地、树木花草和园林设施。城市园林绿地，包括以下六类：

（1）公共绿地。指市级、区级、居住区的公园、动物园、植物园、陵园以及小游园、街道广场绿地。

（2）单位附属绿地。指企业、机关、团体、部队、各企业事业单位管界内的环境绿地。

（3）生产绿地。指为城市园林绿化提供苗木、花草、种子的苗圃、花圃、草圃等。

（4）防护绿地。指城市中用于环境卫生、安全、防灾等目的的林带和绿地。

（5）居住区绿地。指居住区内除居住区的公园以外的其他绿地。

（6）风景林地。指具有一定景观价值，对城市整体风貌和环境起作用，但尚没有完善的游览、休息的娱乐等设施的林地。

2. 园林的管理制度

城市的公共绿地、生产绿地、防护绿地、风景林地由城市园林部门经营管理。单位附属绿地和其他单位营造、管理的防护林带，由各单位自行管理，园林部门在业务上进行指导、检查和督促。居住区绿地，由城市园林绿化部门根据实际情况确定的单位管理。绿化任务大的单位，应有专业队伍或专职人员负责专用绿地的养护管理工作。

3. 园林的规划建设

（1）城市园林的规划。城市园林绿化规划是城市总体规划的组成部分，由城市规划部门会同园林部门共同编制，园林部门组织实施。凡规划确定的绿地，不得改作他用。如确需变动时，应报经原审批部门批准。

城市园林绿化规划要根据当地特点和条件，合理布局，远、近期结合，点、线、面结合，构成完整的绿地系统。每个城市都要有与人口相应的绿地面积，不断提高绿化覆盖率。近期内凡有条件的城市，要把绿化覆盖率提高到30%；公共绿地面积达到每人3～5平方米。远期目标，城市中一切可以绿化的地方都要绿化起来，做到“黄土不露天”；公共绿化面积达到每人7～11平方米。城市新建区的绿化用地，应不低于总用地面积的30%；旧城改建区的绿化用地，应不低于总用地面积的25%。

（2）城市园林的建设。城市园林绿化建设，必须按规划有计划地进行。各类绿地在施工前要作出设计，并按基本建设程序经过审查批准。绿化建设所需投资应纳入基本建设计划。各单位新建、扩建项目和统建居住小区的投资，应包括绿化费用。城市给水规划和建设计划中，应包括绿化用水的管网和计入绿化用水量。

园林建设要继承和发扬我国优秀园林艺术传统，注意吸收国外先进经验，努力创造适应现代生活的新型园林风格。要从实际出发，按照园林的性质、要求和当地条件，精心设计，精心施工。要提倡主要以植物材料造园，园林建筑和其他设施应安排适度，不要过多。园林建设既要讲求艺术，又要经济合理，做到投资省、效果好。

动物园的建设要严格控制。新建或扩建动物园必须具备饲养、医疗、防疫等物资设备和技术条件，不可盲目发展，不要片面追求动物品种数量。笼舍建设要朴素自然，尽量适应动物的生活习惯，不要华而不实。

有条件的城市应建设和发展植物园，作为园林植物科学研究和科普教育的基地，也可开放供观赏游览。要大力收集植物品种，搞好引种驯化，培育适宜本地生长的优良品种，丰富园林绿化的植物材料。苗木是园林绿化建设的物质基础，要重视城市园林苗圃建设，逐步做到苗木自给。园林苗圃用地面积应为城市建成区面积的2%～3%。园林部门在搞好专业苗圃建设的同时，还应支持和帮助有条件的工厂、机关、部队、学校等单位开展群众育苗。绿化工程要加强技术管理，严格按技术规程施工，保证栽植质量，提高树木花草成活率和保存率。

4. 园林保护

根据有关规定，对城市园林保护的规定如下：

(1) 城市园林绿地，不准任何单位及个人占用，已被占用的绿地，要限期退还。

(2) 城市公共绿地是广大群众观赏游憩的场所，必须保护树木花草繁茂，园容整洁美观，设施完好，并不断充实植物品种，提高园艺水平。为保证公共绿地有良好的秩序，确保游人及园林设施的安全，园林部门要建立健全各项管理办法和游览制度，并严格执行。

(3) 公共绿地内的饮食、照相、小卖部等服务业，由园林部门经营管理，业务上接受商业服务部门的指导。

(4) 园林绿地内的文物古迹，要认真加以保护，要保持历史特点，维持其原有面貌，不得随意改建、拆迁。文物古迹及古典园林的周围，不准建设高度、体量、色彩、风格不协调的建筑物及其他设施。

(5) 园林绿地内的植物应妥善保护。任何个人和单位都不许在园林绿地内毁损花木、倾倒污物、堆置物品、挖沙采石、割草取土、放牧捕猎、开荒垦殖。为保证园林植物生长繁茂，要切实搞好养护管理，适时松土、灌溉、施肥、修剪和防治虫病害。

(6) 古树名木是国家的宝贵财富，树权为国有。要建立档案和标志，进行重点保护，严禁砍伐破坏。城市中的古树名木，由园林部门负责管理。散生于各单位范围内的，由各单位负责养护，园林部门负责监督和技术指导。

(7) 城市植树的主要目的是维护生态平衡、改善环境、美化城市，所有树木都要加以保护。无论公有或私有树木的砍伐，均需报园林部门审查批准；未经园林部门许可，任何单位和个人都不得砍伐。

(8) 行道树及干道上的绿化带，由园林部门负责管理。行道树与架空线路、地下管线发生矛盾需要修剪时，由线路管理单位与园林部门协商进行修剪。

(9) 建设单位经申请批准砍伐非本单位所有的树木时，应按园林部门规定的标准补偿绿化费。申请伐树单位，须按规定补植树木。

(10) 引进种苗必须进行检疫，不符合检疫标准的种苗不准引进。珍稀和濒于灭绝的苗木及其种质资源的交换、引进，须按国家有关规定办理。

复习思考题

1. 市政公用事业包括哪些行业?
2. 什么叫做城市道路占用? 发生城市道路占用之前应办理哪些手续?
3. 城市污水排放有哪些具体规定?
4. 在城市天然气管道附近进行工程建设时，应做好哪些方面的工作?
5. 城市对园林绿化用地有什么规定?
6. 工程施工现场的市容管理包括哪些内容?
7. 城市园林管理包括哪些内容?

第 12 章　劳动用工制度法律法规

本章学习要点

1. 了解劳动合同法的概念、适用范围，劳动合同的类型，劳务派遣、非全日制用工，劳动合同的监督检查；
2. 了解劳动争议调解仲裁法的立法目的、适用范围，劳动争议解决的原则；
3. 熟悉劳动合同与集体合同的区别，集体合同的作用；
4. 熟悉无效或者部分无效劳动合同的规定；
5. 掌握劳动合同的内容、订立要求，履行和变更、解除和终止的规定；
6. 掌握劳动保护的主要内容；
7. 掌握劳动争议的调解和仲裁的法律规定。

12.1　劳动法和劳动合同法

12.1.1　《劳动合同法》概述

12.1.1.1　劳动合同的概念

劳动合同是劳动者与用人单位之间建立劳动关系的依据，是双方当事人明确权利和义务的协议，也是劳动者维护自身合法权益的直接的证据。劳动法和劳动合同法都规定：建立劳动关系应当订立书面劳动合同。订立劳动合同应当遵循合法、公平、平等自愿、协商一致、诚实信用的原则。劳动合同的订立、履行、变更、解除或者终止，不得违反法律、行政法规的规定。依法订立的劳动合同具有约束力，用人单位与劳动者应当履行劳动合同约定的义务。

用人单位应当依法建立和完善劳动规章制度，保障劳动者享有劳动权利，履行劳动义务。用人单位在制定、修改或者决定有关劳动报酬、工作时间、休息休假、劳动安全卫生、保险福利、职工培训、劳动纪律以及劳动定额管理等直接涉及劳动者切身利益的规章制度或者重大事项时，应当经职工代表大会或者全体职工讨论，提出方案和意见，与工会或者职工代表平等协商确定。在规章制度和重大事项决定过程中，工会或者职工认为不适当的，有权向用人单位提出，通过协商予以修改完善。用人单位应当将直接涉及劳动者切身利益的规章制度和重大事项决定公示，或者告知劳动者。工会应当帮助、指导劳动者与用人单位依法订立和履行劳动合同，并与用人单位建立集体协商机制，维护劳动者的合法权益。县级以上人民政府劳动行政部门会同工会和企业方面代表，建立健全协调劳动关系三方机制，共同研究解决有关劳动关系的重大问题。

用人单位，是指中华人民共和国境内的企业、个体经济组织、民办非企业单位等组织，还包括国家机关、事业单位、社会团体。依法成立的会计师事务所、律师事务所等合伙组织和基金会，也属于劳动合同法规定的用人单位。依法取得营业执照或者登记证书的用人单位分支机构可以作为用人单位与劳动者订立劳动合同；未依法取得营业执照或者登记证书的用人单位分支机构，受用人单位委托也可以与劳动者订立劳动合同。因为国家机关、事业单位、社会团体在招用、适用于劳动合同法的相关工作人员时，也要同这些劳动者订立劳动合同。用人单位的规章制度是劳动合同的一个组成部分，劳动者一旦签订了劳动合同进入用人单位工作，就要遵守执行，因此用人单位应让劳动者知道这些规章制度，因此用人单位对直接涉及劳动者切身利益的规章制度和重大事项决定应当公示，或者告知劳动者。工会组织是代表职工利益的一个团体，帮助和指导劳动者与用人单位订立和履行劳动合同，是其一项具体职责。但是这些帮助、指导并不是由工会代替职工与用人单位签订劳动合同，而是对职工做一些宣传解释工作，包括签订劳动合同的重要性，如何签订劳动合同，在劳动合同中有什么权利，应当履行哪些义务，怎么正确地履行劳动合同，违反劳动合同要承担什么样的责任，发生劳动争议应当如何处理等等。因此，劳动合同法规定，劳动合同应当经用人单位与劳动者在劳动合同文本上签字或者盖章方能生效。劳动合同文本由用人单位和劳动者各执一份。

12.1.1.2　劳动合同的种类

劳动合同分为固定期限合同、无固定期限合同以及以完成一定工作任务为期限的劳动合同。劳动合同期限是指劳动合同的有效时间，是劳动关系当事人双方享有权利和履行义务的时间。它一般始于劳动合同的生效之日，终于劳动合同的终止之日。确定劳动合同期限除了坚持劳动合同订立的原则外，还要掌握这样的三条原则：一是有利于建立稳定的劳动关系；二是有利于企业的发展；三是兼顾当事人双方的利益。

1. 固定期限劳动合同

固定期限劳动合同，是指用人单位与劳动者约定合同终止时间的劳动合同。具体是指劳动合同双方当事人在劳动合同中明确规定了合同效力的起始和终止时间。劳动合同期限届满，劳动关系即告终止。固定期限劳动合同可以是较短时间的，如 1 年，也可以是较长时间的，如 10 年，甚至更长时间。但不管时间长短，劳动合同的起始和终止期都是固定的。

2. 无固定期限劳动合同

（1）无固定期限劳动合同是指用人单位与劳动者约定无确定终止时间的劳动合同。无确定终止时间是指劳动合同没有一个确切的终止时间，劳动合同的期限长短不能确定，但并不是没有终止时间。劳动合同法中关于无固定期限劳动合同和固定期限劳动合同的终止条件是一致的。设立无固定期限劳动合同的目的是为了更好地解决实际存在的劳动合同短期化和劳动合同签订率低的问题。对于无固定期限劳动合同，只要没有出现法定解除情形或者双方协商一致解除合同的情形，双方当事人就要继续履行劳动合同。但一旦出现了法定情形或者双方协商一致解除的，无固定期限劳动合同也能够解除。所以，无固定期限合同并不是没有终止时间的“铁饭碗”、“终身制”。无固定期限劳动合同对于劳动者、用人单位和国家都是有好处的。对于劳动者而言，有利于稳定的职业，钻研业务技术，不断提高职业技能。对用人单位而言，有利于培养劳动者对企业的忠诚，维护其经济利益，减少频繁更换劳动者带来的损失。对于国家而言，有利于形成较为稳定的劳动关系，逐步提高对劳动者权益的保护力度。

(2) 订立或视为无固定期限劳动合同的情形。

1) 用人单位与劳动者协商一致，可以订立无固定期限劳动合同。

2) 在法律规定的出现时，劳动合同提出或者同意续订，订立劳动合同的，除劳动者提出订立固定期限劳动合同外，应当订立无固定期限劳动合同。出现下列三种情形之一的，只要符合一定条件，应当订立无固定期限劳动合同。一是劳动者在该用人单位连续工作满 10 年的；二是用人单位初次实行劳动合同制度或者国有企业改制重新订立劳动合同时，劳动者在该用人单位连续工作满 10 年且距法定退休年龄不足 10 年的；三是连续订立二次固定期限劳动合同，且劳动者没有劳动合同法规定可以解除劳动合同情形，续订劳动合同的。四是用人单位自用工之日起满 1 年不与劳动者订立书面劳动合同的，视为用人单位与劳动者已订立无固定期限劳动合同。

在现实生活中，一些用人单位出于种种原因，不愿意与劳动者订立书面劳动合同，容易发生争议，不利于保护劳动者的合法权益。为解决书面劳动合同签订率低的问题，劳动合同法作了一系列规定，包括：自建立劳动关系 1 个月内签订书面劳动合同；超过 1 个月不满 1 年的，应当每月支付 2 倍工资，并补订劳动合同；劳动者不与用人单位订立书面劳动合同的，用人单位应当书面通知劳动者终止劳动关系，并依照劳动合同法的规定支付经济补偿。自用工之日起满 1 年不订立书面劳动合同的，自用工之日起满 1 个月的次日至满 1 年的前 1 日应当依照劳动合同法向劳动者每月支付 2 倍工资，并视为自用工之日起满 1 年的当日已经与劳动者订立无固定期限劳动合同，应当立即与劳动者补订书面劳动合同等。

自用工之日 1 个月内，经用人单位通知后，劳动者不与用人单位订立书面劳动合同的，用人单位应当书面通知劳动者终止劳动关系，无需向劳动者支付经济补偿，但是应当依法向劳动者支付其实际工作时间的劳动报酬。

3. 以完成一定工作任务为期限的劳动合同

以完成一定工作任务为期限的劳动合同，是指用人单位与劳动者约定以某项工作的完成为合同期限的劳动合同。某一项工作或工程开始之日，即为合同开始之时，此项工作或者工程完毕，合同即告终止。一般在以下几种情况下，用人单位与劳动者可以签订以完成一定工作任务为期限的劳动合同。

(1) 以完成单项工作任务为期限的劳动合同。

(2) 以项目承包方式完成承包任务的劳动合同。

(3) 因季节原因用工的劳动合同。

(4) 其他双方约定的以完成一定工作任务为期限的劳动合同。

12.1.1.3 按与用人单位签订劳动合同劳动者的数量来对劳动合同进行分类

按与用人单位签订劳动合同劳动者的数量可以分为劳动合同和集体劳动合同。

1. 劳动合同

劳动合同是劳动者与用人单位确立劳动关系，明确双方权利和义务的协议。建立劳动关系应当订立书面劳动合同。

2. 集体劳动合同

集体劳动合同又称团体协议或团体合同，是指工会或职工代表代表全体职工与用人单位之间根据法律、法规的规定，就劳动报酬、工作时间、休息休假、劳动安全卫生、保险福利等事项在平等协商一致的基础上签订的书面协议。集体合同草案应当提交职工代表大会或者全体职工讨论通过。

3. 专项集体合同

专项集体合同，是指用人单位与劳动者根据法律、法规、规章的规定，就集体协商的某项内容签订的专项书面协议。集体合同的具体内容，可能涉及劳动关系的各个方面，也可能只涉及劳动关系的某个方面。随着社会经济的发展，各方面的问题也逐渐展现。为减少协商谈判所需要的社会成本，更有针对性，更有效地解决劳动关系某一个方面的问题，工会在推进集体合同制度的实践中订立专项集体合同，逐渐成为一种普遍形式。企业职工一方与用人单位可以订立劳动安全卫生、女职工权益保护、工资调整机制等专项集体合同。

4. 劳动合同与集体劳动合同的区别

(1) 集体合同与劳动合同相比存在明显不同，主要有以下区别：

1) 当事人不同。劳动合同当事人为单个劳动者和用人单位；集体合同当事人为劳动者团体和用人单位或其团体。

2) 目的不同。订立劳动合同的主要目的是确立劳动关系；订立集体劳动合同的主要目的是为了确立劳动关系设定具体标准，即在其效力范围内规范劳动关系。

3) 内容不同。劳动合同以单个劳动者的权利和义务为内容，一般包括劳动关系的各个方面；集体合同以集体劳动关系中全体劳动者的共同权利和义务为内容，可能涉及劳动关系的各个方面，也可能只涉及劳动关系的某个方面。

4) 效力不同。劳动合同对单个用人单位和劳动者有法律效力，集体合同对签订合同的单个用人单位或用人单位所代表的全体用人单位，以及工会和工会所代表的全体劳动者，都具有法律效力。并且集体合同的效力一般高于劳动合同的效力。单个劳动者在签订劳动合同时除依据法律法规外，还可以参照集体合同的相关规定来约定更有利于自己的条款。

5) 它们在签订程序和适用范围等方面也有所不同。

(2) 集体合同制度的功能。在保护劳动者利益和协调劳动关系方面，集体合同具有劳动合同法规和劳动合同所无法取代的功能。

1) 集体合同可以弥补劳动立法的不足。劳动法规定的关于劳动者利益的标准属于最底标准，按此标准进行保护只是法律所要求的最低水平，而立法意图并不是希望对劳动者利益的保护仅仅停留在最低水平上，但想通过劳动立法的方式规定更高的标准，恐怕不太现实。然而通过集体合同，可以对劳动者利益做出高于法定最低标准的约定，从而使劳动者利益保护的水平能够高于法定最低标准。

2) 劳动法关于劳动者利益和劳动关系协调的规定可能比较原则，相对于复杂丰富的劳动关系而言难免有所疏漏。通过集体合同可以对这些共性问题做出约定，从而能更具体地规范劳动关系，对劳动立法的不完备起到补充作用。

3）集体合同可以弥补劳动合同的不足。在签订劳动合同时，因单个劳动者是相对弱者，不足以与用人单位抗衡，难免违心地接受用人单位提出的不合理条款。而由工会代表全体劳动者签订集体合同，就可以与用人单位平等协商，避免劳动者被迫接受不合理条款。同时，劳动者之间因各自实力不同，难免使有的劳动者遭受歧视，不能平等地享有权利和承担义务；通过集体合同可以确保在一定范围内，全体劳动者的权利和义务实现平等。另外，劳动关系的内容包括工时、定额、保险、福利、安全卫生等几个方面，若都由劳动合具体规定，每个劳动合同的篇幅必然冗长，集体合同对劳动关系的主要内容做出了具体规定后，劳动合同只需要就单个劳动者的特殊情况做出约定就可以了。

5. 行业性集体合同和区域性集体合同

在县级以下区域内，建筑业、采矿业、餐饮服务等行业可以由工会与企业方面代表订立行业性集体合同，或者订立区域性集体合同。行业性集体合同主要是指在一定行业内，由地方工会或者行业性工会与相应行业内企业方面代表，就劳动报酬、工作时间、休息休假、劳动安全卫生、保险福利等事项进行平等协商，所签订的集体合同。而区域性集体合同是指在一定区域内（指县、区、乡、镇、街道、村），由区域性工会联合会与相应经济组织或区域内企业，就劳动报酬、工作时间、休息休假、劳动安全卫生、保险福利等事项进行平等协商所签订的集体合同。

集体合同订立后，应当报送劳动行政部门，劳动行政部门自收到集体合同文本之日起15日内未提出异议的，集体合同即行生效。依法订立的集体合同对用人单位和劳动者具有约束力。行业性、区域性集体合同对当地本行业、本区域的用人单位和劳动者具有约束力。集体合同中劳动报酬和劳动条件等标准不得低于当地人民政府规定的最低标准；用人单位与劳动者订立的劳动合同中劳动报酬和劳动条件等标准不得低于集体合同规定的标准。用人单位违反集体合同，侵犯职工劳动权益的，工会可以依法要求用人单位承担责任；因履行集体合同发生争议，经协商解决不成的，工会可以依法申请仲裁，提起诉讼。

12.1.2 劳动合同的订立要求和内容

12.1.2.1 劳动合同的订立要求

用人单位自用工之日起即与劳动者建立劳动关系，用人单位应当建立职工名册备查。职工名册应当包括劳动者姓名、性别、公民身份证号码、户籍住址及现住址、联系方式、用工形式、用工起始时间、劳动合同期限等内容。用工之日起1个月内应当订立书面劳动合同。订立劳动合同应当遵循合法、公平、平等自愿、协商一致、诚实信用的原则。用人单位招用劳动者时，应当如实告知劳动者工作内容、工作条件、工作地点、职业危害、安全生产状况、劳动报酬，以及劳动者要求了解的其他情况；用人单位有权了解劳动者与劳动合同直接相关的基本情况，劳动者应当如实说明。用人单位招用劳动者，不得扣押劳动者的居民身份证件，不得要求劳动者提供担保或者以其他名义向劳动者收取财物。

12.1.2.2 劳动合同的内容

1. 劳动合同的必备条款

劳动合同的必备条款是指法律规定的劳动合同必须具备的内容，必备条款都是关系劳动者切身利益的内容。如果劳动合同缺乏必备条款，不影响劳动合同的履行，但劳动行政部门应依照法律规定，责令用人单位改正，给劳动者造成损害的，用人单位应当承担赔偿责任。但是如果劳动合同缺少必备条款，发生争议时，将不利于对劳动者合法权益的保护。根据《劳动合同法》第 17 条的规定，劳动合同的必备条款有：

(1) 用人单位的名称、住址和法定代表人或者主要负责人。

(2) 劳动者的姓名、住址和居民身份证或者其他有效身份证件号码。

(3) 劳动合同期限。

(4) 工作内容和工作地点。

(5) 工作时间和休息休假。

(6) 劳动报酬。

(7) 社会保险。

(8) 劳动保护、劳动条件和职业危害防护。

(9) 法律、法规规定应当纳入劳动合同的其他事项。

2. 劳动合同的约定条款

对于某些事项，法律不作强制性规定，由合同当事人根据意愿选择是否在合同中约定，劳动合同缺乏这种条款不影响其履行，这样的合同条款称为约定条款。实践中，劳动合同的某些内容是非常重要的，关系到劳动者的切身利益，但是这些条款不是在每个劳动合同中都应当具备的，所以法律不能把它作为必备条款，只能在法律中特别地予以提示。因而《劳动合同法》第 17 条还规定："劳动合同除前款规定的必备条款外，用人单位与劳动者可以约定试用期、培训、保守秘密、补充保险和福利待遇等其他事项。"这里规定的"试用期、培训、保守秘密、补充保险和福利待遇"都属于约定条款的内容。

(1) 试用期。

1) 试用期的概念。试用期是指用人单位对新招收职工的思想品德、劳动态度、实际工作能力、身体情况等进一步考察的时间期限。《劳动合同法》第 19 条规定："劳动合同期限 3 个月以上不满 1 年的，试用期不得超过 1 个月；劳动合同期限 1 年以上不满 3 年的，试用期不得超过 2 个月；3 年以上固定期限和无固定期限的劳动合同，试用期不得超过 6 个月。同一用人单位与同一劳动者只能约定一次试用期。以完成一定工作任务为期限的劳动合同或者劳动合同期限不满 3 个月的，不得约定试用期。试用期包含在劳动合同期限内。劳动合同仅约定试用期的，试用期不成立，该期限为劳动合同期限。"试用期是约定的条款，如果双方没有事先约定，用人单位就不能以试用期为由解除劳动合同。劳动合同当事人必须就试用期条款充分协商，取得一致，试用期条款才能成立。

劳动者在试用期间享有全部的劳动权利，这些权利包括：取得劳动报酬的权利、休息休假的权利、享受社会保险和福利的权利、提请劳动争议处理的权利以及法律规定的其他劳动权利；还包括依照法律规定，通过职工大会、职工代表大会或者其他形式，参与民主管理或者就保护劳动者合法权益与用人单位进行平等协商的权利。不能因为试用期的身份而加以限制，与其他劳动者区别对待。

2) 试用期间的劳动报酬。劳动者在试用期的工资不得低于本单位相同岗位最低档工资或者劳动合同约定工资的 80%，并不得低于用人单位所在地的最低工资标准。劳动合同法第 20 条的上述条文，实际上规定了两个最低标准：一是不得低于本单位相同岗位最低档工资；二是不得低于劳动合同约定工资的 80%。这就存在着按照哪一个标准执行的问题，正确的理解应当是两者相比取高者。

3）试用期劳动合同的解除。在试用期中，除有证据证明劳动者不符合录用条件等情形外，用人单位不得解除劳动合同。用人单位在试用期解除劳动合同的，应当向劳动者说明理由。这意味着用人单位在试用期中，要解除劳动合同，必须有证据、有理由证明劳动者哪些方面不符合录用条件，为什么不合格，或者具备解除合同的其他法定条件。《劳动合同法》第48条规定："用人单位违反规定解除或者终止劳动合同，劳动者要求继续履行劳动合同的，用人单位应当继续履行；劳动者不要求履行劳动合同或者劳动合同已经不能继续履行的，用人单位应当依照规定的经济补偿标准的2倍向劳动者支付赔偿金；用人单位支付赔偿金后，劳动合同解除或者终止。"

《劳动合同法》第39条第1项和劳动法中都规定，劳动者在试用期间被证明不符合录用条件的，用人单位可以解除劳动合同，这是用人单位的权利。同时，《劳动合同法》第37条和《劳动法》第32条又规定，劳动者在试用期内可以通知用人单位解除劳动合同。这说明，在试用期内劳动者也拥有依法解除劳动合同的权利。

（2）培训与服务期。《劳动合同法》第22条规定："用人单位为劳动者提供专项培训费用，对其进行专业技术培训的，可以与该劳动者订立协议，约定服务期。劳动者违反服务期约定的，应当按照约定向用人单位支付违约金。违约金的数额不得超过用人单位提供的培训费用。用人单位要求劳动者支付的违约金不得超过服务期尚未履行部分所应分摊的培训费用。用人单位要求劳动者约定服务期间的，不影响按照正常的工资调整机制提高劳动者在服务期期间的劳动报酬。"这里所称培训费用，包括用人单位为了对劳动者进行专业技术培训而支付的有凭证的培训费用、培训期间的差旅费用及因培训产生的用于该劳动者的其他直接费用。

1）协议约定服务期的培训规定。用人单位可以与劳动者订立协议，约定服务期间的培训是有严格条件的。一是用人单位提供专项培训费用，按照国家规定，用人单位必须按照本单位工资总额的一定比例提取培训费用，用于对劳动者的职业培训，这部分培训费用的使用不能作为与劳动者约定服务期的条件；二是对劳动者进行专业技术培训，包括专业知识和职业技能培训。用人单位对劳动者进行必要的职业培训不可以约定服务期，也就是说不包括职业培训。劳动法规定，用人单位应建立职业培训制度，按照国家规定提取和使用职业培训经费，根据本单位实际，有计划地对劳动者进行职业培训。从事技术工种的劳动者上岗前必须经过培训，劳动者有接受职业技术培训的权利；三是培训的形式，可以是脱产的、半脱产的，也可以是不脱产的。不管是否脱产，只有用人单位在国家规定提取的职工培训费用以外，专门花较高数额的费用送劳动者去进行定向专业培训的，才可以与该劳动者订立协议约定服务期。

2）关于违约金。用人单位与劳动者要依法约定违约金。主要包含两层意思：一是违约金是劳动合同双方当事人约定的结果；二是用人单位与劳动者约定违约金时不得违法，即约定违反服务期违约金的数额不得超过用人单位提供的培训费用。劳动者违反服务期约定的，应当按照约定向用人单位支付违约金，但劳动者所支付的违约金不得超过服务期尚未履行部分所应分摊的培训费用。

有下列情形之一，用人单位与劳动者解除约定服务期的劳动合同，劳动者应按劳动合同向用人单位支付违约金：

①劳动者严重违反用人单位的规章制度的；②劳动者严重失职，营私舞弊，给用人单位造成重大损失的；③劳动者同时与其他用人单位建立劳动关系，对完成本单位的工作任务造成严重影响，或者经用人单位提出，拒不改正的；④劳动者以欺诈、胁迫的手段或者乘人之危，使用人单位在违背真实意思的情况下订立或变更劳动合同的；⑤劳动者被依法追究刑事责任的。

3）服务期的年限。劳动合同法没有对服务期的年限作出具体规定，服务期的长短可以由劳动合同双方当事人协议确定。但是，用人单位在与劳动者协议确定服务期年限时要遵守两点：一要体现公平合理的原则，不得滥用权利；二是用人单位与劳动者约定的服务期较长的，用人单位应当按照工资调整机制提高劳动者在服务期期间的劳动报酬。另外还必须处理好两个关系：一是约定与法定的关系；二是调动用人单位提供培训的积极性与保护劳动者合法权益的关系。

劳动合同期满，但是用人单位与劳动者依照劳动合同法第 22 条的规定约定的服务期限尚未到期的，劳动合同应续延至服务期满；双方另有约定的从其规定。

（3）劳动者的保密义务和竞业限制的规定。用人单位与劳动者可以在劳动合同中约定保守用人单位的商业秘密和与知识产权相关的保密事项。对负有保密义务的劳动者，用人单位可以在劳动合同或者保密协议中与劳动者约定竞业限制条款，并可以约定在解除或者终止劳动合同后，在竞业限制期限内按月给予劳动者经济补偿。劳动者违反竞业限制约定的，应当按照约定向用人单位支付违约金。竞业限制的人员限于用人单位的高级管理人员、高级技术人员和其他负有保密义务的人员。竞业限制的范围、地域、期限由用人单位与劳动者约定。但竞业限制的约定不得违反法律、法规的规定。在解除或者终止劳动合同后，竞业限制人员到与本单位生产或者经营同类产品、从事同类业务有竞争关系的其他用人单位，或者自己开业生产或者经营同类产品，从事同类业务的竞业限制期限，不得超过 2 年。

《劳动法》第 12 条规定，劳动合同当事人可以在劳动合同中约定保守用人单位商业秘密的有关事项。根据《中华人民共和国反不正当竞争法》（以下简称《反不正当竞争法》）第 10 条第 3 款的规定，商业秘密是指不为公众所知悉、能为权利人带来经济利益、具有实用性并经权利人采取保密措施的技术经济信息和经营信息。商业秘密包括非专利技术和经营信息两部分。获得商业秘密的合法手段有：独立开发获得；合法购买；从公开渠道观察获得；合法接受许可获得以及通过反向工程获得等。除此之外的获取，都是非法的。从非法渠道获得的商业秘密不得使用，否则就会受到有关法律的追究。

劳动关系具有特定的人身属性，由劳动者对用人单位的忠诚义务演化出劳动合同的保密义务，并进而扩展为竞业限制或竞业禁止。竞业禁止条款蕴含了用人单位的财产权益和劳动者的劳动权利两者的矛盾，成为一个必须依据法律来调整的问题。对负有保守用人单位商业秘密义务的劳动者，用人单位可以在劳动合同或者保密协议中与劳动者约定竞业限制条款。在劳动合同解除后，不得使用或者披露信息的义务，包含生产的秘密环节以及足以构成商业秘密的其他信息。劳动者违反竞业限制约定的，应当按照约定向用人单位支付违约金。

劳动合同到期后的竞业禁止，由用人单位和劳动者双方约定。其中最重要的内容是经济补偿，竞业限制补偿金是用人单位对劳动者履行竞业限制义务的补偿，用人单位与劳动者有竞业限制约定的，应当同时与劳动者约定在劳动合同终止或者解除时向劳动者支付的竞业限制经济补偿。竞业限制补偿不能包含在工资中，只能在劳动关系结束后，在竞业限制期限内按月给予劳动者补偿，补偿金数额由双方约定。用人单位未按照约定在劳动合同终止或者解除时向劳动者支付竞业限制经济补偿的，竞业限制条款失效。竞业限制的人员限于用人单位的高级管理人员、高级技术人员和其他负有保密义务的人员。实际上仅限于知悉用人单位商业秘密和核心技术的人员，不可能面对每个劳动者，企业也无力承受给每个人一份经济补偿金。所以我国竞业禁止条款被限制在只能和知悉本单位商业秘密或者其他对本单位经营有重大影响的信息的劳动者订立。由于竞业限制限制了劳动者的劳动权利，因此不能任意扩大竞业范围，原则上竞业限制的范围、地域，应当以能够与用人单位形成实际竞争关系的地域为限。同时约定竞业限制必须是以正当利益存在为前提，以保护合法权益所必需。但是限制竞业的期限最长不得超过 2 年。

在劳动合同中，除了关于服务期限、劳动者履行保密义务和竞业限制的规定条款可以约定由劳动者承担违约金之外，其他的条款用人单位均不得与劳动者约定由劳动者承担违约金。如果用人单位与劳动者径自约定劳动者违反劳动合同的违约金责任，这种约定无效。

12.1.2.3　劳动合同无效或者部分无效

无效的劳动合同是指由当事人签订成立而国家不予承认其法律效力的劳动合同。无效的劳动合同，从订立的时候起，就没有法律约束力。对劳动合同的无效或者部分无效有争议的，由劳动争议仲裁机构或者人民法院确认。其他任何部门或者个人都无权认定无效劳动合同。

1. 无效劳动合同的类型

(1) 以欺诈、胁迫的手段或者乘人之危，使对方在违背真实意思的情况下订立或者变更的劳动合同无效。

1) 订立劳动合同因采取欺诈、威胁等手段而无效。欺诈是指当事人一方故意制造假象或者隐瞒事实真相，欺骗对方，诱使对方形成错误认识而与之订立劳动合同。欺诈的种类包括：在没有履行能力的情况下签订合同，如根据劳动法的规定，从事特种作业的劳动者必须经过专门培训并取得特种作业资格证书，应聘的劳动者没有或者提供的是假的资格证书；行为人负有义务向他方告知某种真实情况而故意不告知。

2) 威胁是指当事人以将要发生的损害或者以直接实施损害相威胁，一方迫使另一方处于恐怖或者其他被胁迫的状态而签订劳动合同。威胁可能涉及生命、身体、财产、名誉、自由、健康等方面。

(2) 用人单位免除自己的法定责任，排除劳动者权利的劳动合同无效。

这属于禁止用人单位同劳动者约定的内容，这也是合同的原则。通常表现为劳动合同简单化，法定条款缺失，仅规定劳动者的义务，如有的合同规定“生老病死都与企业无关”、“用人单位有权根据生产经营变化以及劳动者的工作情况调整其工作岗位，劳动者必须服从用人单位的安排”等。甚至还规定造成劳动者人身伤害的免责条款等“霸王”条款。还应特别指出，劳动者对劳动合同权利的放弃，如果与劳动法的维权宗旨相悖，劳动者放弃权利的行为也应当受到限制。比如，矿山企业的劳动者在高工资的诱惑下自愿在用人单位不负责生命安全的劳动合同上签字，这种情况下劳动者放弃劳动保护权的行为即使出于自愿，也应认定为无效。

(3) 违反法律、行政法规强制性规定而无效。这类无效合同包括：

1) 用人单位和劳动者中的一方或者双方不具备订立劳动合同的法定资格，即合同主体不合格。如企业与未满十六周岁的未成年人订立的劳动合同无效（国家另有规定的除外）。

2) 合同内容违法。

3) 损害国家利益和社会公共利益。

这里所讲的法律、行政法规强制性规定主要是指国家制定的关于劳动者最基本劳动条件的法律、法规，包括最低工资法、工作时间法、劳动安全与卫生法等，其目的是改善劳动条件，保障劳动者的基本生活，避免伤亡事故的发生。还应特别注意的是无效合同的认定只限于违反国家法律和行政法规的强制性规定。如果将违反地方行政管理规定的合同也认为无效，是不妥当的。

2. 劳动合同无效和部分无效的处理

劳动合同部分无效的情形，不影响其他部分效力的，其他部分仍然有效。劳动合同被确认无效，劳动者已付出劳动的，用人单位应当向劳动者支付劳动报酬。劳动报酬的数额，参照本单位相同或者相近岗位劳动者的劳动报酬确定。

12.1.3 劳动合同的履行和变更

12.1.3.1 劳动合同的履行

劳动合同依法订立即具有法律约束力，用人单位与劳动者都应当全面履行劳动合同规定的各项义务。劳动合同的全面履行要求劳动合同的当事人双方必须按合同约定的时间、地点，用约定的方式，按质、按量全部履行自己承担的义务，既不能只履行部分义务，也不得擅自变更合同，也不能随意变更劳动者的工作性质、岗位，更不能擅自将劳动者调到其他用人单位工作。

1. 用人单位履行合同的规定

用人单位必须按照合同的约定向劳动者提供适当的工作场所和劳动安全卫生条件、相关工作岗位，并按照劳动合同的约定和国家规定，向劳动者及时足额支付劳动报酬。用人单位应当严格执行劳动定额标准，不得强迫或者变相强迫劳动者加班。用人单位安排加班的，应当按照国家有关规定向劳动者支付加班费。所谓加班，也称延长劳动时间，是指用人单位经过一定程序，要求劳动者超过法律、法规规定的最高限制的日工作时数和周工作天数而工作。按照《劳动法》第44条的规定，支付加班费的具体标准是：在标准工作日内安排劳动者延长工作时间的，支付不低于工资150%的工资报酬；休息日安排劳动者工作又不能安排补休的，支付不低于工资200%的工资报酬；法定休假日安排劳动者工作的，支付不得低于300%的工资报酬。用人单位不能将应由自己对劳动者承担的义务转嫁给第三方承担。

用人单位变更名称、法定代表人、主要负责人或者投资人等事项，不得影响劳动合同的履行。用人单位发生合并或者分立等情况，原劳动合同继续有效，劳动合同由承继其权利和义务的单位继续履行。

2. *劳动者履行合同的规定*

劳动者必须遵守用人单位的规章制度和劳动纪律，认真履行自己的劳动职责，必须亲自履行劳动合同，不得将应由自己完成的工作交由第三方代办。劳动者拒绝用人单位管理人员违章指挥、强令冒险作业，不能被视为违反劳动合同。相反，劳动者对危害生命安全和身体健康的劳动条件，有权对用人单位提出批评、检举和控告。对用人单位拖欠或者未足额支付劳动报酬的，劳动者可以依法向当地人民法院申请支付令，人民法院应当依法发出支付令。

12.1.3.2 劳动合同的变更

劳动合同的变更，是指劳动合同依法订立后，在合同尚未履行或者尚未履行完毕之前，经用人单位和劳动者双方当事人协商同意，对劳动合同内容做部分修改、补充或者删减的法律行为。劳动合同的变更是原劳动合同的派生，是双方已存在的劳动权利义务关系的发展。用人单位与劳动者协商一致，可以变更劳动合同约定的内容。变更劳动合同，应当采用书面形式。变更后的劳动合同文本由用人单位和劳动者各执一份。

12.1.4 劳动合同的解除和终止

劳动合同的解除，是指劳动合同在订立以后，尚未履行完毕或者全部履行以前由于合同双方或者单方的法律行为导致双方当事人提前消灭劳动关系的法律行为。所谓劳动合同终止，是指劳动合同的法律效力依法被消灭，即劳动关系由于一定法律实施的出现而终结，劳动者与用人单位之间原有的权利义务不再存在。但是，劳动合同终止并不是说劳动合同终止之前发生的权利义务关系也消灭，而是说合同终止之后，双方不再执行原劳动合同约定的事项。

12.1.4.1 劳动合同解除的法律规定

1. *劳动合同解除的分类*

(1) 协议解除。经劳动合同当事人（用人单位和劳动者）协商一致，可以解除劳动合同。即用人单位与劳动者在完全自愿的情况下，互相协商，在达成一致意见的基础上提前终止劳动合同的效力。

(2) 法定解除，即达到法律、行政法规规定的可以解除劳动合同条件时，合同双方或一方当事人，可以依据法定的程序解除劳动合同。

(3) 约定解除，即达到依法成立的劳动合同中有关解除合同条款的条件时，双方或者一方当事人，可以依据合同的约定解除劳动合同。

2. *用人单位解除劳动合同*

(1) 因劳动者过错用人单位单方解除劳动合同的规定。《劳动合同法》第 39 条规定，劳动者有下列情形之一的，用人单位可以解除劳动合同：

1) 用人单位与劳动者协商一致的。

2) 在试用期间被证明不符合录用条件的。

3) 严重违反用人单位规章制度的。

4) 严重失职，营私舞弊，给用人单位造成重大损害的。

5）劳动者同时与其他用人单位建立劳动关系，对完成本单位的工作任务造成严重影响，或者经用人单位提出，拒不改正的。

6）劳动者以欺诈、胁迫的手段或者乘人之危，使用人单位在违背真实意思的情况下订立或者变更劳动合同的。

7）因签订的劳动合同违反有关法律、法规致使劳动合同无效的。

8）被依法追究刑事责任的。

(2) 无过失性辞退的规定。用人单位根据劳动合同履行中客观情况的变化而解除劳动合同。这种客观情况可能是用人单位的原因，也可能是劳动者自身的原因。

《劳动合同法》第40条规定，有下列情形之一的，用人单位提前30日以书面形式通知劳动者本人或者额外支付劳动者1个月工资后，可以解除劳动合同：

1）劳动者患病或者非因工负伤，在规定的医疗期满后不能从事原工作，也不能从事由用人单位另行安排的工作的；

2）劳动者不能胜任工作，经过培训或者调整工作岗位，仍不能胜任工作的；

3）劳动合同订立时所依据的客观情况发生重大变化，致使劳动合同无法履行，经用人单位与劳动者协商，未能就变更劳动合同达成协议的。

(3) 经济性裁员的规定。经济性裁员是指企业由于经营不善等原因，解雇多个劳动者的情形。经济性裁员是用人单位行使解除劳动合同权的主要方式之一。《劳动法》第27条规定，用人单位濒临破产进行法定整顿期间或者生产经营状况发生严重困难，确需裁减人员的，可以裁减人员。由于经济性裁员涉及劳动者的人数众多，社会影响广泛，因此《劳动合同法》第41条作出规定，有下列情形之一，需要裁减人员20人以上或者裁减不足20人但占企业职工总数10%以上的，用人单位提前30日向工会或者全体职工说明情况，听取工会或者职工意见后，裁减人员方案经向劳动行政部门报告，可以裁减人员：

1）依照企业破产法规定进行重整的。

2）生产经营发生严重困难的。

3）企业转产、重大技术革新或者经营方式调整，经变更劳动合同后，仍需裁减人员的。

4）其他因劳动合同订立时所依据的客观经济情况发生重大变化，致使劳动合同无法履行的。

裁减人员时，应当优先留用下列人员：

1）与本单位订立较长期限的固定期限劳动合同的。

2）与本单位订立无固定期限劳动合同的。

3）家庭无其他就业人员有需要扶养的老人或者未成年人的。

用人单位进行经济性裁减人员，在6个月内重新招用人员的，应当通知被裁减人员，并在同等条件下优先招用被裁减人员。

工会组织在用人单位解除劳动合同中应充分发挥监督职能。用人单位单方解除劳动合同，也应当事先将理由通知工会。用人单位违反法律、行政法规规定或者劳动合同约定的，工会有权要求用人单位纠正。用人单位应当研究工会的意见，并将处理结果书面通知工会。

3. 劳动者解除劳动合同

（1）劳动者单方解除劳动合同的程序。在劳动关系中，劳动者相对于用人单位来说，始终处于弱势地位，从保护劳动者权益出发，劳动合同法和劳动法都赋予了劳动者单方解除劳动合同的权利。

劳动者提前30日以书面形式通知用人单位，可以解除劳动合同。劳动者在试用期内提前3日通知用人单位，也可以解除劳动合同。

（2）因用人单位的过错劳动者解除劳动合同。用人单位有下列情形之一的，劳动者可以解除劳动合同：

1）未按照劳动合同约定提供劳动保护或者劳动条件的。

2）未及时足额支付劳动报酬的。

3）未依法为劳动者缴纳社会保险费的。

4）用人单位的规章制度违反法律、法规的规定，损害劳动者权益的。

5）因《劳动合同法》规定的情形致使劳动合同无效的。

6）法律、行政法规规定劳动者可以解除合同的其他情形。

7）用人单位以暴力、威胁或者非法限制人身自由的手段强迫劳动者劳动的，或者用人单位违章指挥、强令冒险作业危及劳动者人身安全的，劳动者可以立即解除劳动合同，不需事先告知用人单位。

8）劳动者与用人单位协商一致的。

4. 用人单位不得解除劳动合同的规定

《劳动合同法》第42条规定，劳动者有下列情形之一的，用人单位不得依照劳动合同法的有关规定解除劳动合同：

（1）从事接触职业病危害作业的劳动者未进行离岗前职业健康检查，或者疑似职业病病人在诊断或者医学观察期间的。

（2）在本单位患职业病或者因工负伤并被确认丧失或者部分丧失劳动能力的。

（3）患病或者非因工负伤，在规定的医疗期内的。

（4）女职工在孕期、产期、哺乳期的。

（5）在本单位连续工作满15年，且距法定退休年龄不足5年的。

（6）法律、法规规定的其他情形。

《劳动合同法》规定的法定情形出现时，用人单位可以单方解除劳动合同。但为了保护一定特定群体劳动者的合法权益，劳动合同法又规定在上述六类法定情形下，禁止用人单位解除劳动合同。对上述用人单位不得解除劳动合同规定的理解应注意两个方面：一是禁止的是用人单位单方解除劳动合同，并不禁止劳动者与用人单位协商一致解除劳动合同；二是这个规定的前提是用人单位不得根据第40条、第41条解除劳动合同，即使劳动者具备了上述六种情形之一，用人单位仍可以根据《劳动合同法》第39条的规定解除合同。

12.1.4.2 劳动合同终止的规定

1. 劳动合同终止的各情形

（1）劳动合同期满的。

(2) 劳动者开始依法享受基本养老保险待遇的。

(3) 劳动者死亡，或者被人民法院宣告死亡或者宣告失踪的。

(4) 用人单位被依法宣告破产的。

(5) 用人单位被吊销营业执照，责令关闭、撤销或者用人单位决定提前解散的。

(6) 法律、行政法规规定的其他情形。

2. 劳动合同期满不得终止的规定

劳动合同期满，只要双方当事人不续签合同，劳动关系一般就终止了。但是根据《劳动合同法》保护劳动者合法权益的宗旨，对于一些处于特殊困难阶段或者做出特殊贡献的劳动者，比如从事接触职业病危害作业的劳动者未进行离岗前职业健康检查，劳动合同期满的，必须等到进行了职业健康检查后，劳动合同才能终止；如果在本单位患职业病，劳动合同期满的，必须等到职业病治愈，劳动合同才能终止，如果职业病不能治愈，劳动合同就不能终止，国家另有规定的除外等。因此，《劳动合同法》第 45 条规定：劳动合同期满，有上述六种规定情形之一的，劳动合同应当续延至相应的情形消失时终止。但是，丧失或部分丧失劳动能力的劳动合同的终止，应按照国家有关工伤保险的规定执行。

根据《工伤保险条例》的有关规定，劳动者被鉴定为丧失劳动能力的，无论其劳动能力能否恢复，用人单位都不得终止劳动合同，直至劳动者达到退休年龄并办理退休手续，享受基本养老保险待遇；劳动者被鉴定为大部分丧失劳动能力的，只有工伤职工本人提出，劳动合同才可以终止，但如果工伤职工本人没有提出，不管其劳动能力是否恢复，劳动合同都不得终止；劳动者被鉴定为部分丧失劳动能力的，不管其劳动能力是否恢复，劳动合同期满即可终止。

3. 关于经济补偿的规定

经济补偿是劳动合同制度中的一项重要内容，是一种引导用人单位的有效手段，是一类与劳动密切相关的经济利益。从性质上来说，经济补偿是企业承担责任的主要方式之一，它不同于经济赔偿，不是一种惩罚手段。

(1) 经济补偿的范围。《劳动合同法》第 46 规定有下列情形之一的，用人应当向劳动者支付经济补偿：

1) 劳动者依照本法第 38 条规定解除劳动合同的。

2) 用人单位依照本法第 36 条规定向劳动者提出解除劳动合同与劳动者协商一致解除劳动合同的。

3) 用人单位依照本法第 46 条规定解除劳动合同的。

4) 用人单位依照本法第 41 条第 1 款规定解除劳动合同的。

5) 除用人单位维持或者提高劳动合同约定条件续定劳动合同、劳动者不同意续定的情形外，依照本法第 44 条第 1 项规定终止固定期限劳动合同的。

6) 依照本法第 44 条第 4 项 、第 5 项规定终止劳动合同的。

7) 法律、行政法规规定的其他情形。

(2) 经济补偿额的计算。经济补偿按劳动者在本单位工作年限，每满 1 年支付 1 个月工资的标准向劳动者支付。6 个月以上不满 1 年的按 1 年计算；不满 6 个月的，向劳动者支付半个月工资的经济补偿。劳动者月工资高于用人单位所在直辖市、设区的市级人民政府公布的本地区上年度职工月平均工资3倍的，向其支付经济补偿的标准按职工月平均工资3倍的数额支付，向其支付经济补偿的年限最高不超过12年。这里所称月工资是指劳动者在劳动合同解除或者终止前12个月的平均工资。

用人单位应当在解除或者终止劳动合同时出具解除或者终止劳动合同的证明，并在15日内为劳动者办理完毕档案和社会保险关系转移手续。国家采取措施建立健全劳动者社会保险关系跨地区转移接续制度。劳动者应当按照双方约定办理工作交接。用人单位依照劳动合同法有关规定应当向劳动者支付经济补偿的，在办结工作交接时支付。用人单位对已经解除或者终止的劳动合同的文本，至少保存2年备查。

12.1.5 劳务派遣

劳务派遣，在人力资源界一般称为人力派遣或租赁。通常是指劳动力派遣机构与派遣劳工签订派遣契约，在得到派遣劳工同意后，使其在被派遣企业指挥监督下提供劳动。劳务派遣的最大特点是劳动力雇佣与劳动力使用相分离，派遣劳动者不与被派企业签订劳动合同、发生劳动关系，而是与派遣机构存在劳动关系，却被派遣至要派企业劳动，形成有关系没有劳动、有劳动没有关系的特殊形态。劳务派遣一般在临时性、辅助性或者替代性工作岗位上实施。用人单位或者其所属单位出资或者合伙设立的劳务派遣单位，不得向本单位或者所属单位派遣劳动者。

1. 劳务派遣单位

劳务派遣单位应当依照《中华人民共和国公司法》（以下简称《公司法》）的有关规定设立，注册资金不得少于50万元。劳务派遣单位是用人单位，应当履行用人单位对劳动者的义务。被派遣的劳动者是劳务派遣单位的正式职工，双方应当签订书面的劳动合同。所签订的劳动合同中除了应包括劳动合同的必备条款和相关的约定条款以外，还应当载明被派遣劳动者的用工单位以及派遣期限、工作岗位等内容。劳务派遣单位与被派遣劳动者签订的劳动期限不得少于2年，并按月支付劳动报酬；被派遣劳动者在无工作期间，劳务派遣单位应当按照所在地人民政府规定的最低工资标准，向其按月支付报酬。劳务派遣单位派遣劳动者应当与接受以劳务派遣形式用工的单位（用工单位）订立劳务派遣协议。劳务派遣协议应当约定派遣岗位和人员数量、派遣期限、劳动报酬和社会保险费的数额与支付方式及违反协议的责任。用工单位应当根据工作岗位的实际需要与劳务派遣单位确定派遣期限，不得将连续用工期限分割订立数个劳务派遣协议。劳务派遣单位应当将劳务派遣协议的内容告知被派遣劳动者。劳务派遣单位不得克扣用工单位按照劳务派遣协议支付给被派遣劳动者的劳动报酬。劳务派遣单位和用工单位不得向被派遣劳动者收取费用。劳务派遣单位跨地区派遣劳动者的，被派遣劳动者享有的劳动报酬和劳动条件，按照用工单位所在地的标准执行。

2. 劳动用工单位的义务

用工单位应当履行下列义务：

（1）执行国家劳动标准，提供相应的劳动条件和劳动保护。劳动条件是指劳动者完成劳动任务的必要条件，如必要的劳动工具、工作场所、劳动经费和技术资料、必不可少的物质技术条件和其他工作条件。劳动保护是指用工单位为了保障劳动者在劳动过程中的身体健康与生命安全，预防伤亡事故和职业病的发生，而采取的有效措施。

（2）告知被派遣劳动者的工作要求和劳动报酬。

（3）支付加班费、绩效奖金，提供与工作岗位相关的福利待遇。

（4）对在岗被派遣劳动者进行工作岗位所必需的培训。

（5）连续用工的，实行正常的工资调整机制。

用工单位不得将被派遣劳动者再派遣到其他用人单位。即接受以劳务派遣形式用工的单位接受被派遣劳动者必须是用于本单位岗位。

3. 被派遣劳动者的权利

被派遣劳动者享有与用工单位的劳动者同工同酬的权利。用工单位无同类岗位劳动者的，参照用工单位所在地相同或者相近岗位劳动者的劳动报酬确定；被派遣劳动者有权在劳务派遣单位或者用工单位依法参加或者组织工会，维护自身的合法权益；被派遣劳动者有权根据劳动合同法的规定与劳务派遣单位解除劳动合同。

被派遣劳动者有劳动合同法规定可以解除劳动合同的法定情形时，用工单位可以将劳动者退回劳务派遣单位，劳务派遣单位可以与劳动者依法解除劳动合同。

12.1.6 非全日制用工

非全日制用工，是指以小时计酬为主，劳动者在同一用人单位一般平均每日工作时间不超过 4 小时，每周工作时间累计不超过 24 小时的用工形式。

非全日制用工双方当事人可以订立口头协议。从事非全日制用工的劳动者可以与一个或者一个以上用人单位订立劳动合同；但是，后订立的劳动合同不得影响先订立的劳动合同的履行。非全日制用工合同不得约定试用期。同时，非全日制用工小时计酬标准不得低于用人单位所在地人民政府规定的最低小时工资标准，劳动报酬的结算支付周期最长不得超过 15 日。

12.1.7 劳动合同的监督检查

1. 劳动行政部门监督检查

（1）劳动行政部门监督管理权的规定。劳动行政部门监督管理是指国务院劳动行政部门和县级以上人民政府的劳动行政部门，以自己的名义，代表国家对劳动合同制度的实施进行监督管理的行政执法活动。它是一种专业性的行政执法，有着与其他部门和群众监督不同的作用，是劳动合同法监督检查体系中最主要的一种。因此，《劳动合同法》第 73 条规定：国务院劳动行政部门负责全国劳动合同制度实施的监督管理。县级以上地方人民政府劳动行政部门负责本行政区域内劳动合同制度实施的监督管理。县级以上各级人民政府劳动行政部门在劳动合同制度实施的监督管理工作中，应当听取工会、企业方面代表以及有关行业主管部门的意见。

（2）劳动行政部门监督检查事项。县级以上地方人民政府劳动行政部门依法对下列实施劳动合同制度的情况进行监督检查：

1）用人单位制定直接涉及劳动者切身利益的规章制度及其执行的情况。

2）用人单位与劳动者订立和解除劳动合同的情况。

3）劳务派遣单位和用工单位遵守劳务派遣有关规定的情况。

4）用人单位遵守国家关于劳动者工作时间和休息休假规定的情况。

5）用人单位支付劳动合同约定的劳动报酬和执行最低工资标准的情况。

6）用人单位参加各项社会保险和缴纳社会保险费的情况。

7）法律、法规规定的其他劳动监察事项。

（3）监督检查措施和文明执法。县级以上地方人民政府劳动行政部门实施监督检查时，有权查阅与劳动合同、集体合同有关的材料，有权对劳动场所进行实地检查，用人单位和劳动者都应当如实提供有关情况和材料。劳动行政部门的工作人员进行监督检查，应当出示证件，依法行使职权，文明执法。文明执法是指执法人员执法时应遵守职业行为规范和社会行为规范。以遵守职业行为规范为主，兼顾作为社会人应当遵守的社会行为规范。文明执法必须以依法执法为前提，文明执法能够在依法执法的基础上构建和谐的执法氛围。

（4）有关主管部门监督管理的规定。县级以上人民政府建设、卫生、安全生产监督管理等有关主管部门在各自职责范围内，对用人单位执行劳动合同情况进行监督管理。

1）建设行政主管部门的监督管理。建设行业比较突出的问题是拖欠农民工工资问题。建筑业已成为吸纳农村富余劳动力的主要行业之一，广大农民工进入建筑业，促进了农村劳动力就业结构调整，增加了农民收入。但是，由于建筑领域存在劳动力供大于求、拖欠工程款以及劳务用工行为不规范等问题，侵害了农民工的合法权益。县级以上人民政府建设部门主要采取了以下措施：

a. 开展清查工作，严厉打击拖欠和克扣农民工工资行为。县级以上人民政府建设部门定期对建筑业企业工资支付情况进行监督检查。对查出拖欠和克扣工资的建筑业企业，责令其及时补发工资；不能立即补发的，制订清欠计划，限期补发。对恶意拖欠、克扣工资的企业，严格按国家有关规定进行处罚，并向社会公布有关企业名单。

b. 加强对农民工劳动合同的管理，指导企业依法与农民工签订劳动合同。加强对建筑业企业招用农民工的管理，对签订劳动合同收取抵押金、风险金等违法行为，一经发现，要按有关规定严肃处理。对不依法与农民工签订劳动合同或采取欺诈和威胁等手段订立劳动合同以及不按规定进行用工备案的企业，根据国家有关法律法规和政策严肃处理。

c. 完善工作机制，疏通处理渠道。建设部门要建立健全解决拖欠农民工工资的工作机制，切实做到专人负责、申诉有门、处理及时、客观公正。要按照各自职责，认真负责地对侵犯农民工权益的违法行为进行处理，不得相互推诿。建立健全拖欠农民工工资举报制度，设立举报箱、开通举报电话，并设专人负责接待来访举报。信访机构要认真接待农民工因被拖欠工资等问题的上访，耐心细致地做好政策宣传解释工作。使用农民工较多的地区，县级以上人民政府建设部门与有关部门协商，成立法律援助工作站，开展法律咨询服务活动。

d. 积极指导用人单位依法建立健全内部劳动合同管理制度。各级劳动保障部门要会同建设等行业行政主管部门，要指定专职或兼职人员负责劳动合同管理工作，建立劳动合同管理台账，实行动态管理。对履行劳动合同情况，特别是工资支付、保险福利、加班加点等有关情况要有书面记录。对终止解除劳动合同的农民工，用人单位应当结清工资，并出具终止解除劳动合同证明。

2）卫生主管部门的监督管理。用人单位招用劳动者时，应当如实告知劳动者工作条件、职业危害等情况；劳动合同应当具备职业危害防护条款。县级以上人民政府卫生主管部门对用人单位是否履行了告知义务，是否按照规定订立劳动合同，以及全面履行职业危害防护义务等事项进行监督管理。

3）安全生产监督管理主管部门的监督管理。用人单位招用劳动者时，应当如实告知劳动者工作条件、安全生产状况等情况；劳动合同应当具备劳动保护、劳动条件条款。县级以上人民政府安全生产监督管理主管部门对用人单位是否履行了告知义务，是否按照规定订立劳动合同，以及全面履行安全生产义务等事项进行监督管理。

2. 工会组织的监督

工会依法维护劳动者的合法权益，对用人单位履行劳动合同、集体合同的情况进行监督。用人单位违反劳动法律、法规和劳动合同、集体合同的、工会有权提意见或者要求纠正；劳动者合法权益受到侵害时，有权要求有关部门依法处理，或者依法申请仲裁、提起诉讼。劳动者申请仲裁、提起诉讼时，工会依法给予支持和帮助。

3. 举报监督

举报是指任何组织和个人向有关单位申诉、控告或者检举违法行为的行为。举报是我国宪法和法律赋予公民的一项民主权利，也是一种监督权利，更是一种有效监督的形式。任何组织或者个人对违反劳动合同法的行为都有权举报，县级以上人民政府劳动行政部门应当及时核实、处理并对举报有功人员给予奖励。

12.2 劳动保护

12.2.1 劳动保护的概念

劳动保护是指国家为了劳动者在生产过程中的安全与健康而采取的各项保护措施，是保证职工身体不受伤害，保持和提高劳动者持久的劳动能力的组织和技术措施的总称。

12.2.2 劳动保护的主要内容

1. 安全及劳动卫生规程

（1）用人单位必须建立健全劳动卫生制度，严格执行国家劳动安全卫生规程和标准，对劳动者进行劳动安全卫生教育，防止劳动过程中的事故，减少职业病危害。职业病是劳动者在生产劳动及其职业活动中，接触职业性有害物质所引起的疾病。

根据《中华人民共和国职业病防治法》（以下简称《职业病防治法》）第32条的规定，对从事接触职业病危害的作业的劳动者，用人单位应当按照国务院卫生行政部门的规定组织上岗前、在岗期间和离岗时的职业健康检查，并将检查结果如实告知劳动者。对未进行离岗前职业健康检查的劳动者不得解除或者终止与其订立的劳动合同。根据第49条的规定，用人单位在疑似职业病病人依断或者医学观察期间，不得解除或者终止与其订立的劳动合同。

（2）劳动安全设施必须符合国家规定的标准。新建、改建、扩建工程的劳动安全卫生设施必须与主体工程同时设计、同时施工、同时投入生产和使用。

（3）用人单位必须为劳动者提供符合国家规定的劳动安全卫生条件和必要的劳动防护用品，对从事有职业危害作业的劳动者应当定期进行健康检查。

（4）从事特种作业的劳动者必须经过专门培训并取得特种作业资格。

(5) 劳动者在劳动过程中必须严格遵守安全操作规程。劳动者对用人单位管理人员违章指挥、强令冒险作业，有权拒绝执行；对危害生命安全和身体健康的行为，有权提出批评、检举和控告。

(6) 国家建立伤亡事故和职业病统计报告处理制度。县级以上各级人民政府劳动行政部门、有关部门和用人单位应当依法对劳动者在劳动过程中发生的伤亡和劳动者的职业病状况，进行统计、报告和处理。所谓因工负伤，顾名思义是因工作遭受事故伤害的情形。无论是职业病还是因工负伤，都与用人单位有关工作条件、安全制度或者劳动保护制度不尽完善有关，发生职业病或者因工负伤，用人单位作为用工组织者和直接受益者理应承担相应责任，并且用人单位不得解除这些劳动者的劳动合同。

(7) 职业病与工伤的认定。职业病需要根据《职业病防治法》的有关规定，由专门医疗机构认定。

《工伤保险条例》对工伤的情形做了列举，包括：在工作时间和工作场所内，因工作原因受到事故伤害的；在工作时间前后在工作场所内，从事与工作有关的预备性或者收尾性工作受到事故伤害的；在工作时间和工作场所内，因履行工作职责受到暴力等意外伤害的；患职业病的；因工外出期间，由于工作原因受到伤害或者发生事故下落不明的；在上下班途中，受到机动车事故伤害的；法律、行政法规规定应当认定为工伤的其他情形。同时《工伤保险条例》还对视同为工伤的情形做了规定，下列情形应视同为工伤：在工作时间和工作岗位，突发疾病死亡或者在48小时之内经抢救无效死亡的；在抢险救灾等维护国家利益、公共利益活动中受到伤害的；职工原在军队服役，因战、因公负伤致残，已取得革命伤残军人证，到用人单位旧伤复发的。

根据《职工工伤与职业病致残程度鉴定标准》的规定，评残标准分为10级，符合评残标准1～4级为完全丧失劳动能力；5～6级为大部分丧失劳动能力；7～10级为部分丧失劳动能力。完全丧失劳动能力，是指因损伤或疾病造成人体组织器官的缺失、严重缺损、畸形或严重损害，致使伤病的组织器官或生理功能完全丧失或存在严重功能障碍。大部分丧失劳动能力，是指因损伤或疾病造成人体组织器官大部缺失、明显畸形或损害，致使受损组织器官功能中等度以上障碍。

(8) 非因工负伤、患病在规定医疗期内的。所谓医疗期，是指企业职工因患病或非因工负伤停止工作治病休息不得解除劳动合同的时限。医疗期一般为3～24个月，以劳动者本人实际参加工作年限和在本单位工作年限为标准计算具体的医疗期。具体为：实际工作年限10年以下，在本单位工作年限5年以下的为3个月，5年以上为6个月；实际工作年限10年以上，在本单位工作年限5年以下的为6个月，5年以上10年以下的为9个月，10年以上15年以下的为12个月，15年以上20年以下的为18个月，20年以上的为24个月。根据《企业职工患病或非因工负伤医疗期规定》第7条的规定，企业职工非因工致残和经医生或医疗机构认定患有难以治疗的疾病，医疗期满，应当由劳动鉴定委员会参照工伤与职业病致残程度鉴定标准进行劳动能力的鉴定。被鉴定为1～4级的，应当退出劳动岗位，解除劳动关系，并办理退休、退职手续，享受退休退职待遇。

2. 女工和未成年工特殊保护

根据《劳动法》的规定，对女工和未成年工特殊保护主要包括以下几个方面。

(1) 根据妇女生理特点组织劳动就业，实行男女同工同酬。

(2) 禁止安排女职工从事矿山井下，国家规定的第 4 级体力劳动强度的劳动和其他禁忌从事的活动。

(3) 不得安排女职工经期从事高处、低温、冷水作业和国家规定的第 3 级体力劳动强度的劳动。

(4) 不得安排女职工在怀孕期间从事国家规定的第 3 级体力劳动强度的劳动和孕期禁忌从事的劳动。对怀孕 7 个月以上的女职工，不得安排其延长工作时间和夜班劳动。不得安排女职工在哺乳未满一周岁的婴儿期间从事国家规定的第 3 级体力劳动强度的劳动和哺乳期禁忌从事的其他劳动，不得安排其延工作时间和夜班劳动。孕期是指妇女怀孕期间。产期是指妇女生育期间，产假一般为 90 天，其中产前 15 天，产后 75 天。哺乳期是指从婴儿出生到一周岁之间的时间。妇女权益保障法第 27 条规定，任何单位不得因结婚、怀孕、产假、哺乳等情形，降低女职工的工资、辞退女职工，单方解除劳动（聘用）合同或者服务协议。但是，女职工要求终止劳动（聘用）合同或者服务协议的除外。

(5) 用人单位不得安排未成年工从事矿山井下、有毒有害、国家规定的第 4 级体力劳动强度的劳动和其他禁忌从事的劳动。同时，用人单位应当对未成年人定期进行健康检查。

12.3 劳动争议的调解与仲裁

随着我国社会主义市场经济的建立和发展，劳动用工情况多样化，劳动关系也发生了巨大的变化，出现了一些新型的劳动关系，如非全日制用工、劳务派遣工、家庭用工、个人用工等。同时在实行劳动合同制的过程中也出现了一些问题，如用人单位不签订劳动合同，劳动合同短期化，滥用试用期，用人单位随意解除劳动合同，将正常劳动用工变为劳务派遣，解除劳动合同不按劳动合同法的规定进行经济补偿、赔偿，拖欠劳动者工资等，不仅侵害了劳动者的合法权益，也破坏了劳动关系的和谐稳定，给整个社会的稳定带来了隐患。所以，在市场经济条件下，由于劳动用工的特点，劳动争议时有发生，为了公正及时地解决劳动争议，保护当事人的合法权益，促进劳动关系和谐稳定，2007 年 12 月 29 日，第十届全国人民代表大会常务委员会第 31 次会议通过了《中华人民共和国劳动争议调解仲裁法》（以下简称《劳动争议调解仲裁法》）。该法共 4 章 54 条，于 2008 年 5 月 1 日起施行。

12.3.1 劳动争议调解仲裁法的立法目的、适用范围和争议解决原则

1. 立法目的

立法目的也称立法宗旨。劳动合同争议调解仲裁法确定的立法目的是：公正及时解决劳动争议，保护当事人的合法权益，促进劳动关系和谐稳定。

2. 适用范围

中华人民共和国境内的用人单位与劳动者发生的下列劳动争议，适用《劳动争议调解仲裁法》。

(1) 因确认劳动关系发生的争议。

(2) 因订立、履行、变更、解除和终止劳动合同发生的争议。

(3) 因除名、辞退和辞职、离职发生的争议。

(4) 因工作时间、休息休假、社会保险、福利、培训以及劳动保护发生的争议。

(5) 因劳动报酬、工伤医疗费、经济补偿或者赔偿金等发生的争议。

(6) 事业单位实行聘用制的工作人员与本单位发生劳动争议的，依照执行。法律行政法规或者国务院另有规定的依其规定。

(7) 法律、法规规定的其他劳动争议。

另外，事业单位实行聘用制的工作人员与本单位发生劳动争议的，依照执行；法律、行政法规或者国务院另有规定的依其规定。

3. 劳动争议解决的原则

(1) 解决劳动争议应当根据事实，遵循合法、公正、及时、着重调解的原则，依法保护当事人的合法权益。即应当以事实为依据，以法律为准绳，保护双方当事人的合法权益。既不能因劳动者在劳动合同中相对处于弱势而有所偏袒，损害用人单位的合法权益，加大用人单位的责任，束缚用人单位的用人自主权，加大用人单位的经济负担。也不能以可能误导境内外投资者认为国家的法律不保护投资者的合法权益，不利于我国吸引外资的政策为理由而只强调保护用人单位的利益。

(2) 发生劳动争议，劳动者可以与用人单位协商，也可以请工会或者第三方共同与用人单位协商，达成和解协议。当事人不愿协商、协商不成或者达成和解协议后不履行的，可以向调解组织申请调解；不愿调解、调解不成或者达成调解协议后不履行的也可以向劳动争议仲裁委员会申请仲裁；对仲裁裁决不服的，除劳动调解仲裁法另有规定的以外，可以向人民法院提起诉讼。即劳动争议的解决可以有协商、调解、仲裁和诉讼四种方式。但是每种解决争议方式的成本和后果是不完全相同的。协商、调解的解决方式成本相对较低，也不至于影响双方协作关系的和谐融洽，所以法律提倡着重采用调解的方式来解决争议。

(3) 发生劳动争议，当事人对自己提出的主张，有责任提供证据。与争议事项有关的证据属于用人单位掌握管理的，用人单位应当提供；用人单位不提供的，应当承担不利后果。“谁主张，谁举证”是民事法律关系最基本的原则。但是在实践中由于劳动者和用人单位之间信息不对等，劳动者往往不掌握与劳动争议事项有关的证据，因此法律规定，相关证据应由用人单位提供。如果用人单位不提供，就应当承担对其不利的裁决。

(4) 发生劳动争议的劳动者一方在10人以上并有共同请求的，可以推举代表参加调解、仲裁或者诉讼活动。县级以上人民政府劳动行政部门全同工会和企业方面代表建立协调劳动关系三方机制，共同研究解决劳动争议的重大问题。用人单位违反国家规定，拖欠或者未足额支付劳动报酬，或者拖欠工伤医疗费、经济补偿或者赔偿金的，劳动者可以向劳动行政部门投诉，劳动行政部门应当依法处理。

4. 国际劳工组织的相关规定

国际劳工组织1976年144号《三方协商促进国际劳工标准公约》规定，三方机制是指政府（通常以劳动部门为代表）、雇主和工人之间，就制定和实施经济和社会政策而进行的所有交往和活动。即由政府、雇主组织和工会通过一定的组织机构和运作机制共同处理所涉及劳动关系的问题。可见协调劳动关系已不仅仅是政府的事情，通过政府、工会、企业组织建立三方协调机制已成为在市场经济条件下，保护稳定和谐的劳动关系和社会安定的必然选择。我国于1990年批准了国际劳工组织这一公约，2001年10月27日新修正的《中华人民共和国工会法》也规定了建立劳动关系三方协商机制。三方机制与劳动合同制度、集体合同制度一起构成了稳定、协调和规范劳动关系的机制。

（1）劳动报酬，即我们通常所说的工资，是指用人单位依据国家有关规定或者劳动合同的约定，根据劳动者劳动的岗位、技术及工作数量、质量，以货币形式直接支付给劳动者的工资。用人单位未按照劳动合同约定及时足额支付劳动报酬，就是违反劳动合同，也是对劳动者合法权益的侵犯。

（2）工伤是因工负伤的简称，劳动者发生工伤与用人单位的有关工作条件、安全制度或者劳动保护制度不尽完善有关，一旦发生工伤可能会造成劳动者丧失或者部分丧失劳动能力，甚至危及生命。用人单位作为用工组织者和直接受益者，理应承担责任，如果用人单位拖欠工伤医疗费，会影响劳动者的治疗和恢复，给劳动者的医疗、生活等带来困难。

（3）拖欠经济补偿或者赔偿金是违反劳动合同法的违法行为。

这三种情形劳动者都有权向劳动行政部门投诉，劳动行政部门也应当依法处理，制止用人单位的违法行为，保护劳动者的合法权益。

12.3.2 劳动争议的调解和仲裁

12.3.2.1 劳动争议的调解

在政府有关部门、组织或个人的参与下，争议双方达成一致意见的过程称为争议调解。调解解决劳动争议是劳动争议调解仲裁法规定的一项基本原则。

1. *劳动争议调解委员会成员*

企业劳动争议调解委员会由职工代表和企业代表组成。职工代表由工会成员担任或者由全体职工推举产生，企业代表由企业负责人指定。企业劳动争议调解委员会主任由工会成员或者双方推举的人员担任。劳动争议调解组织的调解员由公道正派、联系群众、热心调解工作并具有一定法律知识、政策和文化水平的成年公民担任。

2. *劳动争议调解的程序*

（1）发生劳动争议时，当事人可以到以下调解组织申请调解：一是企业劳动争议调解委员会；二是依法设立的基层人民调解组织；三是乡镇、街道设立的具有劳动争议调解职能的组织。当事人劳动争议调解的申请可以是书面形式，也可以是口头形式。采用口头申请形式的，调解组织应当当场记录申请人基本情况、申请调解的争议事项、理由和时间等内容。

（2）调解劳动争议，应当充分听取双方当事人对事实和理由的陈述，耐心疏导，帮助达成协议。经调解达成协议的，应当制作调解协议书。调解协议书由双方当事人签名或盖章，经调解员签名并加盖调解组织印章后生效。一方当事人在协议约定期内不履行调解协议的，另一方当事人可以依法申请仲裁。

（3）因支付拖欠劳动报酬、工伤医疗费、经济补偿或者赔偿金事项达成协议，用人单位在协议约定期限内不履行的，劳动者可以持调解协议书依法向人民法院申请支付令，人民法院应当依法发出支付令。

12.3.2.2 劳动争议的仲裁

1. 劳动争议仲裁委员会

劳动争议仲裁委员会是依法成立的仲裁机构。劳动争议仲裁委员会按照统筹规划，合理布局和适应实际需要的原则设立。省、自治区人民政府可以决定在市、县设立；直辖市人民政府可以决定在区、县设立。直辖市、设区的市也可以设立一个或者若干个劳动争议仲裁委员会。劳动争议仲裁委员会不按行政区划层层设立。国务院劳动行政部门依照有关规定制定仲裁规则，省、自治区、直辖市人民政府劳动行政部门对本行政区域的劳动争议仲裁工作进行指导。劳动争议仲裁委员会由劳动行政部门代表、工会代表和企业方面代表组成。劳动争议仲裁委员会组成人员应当是单数。

2. 劳动争议仲裁委员会的职责、仲裁员的条件

(1) 劳动争议仲裁委员会的职责包括以下几个方面。

1) 聘任、解聘专职或者兼职仲裁员。

2) 受理劳动争议案件。

3) 讨论重大或者疑难的劳动争议案件。

4) 对仲裁活动进行监督。

劳动争议仲裁委员会下设办事机构，负责办理劳动争议仲裁委员会的日常工作。劳动争议仲裁委员会应当设立仲裁员名册。

(2) 仲裁员的任职条件。仲裁员应公道、正派并符合下列条件之一：

1) 曾任审判员的。

2) 从事法律研究、教学工作并具有中级以上职称的。

3) 具有法律知识、从事人力资源管理或者工会等专业工作满5年的。

4) 律师执业满3年的。

3. 劳动争议的管辖和当事人

(1) 劳动争议的管辖。劳动争议仲裁委员会负责管辖本区域内发生的劳动争议。劳动者争议由劳动合同履行地或者用人单位所在地的劳动争议仲裁委员会管辖。双方当事人分别向劳动合同履行地和用人单位所在地的劳动仲裁委员会申请仲裁的，由劳动合同履行地的劳动争议仲裁委员会管辖。

(2) 劳动争议当事人。发生劳动争议的劳动者和用人单位为劳动争议仲裁案件的双方当事人。劳务派遣单位或者用工单位与劳动者发生劳动争议的，劳务派遣单位和用工单位为共同当事人。

(3) 劳动争议其他参与人。与劳动争议案件的处理结果有利害关系的第三人，可以申请参加仲裁活动或者由劳动争议仲裁委员会通知其参加仲裁活动，当事人也可以委托代理人参加仲裁活动。委托他人参加仲裁活动，应当向劳动争议仲裁委员会提交有委托人签名或者盖章的委托书，委托书应当载明委托事项和权限。丧失或者部分丧失民事行为能力的劳动者，由其法定代理人代为参加仲裁活动；无法定代理人的，由劳动争议仲裁委员会为其指定代理人。劳动者死亡的，由其近亲属或者代理人参加仲裁活动。劳动争议仲裁应公开进行，但当事人协议不公开或者涉及国家秘密、商业秘密和个人隐私的除外。

12.3.2.3 劳动争议仲裁的申请和受理

1. 仲裁申请

（1）仲裁时效。劳动争议申请仲裁的时效期间为1年。仲裁时效期间从当事人知道或者应当知道其权利被侵害之日起计算。因当事人一方向对方当事人主张权利，或者向有关部门请求权利救济，或者对方当事人同意履行义务仲裁时效中断。从中断时起，仲裁时效期间重新计算。因不可抗力或者有其他正当理由，当事人不能在规定的仲裁时效期间申请仲裁的，仲裁时效中止。从中止时效的原因消除之日起，仲裁时效期间继续计算。

劳动关系存续期间因拖欠劳动报酬发生争议的，劳动者申请仲裁不受仲裁时效期间的限制；但是，劳动关系终止的，应当自劳动关系终止之日起1年内提出。

（2）仲裁申请的内容。申请人申请仲裁应当提交书面仲裁申请，并按照被申请人人数提交副本。仲裁申请书的内容包括以下几个方面。

1）劳动者的姓名、性别、年龄、职业、工作单位和住所，用人单位的名称、住所和法定代表人或者主要负责人的姓名、职务。

2）仲裁请求和所根据的事实、理由。

3）证据和证据来源、证人姓名和住所。

劳动者书写仲裁申请确有困难的，可以口头申请，由劳动争议仲裁委员会记入笔录，并告知对方当事人。

2. 仲裁申请的受理

劳动争议仲裁委员会收到仲裁申请之日起5日内，认为符合受理条件的，应当受理，并通知申请人；认为不符合受理条件的，应当书面通知申请人不予受理，并说明理由。对劳动争议仲裁委员会不予受理或者逾期未作出决定的，申请人可以就该劳动争议事项向人民法院提起诉讼。劳动争议仲裁委员会受理仲裁申请后，应当在5日内将仲裁申请书副本送达被申请人。被申请人收到仲裁申请书副本后，应当在10日内向劳动争议仲裁委员会提交答辩书。劳动争议仲裁委员会收到答辩书后，应当在5日内将答辩书副本送达申请人。被申请人未提交答辩书的，不影响仲裁程序的进行。

12.3.2.4 开庭和裁决

1. 开庭

劳动争议仲裁委员会裁决劳动争议案件实行仲裁庭制。仲裁庭由3名仲裁员组成，设首席仲裁员。简单劳动争议案件可以由1名仲裁员独任仲裁。劳动争议仲裁委员会应当在受理仲裁申请之日起5日内将仲裁庭的组成情况书面通知当事人。

仲裁员有下列情形之一，应当回避，当事人也有权以口头或者书面方式提出回避申请：

1）是本案当事人或者当事人、代理人的近亲属的。

2）与本案有利害关系的。

3）与本案当事人、代理人有其他关系，可能影响公正裁决的。

4）私自会见当事人、代理人，或者接受当事人、代理人的请客送礼的。

劳动争议仲裁委员会对回避申请应当及时作出决定，并以口头或者书面方式通知当事人。

仲裁员有第 4）项规定情形，或者有索贿受贿、徇私舞弊、枉法裁决行为的，应当依法承担法律责任。劳动争议仲裁委员会应当将其解聘。

仲裁庭应当在开庭 5 日前，将开庭日期、地点书面通知双方当事人。当事人有正当理由的，可以在开庭 3 日前请求延期开庭。是否延期，由劳动争议仲裁委员会决定。申请人收到书面通知，无正当理由拒不到庭或者未经仲裁庭同意中途退庭的，可以视为撤回仲裁申请。被申请人收到书面通知，无正当理由拒不到庭或者未经仲裁庭同意中途退庭的，可以缺席裁决。

2. 裁决

仲裁庭对专门性问题认为需要鉴定的，可以交由当事人约定的鉴定机构鉴定；当事人没有约定或者无法达成约定的，由仲裁庭指定的鉴定机构鉴定。根据当事人的请求或者仲裁庭的要求，鉴定机构应当派鉴定人参加开庭。当事人经仲裁庭许可，可以向鉴定人提问。

当事人在仲裁过程中有权进行质证和辩论。质证和辩论终结时，首席仲裁员或者独任仲裁员应当征询当事人的最后意见。当事人提供的证据经查证属实的，仲裁庭应当将其作为认定事实的根据。劳动者无法提供由用人单位掌握管理的与仲裁请求有关的证据，仲裁庭可以要求用人单位在指定期限内提供。用人单位在指定期限内不提供的，应当承担不利后果。

仲裁庭应当将开庭情况记入笔录。当事人和其他仲裁参加人认为对自己陈述的记录有遗漏或者差错的，有权申请补正。如果不予补正，应当记录该申请。笔录由仲裁员、记录人员、当事人和其他仲裁参加人签名或者盖章。

当事人申请劳动争议仲裁后，可以自行和解。达成和解协议的，可以撤回仲裁申请。仲裁庭在作出裁决前，应当先行调解。调解达成协议的，仲裁庭应当制作调解书。调解书应当写明仲裁请求和当事人协议的结果。调解书由仲裁员签名，加盖劳动争议仲裁委员会印章，送达双方当事人。调解书经双方当事人签收后，发生法律效力。调解不成或者调解书送达前，一方当事人反悔的，仲裁庭应当及时作出裁决。裁决应当按照多数仲裁员的意见作出，少数仲裁员的不同意见应当记入笔录。仲裁庭不能形成多数意见时，裁决应当按照首席仲裁员的意见作出。

仲裁庭裁决劳动争议案件，应当自劳动争议仲裁委员会受理仲裁申请之日起 45 日内结束。案情复杂需要延期的，经劳动争议仲裁委员会主任批准可以延期，并书面通知当事人，但是延长期限不得超过 15 日。逾期未作出仲裁裁决的，当事人可以就该劳动争议事项向人民法院提起诉讼。仲裁庭裁决劳动争议案件时，其中一部分事实已经清楚，可以就该部分先行裁决。仲裁庭对追索劳动报酬、工伤医疗费、经济补偿或者赔偿金的案件，根据当事人的申请，可以裁决先予执行，移送人民法院执行。仲裁庭裁决先予执行的，应当符合下列条件：①当事人之间权利义务关系明确；②不先予执行将严重影响申请人的生活。劳动者申请先予执行的，可以不提供担保。

3. 裁决书

裁决书应当载明仲裁请求、争议事实、裁决理由、裁决结果和裁决日期。裁决书由仲裁员签名，加盖劳动争议仲裁委员会印章。对裁决持不同意见的仲裁员，可以签名，也可以不签名。

（1）立即生效的裁决书。下列劳动争议，除劳动争议调解仲裁法另有规定的外，仲裁裁决为终局裁决，裁决书自作出之日起发生法律效力：

1）追索劳动报酬、工伤医疗费、经济补偿或者赔偿金，不超过当地月最低工资标准12个月金额的争议；

2）因执行国家的劳动标准在工作时间、休息休假、社会保险等方面发生的争议。

劳动者对立即生效的仲裁裁决不服的，可以自收到仲裁裁决书之日起15日内向人民法院提起诉讼。

（2）对立即生效裁决书的撤销。用人单位有证据证明上述立即生效的仲裁裁决有下列情形之一，可以自收到仲裁裁决书之日起30日内向劳动争议仲裁委员会所在地的中级人民法院申请撤销裁决。

1）适用法律、法规确有错误的。

2）劳动争议仲裁委员会无管辖权的。

3）违反法定程序的。

4）裁决所根据的证据是伪造的。

5）对方当事人隐瞒了足以影响公正裁决的证据的。

6）仲裁员在仲裁该案时有索贿受贿、徇私舞弊、枉法裁决行为的。

人民法院经组成合议庭审查核实裁决有前款规定情形之一的，应当裁定撤销。仲裁裁决被人民法院裁定撤销的，当事人可以自收到裁定书之日起15日内就该劳动争议事项向人民法院提起诉讼。

当事人对上述生效的仲裁裁决以外的其他劳动争议案件的仲裁裁决不服的，可以自收到仲裁裁决书之日起15日内向人民法院提起诉讼；期满不起诉的，裁决书发生法律效力。当事人对发生法律效力的调解书、裁决书，应当依照规定的期限履行。一方当事人逾期不履行的，另一方当事人可以依照民事诉讼法的有关规定向人民法院申请执行。受理申请的人民法院应当依法执行。

12.3.2.5 劳动争议仲裁不收费，劳动争议仲裁委员会的经费由财政予以保障

复习思考题

1. 简述劳动合同的概念。劳动合同有哪几类？
2. 哪些情况必须订立无固定期劳动合同？
3. 劳动合同与集体劳动合同的区别有哪些？
4. 劳动合同的必备条款有哪些？
5. 试用期劳动报酬和合同的解除有如何规定的？
6. 什么是经济性裁员？
7. 用人单位不得解除劳动合同的情形有哪些？
8. 简述劳动保护的主要内容。

9. 法律规定，劳动争议解除的原则有哪些？
10. 简述劳动争议调解的程序。
11. 劳动争议仲裁委员会的职责是什么？
12. 劳动争议仲裁法对仲裁申请是如何规定的？
13. 简述用人单位可以申请撤销立即生效裁决书的情形。

第13章　与工程建设相关的法律法规

本章学习要点

1. 掌握建设工程项目环境影响评价的规定。
2. 掌握环境保护“三同时”的规定。
3. 掌握节能建筑的规定。
4. 熟悉环境保护法、水污染防治法、固体废物污染环境防治法和噪声污染防治法等与工程建设相关的内容。
5. 熟悉保险法和社会保险与工程建设相关的内容。
6. 了解税收管理法和反不当竞争法与工程建设相关的内容。

现代工程建设是一项十分复杂的系统工程，在系统内部要求建设单位要严格按照国家规定的基本建设程序进行组织和谋划，各方责任主体在建设过程中通力合作；同时在工程建设过程中还会与工程建设系统之外的社会发生联系。这就要求工程建设除应严格遵守《建筑法》、《建筑工程质量管理条例》、《建筑工程安全生产管理条例》等建设方面的法律法规外，还应遵守与工程建设相关的法律法规。比如施工企业要与劳务分包单位或劳务提供者个人签订劳动合同，施工过程中要按照《劳动法》等做好劳动保护；要办理工程保险和意外伤害保险；做好各项环境保护工作等活动来处理各种复杂的关系。工程建设可谓涉及面广，情况复杂，千头万绪。所以一个建设项目要取得预想的效果，就必须事先做到统筹安排和准备，否则势必会形成某种混乱，使工程建设无法正常进行。而事先全面细致地做好准备工作，对调动各方面的积极因素，合理组织人力、物力，加快建设进度，提高工程质量，提高工程建设的经济效益和社会效益，都会起到重要作用。为此，本章中介绍与工程建设相关的法律和法规。

13.1　环境保护与污染防治的法律法规

13.1.1　工程建设项目环境评价和环境保护

13.1.1.1　建设工程项目环境影响评价

1. 环境影响与环境影响评价的概念

环境影响是指人类活动（包括经济活动，如工程建设和社会活动）对环境的作用和因此导致环境的变化，以及由此引起的对人类社会和经济发展的影响。建设工程项目的实施一般都会对环境产生影响，而这些影响的后果有时会十分严重。因此在项目实施建设之前，应该进行环境影响评价。

环境影响评价（EIA）是指对规划和建设项目实施后可能造成的环境影响进行分析、预测和评估，提出预防或者减轻不良环境影响的对策和措施，进行跟踪监测的方法与制度。

为了实施可持续发展战略，预防因规划和建设项目实施后对环境造成不良影响，促进经济、社会和环境的协调发展，我国实行环境影响评价制度，并制定了严格的环境影响评价管理程序。环境影响评价已成为建设项目前期工作的一项必不可少的内容。相关的法律、法规主要有：《中华人民共和国环境保护法》，国务院 1998 年发布的《建设项目环境保护条例》，1999 年国家环保总局制定的《关于建设项目环境影响评价制度有关问题的通知》，2002 年 12 月 28 日第九届全国人民代表大会常务委员会第三十次会议发布的《中华人民共和国环境影响评价法》。根据这些法律、法规的规定，在中华人民共和国领域和中华人民共和国管辖的其他海域内建设对环境有影响的项目，都应当依法进行环境影响评价。

2. 关于建设项目的环境影响评价制度的主要规定

（1）国务院有关部门、设区的市级以上地方人民政府及其有关部门，对其组织编制的土地利用的有关规划、区域、海域的建设开发利用规划，应当在规划编制过程中组织进行环境影响评价，编写该规划有关环境的篇章或者说明。对其组织编制的工业、农业、畜牧业、林业、能源、交通、城市建设、水利、旅游、自然资源开发的有关专项规划，应当在该专项规划草案上报前，组织进行环境影响评价，并向审批该专项规划的机关提出环境影响报告书。

（2）对建设项目的环境影响评价实施分类管理。建设单位应当按照下列规定组织编制环境影响报告书、环境影响报告表或者填报环境影响登记表（以下统称环境影响评价文件）。

1）可能造成重大环境影响的，应当编制环境影响报告书，对产生的环境影响进行全面评价。

2）可能造成轻度环境影响的，应当编制环境影响报告表，对产生的环境影响进行分析或者专项评价。

3）对环境影响很小、不需要进行环境影响评价的，应当填报环境影响登记表。

（3）环境影响报告书的基本内容。建设项目的环境影响报告书应当包括下列内容：

1）建设项目概况。

2）建设项目周围环境现状。

3）建设项目对环境可能造成影响的分析、预测和评估。

4）建设项目环境保护措施及其技术、经济论证。

5）建设项目对环境影响的经济损益分析。

6）对建设项目实施环境监测的建议。

7）环境影响评价的结论。

涉及水土保持的建设项目，还必须具有经水行政主管部门审查同意的水土保持方案。

（4）建设项目环境影响评价机构。接受委托为建设项目环境影响评价提供技术服务的机构，应当经国务院环境保护行政主管部门考核审查合格后，颁发资质证书，按照资质证书规定的等级和评价范围，从事环境影响评价服务，并对评价结论负责。为建设项目环境影响评价提供技术服务的机构的资质条件和管理办法，由国务院环境保护行政主管部门制定。

国务院环境保护行政主管部门对已取得资质证书的为建设项目环境影响评价提供技术服务的机构的名单，应当予以公布。为建设项目环境影响评价提供技术服务的机构，不得与负责审批建设项目环境影响评价文件的环境保护行政主管部门或者其他有关审批部门存在任何利益关系。环境影响评价文件中的环境影响报告书或者环境影响报告表，应当由具有相应环境影响评价资质的机构编制。任何单位和个人不得为建设单位指定对其建设项目进行环境影响评价的机构。

(5) 建设项目环境影响评价文件的审批管理。建设项目的环境影响评价文件，由建设单位按照国务院的规定报有审批权的环境保护行政主管部门审批；建设项目有行业主管部门的，其环境影响报告书或者环境影响报告表应当经行业主管部门预审后，报有审批权的环境保护行政主管部门审批。审批部门应当自收到环境影响报告书之日起60日内，收到环境影响报告表之日起30日内，收到环境影响登记表之日起15日内，分别作出审批决定并书面通知建设单位。建设项目的环境影响评价文件经批准后，建设项目的性质、规模、地点、采用的生产工艺或者防治污染、防止生态破坏的措施发生重大变动的，建设单位应当重新报批建设项目的环境影响评价文件。建设项目的环境影响评价文件自批准之日起超过5年，方决定该项目开工建设的，其环境影响评价文件应当报原审批部门重新审核；原审批部门应当自收到建设项目环境影响评价文件之日起10日内，将审核意见书面通知建设单位。

建设项目的环境影响评价文件未经法律规定的审批部门审查或者审查后未予批准的，该项目审批部门不得批准其建设，建设单位不得开工建设。建设项目建设过程中，建设单位应当同时实施环境影响报告书、环境影响报告表以及环境影响评价文件审批部门审批意见中提出的环境保护对策措施。

(6) 环境影响的后评价和跟踪管理。在项目建设、运行过程中产生不符合经审批的环境影响评价文件的情形的，建设单位应当组织环境影响的后评价，采取改进措施，并报原环境影响评价文件审批部门和建设项目审批部门备案；原环境影响评价文件审批部门也可以责成建设单位进行环境影响的后评价，采取改进措施。

环境保护行政主管部门应当对建设项目投入生产或者使用后所产生的环境影响进行跟踪检查，对造成严重环境污染或者生态破坏的，应当查清原因、查明责任。对属于为建设项目环境影响评价提供技术服务的机构编制不实的环境影响评价文件的，或者属于审批部门工作人员失职、渎职，对依法不应批准的建设项目环境影响评价文件予以批准的，依法追究其法律责任。

3. 环境影响评价的目的和作用

(1) 保障和促进国家可持续发展战略的实施。

(2) 预防因建设项目实施对环境造成不良影响。

(3) 促进经济、社会和环境的协调发展。

4. 环境影响评价的要求

(1) 环境影响的政策要求。

1) 实行环境与经济协调发展的政策。

2）实施预防为主、防治结合的政策。

3）实行污染者负担，受益者补偿，开发者恢复的政策。

(2) 环境影响评价的工作要求。在具体的环境影响评价工作中应根据上述政策要求体现政策性、针对性和科学性。并符合下列工作要求：

1）环境影响评价要符合政策。政策性是建设项目环境影响评价工作的灵魂，评价工作必须根据国家和地方颁布的有关方针、政策、标准、规范以及规划进行，提出切合实际的环境保护措施与对策，使其达到必须执行的规定标准，也就是说符合国家环境保护法律法规和环境功能规划的要求。

对于项目的选址要根据产业政策，并结合总体规划去评价其布局的合理性；项目用地要结合国家的土地政策和生态环境条件去评价其节约用地的必要性；所选工艺和污染物排放状况要结合能源和资源利用政策去评价其技术经济指标的先进性；要求工艺设计积极采用无毒无害或低毒低害的原料，采用不产生或少产生污染的新技术、新工艺、新设备，最大限度的提高资源、能源的利用率，尽可能在生产过程中把污染物减少到最低限度，实现清洁生产的要求；对于环境保护措施和装备水平要结合现行技术政策去评价其"三效益"的统一；并从"三效益"统一的角度进行分析论证，力求环境保护治理方案技术可行、经济合理；环境质量要结合环境功能规划和质量指标去评价其保证性。要坚持污染物排放总量控制，达到国家或当地有关部门颁发的排放标准的要求；注重资源的综合利用，对项目产生的废水、废气、固体废弃物，应尽可能提出回收利用方案，提高资源的利用价值。

2）环境影响评价工作要有针对性。环境影响评价工作者必须针对项目的工程特征和所在地区的环境特征进行深入分析，并抓住危害环境的主要因素，即带着问题搞评价，使工作有的放矢，以确保环境影响评价报告真正起到三个基本功能的作用："为主管部门提供决策依据，为设计工作制定防治措施，为环境管理提供科学依据。"

3）环境影响评价应具科学性。环境影响评价是由多学科组成的综合技术，其工作内容主要是针对开发建设项目预测其未来的影响。由于这项工作在时间上具有超前性，所以开展这项工作时，从现状调查、评价因子筛选到专题设置、监测布点、测试、取样、分析、数据处理、模式预测以及评价结论都应严守科学态度，认真完成各项任务。

13.1.1.2　建设工程项目环境保护

1. 环境保护方案设计的原则

(1) 预防为主和环境影响小原则。

(2) 资源消耗减量化原则。

工程建设一般要消耗大量的能源和资源，因此，必须采取措施把能源和资源消耗，特别是不可再生资源的消耗降低到最低程度。如在建筑物中，尽可能采用太阳能取暖和自然光照明，采用节能电器、节水设备、绝热的墙体材料和门窗材料等。

(3) 优先使用可再生资源原则。

(4) 资源循环利用原则。

(5) 工程材料无害化原则。

在工程材料的选择上，必须选择那些无毒、无害、易处理、易回收的材料，而不要选择那些对人体和环境有害的材料。特别是装饰材料，选择对人体健康无害或影响较小的材料，对室内环境污染控制有要求的，其污染物如：氡、甲醛、苯、氨、总挥发性有机物（TVOC）的浓度应小于规定的限值。

2. 环境保护方案设计的要求

（1）控制污染源，使污染物的产生降低到最低限度。

（2）控制排放，坚持污染物排放总量控制和达标排放的要求。

（3）综合利用，减少排放。

从建设方案设计着手，对废弃物中所含有的有害物质或余能进行利用，制成副产品回收或生产中循环使用等。

3. 坚持“三同时”的环境保护原则

所谓“三同时”制度，是指建设项目需要配套建设的环境保护设施，必须与主体工程同时设计、同时施工、同时投产使用。《建设项目环境保护管理条例》在第3章“环境保护设施建设”中，对“三同时”制度进行了规定。

（1）建设项目的初步设计，应当按照环境保护设计规范的要求，编制环境保护篇章，并依据经批准的建设项目环境影响报告书或者环境影响报告表，在环境保护篇章中落实防治环境污染和生态破坏的措施以及环境保护设施投资概算。

（2）建设项目的主体工程完工后，需要进行试生产的，其配套建设的环境保护设施必须与主体工程同时投入试运行。

（3）建设项目试生产期间，建设单位应当对环境保护设施运行情况和建设项目对环境的影响进行监测。

（4）建设项目竣工后，建设单位应当向审批该建设项目环境影响报告书、环境影响报告表或者环境影响登记表的环境保护行政主管部门，申请该建设项目需要配套建设的环境保护设施竣工验收。环境保护设施竣工验收，应当与主体工程竣工验收同时进行。需要进行试生产的建设项目，建设单位应当自建设项目投入试生产之日起3个月内，向审批该建设项目环境影响报告书、环境影响报告表或者环境影响登记表的环境保护行政主管部门，申请该建设项目需要配套建设的环境保护设施竣工验收。

（5）分期建设、分期投入生产或者使用的建设项目，其相应的环境保护设施应当分期验收。

（6）环境保护行政主管部门应当自收到环境保护设施竣工验收申请之日起30日内，完成验收。建设项目需要配套建设的环境保护设施经验收合格，该建设项目方可正式投入生产或者使用。

13.1.2 污染物防治的规定

1. 《水污染防治法》关于防止地表水和地下水污染的规定

（1）防止地表水污染。地表水是指陆地表面的江、河、湖、池塘、水渠、水库等积聚或流动的水体，是相对于地下水而言的。为防止地表水污染，《水污染防治法》及其《实施细则》规定了以下具体措施：

1）禁止向水体排放油类、酸液、碱液或者剧毒废液。

2）禁止在水体清洗装贮过油类或者有毒污染物的车辆和容器。

3）禁止将含有汞、镉、砷、铬、铅、氰化物、黄磷等的可溶性剧毒废渣向水体排放、倾倒或者直接埋入地下。存放可溶性剧毒废渣的场所，必须采取防水、防渗漏、防流失的措施。

4）禁止向水体排放、倾倒工业废渣、城市垃圾和其他废弃物。

5）禁止在江河、湖泊、运河、渠道、水库最高水位线以下的滩地和岸坡堆放、存贮固体废弃物和其他污染物。

6）禁止向水体排放或者倾倒放射性固体废弃物或者含有高放射性和中放射性物质的废水。向水体排放含低放射性物质的废水，必须符合国家有关放射防护的规定和标准。

7）向水体排放含热废水，应当采取措施，保证水体的水温符合水环境质量标准，防止热污染危害。

8）排放含病原体的污水，必须经过消毒处理，符合国家有关标准后方准排放。

（2）防止地下水污染。地下水是指潜水和承压水，一般不易被污染，但一旦受到污染，则危害严重，难以治理。《水污染防治法》及其《实施细则》为防止地下水污染，进行了以下禁止性规定：

1）禁止单位利用渗井、渗坑、裂隙和溶洞排放、倾倒含有毒污染物的废水、含病原体的污水和其他废弃物。

2）在无良好隔渗地层，禁止单位使用无防止渗漏措施的沟渠、坑塘等输送或者存贮含有毒污染物的废水、含病原体的污水和其他废弃物。

3）兴建地下工程设施或者进行地下勘探、采矿等活动，应当采取防护性措施，防止地下水污染。

2. 固体废物污染环境防治法关于固体废物排放的规定

（1）固体废物污染环境的防治。

1）产生固体废物的单位和个人，应当采取措施，防止或者减少固体废物对环境的污染。

2）收集、贮存、运输、利用、处置固体废物的单位和个人，必须采取防扬散、防流失、防渗漏或者其他防止污染环境的措施。不得在运输过程中沿途丢弃、遗撒固体废物。

3）产品应当采用易回收利用、易处置或者在环境中易消纳的包装物。产品生产者、销售者、使用者应当按照国家有关规定对可以回收利用的产品包装物和容器等回收利用。

4）对收集、贮存、运输、处置固体废物的设施、设备和场所，应当加强管理和维护，保证其正常运行和使用。

5）单位和个人必须在有关规定的期限内分别停止生产、销售、进口或者使用限期淘汰目录中的设备。生产工艺的采用者必须在有关部门规定的期限内停止采用限期淘汰目录中的工艺。

6）产生工业固体废物的单位应当建立、健全污染环境防治责任制度，采取防治工业固体废物污染环境的措施。

7）应当合理选择和利用原材料、能源和其他资源，采用先进的生产工艺和设备，减少工业固体废物产生量。

8）任何单位和个人应当遵守城市人民政府环境卫生行政主管部门的规定，在指定的地点倾倒、堆放城市生活垃圾，不得随意扔撒或者堆放。

9）城市生活垃圾应当及时清运，并积极开展合理利用和无害化处置。城市生活垃圾应当逐步做到分类收集、贮存、运输和处置。

10）施工单位应当及时清运、处置建筑施工过程中产生的垃圾，并采取措施，防止污染环境。

（2）危险废物的污染防治。

1）对危险废物的容器和包装物以及收集、贮存、运输、处置危险废物的设施、场所，必须设置危险废物识别标志。

2）产生危险废物的单位，必须按照国家有关规定处置；逾期不处置或者处置不符合国家有关规定的，由所在地县级以上地方人民政府环境保护行政主管部门指定单位按照国家有关规定代为处置，处置费用由产生危险废物的单位承担。

3）以填埋方式处置危险废物不符合规定的，应当缴纳危险废物排污费。危险废物排污费用于危险废物污染环境的防治，不得挪作他用。

4）从事收集、贮存、处置危险废物经营活动的单位，必须向县级以上人民政府环境保护行政主管部门申请领取经营许可证。

5）收集、贮存危险废物，必须按照危险废物特性分类进行。禁止混合收集、贮存、运输、处置性质不相容而未经安全性处置的危险废物。禁止将危险废物混入非危险废物中贮存。

6）转移危险废物的，必须按照规定填写危险废物“转移单”并向危险废物移出地和接受地的县级以上地方人民政府环境保护行政主管部门报告。

7）运输危险废物，必须采取防止污染环境的措施，并遵守国家有关危险货物运输管理的规定。禁止将危险废物与旅客在同一运输工具上载运。

8）收集、贮存、运输、处置危险废物的场所、设施、设备和容器、包装物及其他物品转作他用时必须经过消除污染的处理，方可使用。

9）直接从事收集、贮存、运输、利用、处置危险废物的人员应当接受专业培训，经考核合格方可从事该项工作。

10）禁止经中华人民共和国过境转移危险废物。

3.《中华人民共和国环境噪声污染防治法》（以下简称《环境噪声污染防治法》）关于建筑施工噪声污染防治的规定

环境噪声是指在工业生产、建筑施工、交通运输和社会生活中所产生的干扰周围生活环境的声音。环境噪声污染是指所产生的环境噪声超过国家规定的环境噪声排放标准并干扰他人正常生活、工作和学习的现象。常用分贝值表示声音的强弱。噪声污染可引起人情绪紊乱、易怒、脱发、焦躁不安、食欲减退、高血脂、高血压、偏头痛等，噪声影响人们身心健康，已成为当代社会的四大公害之一。

城市噪声中，居民对建筑施工噪声反应强烈。建筑施工噪声，指在建筑施工过程中产生的干扰周围生活环境的声音。建筑施工噪声污染严重的原因主要是有些施工企业为抢时间赶工期，夜间施工，严重扰乱居民的生活秩序。《环境噪声污染防治法》对防治工业建筑施工噪声污染作出了规定：

（1）在城市市区范围内向周围生活环境排放建筑施工噪声的，应当符合国家规定的建筑施工场界环境噪声排放标准。

（2）产生噪声污染的企业，应当采取有效措施，减轻噪声对周围生活的影响。

（3）在城市市区范围内，建筑施工过程可能产生环境噪声污染的，施工单位必须在工程开工15日以前向工程所在地县级以上地方人民政府环境保护行政主管部门申报该工程所采取的环境噪声污染防治措施的情况。

（4）在城市市区噪声敏感建筑物集中区域内，禁止夜间进行产生环境噪声污染的建筑施工作业，因特殊需要必须连续作业的，必须有县级以上人民政府或者其有关主管部门的证明，且夜间作业必须公告附近居民。

13.2 消防法与工程建设相关的内容

13.2.1 建设工程消防设计的审核

（1）按照国家工程建筑消防技术标准需要进行消防设计的建筑工程，设计单位应当按照国家工程建筑消防技术标准进行设计，建设单位应当将建筑工程的消防设计图纸及有关资料报送公安消防机构审核；未经审核或者经审核不合格的，建设行政主管部门不得发给施工许可证，建设单位不得施工。

（2）经公安消防机构审核的建筑工程消防设计需要变更的，应当报经原审核的公安消防机构核准；未经核准的，任何单位和个人不得变更。

13.2.2 建设工程消防工程的验收

（1）按照国家工程建筑消防技术标准进行消防设计的建筑工程竣工时，必须经公安消防机构进行消防验收；未经验收或者经验收不合格的，不得投入使用。

（2）建筑构件和建筑材料的防火性能必须符合国家标准或者行业标准。公共场所室内装修、装饰根据国家工程建设消防技术标准的规定，应当使用不燃、难燃材料的，必须选用依照《中华人民共和国产品质量法》等法律、法规确定的检验机构检验合格的材料。

13.2.3 工程建设中应采取的消防安全措施

（1）机关、团体、企业、事业单位应当履行下列消防安全职责：

1）制定消防安全制度、消防安全操作规程。

2）实行防火安全责任制，确定本单位和所属各部门、岗位的消防安全责任人。

3）针对本单位的特点对职工进行消防宣传教育。

4）组织防火检查，及时消除火灾隐患。

5）按照国家有关规定配置消防设施和器材、设置消防安全标志，并定期组织检验、维修，确保消防设施和器材完好、有效。

6）保障疏散通道、安全出口畅通，并设置符合国家规定的消防安全疏散标志。

居民住宅区的管理单位，应当依照有关规定，履行消防安全职责，做好住宅区的消防安全工作。

（2）在设有车间或者仓库的建筑物内，不得设置员工集体宿舍。在设有车间或者仓库的建筑物内，已经设置员工集体宿舍的，应当限期加以解决。对于暂时确有困难的，应当采取必要的消防安全措施，经公安消防机构批准后，可以继续使用。

（3）生产、储存、运输、销售或者使用、销毁易燃易爆危险物品的单位、个人，必须执行国家有关消防安全的规定。

生产易燃易爆危险物品的单位，对产品应当附有燃点、闪点、爆炸极限等数据的说明书，并且注明防火防爆注意事项。对独立包装的易燃易爆危险物品应当贴附危险品标签。

进入生产、储存易燃易爆危险物品的场所，必须执行国家有关消防安全的规定。禁止携带火种进入生产、储存易燃易爆危险物品的场所。禁止非法携带易燃易爆危险物品进入公共场所或者乘坐公共交通工具。储存可燃物资仓库的管理，必须执行国家有关消防安全的规定。

（4）禁止在具有火灾、爆炸危险的场所使用明火；因特殊情况需要使用明火作业的，应当按照规定事先办理审批手续。作业人员应当遵守消防安全规定，并采取相应的消防安全措施。进行电焊、气焊等具有火灾危险的作业人员和自动消防系统的操作人员，必须持证上岗，并严格遵守消防安全操作规程。

13.3 民用建筑节能管理

13.3.1 民用建筑节能概述

民用建筑，是指居住建筑和公共建筑。民用建筑节能，是指民用建筑在规划、设计、建造和使用过程中，通过采用新型墙体材料，执行建筑节能标准，加强建筑物用能设备的运行管理，合理设计建筑围护结构的热工性能，提高采暖、制冷、照明、通风、给排水和通道系统的运行效率，以及利用可再生能源，在保证建筑物使用功能和室内热环境质量的前提下，降低建筑能源消耗，合理、有效地利用能源的活动。

国务院建设行政主管部门负责全国民用建筑节能的监督管理工作。县级以上地方人民政府建设行政主管部门负责本行政区域内民用建筑节能的监督管理工作。国务院建设行政主管部门根据国家节能规划，制定国家建筑节能专项规划；省、自治区、直辖市以及设区城市人民政府建设行政主管部门应当根据本地节能规划，制定本地建筑节能专项规划，并组织实施。编制城乡规划应当充分考虑能源、资源的综合利用和节约，对城镇布局、功能区设置、建筑特征，基础设施配置的影响进行研究论证。

国务院建设行政主管部门根据建筑节能发展状况和技术先进、经济合理的原则，组织制定建筑节能相关标准，建立和完善建筑节能标准体系；省、自治区、直辖市人民政府建设行政主管部门应当严格执行国家民用建筑节能有关规定，可以制定严于国家民用建筑节能标准的地方标准或者实施细则。

13.3.2 鼓励民用建筑节能的科学研究和技术开发

（1）国家鼓励民用建筑节能的科学研究和技术开发，推广应用节能型的建筑、结构、材料、用能设备和附属设施及相应的施工工艺、应用技术和管理技术，促进可再生能源的开发利用。

（2）鼓励发展下列建筑节能技术和产品：

1）新型节能墙体和屋面的保温、隔热技术与材料。

2）节能门窗的保温隔热和密闭技术。

3）集中供热和热、电、冷联产联供技术。

4）供热采暖系统温度调控和分户热量计量技术与装置。

5）太阳能、地热等可再生能源应用技术及设备。

6）建筑照明节能技术与产品。

7）空调制冷节能技术与产品。

8）其他技术成熟、效果显著的节能技术和节能管理技术。

鼓励推广应用和淘汰的建筑节能产品及技术的目录，由国务院建设行政主管部门制定；省、自治区、直辖市建设行政主管部门可以结合该目录，制定适合本区域的鼓励推广应用和淘汰的建筑节能产品及技术的目录。

（3）国家鼓励多元化、多渠道投资既有建筑的节能改造，投资人可以按照协议分享节能改造的收益；鼓励研究制定本地区既有建筑节能改造资金筹措办法和相关激励政策。

13.3.3 民用建筑节能监督检查

（1）建筑工程施工过程中，县级以上地方人民政府建设行政主管部门应当加强对建筑物的围护结构（含墙体、屋面、门窗、玻璃幕墙等）、供热采暖和制冷系统、照明和通风等电器设备是否符合节能要求的监督检查。新建民用建筑应当严格执行建筑节能标准要求，民用建筑工程扩建和改建时，应当对原建筑进行节能改造。既有建筑节能改造应当考虑建筑物的寿命周期，对改造的必要性、可行性以及投入收益比进行科学论证。节能改造要符合建筑节能标准要求，确保结构安全，优化建筑物使用功能。寒冷地区和严寒地区既有建筑节能改造应当与供热系统节能改造同步进行。

（2）建筑节能各方责任包括以下几个方面。

1）采用集中采暖制冷方式的新建民用建筑应当安设建筑物室内温度控制和用能计量设施，逐步实行基本冷热价和计量冷热价共同构成的两部制用能价格制度。供热单位、公共建筑所有权人或者其委托的物业管理单位应当制定相应的节能建筑运行管理制度，明确节能建筑运行状态各项性能指标、节能工作诸环节的岗位目标责任等事项。

2）公共建筑的所有权人或者委托的物业管理单位应当建立用能档案，在供热或者制冷间歇期委托相关检测机构对用能设备和系统的性能进行综合检测评价，定期进行维护、维修、保养及更新置换，保证设备和系统的正常运行。供热单位、房屋产权单位或者其委托的物业管理等有关单位，应当记录并按有关规定上报能源消耗资料。鼓励新建民用建筑和既有建筑实施建筑能效测评。

3）从事建筑节能及相关管理活动的单位，应当对其从业人员进行建筑节能标准与技术等专业知识的培训。建筑节能标准和节能技术应当作为注册城市规划师、注册建筑师、勘察设计注册工程师、注册监理工程师、注册建造师等继续教育的必修内容。

4）建设单位应当按照建筑节能政策要求和建筑节能标准委托工程项目的设计。

建设单位不得以任何理由要求设计单位、施工单位擅自修改经审查合格的节能设计文件，降低建筑节能标准。

5）房地产开发企业应当将所售商品住房的节能措施、围护结构保温隔热性能指标等基本信息在销售现场显著位置予以公示，并在《住宅使用说明书》中予以载明。

6）设计单位应当依据建筑节能标准的要求进行设计，保证建筑节能设计质量。

7）施工图设计文件审查机构在进行审查时，应当审查节能设计的内容，在审查报告中单列节能审查章节；不符合建筑节能强制性标准的，施工图设计文件审查结论应当定为不合格。

8）施工单位应当按照审查合格的设计文件和建筑节能施工标准的要求进行施工，保证工程施工质量。

9）监理单位应当依照法律、法规以及建筑节能标准、节能设计文件、建设工程承包合同及监理合同对节能工程建设实施监理。

10）对超过能源消耗指标的供热单位、公共建筑的所有权人或者其委托的物业管理单位，责令限期达标。对擅自改变建筑围护结构节能措施，并影响公共利益和他人合法权益的，责令责任人及时予以修复，并承担相应的费用。建设单位在竣工验收过程中，有违反建筑节能强制性标准行为的，按照《建设工程质量管理条例》的有关规定，重新组织竣工验收。

13.3.4 民用建筑节能工程质量监督

质量监督机构应采取抽查建筑节能工程的实体质量和相关工程质量控制资料的方法，督促各方责任主体履行质量责任，确保工程质量。重点是监督检查、抽查建筑节能工程有关措施及落实情况，质量控制资料及相关产品的节能要求指标，加强事前控制，把检查各责任主体的节能工作行为放在首位。质量监督机构应根据本地区民用建筑节能工程情况制定监督工作方案。

13.3.4.1 质量监督机构的监督工作内容

1. 施工前期准备阶段的监督抽查内容

建筑节能工程施工图设计文件审查情况；建筑节能工程施工图设计文件审查备案情况；涉及建筑节能效果的设计变更重新报审和建设、监理单位确认情况；建筑节能工程施工专项方案及建筑节能监理规划和实施细则编制、审批情况。建筑节能专业施工人员岗前培训及技术交底情况；建设、设计、施工（含分包）、监理等各方责任主体单位对建筑节能示范样板的确认情况。

2. 施工过程的监督抽查内容

（1）材料、构配件和设备质量。主要材料、构配件和设备的规格、型号、性能与设计文件要求是否相符；主要材料、构配件和设备的合格证、中文说明书、型式检验报告、定型产品和成套技术应用型式检验报告、进场验收记录、见证取样送检复试报告的核查情况；监理工程师对材料、构配件和设备的进场验收签认情况；监督机构对建筑节能材料质量产生质疑时，监督机构应对建筑节能材料按一定比例委托具有相应资质的检测单位进行检测。

（2）墙体节能工程。基层表面空鼓、开裂、松动、风化、平整度及妨碍黏结的附着物的处理；保温层施工应结合不同工程做法根据规范规定，由各地制定监督抽查内容，重点对保温、牢固、开裂、渗漏、耐久性、防火等性能进行抽查；雨水管卡具、女儿墙、分隔缝、变形缝、挑梁、连梁、壁柱、空调板、空调管洞、门窗洞口等易产生热桥部位保温措施；施工产生的墙体缺陷（如穿墙套管、脚手眼、孔洞等）处理；不同材料基体交接处、容易碰撞的阳角及门窗洞口转角处等特殊部位的保温层防止开裂和破损的加强措施；隔气层构造处理、穿透隔气层处密封措施、隔气层冷凝水排水构造处理。

（3）非采暖公共间节能工程。非采暖公共间（如普通住宅楼梯间、高层住宅疏散楼梯间、电梯前室、公共通道、公共大堂大厅、地下室等）按图施工情况。

（4）幕墙节能工程。幕墙工程热桥部位的隔断热桥措施；幕墙与周边墙体间的缝隙处理；建筑伸缩缝、沉降缝、抗震缝等变形缝的保温密封处理；遮阳设施的安装。

（5）门窗节能工程。外门窗框或副框与洞口、外门窗框与副框之间的间隙处理；金属外门窗隔断热桥措施及金属副框隔断热桥措施；严寒、寒冷、夏热冬冷地区建筑外窗气密性现场实体检验情况；严寒、寒冷地区的外门安装及特种门安装的节能措施；外门窗遮阳设施的安装；天窗安装位置、坡度、密封节能措施；门窗扇密封条的安装、镶嵌、接头处理；门窗镀（贴）膜玻璃的安装方向及中空玻璃均压管密封及中空玻璃露点复检情况。

（6）屋面节能工程。屋面保温、隔热层铺设质量、厚度控制；屋面保温、隔热层的平整度、坡向、细部及屋面热桥部位的保温隔热措施；屋面隔气层位置、铺设方式及密封措施。

（7）地面节能工程。基层处理的质量；地面保温层、隔离层、防潮层、保护层等各层的设置和构造做法以及保温层的厚度；地面节能工程的保温板与基层之间、各构造层的粘结及缝隙处理；穿越地面直接接触室外空气的各种金属管道的隔断热桥保温措施；严寒、寒冷地区的建筑首层直接与土壤接触的地面、采暖地下室与土壤接触的外墙、毗邻不采暖空间的地面及底面直接接触室外空气的地面等隔断热桥保温措施。

（8）采暖节能工程。

1）采暖系统安装应抽查以下内容：

采暖系统的制式及安装；散热设备、阀门与过滤器、温度计及仪表安装；系统各分支管路水力平衡装置安装及调试的情况；分室（区）热量计量设施安装和调试的情况；散热器恒温阀的安装。

2）采暖系统热力入口装置的安装应抽查以下内容：

热力入口装置的选型；热计量装置的安装和调试的情况；水力平衡装置的安装及调试的情况；过滤器、压力表、温度计及各种阀门的安装；采暖管道的保温层、防水层施工；采暖系统安装完成后的系统试运转和调试。

（9）通风与空调节能工程。

1）通风与空调节能工程中的送、排风系统、空调风系统、空调水系统的安装应抽查以下内容：

各系统的制式及其安装；各种设备、自控阀门与仪表安装；水系统各分支管路水力平衡装置安装及调试的情况；空调系统分栋、分户、分室（区）冷、热计量设备安装。

2）风管的制作与安装应抽查以下内容：

风管严密性及风管系统的严密性检测；风管与部件、风管与土建风道及风管间的连接；需要绝热的风管与金属支架的接触处、复合风管及需要绝热的非金属风管的连接和加固等处的冷桥处理。

3）各种空调机组的安装、与风管连接的情况及现场组装的组合式空调机组各功能段之间连接检测。

4）风机盘管机组的选型及安装和调试的情况。

5）空调与通风系统中风机的选型及安装。

6）带热回收功能的双向换气装置和集中排风系统中的排风热回收装置选型及安装。

7）空调机组回水管上的电动两通调节阀、风机盘管机组回水管上的电动两通（调节）阀、空调冷热水系统中的水力平衡装置、冷（热）量计量装置等自控阀门与仪表的选型及安装。

8）风管和空调水系统管道隔热层、防潮层选材。

9）空调水系统的冷热水管道及配件与支、吊架之间绝热衬垫安装和冷桥隔断的措施。

10）通风与空调系统安装完毕后的通风机和空调机组等设备的单机试运转和调试及通风空调系统无生产负荷下的联合试运转和调试检测。

（10）空调与采暖系统冷热源及管网节能工程。空调与采暖系统冷热源设备和辅助设备及其管网系统的安装；空调冷热源水系统管道及配件绝热层和防潮层的施工情况；空调与采暖系统冷热源和辅助设备及其管道和管网系统安装完毕后的系统试运转及调试情况。

（11）配电与照明节能工程。锅炉房动力用电、冷却塔水泵用电和照明用电计量设备安装；住宅公共部分和公共建筑的照明的高效光源、高效灯具和节能控制装置安装；水泵、风机等设备的节能装置安装；低压配电系统及照明系统检测。

（12）监测与控制节能工程。监测与自动控制系统的安装、调试和联动情况；监测和自动控制系统与空调、采暖、配电和照明等系统联动运行、监测情况。

（13）施工过程中的检测和试验。施工过程中是否按相关规范规定进行了各项测试、试验；测试、试验的批次、数量是否符合要求；测试、试验的结果是否满足设计要求。

13.3.4.2　质量问题的处理

监督检查发现违反规范规程的一般问题，应当下达《责令整改通知书》，并督促责任单位落实整改。监督检查时发现违反规范规程中“强制性条文”的、没有进行施工图设计文件审查的、不按审查合格的设计文件施工的、没有进行建筑节能专项备案的、建筑节能设计变更未进行复审和备案的、没有建筑节能专项施工方案的、没有做建筑节能工程施工示范样板的，应当下达《责令暂停施工通知书》，经整改复查合格后，方可复工。对在监督检查中发现的严重质量违规行为，监督机构应报告建设行政主管部门，由建设行政主管部门按有关法律、法规进行查处。

13.3.4.3　建筑节能工程竣工分部质量验收的监督

1. 建筑节能工程验收的内容

（1）施工单位出具的建筑节能工程分部质量验收报告，建筑围护结构的外墙节能构造实体检验，严寒、寒冷和夏热冬冷地区的外窗气密性现场实体检测，采暖、通风与空调、照明系统检测资料等合格证明文件，以及施工过程中发现的质量问题整改报告等。

（2）检查建筑节能分部工程重点部位隐蔽验收记录和相关图像资料。

（3）检查相关节能分部工程检验批、分项工程、子分部工程验收合格标准及合格依据，以及检验批和分项工程的划分。

(4) 设计单位出具的建筑节能工程质量检查报告。

(5) 监理单位出具的建筑节能工程质量评估报告。

2. 建筑节能工程竣工分部质量验收的监督

(1) 监督机构应对验收组成员组成及节能验收程序进行监督。监督机构应对节能工程实体质量进行抽测、对观感质量进行检查。

(2) 节能工程竣工验收监督的记录应包括下列内容。

1) 对节能工程建设强制性标准执行情况的评价。

2) 对节能工程观感质量检查验收的评价。

3) 对节能工程验收的组织及程序的评价。

4) 对节能工程验收报告的评价。

13.3.5 违反建筑节能管理规定的法律责任

(1) 建设单位在竣工验收过程中，有违反建筑节能强制性标准行为的，按照《建设工程质量管理条例》的有关规定，重新组织竣工验收；建设单位未按照建筑节能强制性标准委托设计，擅自修改节能设计文件，明示或暗示设计单位、施工单位违反建筑节能设计强制性标准，降低工程建设质量的，处20万元以上50万元以下的罚款。

(2) 设计单位未按照建筑节能强制性标准进行设计的，应当修改设计。未进行修改的，给予警告，处10万元以上30万元以下罚款；造成损失的，依法承担赔偿责任；两年内，累计三项工程未按照建筑节能强制性标准设计的，责令停业整顿，降低资质等级或者吊销资质证书。

(3) 对未按照节能设计进行施工的施工单位，责令改正；整改所发生的工程费用，由施工单位负责；可以给予警告，情节严重的，处工程合同价款2%以上4%以下的罚款；两年内，累计三项工程未按照符合节能标准要求的设计进行施工的，责令停业整顿，降低资质等级或者吊销资质证书。

责令停业整顿、降低资质等级和吊销资质证书的行政处罚，由颁发资质证书的机关决定；其他行政处罚，由建设行政主管部门依照法定职权决定。

13.4 工程建设中的保险

13.4.1 建筑工程一切险

建筑工程一切险承保各类民用、工业和公用事业建筑工程项目，包括道路、水坝、桥梁、港埠等，在建造过程中因自然灾害或意外事故而引起的一切损失。

13.4.1.1 建筑工程一切险的投保人与被保险人

1. 建筑工程一切险的投保人

投保人是指与保险人订立保险合同，并按照保险合同负有支付保险费义务的人。

2. 建筑工程一切险的被保险人

被保险人，是指其财产或者人身受保险合同保障，享有保险金请求权的人，投保人可为被保险人。建筑工程一切险的被保险人可以包括：业主、总承包商、分包商、业主聘用的监理工程师、与工程有密切关系的单位或个人，如贷款银行或投资人等。

13.4.1.2 建筑工程一切险的承保范围

1. 建筑工程一切险适用范围

建筑工程一切险适用于所有房屋工程和公共工程，尤其是：住宅、商业用房、医院、学校、剧院；工业厂房、电站；公路、铁路、飞机场；桥梁、船闸、大坝、隧道、排灌工程、水渠及港埠等。

2. 建筑工程一切险承保的内容

(1) 工程本身。工程本身是指由总承包商和分包商为履行合同而实施的全部工程。包括：预备工程，如土方、水准测量；临时工程，如引水、保护堤；全部存放于工地，施工所必需的材料。

(2) 施工用设施和设备。施工用设施和设备包括活动房、存料库、配料棚、搅拌站、脚手架，水电供应及其他类似设施。

(3) 施工机具。施工机具包括大型陆上运输和施工机械、吊车及不能在公路上行驶的工地用车辆，不管这些机具属承包商所有还是其租赁物资。

(4) 场地清理费。这是指在发生灾害事故后场地上产生了大量的残砾，为清理工地现场而必须支付的一笔费用。

(5) 第三者责任。第三者责任系指在保险期内，对因工程意外事故造成的、依法应由被保险人负责的工地上及邻近地区的第三者人身伤亡、疾病或财产损失，以及被保险人因此而支付的诉讼费用和事先经保险公司书面同意支付的其他费用等赔偿责任。但是，被保险人的职工的人身伤亡和财产损失应予除外（属于意外伤害保险）。

(6) 工地内现有的建筑物。这是指不在承保的工程范围内的、所有人或承包人所有的工地内已有的建筑物或财产。

(7) 由被保险人看管或监护的停放于工地的财产。

13.4.1.3 建筑工程一切险承保危险与损害

建筑工程一切险承保的危险与损害涉及面很广，凡保险单中列举的除外情况之外的一切事故损失全在保险范围内，尤其是下述原因造成的损失：火灾、爆炸、雷击、飞机坠毁及灭火或其他救助所造成的损失；海啸、洪水、潮水、水灾、地震、暴雨、风暴、雪崩、地崩、山崩、冻灾、冰雹及其他自然灾害；一般性盗窃和抢劫；由于工人、技术人员缺乏经验、疏忽、过失、恶意行为或无能力等导致的施工拙劣而造成的损失；其他意外事件。建筑材料在工地范围内的运输过程中遭受的损失和破坏，以及施工设备和机具在装卸时发生的损失等亦可纳入工程险的承保范围。

13.4.1.4 建筑工程一切险的除外责任

按照国际惯例，属于除外的情况通常有以下几种。

(1) 由于军事行动、战争或其他类似事件，以及罢工、骚动、民众运动或当局命令停工等情况造成的损失（有些国家规定投保罢工骚乱险）。

(2) 因被保险人的严重失职或蓄意破坏而造成的损失。

(3) 因原子核裂变而造成的损失。

(4) 由于合同罚款及其他非实质性损失。

(5) 因施工机具本身原因即无外界原因情况下造成的损失（但因这些损失而导致的建

筑事故则不属除外情况)。

(6) 因设计错误(结构缺陷)而造成的损失。

(7) 因纠正或修复工程差错(例如因使用有缺陷或非标准材料而导致的差错)而增加的支出。

13.4.1.5 建筑工程一切险的保险期和保险金额

1. 建筑工程一切险的保险期

建筑工程一切险自工程开工之日或在开工之前工程用料卸放于工地之日开始生效,两者以先发生者为准。开工日包括打地基在内(如果地基亦在保险范围内)。施工机具保险自其卸放于工地之日起生效。保险终止日应为工程竣工验收之日或者保险单上列出的终止日。

2. 建筑工程一切险的保险金额

保险金额是指保险人承担赔偿或者给付保险金责任的最高限额。保险金额不得超过保险标的的保险价值,超过保险价值的,超过的部分无效。建筑工程一切险的保险金额按照不同的保险标的确定。

13.4.1.6 建筑工程一切险的免赔额

保险公司要求投保人根据其不同的损失,自负一定的责任,即由被保险人承担的损失额称为免赔额。工程本身的免赔额为保险金额的0.5%~2%;施工机具设备等的免赔额为保险金额的5%;第三者责任险中财产损失的免赔额为每次事故赔偿限额的1%~2%,但人身伤害没有免赔额。

保险人向被保险人支付为修复保险标的遭受损失所需的费用时,必须扣除免赔额。支付的赔偿额极限相当于保险总额,但不超过保险合同中规定的每次事故的保险极限之和或整个保险期内发生的全部事故的总保险极限。

13.4.1.7 建筑工程一切险的保险费率

建筑工程一切险的保险费率通常要根据风险的大小确定。

1. 建筑工程一切险的保险费率的组成

(1) 业主提供的物料及项目、安装工程项目、场地清理费、工地内现存的建筑物、业主或承包人在工地的其他财产等为一个总的费率,规定整个工期一次性费率。

(2) 施工用机器、装置及设备为单独的年度费率,因为它们流动性大,一般为短期使用,旧机器多,损耗大,小事故多。因此,此项费率高于第(1)项费率。如保期不足1年,按短期费率计收保费。

(3) 第三者责任险费率,按整个工期一次性费率计取。

(4) 保证性费率,按整个工期一次性费率计取。各种附加保障增收费率或保费,也按整个工期一次性费率计取。

2. 建筑工程一切险的保险费率的制定依据

建筑工程一切险没有固定的费率表,其具体费率系根据以下因素结合参考费率表制定:

(1) 风险性质(气候影响和地质构造数据,如地震、洪水或水灾等)。

(2) 工程本身的危险程度,工程的性质及建筑高度,工程的技术特征及所用的材料,工程的建造方法等。

(3) 工地及邻近地区的自然地理条件，有无特别危险源存在。

(4) 巨灾的可能性，最大可能损失程度及工地现场管理和安全条件。

(5) 工期（包括试车期）的长短及施工季节，保证期长短及其责任的大小。

(6) 承包人及其他与工程有直接关系的各方的资信、技术水平及经验。

(7) 同类工程及以往的损失记录。

工程保险往往有免赔额和赔偿限额的规定。这是对被保险人自己应负责任的规定。如果免赔额高、赔偿限额低，则意味着被保险人承担的责任大，则保险费率就应相应降低；如果免赔额低、赔偿限额高，则保险费率应相应提高。

3. 保险费的交纳

建筑工程一切险因保险期较长，保费数额大，可分期交纳保费，但出单后必须立即交纳第一期保费，而最后一笔保费必须在工程完工前半年交清。如果在保险期内工程不能完工，保险可以延期，不过投保人须交纳补充保险费。延展期的补充保险费只能在原始保险单规定的逾期日前几天确定，以便保险人能及时准确地了解各种情况。

13.4.2 安装工程一切险

13.4.2.1 安装工程一切险的概念和特点

1. 安装工程一切险的概念

安装工程一切险属于技术险种，其目的在于为各种机器的安装及钢结构工程的实施提供尽可能全面的专门保险。安装工程一切险承保安装各种机器、设备、储油罐、钢结构、起重机、吊车以及包含机械工程因素的各种工程建设一切损失。

2. 安装工程一切险的特点

安装工程一切险与建筑工程一切险有着重要的区别。

(1) 建筑工程保险的标的从开工以后逐步增加，保险额也逐步提高，而安装工程一切险的保险标的一开始就存放于工地，保险公司一开始就承担着全部货价的风险，风险比较集中。在机器安装好之后，试车、考核所带来的危险以及在试车过程中发生机器损坏的危险是相当大的，这些危险在建筑工程险部分是没有的。

(2) 在一般情况下，自然灾害造成建筑工程一切险的保险标的损失的可能性较大，而安装工程一切险的保险标的多数是建筑物内安装及设备（石化、桥梁、钢结构建筑物等除外），受自然灾害（洪水、台风、暴雨等）损失的可能性较小，受人为事故损失的可能性较大，这就要督促被保险人加强现场安全操作管理，严格执行安全操作规程。

(3) 安装工程在交接前必须经过试车考核，而在试车期内，任何潜在的因素都可能造成损失，损失率要占安装工期内的总损失的一半以上。由于风险集中，试车期的安装工程一切险的保险费率通常占整个工期的保费的 1/3 左右，而且对旧机器设备不承担赔付责任。

总的来讲，安装工程一切险的风险较大，保险费率也要高于建筑工程一切险。

13.4.2.2 安装工程一切险的投保人与被保险人

投保人即与保险人订立保险合同并支付保费的人。安装工程一切险的被保险人除承包商外还包括：业主；制造商或供应商；技术咨询顾问；安装工程的信贷机构；待安装构件的买受人等。

13.4.2.3 安装工程一切险的责任范围及除外责任

1. 安装工程一切险的保险标的

安装的机器及安装费，包括安装工程合同内要安装的机器、设备、装置、物料、基础工程（如地基、座基等）以及为安装工程所需的各种临时设施（如水电、照明、通信设备等）。

（1）安装工程使用的承包人的机器、设备。

（2）附带投保的土木建筑工程项目，指厂房、仓库、办公楼、宿舍、码头、桥梁等。这些项目一般不在安装合同以内，但可在安装险内附带投保：如果土木建筑工程项目不超过总价的20%，整个项目按安装工程一切险投保；介于20%～50%之间，该部分项目按建筑工程一切险投保；若超过50%，整个项目按建筑工程一切险投保。安装工程一切险也可以根据投保人的要求附加第三者责任险，这与建筑工程一切险是相同的。

2. 安装工程一切险承保的危险和损失

安装工程一切险承保的危险和损害除包括建筑工程一切险中规定的内容外，还包括：短路、过电压、电弧所造成的损失；超压、压力不足、和离心力引起的断裂所造成的损失；其他意外事故，如因进入异物或因安装地点的运输而引起的意外事件等。

3. 安装工程一切险的除外责任

安装工程一切险的除外情况主要有以下几种。

（1）由于结构、材料或在车间制作方面的错误导致的损失。

（2）因被保险人或其派遣人员蓄意破坏或欺诈行为而造成的损失。

（3）因功力或效益不足而遭致合同罚款或其他非实质性损失。

（4）由战争或其他类似事件，民众运动或因当局命令而造成的损失。

（5）因罢工和骚乱而造成的损失（但有些国家却不视为除外情况）。

（6）由原子核裂化或核辐射造成的损失等。

4. 安装工程一切险的保险期限

（1）安装工程一切险的保险责任的开始和终止。安装工程一切险的保险责任，自投保工程的动工日（如果包括土建任务的话）或第一批被保险项目卸至施工地点时（以先发生为准），即行开始。其保险责任的终止日可以是安装完毕验收通过之日或保险物所列明的终止日，这两个日期同样以先发生者为准。安装工程一切险的保险责任也可以延展至为期1年的维修期满日。

在征得保险人同意后，安装工程一切险的保险期限可以延长，但应在保险单上加批并收保费。

（2）试车考核期。安装工程一切险的保险期内，一般应包括一个试车考核期。考核期的长短应根据工程合同上的规定来决定。对考核期的保险责任一般不超过3个月，若超过3个月，应另行加收费用。安装工程一切险对于旧机器设备不负考核期的保险责任，也不承担其维修期的保险责任。如果同一张保险单同时还承保其他新的项目，则保险单仅对新设备的保险责任有效。

（3）关于安装工程一切险的保险期限应注意的问题。

1）部分工程验收移交或实际投入使用。这种情况下，保险责任自验收移交或投入使用之日即行终止，但保单上须有相应的附加条款或批文。

2）试车考核期的保险责任期（一般定为3个月），系指连续时间，而不是断续累计时间。

3）维修期应从实际完工验收或投入使用之日起算，不能机械地按合同规定的竣工日起算。

4）安装工程一切险的保险金额包括物质损失和第三者责任两大部分。

13.4.3 社会保险

社会保险是一种为年老、丧失劳动能力、暂时失去劳动岗位或因健康原因造成损失的人口提供收入或补偿的一种社会和经济制度。社会保险法是国家通过立法设立社会保险基金，使劳动者在暂时或永久丧失劳动能力以及失业时获得物资帮助和补偿的一种社会保障制度。根据自2011年7月1日起施行的《中华人民共和国社会保险法》规定，社会保险制度主要包括5项：基本养老保险制度、基本医疗保险制度、失业保险制度、工伤保险制度和生育保险制度。社会保险法第3条规定："社会保险制度坚持广覆盖、保基本、多层次、可持续的方针，社会保险水平应当与经济社会发展水平相适应。"

13.4.3.1 基本养老保险制度

基本养老保险制度，是指缴费达到法定期限并且个人达到法定退休年龄后，国家和社会提供物质帮助以保证年老者稳定、可靠的生活来源的社会保险制度。基本养老保险制度由3个部分组成：职工基本养老保险制度、新型农村社会养老保险制度、城镇居民社会养老保险制度。基本养老保险制度从法律层面上实现了"覆盖城乡居民"，基本养老制度的目标是"老有所养"。

1. 职工基本养老保险的覆盖范围

（1）职工应当参加基本养老保险，由用人单位和职工共同缴纳基本养老保险费。无雇工的个体工商户、未在用人单位参加基本养老保险的非全日制从业人员以及其他灵活就业人员可以参加基本养老保险，由个人缴纳基本养老保险费。公务员和参照公务员法管理的工作人员养老保险办法由国务院规定。

1）基本养老保险制度主要覆盖就业人群，与用人单位建立劳动关系的个人，都应当参加职工基本养老保险。目前除企业职工外，一些与机关、事业单位签订劳动合同或者聘用合同的个人，也按照规定参加了职工基本养老保险。

2）灵活就业人员，是指以非全日制、临时性、季节性、弹性工作等灵活多样的形式实现就业的人员，包括无雇工的个体工商户、非全日制从业人员以及律师、会计师、自由撰稿人、演员等自由职业者。灵活就业人员根据收入情况，参加基本养老保险完全由个人自愿缴费，不能强制。

3）目前公务员和参照公务员法管理的工作人员实行的是退休养老，费用由国家承担，个人不缴费。养老金标准以工资为基数，按工龄长短计发。公务员和参照公务员法管理的工作人员养老保险办法由国务院另行规定。

（2）制度模式和缴费。

1）基本养老保险实行社会统筹与个人账户相结合。基本养老保险基金由用人单位和个人缴费及政府补贴等组成。用人单位应当按照国家规定的本单位职工工资总额的比例缴纳基本养老保险费，记入基本养老保险统筹基金。无雇工的个体工商户、未在用人单位参加基本养老保险的非全日制从业人员以及其他灵活就业人员可以参加基本养老保险的，应当按照国家规定缴纳基本养老保险，分别记入基本养老保险统筹基金和个人账户。基本养老保险基金出现支付不足时，政府给予补贴。个人账户不得提前支取，记账利率不得低于银行定期存款利率，免征利息税。个人死亡的，个人账户余额可以继承。

2）基本养老金由统筹养老金和个人养老金组成。基本养老金根据个人缴费年限、缴费工资、当地职工平均工资、个人账户金额、城镇人口平均预期寿命等因素确定。

3）最低缴费年限、接转与接续。参加基本养老保险的个人，达到法定退休年龄时累计缴费满15年的，按月领取基本养老金；不足15年的，可以缴费至15年，再按月领取基本养老金，也可以转入新型农村社会养老保险或者城镇居民社会养老保险，按照国务院规定享受相应养老保险待遇。个人跨地区就业的，其基本养老保险关系随本人转移，缴费年限累计计算。个人达到法定退休年龄时，基本养老金分段计算、统一支付。即无论参保人员在哪里退休，退休地社会保险经办机构应当将各统筹地区的缴费年限和相应的养老保险待遇分段计算出来，将养老金统一支付给参保人员。

(3) 因病或者非因工致残的待遇。参加基本养老保险的个人，因病或者非因工死亡的，其遗属可以领取丧葬补助金和抚恤金；在未达到法定退休年龄时因病或者非因工致残完全丧失劳动能力的，可以领取病残津贴。所需资金从基本养老保险基金中支取。

(4) 养老金调整机制。国家建立基本养老金正常调整机制。根据职工平均工资增长、物价上涨情况，适时提高基本养老保险待遇。

2. 农村社会养老保险制度

国家建立和完善新型农村社会养老保险制度。新型农村社会养老保险实行个人缴费、集体补助和政府补贴相结合。新型农村社会养老保险待遇由基础养老金和个人账户养老金组成。参加新型农村社会养老保险的农村居民，符合国家规定条件的，按月领取新型农村社会养老保险待遇。

(1) 中央确定的基础养老金标准为每人每月55元，地方政府可以根据实际情况提高基础养老金标准。国家根据经济发展和物价变动情况，适时调整全国新农保基础养老金的最低标准。

(2) 国家为每个新型农村社会养老保险参保人建立终身记录的养老保险个人账户。个人缴费，集体补助及其他经济组织、社会组织、个人对参保人缴费的资助，地方政府对参保人的缴费补贴，全部记入个人账户。参保人死亡，个人账户中的资金余额，除政府补贴外，可以依法继承。

(3) 年满60周岁、未享受城镇职工基本养老保险待遇的农村籍的老年人，可以按月领取养老金。新型农村社会养老保险制度实施时，已年满60周岁、未享受城镇职工基本养老保险待遇的，不用缴费，可以按月领取基础养老金，但其符合参保条件的子女应当参保缴费；距领取年龄不足15年的，应按年缴费，也允许补缴，累计缴费不超过15年；距领取年龄超过15年的，应按年缴费，累计缴费不少于15年。

3. 国家建立和完善城镇居民社会养老保险制度

省、自治区、直辖市人民政府根据实际情况，可以将城镇居民社会养老保险和新型农村社会养老保险合并实施。

13.4.3.2 基本医疗保险制度

基本医疗保险制度，是指按照国家规定缴纳一定比例的医疗保险费，在参保人因患病和意外伤害而发生医疗费用后，由医疗保险基金支付其医疗保险待遇的社会保险制度。基本医疗保险制度由3部分组成：职工基本医疗保险制度、新型农村合作医疗制度、城镇居民基本医疗保险制度。基本医疗保险制度实现了“覆盖城乡居民”，使全体公民实现“病有所医”。

1. 参保范围和缴费

(1) 职工应当参加职工医疗保险，由用人单位和职工按照国家规定共同缴纳基本医疗保险费。无雇工的个体工商户、未在用人单位参加基本医疗保险的非全日制从业人员以及其他灵活就业人员可以参加职工基本医疗保险，由个人按照国家规定缴纳基本医疗保险费。

(2) 国家建立和完善农村合作医疗制度，新型农村合作医疗制度主要包括：①自愿参加，多方筹资，以收定支，保障适度的基本原则；②一般采取县（市）为单位统筹，条件不具备的地区，起步阶段也可采取以乡（镇）为单位统筹，逐步过渡；③实行个人缴费、集体扶持和政府资助相结合的筹资机制；④政府对所有参加新型合作医疗的农民给予补贴，地方根据当地经济发展，适时提高补贴标准；⑤农村合作医疗基金是由农民自愿缴纳、集体扶持、政府资助的民办公助社会性资金，按照以收定支、收支平衡和公开、公平、公正的原则进行管理；⑥农村合作医疗经办机构定期向农村合作医疗管理委员会汇报农村合作医疗基金的收支、使用情况，定期向社会公布，保证参加合作医疗的农民的参与、知情和监督的权利。

(3) 城镇居民基本医疗保险实行个人缴费和政府补贴相结合。享受最低生活保障的人、丧失劳动能力的残疾人、低收入家庭60周岁以上的老年人和未成年人等所需个人缴费部分，由政府给予补贴。

2. 待遇标准

(1) 职工基本医疗保险、新型农村合作医疗和城镇居民基本医疗保险的待遇标准按国家规定执行。

(2) 参加职工基本医疗保险的个人，达到法定退休年龄时累计缴费达到国家规定年限的，退休后不再缴纳基本医疗保险费，按照国家规定享受基本医疗保险待遇；未达到国家规定年限的，可以缴费至国家规定年限。

3. 支付与结算

(1) 符合基本医疗保险药品目录、诊疗项目、医疗服务设施标准以及急诊、抢救的医疗费用，按照国家规定从基本医疗保险基金中支付。

(2) 参保人员医疗费用中应当由医疗保险基金支付的部分，由社会保险经办机构与医疗机构、药品经营单位直接结算。社会保险行政部门和卫生行政部门应当建立异地就医医疗费用结算制度，方便参保人员享受基本养老保险待遇。

（3）下列医疗费用不纳入基本养老保险基金支付范围：

1）应当从工伤保险基金中支付的。

2）应当由第三人负担的。

3）应当由公共卫生负担的。

4）在境外就医的。

医疗费用依法应当由第三人负担，第三人不支付或者无法确定第三人的，由基本医疗保险基金先行支付。基本医疗保险基金先行支付后，有权向第三人追偿。

4. 其他规定

（1）社会保险经办机构根据管理服务需要，可以与医疗机构、药品经营单位签订服务协议，规范医疗服务行为。医疗机构应当为参保人员提供合理、必要的医疗服务。

（2）个人跨统筹地区就业的，其基本医疗保险关系随本人转移，缴费年限累计计算。

13.4.3.3 工伤保险制度

工伤保险制度，是指由用人单位缴纳工伤保险费，对劳动者因工作原因遭受意外伤害或者职业病，从而造成死亡、暂时或者永久丧失劳动能力时，给予职工及其相关人员工伤保险待遇的一项社会保险制度。

1. 参保范围和缴费

（1）职工应当参加工伤保险，由用人单位缴纳工伤保险费，职工不缴纳工伤保险费。

（2）国家根据不同行业的工伤风险程度确定行业的差别费率，并根据使用工伤保险基金、工伤发生率等情况在每个行业内确定费率档次。行业差别费率和行业内费率档次由国务院社会保险行政部门制定，报国务院批准后公布施行。社会保险经办机构根据使用工伤保险基金、工伤发生率和所属行业费率档次等情况，确定用人单位缴费费率。

（3）用人单位应当按照本单位职工工资总额，根据社会保险经办机构确定的费率缴纳工伤保险费。

2. 职工工伤保险待遇

（1）享受工伤保险待遇的条件。职工因工作原因受到事故伤害或者患职业病，且经工伤认定的，享受工伤保险待遇；其中，经劳动能力鉴定丧失劳动能力的，享受伤残待遇。

（2）不认定为工伤的情形。职工因下列情形之一导致本人在工作中伤亡的，不认定为工伤：

1）故意犯罪。

2）酗酒或者吸毒。

3）自残或者自杀。

4）法律、行政法规规定的其他情形。

（3）停止享受工伤保险待遇的情形。工伤职工有下列情形之一的，停止享受工伤保险待遇：

1）丧失享受待遇条件的。

2）拒不接受劳动能力鉴定的。

3）拒绝治疗的。

3. 工伤费用的支付

（1）工伤保险基金支付的待遇。因工伤发生的下列费用，按照国家规定从工伤保险基金中支付：

1）治疗工伤的医疗费用和康复费用。

2）住院伙食补助费。

3）到统筹地区以外就医的交通食宿费。

4）安装配置伤残辅助器具所需费用。

5）生活不能自理的，经劳动能力鉴定委员会确认的生活护理费。

6）一次性伤残补助金和1～4级伤残职工按月领取的伤残津贴。

7）终止或者解除劳动合同时，应当享受的一次性医疗补助金。

8）因工死亡的，其遗属领取的丧葬补助金、供养亲属抚恤金和因工死亡补助金。

9）劳动能力鉴定费。

（2）用人单位支付的待遇。因工伤发生下列费用，按照国家规定由用人单位支付：

1）治疗工伤期间的工资福利。

2）5级、6级伤残职工按月领取的伤残津贴。

3）终止或者解除劳动合同时，应当享受的一次性伤残就业补助金。

4. 伤残津贴和基本养老保险待遇的关系

工伤职工符合领取基本养老保险条件的，停发伤残津贴，享受基本养老保险待遇。基本养老保险待遇低于伤残津贴的，从工伤保险基金中补足差额。

5. 未缴费工伤处理

职工所在用人单位未依法缴纳工伤保险费，发生工伤事故的，由用人单位支付工伤保险待遇。用人单位不支付的，从工伤保险基金中先行支付，用人单位偿还。用人单位不偿还的，社会保险经办机构可以依法追偿。

6. 第三人造成工伤

由于第三人的原因造成工伤，第三人不支付工伤医疗费用或者无法确定第三人的，由工伤保险基金先行支付。工伤保险基金先行支付后，有权向第三人追偿。

13.4.3.4 失业保险制度

失业保险制度，是指国家为失业而暂时失去工资收入的社会成员提供物质帮助，以保障失业人员的基本生活，维持劳动力的再生产，为失业人员重新就业创造条件的一项社会保险制度。

1. 失业保险参保范围和缴费

职工应当参加失业保险，由用人单位和职工按照国家规定共同缴纳失业保险费。

2. 失业保险金

（1）领取失业保险金待遇的条件。失业人员符合下列条件的，从失业保险基金中领取失业保险金：

1）失业前用人单位和本人已经缴纳失业保险费满一年的。

2）非因本人意愿中断就业的。

3）已经进入失业登记，并有求职要求的。

(2) 领取失业保险金的期限。失业人员失业前用人单位和本人累计缴费满 1 年不足 5 年的，领取失业保险金的期限最长为 12 个月；累计缴费满 5 年不足 10 年的，领取失业保险金的期限最长为 18 个月；累计缴费 10 年以上的，领取失业保险金的期限最长为 24 个月。重新就业后，再次失业的，缴费时间重新计算，领取失业保险金的期限与前次失业应当领取而尚未领取的失业保险金的期限合并计算，最长不超过 24 个月。

(3) 失业保险金的标准。失业保险金的标准，由省、自治区、直辖市人民政府确定，不得低于城市居民最低生活保障标准。

3. 失业期间的保险待遇

失业人员在领取失业保险金期间，参加职工基本医疗保险，享受基本医疗保险待遇。失业人员应当缴纳的基本医疗保险费从失业保险基金中支付，个人不缴纳基本医疗保险费。失业人员在领取失业保险金期间死亡的，参照当地对在职职工死亡的规定，向其遗属发给一次性丧葬补助金和抚恤金。所需资金从失业保险基金中支付。个人死亡同时符合领取基本养老保险丧葬补助金、工伤保险丧葬补助金和失业保险丧葬补助金条件的，其遗属只能选择领取其中的一项。

4. 领取失业保险金的程序

用人单位应当及时为失业人员出具终止或者解除劳动关系的证明，并将失业人员名单自终止或者解除劳动关系之日起 15 日内告知社会保险经办机构。失业人员应当持本单位为其出具的终止或者解除劳动关系的证明，及时到指定的公共就业服务机构办理失业登记。失业人员凭失业登记证明和个人身份证明，到社会保险经办机构办理领取失业保险金的手续。失业保险金领取期限自办理失业登记之日起计算。

5. 停止领取失业保险金的情形

失业人员在领取失业保险金期间有下列情形之一的，停止领取失业保险金，并同时停止享受其他失业保险待遇：

(1) 重新就业的。

(2) 应征服兵役的。

(3) 移居境外的。

(4) 享受基本养老保险待遇的。

(5) 无正当理由，拒不接受当地人民政府指定部门或者机构介绍的适当工作或者提供的培训的。

6. 职工跨统筹地区就业的情形

职工失业保险关系随本人转移，缴费年限累计计算。

13.4.3.5 生育保险制度

生育保险制度，是指由用人单位缴纳保险费，其职工或者职工未就业配偶按照国家规定享受生育保险待遇的一项社会保险制度。生育保险具体的待遇包括生育医疗费用和生育津贴。

1. 参保范围和缴费

职工应当参加生育保险，由用人单位按照国家规定缴纳生育保险费，职工不缴纳生育保险费。

2. 生育保险待遇

用人单位已经缴纳生育保险费的，其职工享受生育保险待遇；职工未就业配偶按照国家规定享受生育医疗保险待遇。所需资金从生育保险基金中支付。生育保险待遇包括生育医疗费用和生育津贴。

（1）生育医疗费用包括下列各项：

1）生育的医疗费用。

2）计划生育的医疗费用。

3）法律、法规规定的其他项目费用。

（2）生育津贴。职工有下列情形之一的，可以按照国家规定享受生育津贴：

1）女职工生育享受产假。

2）享受计划生育手术休假。

3）法律、法规规定的其他情形。

生育津贴按照职工所在用人单位上年度职工月平均工资计发。

13.4.3.6 其他规定

进城务工的农村居民依照社会保险法规定参加社会保险。征收农村集体所有的土地，应当足额安排被征地农民的社会保险费，按照国务院规定将被征地农民纳入相应的社会保险制度。

13.5 税收管理和反不正当竞争

13.5.1 纳税程序和违反税法的责任

13.5.1.1 纳税程序

1. 税款征收

税务机关依照法律、行政法规的规定征收税款，不得违反法律、行政法规的规定开征、停征、多征或者少征税款。

（1）代扣、代收税款。扣缴义务人应依照法律、行政法规的规定履行代扣、代收税款的义务。税务机关按照规定付给扣缴义务人代扣、代收手续费。

（2）税款征收的期限。纳税人、扣缴义务人按照法律、行政法规规定或者税务机关依照法律、行政法规的规定确定的期限，缴纳或者解缴税款。纳税人因有特殊困难，不能按期缴纳税款的，经县以上税务局（分局）批准，可以延期缴纳税款，但最长不得超过3个月。纳税人未按照前款规定期限缴纳税款的，扣缴义务人未按照前款规定期限解缴税款的，税务机关除责令限期缴纳外，从滞纳税款之日起，按日加收滞纳税款2‰的滞纳金。

（3）税款征收的减免。纳税人可以依照法律、行政法规的规定向税务机关书面申请减税、免税。

（4）税款征收的凭证。税务机关征收税款和扣缴义务人代扣、代收税款时，必须给纳税人开具完税凭证。

2. 税收保全

税务机关有根据认为从事生产、经营的纳税人有逃避纳税义务行为的，可以在规定的纳税期之前，责令限期缴纳应纳税款；在限期内发现纳税人有明显的转移、隐匿其应纳税的商品、货物以及其他财产或者应纳税的收入的迹象的，税务机关可以责成纳税人提供纳税担保。如果纳税人不能提供纳税担保，经县以上税务局（分局）局长批准，税务机关可以采取下列税收保全措施。

（1）书面通知纳税人开户银行或者其他金融机构暂停支付纳税人的金额相当于应纳税款的存款。

（2）扣押、查封纳税人的价值相当于应纳税款的商品、货物或者其他财产。

纳税人在前款规定的限期内缴纳税款的，税务机关必须立即解除税收保全措施；限期期满仍未缴纳税款的，经县以上税务局（分局）局长批准，税务机关可以书面通知纳税人开户银行或者其他金融机构从其暂停支付的存款中扣缴税款，或者拍卖所扣押、查封的商品、货物或者其他财产，以拍卖所得抵缴税款。

采取税收保全措施不当，或者纳税人在限期内已缴纳税款，税务机关未立即解除税收保全措施，使纳税人的合法利益遭受损失的，税务机关应当承担赔偿责任。

3. 纳税的强制执行

从事生产、经营的纳税人、扣缴义务人未按照规定的期限缴纳或者解缴税款，纳税担保人未按照规定的期限缴纳所担保的税款，由税务机关责令限期缴纳，逾期仍未缴纳的，经县以上税务局（分局）局长批准，税务机关可以采取下列强制执行措施。

（1）书面通知其开户银行或者其他金融机构从其存款中扣缴税款。

（2）扣押、查封、拍卖其价值相当于应纳税款的商品、货物或者其他财产，以拍卖所得抵缴税款。税务机关采取强制执行措施时，对前款所列纳税人、扣缴义务人、纳税担保人未缴纳的滞纳金同时强制执行。

13.5.1.2 违反税法的责任

1. 法律责任的形式

（1）经济责任主要包括加收滞纳金和赔偿损失。

（2）行政责任主要包括行政处罚和行政处分。前者主要是针对纳税人和扣缴义务人的，主要包括责令限期改正，责令缴纳税款；采取税收保全措施和税收强制执行措施；罚款；吊销税务登记证，收回税务机关发给的票证，吊销营业执照等。行政处分是针对税务机关的工作人员的，主要包括警告、记过、记大过、降级、撤职和开除。

（3）刑事责任主要包括罚金、拘役、有期徒刑、无期徒刑。

2. 主要违法行为的法律责任

（1）纳税人未按照规定期限缴纳税款的，扣缴义务人未按照规定期限解缴税款的，税务机关除责令限期缴纳外，从滞纳税款之日起，按日加收滞纳税款万分之五的滞纳金。

（2）纳税人有下列行为之一的，由税务机关责令限期改正，可以处2000元以下的罚款；情节严重的，处2000元以上1万元以下的罚款：未按照规定的期限申报办理税务登记、变更或者注销登记的；未按照规定设置、保管账簿或者保管记账凭证和有关资料的；未按照规定将财务、会计制度或者财务、会计处理办法和会计核算软件报送税务机关备查的；未按照规定将其全部银行账号向税务机关报告的；未按照规定安装、使用税控装置，或者损毁或擅自改动税控装置的。

（3）对纳税人偷税的，由税务机关追缴其不缴或者少缴的税款、滞纳金，并处不缴或者缴的税款50%以上5倍以下的罚款；偷税数额占应纳税额的10%以上不满30%并且偷税数额在1万元以上不满10万元的，或者因偷税被税务机关给予二次行政处罚又偷税的，处3年以下有期徒刑或者拘役，并处偷税数额1倍以上5倍以下罚金；偷税数额占应纳税额的30%以上并且偷税数额在10万元以上的，处3年以上7年以下有期徒刑，并处偷税数额1倍以上5倍以下罚金。

（4）纳税人欠缴应纳税款，采取转移或者隐匿财产的手段，妨碍税务机关追缴欠缴的税款的，由税务机关追缴欠缴的税款、滞纳金，并处欠缴税款50%以上5倍以下的罚款；欠缴税款数额在1万元以上不满10万元的，处3年以下有期徒刑或者拘役，并处或者单处欠缴税款1倍以上5倍以下罚金；数额在10万元以上的，处3年以上7年以下有其徒刑，并处欠缴税款1倍以上5倍以下罚金。以暴力、威胁方法拒不缴纳税款的，除由税务机关追缴其拒缴的税款、滞纳金外，处3年以下有期徒刑或者拘役，并处拒缴税款1倍以上5倍以下罚金；情节严重的，处3年以上7年以下有期徒刑，并处拒缴税款1倍以上5倍以下罚金。情节轻微，未构成犯罪的，由税务机关追缴其拒缴的税款、滞纳金，并处拒缴税款1倍以上5倍以下罚款。

（5）纳税人、扣缴义务人的开户银行或者其他金融机构拒绝接受税务机关依法检查纳税人、扣缴义务人存款账户，或者拒绝执行税务机关作出的冻结存款或者扣缴税款的决定，或者在接到税务机关的书面通知后帮助纳税人、扣缴义务人转移存款，造成税款流失的，由税务机关处10万元以上50万元以下的罚款，对直接负责的主管人员和其他直接责任人员处1000元以上1万元以下的罚款。

（6）税务机关违反规定擅自改变税收征收管理范围和税款入库预算级次的，责令限期改正，对直接负责的主管人员和其他直接责任人员依法给予降级或者撤职的行政处分。

（7）未经税务机关依法委托征收税款的，责令退还收取的财物，依法给予行政处分或行政处罚；致使他人合法权益受到损失的，依法承担赔偿责任；构成犯罪的，依法追究刑事责任。税务人员利用职务上的便利，收受或索取纳税人、扣缴义务人财物或者谋取其他不正当利益，构成犯罪的，依法追究刑事责任；不构成犯罪的，依法给予行政处分。

（8）税务人员徇私舞弊或者玩忽职守，不征或者少征应征税款，致使国家税收遭受重大损失，构成犯罪的，依法追究刑事责任；尚不构成犯罪的，依法给予行政处分。

（9）违反法律、行政法规的规定，擅自作出的开征、停征或者减税、免税、退税、补税以及其他同税收法律、行政法规相抵触的决定的，除依照本法规定撤销其擅自作出的决定外，补征应征未征税款，退还不应征收而征收的税款，并由上级机关追究直接负责的主管人员和其他直接责任人员的行政责任。构成犯罪的，依法追究刑事责任。

3. 追究法律责任的主体和期限

追究法律责任的主体主要包括征税机关和人民法院。行政处罚，罚款额在2000元以下的，可以由税务所决定。违反税收法律、行政法规应当给予行政处罚，在5年内未被发现的，不再给予行政处罚。

13.5.2 反不正当竞争

1. 不正当竞争行为的种类

(1) 假冒他人的注册商标。

(2) 擅自使用知名商品特有的名称、包装、装潢，或者使用与知名商品近似的名称、包装、装潢，造成和他人的知名商品相混淆，使购买者误认为是该知名商品。

(3) 擅自使用他人的企业名称或者姓名，引人误认为是他人的商品。

(4) 在商品上伪造或者冒用认证标志、名优标志等质量标志，伪造产地，对商品质量作引人误解的虚假表示。

(5) 公用企业或者其他依法具有独占地位的经营者，不得限定他人购买其指定的经营者的商品，以排挤其他经营者的公平竞争。

(6) 政府及其所属部门不得滥用行政权力，限定他人购买其指定的经营者的商品，限制其他经营者正当的经营活动。政府及其所属部门不得滥用行政权力，限制外地商品进入本地市场，或者本地商品流向外地市场。

(7) 经营者不得采用财物或者其他手段进行贿赂以销售或者购买商品。在账外暗中给予对方单位或者个人回扣的，以行贿论处；对方单位或者个人在账外暗中收受回扣的，以受贿论处。经营者销售或者购买商品，可以以明示方式给对方折扣，可以给中间人佣金。经营者给对方折扣、给中间人佣金的，必须如实入账。接受折扣、佣金的经营者必须如实入账。

(8) 经营者不得利用广告或者其他方法，对商品的质量、制作成分、性能、用途、生产者有效期限、产地等作引人误解的虚假宣传。广告的经营者不得在明知或者应知的情况下，代理、设计、制作、发布虚假广告。

(9) 经营者不得采用下列手段侵犯商业秘密：

1) 偷窃、利诱、胁迫或者其他不正当手段获取权利人的商业秘密。

2) 披露、使用或者允许他人使用以前项手段获取权利人的商业秘密。

3) 违反约定或者违反权利人有关保守商业秘密的要求，披露、使用或者允许他人使用其所掌握的商业秘密。

(10) 经营者不得以排挤对手为目的，以低于成本的价格销售商品。

(11) 经营者销售商品，不得违背购买者的意愿搭售商品或者附加其他不合理的条件。

(12) 经营者不得捏造、散布虚伪事实，损害竞争对手的商业信誉、商品声誉。

(13) 投标者不得串通投标，抬高标价或者压低标价。投标者和招标者不得相互勾结，以排挤竞争对手的公平竞争。

2. 不正当竞争的法律责任

(1) 经营者给被侵害的经营者造成损害的，应当承担损害赔偿责任，被侵害的经营者的损失难以计算的，赔偿额为侵权期间因侵权所获得的利润；并应当承担被侵害的经营者因调查该经营者侵害其合法权益的不正当竞争行为所支付的合理费用。被侵害的经营者的合法权益受到不正当竞争行为损害的，可以向人民法院提起诉讼。

(2) 经营者假冒他人的注册商标，擅自使用他人的企业名称或者姓名，伪造或者冒用认证标志、名优标志等质量标志，伪造产地，对商品质量作引人误解的虚假表示的，依照《中华人民共和国商标法》、《中华人民共和国产品质量法》的规定处罚。经营者擅自使用知名商品特有的名称、包装、装潢，或者使用与知名商品近似的名称、包装、装潢，造成和他人的知名商品相混淆，使购买者误认为是该知名商品的，监督检查部门应当责令停止违法行为，没收违法所得，可以根据情节处以违法所得1倍以上3倍以下罚款；情节严重的，可以吊销营业执照；销售伪劣商品，构成犯罪的，依法追究刑事责任。

(3) 经营者采用财物或者其他手段进行贿赂以销售或者购买商品，构成犯罪的，依法追究刑事责任；不构成犯罪的，监督检查部门可以根据情节处以1万元以上20万元以下的罚款，有违法所得的，予以没收。

(4) 公用企业或者其他具有独占地位的经营者，限定他人购买其指定的经营者的商品，以排挤其他经营者的公平竞争的，省级或者设区的市的监督检查部门应当责令其停止违法行为，可以根据情节处以5万元以上20万元以下的罚款。被指定的经营者借此销售质次价高商品或者滥收费用的，监督检查部门应当没收违法所得，可以根据情节处以违法所得1倍以上3倍以下的罚款。

(5) 经营者利用广告或者其他方法，对商品作引人误解的虚假宣传的，监督检查部门应当责令停止违法行为，消除影响，可以根据情节处以1万元以上20万元以下的罚款。广告的经营者，在明知或者应知的情况下，代理、设计、制作、发布虚假广告的，监督检查部门应当责令停止违法行为，没收违法所得，并依法处以罚款。

(6) 侵犯商业秘密的，监督检查部门应当责令停止违法行为，可以根据情节处以1万元以上20万元以下的罚款。

(7) 投标者串通投标，抬高标价或者压低标价；投标者和招标者相互勾结，以排挤竞争对手的公平竞争的，其中标无效。监督检查部门可以根据情节处以1万元以上20万元以下的罚款。

(8) 经营者有违反被责令暂停销售，不得转移、隐匿、销毁与不正当竞争行为有关的财物的行为的，监督检查部门可以根据情节处以被销售、转移、隐匿、销毁财物的价款的1倍以上3倍以下的罚款。当事人对监督检查部门作出的处罚决定不服的，可以自收到处罚决定之日起15日内向上一级主管机关申请复议；对复议决定不服的，可以自收到复议决定书之日起15日内向人民法院提起诉讼；也可以直接向人民法院提起诉讼。

(9) 政府及其所属部门限定他人购买其指定的经营者的商品、限制其他经营者正当的经营活动，或者限制商品在地区之间正常流通的，由上级机关责令其改正；情节严重的，由同级或者上级机关对直接责任人员给予行政处分。被指定的经营者借此销售质次价高商品或者滥收费用的，监督检查部门应当没收违法所得，可以根据情节处以违法所得1倍以上3倍以下的罚款。

(10) 监督检查不正当竞争行为的国家机关工作人员滥用职权、玩忽职守，构成犯罪的，依法追究刑事责任；不构成犯罪的，给予行政处分。

(11) 监督检查不正当竞争行为的国家机关工作人员徇私舞弊，对明知有违反本法规定构成犯罪的经营者故意包庇不使他受追诉的，依法追究刑事责任。

复习思考题

1. 简述建设项目环境影响评价制度的基本内容。
2. 如何做好施工现场环境保护的工作?
3. 建筑工程一切险承包的危险有哪些?
4. 建筑工程一切险和安装工程一切险有何区别?
5. 环境保护“三同时”原则是怎样规定的?
6. 什么是社会保险?我国现行的社会保险包括哪几类?
7. 简述向劳动行政部门申报工伤的程序。
8. 工伤保险应遵循的原则是什么?
9. 哪些单位和人员必须参加医疗保险?
10. 建立统筹基金和个人账户的基本医疗保险支付有何规定?
11. 失业人员如何申领失业保险金?
12. 国家鼓励失业人员积极再就业方面有哪些政策优惠?
13. 必须参加失业保险的单位和个人有哪些?
14. 国家鼓励发展哪些建筑节能技术和产品?
15. 建筑节能工程竣工验收应满足哪些条件?
16. 简述纳税的程序。
17. 不正当竞争行为有哪些种类?
18. 简述不正当竞争的法律责任。

第14章 建筑工程法律责任

本章学习要点：

1. 掌握建设工程相关法律关于法律责任的规定
2. 掌握工程建设的主要民事责任
3. 了解建设工程法律责任的构成要件

14.1 建设工程相关法律关于法律责任的规定

14.1.1 《招标投标法》关于法律责任的规定

1. 应该招标而未招标的法律责任

必须进行招标的项目而不招标的，将必须进行招标的项目化整为零或者以其他任何方式规避招标的，责令限期改正，可以处项目合同金额5‰以上10‰以下的罚款；对全部或者部分使用国有资金的项目，可以暂停项目执行或者暂停资金拨付；对单位直接负责的主管人员和其他直接责任人员依法给予处分。

2. 招标代理机构法律责任

招标代理机构违反本法规定，泄露应当保密的与招标投标活动有关的情况和资料的，或者与招标人、投标人串通损害国家利益、社会公共利益或者他人合法权益的，处5万元以上25万元以下的罚款，对单位直接负责的主管人员和其他直接责任人员处单位罚款数额5%以上10%以下的罚款；有违法所得的，并处没收违法所得；情节严重的，暂停直至取消招标代理资格；构成犯罪的，依法追究刑事责任。给他人造成损失的，依法承担赔偿责任。上述所列行为影响中标结果的，中标无效。

3. 招标人法律责任

(1) 招标人以不合理的条件限制或者排斥潜在投标人的，对潜在投标人实行歧视待遇的，强制要求投标人组成联合体共同投标的，或者限制投标人之间竞争的，责令改正，可以处1万元以上5万元以下的罚款。

(2) 依法必须进行招标的项目的招标人向他人透露已获取招标文件的潜在投标人的名称、数量或者可能影响公平竞争的有关招标投标的其他情况的，或者泄露标底的，给予警告，可以并处1万元以上10万元以下的罚款；对单位直接负责的主管人员和其他直接责任人员依法给予处分；构成犯罪的，依法追究刑事责任。上述所列行为影响中标结果的，中标无效。

(3) 依法必须进行招标的项目，招标人违反本法规定，与投标人就投标价格、投标方案等实质性内容进行谈判的，给予警告，对单位直接负责的主管人员和其他直接责任人员依法给予处分。上述所列行为影响中标结果的，中标无效。

（4）招标人在评标委员会依法推荐的中标候选人以外确定中标人的，或依法必须进行招标的项目在所有投标被评标委员会否决后自行确定中标人的，中标无效。责令改正，可以处中标项目金额5‰以上10‰以下的罚款；对单位直接负责的主管人员和其他直接责任人员依法给予处分。

4. 投标人法律责任

（1）投标人相互串通投标或者与招标人串通投标的，投标人以向招标人或者评标委员会成员行贿的手段谋取中标的，中标无效，处中标项目金额5‰以上10‰以下的罚款，对单位直接负责的主管人员和其他直接责任人员处单位罚款数额5%以上10%以下的罚款；有违法所得的，并处没收违法所得；情节严重的，取消其1～2年内参加依法必须进行招标的项目的投标资格并予以公告，直至由工商行政管理机关吊销营业执照；构成犯罪的，依法追究刑事责任。给他人造成损失的，依法承担赔偿责任。

（2）投标人以他人名义投标或者以其他方式弄虚作假，骗取中标的，中标无效，给招标人造成损失的，依法承担赔偿责任；构成犯罪的，依法追究刑事责任。依法必须进行招标的项目的投标人有上述所列行为尚未构成犯罪的，处中标项目金额5‰以上10‰以下的罚款，对单位直接负责的主管人员和其他直接责任人员处单位罚款数额5%以上10%以下的罚款；有违法所得的，并处没收违法所得；情节严重的，取消其1～3年内参加依法必须进行招标的项目的投标资格并予以公告，直至由工商行政管理机关吊销营业执照。

5. 评标委员会法律责任

评标委员会成员收受投标人的财物或者其他好处的，评标委员会成员或者参加评标的有关工作人员向他人透露对投标文件的评审和比较、中标候选人的推荐以及与评标有关的其他情况的，给予警告，没收收受的财物，可以并处3000元以上5万元以下的罚款，对有所列违法行为的评标委员会成员取消担任评标委员会成员的资格，不得再参加任何依法必须进行招标的项目的评标；构成犯罪的，依法追究刑事责任。

6. 中标人法律责任

（1）中标人将中标项目转让给他人的，将中标项目肢解后分别转让给他人的，违反法律规定将中标项目的部分主体、关键性工作分包给他人的，或者分包人再次分包的，转让、分包无效，处转让、分包项目金额5‰以上10‰以下的罚款；有违法所得的，并处没收违法所得；可以责令停业整顿；情节严重的，由工商行政管理机关吊销营业执照。

（2）中标人不履行与招标人订立的合同的，履约保证金不予退还，给招标人造成的损失超过履约保证金数额的，还应当对超过部分予以赔偿；没有提交履约保证金的，应当对招标人的损失承担赔偿责任。

（3）中标人不按照与招标人订立的合同履行义务，情节严重的，取消其2～5年内参加依法必须进行招标的项目的投标资格并予以公告，直至由工商行政管理机关吊销营业执照。

7. 行政监督机关法律责任

对招标投标活动依法负有职责的国家机关工作人员徇私舞弊、滥用职权或者玩忽职守，构成犯罪的，依法追究刑事责任；不构成犯罪的，依法给予行政处分。

8. 行政处罚

（1）招标人与中标人不按照招标文件和中标人的投标文件订立合同的，或者招标人、中标人订立背离合同实质性内容的协议的，责令改正；可以处中标项目金额5‰以上10‰以下的罚款。

（2）行政处罚，由国务院规定的有关行政监督部门决定。法律已对实施行政处罚的机关作出规定的除外。

14.1.2 《建筑法》关于法律责任的规定

（1）违反本法规定，未取得施工许可证或者开工报告未经批准擅自施工的，责令改正，对不符合开工条件的责令停止施工。可以处以罚款。

（2）发包单位将工程发包给不具有相应资质条件的承包单位的，或者违反本法规定将建筑工程肢解发包的，责令改正，处以罚款。

超越本单位资质等级承揽工程的，责令停止违法行为，处以罚款，可以责令停业整顿，降低资质等级；情节严重的，吊销资质证书；有违法所得的，予以没收。

未取得资质证书承揽工程的，予以取缔，并处罚款；有违法所得的，予以没收。以欺骗手段取得资质证书的，吊销资质证书，处以罚款；构成犯罪的，依法追究刑事责任。

（3）建筑施工企业转让、出借资质证书或者以其他方式允许他人以本企业的名义承揽工程的，责令改正，没收违法所得，并处罚款，可以责令停业整顿，降低资质等级；情节严重的，吊销资质证书。对因该项承揽工程不符合规定的质量标准造成的损失，建筑施工企业与使用本企业名义的单位或者个人承担连带赔偿责任。

（4）承包单位将承包的工程转包的，或者违反本法规定进行分包的，责令改正，没收违法所得，并处罚款，可以责令停业整顿，降低资质等级；情节严重的，吊销资质证书。

承包单位有前款规定的违法行为的，对因转包工程或者违法分包的工程不符合规定的质量标准造成的损失，与接受转包或者分包的单位承担连带赔偿责任。

（5）在工程发包与承包中索贿、受贿、行贿，构成犯罪的，依法追究刑事责任；未构成犯罪的，分别处以罚款，没收贿赂的财物，对直接负责的主管人员和其他直接责任人员给予处分。

对在工程承包中行贿的承包单位，除依照规定处罚外，可以责令停业整顿，降低资质等级或者吊销资质证书。

（6）工程监理单位与建设单位或者建筑施工企业串通，弄虚作假、降低工程质量的，责令改正，处以罚款，降低资质等级或者吊销资质证书；有违法所得的，予以没收；造成损失的，承担连带赔偿责任；构成犯罪的，依法追究刑事责任。

工程监理单位转让监理业务的，责令改正，没收违法所得，可以责令停业整顿，降低资质等级；情节严重的，吊销资质证书。

（7）违反本法规定，涉及建筑主体或者承重结构变动的装修工程擅自施工的，责令改正，处以罚款；造成损失的，承担赔偿责任；构成犯罪的，依法追究刑事责任。

（8）建筑施工企业违反本法规定，对建筑安全事故隐患不采取措施予以消除的，责令改正，可以处以罚款；情节严重的，责令停业整顿，降低资质等级或者吊销资质证书；构成犯罪的，依法追究刑事责任。

建筑施工企业的管理人员违章指挥、强令职工冒险作业，因而发生重大伤亡事故或者造成其他严重后果的，依法追究刑事责任。

(9) 建设单位违反本法规定，要求建筑设计单位或者建筑施工企业违反建筑工程质量、安全标准，降低工程质量的，责令改正，可以处以罚款；构成犯罪的，依法追究刑事责任。

(10) 建筑设计单位不按照建筑工程质量、安全标准进行设计的，责令改正，处以罚款；造成工程质量事故的，责令停业整顿，降低资质等级或者吊销资质证书，没收违法所得，并处罚款；造成损失的，承担赔偿责任；构成犯罪的，依法追究刑事责任。

(11) 建筑施工企业在施工中偷工减料的，使用不合格的建筑材料、建筑构配件和设备的，或者有其他不按照工程设计图纸或者施工技术标准施工的行为的，责令改正，处以罚款；情节严重的，责令停业整顿，降低资质等级或者吊销资质证书；造成建筑工程质量不符合规定的质量标准的，负责返工、修理，并赔偿因此造成的损失；构成犯罪的，依法追究刑事责任。

(12) 建筑施工企业违反本法规定，不履行保修义务或者拖延履行保修义务的，责令改正，可以处以罚款，并对在保修期内因屋顶、墙面渗漏、开裂等质量缺陷造成的损失，承担赔偿责任。

(13) 责令停业整顿、降低资质等级和吊销资质证书的行政处罚，由颁发资质证书的机关决定；其他行政处罚，由建设行政主管部门或者有关部门依照法律和国务院规定的职权范围决定。

依照法律规定被吊销资质证书的，由工商行政管理部门吊销其营业执照。

(14) 违反法律规定，对不具备相应资质等级条件的单位颁发该等级资质证书的，由其上级机关责令收回所发的资质证书，对直接负责的主管人员和其他直接责任人员给予行政处分；构成犯罪的，依法追究刑事责任。

(15) 政府及其所属部门的工作人员违反法律规定，限定发包单位将招标发包的工程发包给指定的承包单位的，由上级机关责令改正；构成犯罪的，依法追究刑事责任。

(16) 负责颁发建筑工程施工许可证的部门及其工作人员对不符合施工条件的建筑工程颁发施工许可证的，负责工程质量监督检查或者竣工验收的部门及其工作人员对不合格的建筑工程出具质量合格文件或者按合格工程验收的，由上级机关责令改正，对责任人员给予行政处分；构成犯罪的，依法追究刑事责任；造成损失的，由该部门承担相应的赔偿责任。

(17) 在建筑物的合理使用寿命内，因建筑工程质量不合格受到损害的，有权向责任者要求赔偿。

14.1.3 《安全生产法》关于法律责任的规定

1. 安全生产监督管理部门相关法律责任

(1) 负有安全生产监督管理职责的部门的工作人员，有下列行为之一的，给予降级或者撤职的行政处分；构成犯罪的，依照《刑法》有关规定追究刑事责任。

1) 对不符合法定安全生产条件的涉及安全生产的事项予以批准或者验收通过的；

2) 发现未依法取得批准、验收的单位擅自从事有关活动或者接到举报后不予取缔或者不依法予以处理的；

3）对已经依法取得批准的单位不履行监督管理职责，发现其不再具备安全生产条件而不撤销原批准或者发现安全生产违法行为不予查处的。

(2) 负有安全生产监督管理职责的部门，要求被审查、验收的单位购买其指定的安全设备、器材或者其他产品的，在对安全生产事项的审查、验收中收取费用的，由其上级机关或者监察机关责令改正，责令退还收取的费用；情节严重的，对直接负责的主管人员和其他直接责任人员依法给予行政处分。

(3) 承担安全评价、认证、检测、检验工作的机构，出具虚假证明，构成犯罪的，依照刑法有关规定追究刑事责任；尚不够刑事处罚的，没收违法所得，违法所得在5000元以上的，并处违法所得2倍以上5倍以下的罚款，没有违法所得或者违法所得不足5000元的，单处或者并处5000元以上2万元以下的罚款，对其直接负责的主管人员和其他直接责任人员处5000元以上5万元以下的罚款；给他人造成损害的，与生产经营单位承担连带赔偿责任。对有上述违法行为的机构，撤销其相应资格。

2. 生产经营单位相关法律责任

(1) 生产经营单位的决策机构、主要负责人、个人经营的投资人不依照本法规定保证安全生产所必需的资金投入，致使生产经营单位不具备安全生产条件的，责令限期改正，提供必需的资金；逾期未改正的，责令生产经营单位停产停业整顿。

有上述违法行为，导致发生生产安全事故，构成犯罪的，依照《刑法》有关规定追究刑事责任；尚不够刑事处罚的，对生产经营单位的主要负责人给予撤职处分，对个人经营的投资人处2万元以上20万元以下的罚款。

(2) 生产经营单位的主要负责人未履行法定安全生产管理职责的，责令限期改正；逾期未改正的，责令生产经营单位停产停业整顿。

生产经营单位的主要负责人有上述违法行为，导致发生生产安全事故，构成犯罪的，依照《刑法》有关规定追究刑事责任；尚不够刑事处罚的，给予撤职处分或者处2万元以上20万元以下的罚款。

生产经营单位的主要负责人依照上述规定受刑事处罚或者撤职处分的，自刑罚执行完毕或者受处分之日起，5年内不得担任任何生产经营单位的主要负责人。

(3) 生产经营单位有下列行为之一的，责令限期改正；逾期未改正的，责令停产停业整顿，可以并处2万元以下的罚款。

1）未按照规定设立安全生产管理机构或者配备安全生产管理人员的。

2）危险物品的生产、经营、储存单位以及矿山、建筑施工单位的主要负责人和安全生产管理人员未按照规定经考核合格的。

3）未按照法律规定对从业人员进行安全生产教育和培训，或者未按照规定如实告知从业人员有关的安全生产事项的。

4）特种作业人员未按照规定经专门的安全作业培训并取得特种作业操作资格证书，上岗作业的。

(4) 生产经营单位有下列行为之一的，责令限期改正；逾期未改正的，责令停止建设或者停产停业整顿，可以并处5万元以下的罚款；造成严重后果，构成犯罪的，依照《刑法》有关规定追究刑事责任。

1）矿山建设项目或者用于生产、储存危险物品的建设项目没有安全设施设计或者安全设施设计未按照规定报经有关部门审查同意的。

2）矿山建设项目或者用于生产、储存危险物品的建设项目的施工单位未按照批准的安全设施设计施工的。

3）矿山建设项目或者用于生产、储存危险物品的建设项目竣工投入生产或者使用前，安全设施未经验收合格的。

4）未在有较大危险因素的生产经营场所和有关设施、设备上设置明显的安全警示标志的。

5）安全设备的安装、使用、检测、改造和报废不符合国家标准或者行业标准的。

6）未对安全设备进行经常性维护、保养和定期检测的。

7）未为从业人员提供符合国家标准或者行业标准的劳动防护用品的。

8）特种设备以及危险物品的容器、运输工具未经取得专业资质的机构检测、检验合格，取得安全使用证或者安全标志，投入使用的。

9）使用国家明令淘汰、禁止使用的危及生产安全的工艺、设备的。

（5）未经依法批准，擅自生产、经营、储存危险物品的，责令停止违法行为或者予以关闭，没收违法所得，违法所得10万元以上的，并处违法所得1倍以上5倍以下的罚款，没有违法所得或者违法所得不足10万元的，单处或者并处2万元以上10万元以下的罚款；造成严重后果，构成犯罪的，依照刑法有关规定追究刑事责任。

（6）生产经营单位有下列行为之一的，责令限期改正；逾期未改正的，责令停产停业整顿，可以并处2万元以上10万元以下的罚款；造成严重后果，构成犯罪的，依照刑法有关规定追究刑事责任。

1）生产、经营、储存、使用危险物品，未建立专门安全管理制度；未采取可靠的安全措施或者不接受有关主管部门依法实施的监督管理的。

2）对重大危险源未登记建档，或者未进行评估、监控，或者未制订应急预案的。

3）进行爆破、吊装等危险作业，未安排专门管理人员进行现场安全管理的。

（7）生产经营单位将生产经营项目、场所、设备发包或者出租给不具备安全生产条件或者相应资质的单位或者个人的，责令限期改正，没收违法所得；违法所得5万元以上的，并处违法所得1倍以上5倍以下的罚款；没有违法所得或者违法所得不足5万元的，单处或者并处1万元以上5万元以下的罚款；导致发生生产安全事故给他人造成损害的，与承包方、承租方承担连带赔偿责任。

生产经营单位未与承包单位、承租单位签订专门的安全生产管理协议或者未在承包合同、租赁合同中明确各自的安全生产管理职责，或者未对承包单位、承租单位的安全生产统一协调、管理的，责令限期改正；逾期未改正的，责令停产停业整顿。

（8）两个以上生产经营单位在同一作业区域内进行可能危及对方安全生产的生产经营活动，未签订安全生产管理协议或者未指定专职安全生产管理人员进行安全检查与协调的，责令限期改正；逾期未改正的，责令停产停业。

（9）生产经营单位有下列行为之一的，责令限期改正；逾期未改正的，责令停产停业整顿；造成严重后果，构成犯罪的，依照刑法有关规定追究刑事责任。

1）生产、经营、储存、使用危险物品的车间、商店、仓库与员工宿舍在同一座建筑内，或者与员工宿舍的距离不符合安全要求的；

2）生产经营场所和员工宿舍未设有符合紧急疏散需要、标志明显、保持畅通的出口，或者封闭、堵塞生产经营场所或者员工宿舍出口的。

（10）生产经营单位与从业人员订立协议，免除或者减轻其对从业人员因生产安全事故伤亡依法应承担的责任的，该协议无效；对生产经营单位的主要负责人、个人经营的投资人处2万元以上10万元以下的罚款。

（11）生产经营单位的从业人员不服从管理，违反安全生产规章制度或者操作规程的，由生产经营单位给予批评教育，依照有关规章制度给予处分；造成重大事故，构成犯罪的，依照刑法有关规定追究刑事责任。

（12）生产经营单位主要负责人在本单位发生重大生产安全事故时，不立即组织抢救或者在事故调查处理期间擅离职守或者逃匿的，给予降职、撤职的处分，对逃匿的处15日以下拘留；构成犯罪的，依照刑法有关规定追究刑事责任。

生产经营单位主要负责人对生产安全事故隐瞒不报、谎报或者拖延不报的，依照上述规定处罚。

（13）有关地方人民政府、负有安全生产监督管理职责的部门，对生产安全事故隐瞒不报、谎报或者拖延不报的，对直接负责的主管人员和其他直接责任人员依法给予行政处分；构成犯罪的，依照刑法有关规定追究刑事责任。

（14）生产经营单位不具备本法和其他有关法律、行政法规和国家标准或者行业标准规定的安全生产条件，经停产停业整顿仍不具备安全生产条件的，予以关闭；有关部门应当依法吊销其有关证照。

（15）本法规定的行政处罚，由负责安全生产监督管理的部门决定；予以关闭的行政处罚由负责安全生产监督管理的部门报请县级以上人民政府按照国务院规定的权限决定；给予拘留的行政处罚由公安机关依照治安管理处罚条例的规定决定。有关法律、行政法规对行政处罚的决定机关另有规定的，依照其规定。

（16）生产经营单位发生生产安全事故造成人员伤亡、他人财产损失的，应当依法承担赔偿责任；拒不承担或者其负责人逃匿的，由人民法院依法强制执行。

生产安全事故的责任人未依法承担赔偿责任，经人民法院依法采取执行措施后，仍不能对受害人给予足额赔偿的，应当继续履行赔偿义务；受害人发现责任人有其他财产的，可以随时请求人民法院执行。

14.1.4 《建设工程安全生产管理条例》关于法律责任的规定

（1）违反本条例的规定，县级以上人民政府建设行政主管部门或者其他有关行政管理部门的工作人员，有下列行为之一的，给予降级或者撤职的行政处分；构成犯罪的，依照刑法有关规定追究刑事责任。

1）对不具备安全生产条件的施工单位颁发资质证书的。

2）对没有安全施工措施的建设工程颁发施工许可证的。

3）发现违法行为不予查处的。

4）不依法履行监督管理职责的其他行为。

（2）违反本条例的规定，建设单位未提供建设工程安全生产作业环境及安全施工措施所需费用的，责令限期改正；逾期未改正的，责令该建设工程停止施工。

建设单位未将保证安全施工的措施或者拆除工程的有关资料报送有关部门备案的，责令限期改正，给予警告。

（3）违反本条例的规定，建设单位有下列行为之一的，责令限期改正，处20万元以上50万元以下的罚款；造成重大安全事故，构成犯罪的，对直接责任人员，依照刑法有关规定追究刑事责任；造成损失的，依法承担赔偿责任。

1）对勘察、设计、施工、工程监理等单位提出不符合安全生产法律、法规和强制性标准规定的要求的；

2）要求施工单位压缩合同约定的工期的；

3）将拆除工程发包给不具有相应资质等级的施工单位的。

（4）违反本条例的规定，勘察单位、设计单位有下列行为之一的，责令限期改正，处10万元以上30万元以下的罚款；情节严重的，责令停业整顿，降低资质等级，直至吊销资质证书；造成重大安全事故，构成犯罪的，对直接责任人员，依照刑法有关规定追究刑事责任；造成损失的，依法承担赔偿责任。

1）未按照法律、法规和工程建设强制性标准进行勘察、设计的；

2）采用新结构、新材料、新工艺的建设工程和特殊结构的建设工程，设计单位未在设计中提出保障施工作业人员安全和预防生产安全事故的措施建议的。

（5）违反本条例的规定，工程监理单位有下列行为之一的，责令限期改正；逾期未改正的，责令停业整顿，并处10万元以上30万元以下的罚款；情节严重的，降低资质等级，直至吊销资质证书；造成重大安全事故，构成犯罪的，对直接责任人员，依照刑法有关规定追究刑事责任；造成损失的，依法承担赔偿责任。

1）未对施工组织设计中的安全技术措施或者专项施工方案进行审查的；

2）发现安全事故隐患未及时要求施工单位整改或者暂时停止施工的；

3）施工单位拒不整改或者不停止施工，未及时向有关主管部门报告的；

4）未依照法律、法规和工程建设强制性标准实施监理的。

（6）注册执业人员未执行法律、法规和工程建设强制性标准的，责令停止执业3个月以上1年以下；情节严重的，吊销执业资格证书，5年内不予注册；造成重大安全事故的，终身不予注册；构成犯罪的，依照刑法有关规定追究刑事责任。

（7）违反本条例的规定，为建设工程提供机械设备和配件的单位，未按照安全施工的要求配备齐全有效的保险、限位等安全设施和装置的，责令限期改正，处合同价款1倍以上3倍以下的罚款；造成损失的，依法承担赔偿责任。

（8）违反本条例的规定，出租单位出租未经安全性能检测或者经检测不合格的机械设备和施工机具及配件的，责令停业整顿，并处5万元以上10万元以下的罚款；造成损失的，依法承担赔偿责任。

（9）违反本条例的规定，施工起重机械和整体提升脚手架、模板等自升式架设设施安装、拆卸单位有下列行为之一的，责令限期改正，处5万元以上10万元以下的罚款；情节严重的，责令停业整顿，降低资质等级，直至吊销资质证书；造成损失的，依法承担赔偿责任。

1）未编制拆装方案、制定安全施工措施的。

2）未由专业技术人员现场监督的。

3）未出具自检合格证明或者出具虚假证明的。

4）未向施工单位进行安全使用说明，办理移交手续的。

施工起重机械和整体提升脚手架、模板等自升式架设设施安装、拆卸单位有前款规定的第1）项、第3）项行为，经有关部门或者单位职工提出后，对事故隐患仍不采取措施，因而发生重大伤亡事故或者造成其他严重后果，构成犯罪的，对直接责任人员，依照刑法有关规定追究刑事责任。

（10）违反本条例的规定，施工单位有下列行为之一的，责令限期改正；逾期未改正的，责令停业整顿，依照《安全生产法》的有关规定处以罚款；造成重大安全事故，构成犯罪的，对直接责任人员，依照刑法有关规定追究刑事责任。

1）未设立安全生产管理机构、配备专职安全生产管理人员或者分部分项工程施工时无专职安全生产管理人员现场监督的。

2）施工单位的主要负责人、项目负责人、专职安全生产管理人员、作业人员或者特种作业人员，未经安全教育培训或者经考核不合格即从事相关工作的。

3）未在施工现场的危险部位设置明显的安全警示标志，或者未按照国家有关规定在施工现场设置消防通道、消防水源、配备消防设施和灭火器材的。

4）未向作业人员提供安全防护用具和安全防护服装的。

5）未按照规定在施工起重机械和整体提升脚手架、模板等自升式架设设施验收合格后登记的。

6）使用国家明令淘汰、禁止使用的危及施工安全的工艺、设备、材料的。

（11）违反本条例的规定，施工单位挪用列入建设工程概算的安全生产作业环境及安全施工措施所需费用的，责令限期改正，处挪用费用20%以上50%以下的罚款；造成损失的，依法承担赔偿责任。

（12）违反本条例的规定，施工单位有下列行为之一的，责令限期改正；逾期未改正的，责令停业整顿，并处5万元以上10万元以下的罚款；造成重大安全事故，构成犯罪的，对直接责任人员，依照刑法有关规定追究刑事责任：

1）施工前未对有关安全施工的技术要求作出详细说明的。

2）未根据不同施工阶段和周围环境及季节、气候的变化，在施工现场采取相应的安全施工措施，或者在城市市区内的建设工程的施工现场未实行封闭围挡的。

3）在尚未竣工的建筑物内设置员工集体宿舍的。

4）施工现场临时搭建的建筑物不符合安全使用要求的。

5）未对因建设工程施工可能造成损害的毗邻建筑物、构筑物和地下管线等采取专项防护措施的。

施工单位有前款规定第4）项、第5）项行为，造成损失的，依法承担赔偿责任。

（13）违反本条例的规定，施工单位有下列行为之一的，责令限期改正；逾期未改正的，责令停业整顿，并处10万元以上30万元以下的罚款；情节严重的，降低资质等级，直至吊销资质证书；造成重大安全事故，构成犯罪的，对直接责任人员，依照刑法有关规定追究刑事责任；造成损失的，依法承担赔偿责任。

1）安全防护用具、机械设备、施工机具及配件在进入施工现场前未经查验或者查验不合格即投入使用的。

2）使用未经验收或者验收不合格的施工起重机械和整体提升脚手架、模板等自升式架设设施的。

3）委托不具有相应资质的单位承担施工现场安装、拆卸施工起重机械和整体提升脚手架、模板等自升式架设设施的。

4）在施工组织设计中未编制安全技术措施、施工现场临时用电方案或者专项施工方案的。

（14）违反本条例的规定，施工单位的主要负责人、项目负责人未履行安全生产管理职责的，责令限期改正；逾期未改正的，责令施工单位停业整顿；造成重大安全事故、重大伤亡事故或者其他严重后果，构成犯罪的，依照刑法有关规定追究刑事责任。

作业人员不服管理、违反规章制度和操作规程冒险作业造成重大伤亡事故或者其他严重后果，构成犯罪的，依照刑法有关规定追究刑事责任。

施工单位的主要负责人、项目负责人有前款违法行为，尚不够刑事处罚的，处2万元以上20万元以下的罚款或者按照管理权限给予撤职处分；自刑罚执行完毕或者受处分之日起，5年内不得担任任何施工单位的主要负责人、项目负责人。

（15）施工单位取得资质证书后，降低安全生产条件的，责令限期改正；经整改仍未达到与其资质等级相适应的安全生产条件的，责令停业整顿，降低其资质等级直至吊销资质证书。

（16）本条例规定的行政处罚，由建设行政主管部门或者其他有关部门依照法定职权决定。

违反消防安全管理规定的行为，由公安消防机构依法处罚。

有关法律、行政法规对建设工程安全生产违法行为的行政处罚决定机关另有规定的，从其规定。

14.1.5 《建设工程质量管理条例》关于法律责任的规定

1. 建设单位法律责任

（1）建设单位将建设工程发包给不具有相应资质等级的勘察、设计、施工单位或者委托给不具有相应资质等级的工程监理单位的，责令改正，处50万元以上100万元以下的罚款。

（2）建设单位将建设工程肢解发包的，责令改正，处工程合同价款0.5%以上1%以下的罚款；对全部或者部分使用国有资金的项目，并可以暂停项目执行或者暂停资金拨付。

（3）建设单位有下列行为之一的，责令改正，处20万元以上50万元以下的罚款。

1）迫使承包方以低于成本的价格竞标的。

2）任意压缩合理工期的。

3）明示或者暗示设计单位或者施工单位违反工程建设强制性标准，降低工程质量的。

4）施工图设计文件未经审查或者审查不合格，擅自施工的。

5）建设项目必须实行工程监理而未实行工程监理的。

6）未按照国家规定办理工程质量监督手续的。

7）明示或者暗示施工单位使用不合格的建筑材料、建筑构配件和设备的。

8）未按照国家规定将竣工验收报告、有关认可文件或者准许使用文件报送备案的。

（4）建设单位未取得施工许可证或者开工报告未经批准，擅自施工的，责令停止施工，限期改正，处工程合同价款1%以上2%以下的罚款。

（5）建设单位有下列行为之一的，责令改正，处工程合同价款2%以上4%以下的罚款；造成损失的，依法承担赔偿责任。

1）未组织竣工验收，擅自交付使用的。

2）验收不合格，擅自交付使用的。

3）对不合格的建设工程按照合格工程验收的。

《建设工程质量管理条例》第59条规定："违反本条例规定，建设工程竣工验收后，建设单位未向建设行政主管部门或者其他有关部门移交建设项目档案的，责令改正，处1万元以上10万元以下的罚款。

2. 勘察、设计、施工、工程监理单位法律责任

（1）勘察、设计、施工、工程监理单位超越本单位资质等级承揽工程的，责令停止违法行为，对勘察、设计单位或者工程监理单位处合同约定的勘察费、设计费或者监理酬金1倍以上2倍以下的罚款；对施工单位处工程合同价款2%以上4%以下的罚款，可以责令停业整顿，降低资质等级；情节严重的，吊销资质证书；有违法所得的，予以没收。

未取得资质证书承揽工程的，予以取缔，依照上述规定处以罚款；有违法所得的，予以没收。

以欺骗手段取得资质证书承揽工程的，吊销资质证书，依照本条第1款规定处以罚款；有违法所得的，予以没收。

（2）勘察、设计、施工、工程监理单位允许其他单位或者个人以本单位名义承揽工程的，责令改正，没收违法所得，对勘察、设计单位和工程监理单位处合同约定的勘察费、设计费和监理酬金1倍以上2倍以下的罚款；对施工单位处工程合同价款2%以上4%以下的罚款；可以责令停业整顿，降低资质等级；情节严重的，吊销资质证书。

（3）承包单位将承包的工程转包或者违法分包的，责令改正，没收违法所得，对勘察、设计单位处合同约定的勘察费、设计费25%以上50%以下的罚款；对施工单位处工程合同价款0.5%以上1%以下的罚款；可以责令停业整顿，降低资质等级；情节严重的，吊销资质证书。

工程监理单位转让工程监理业务的，责令改正，没收违法所得，处合同约定的监理酬金25%以上50%以下的罚款；可以责令停业整顿，降低资质等级；情节严重的，吊销资质证书。

（4）违反《建设工程质量管理条例》规定，有下列行为之一的，责令改正，处10万元以上30万元以下的罚款。

1）勘察单位未按照工程建设强制性标准进行勘察的。

2）设计单位未根据勘察成果文件进行工程设计的。

3）设计单位指定建筑材料、建筑构配件的生产厂、供应商的。

4）设计单位未按照工程建设强制性标准进行设计的。

有上述所列行为，造成重大工程质量事故的，责令停业整顿，降低资质等级，情节严重的，吊销资质证书；造成损失的，依法承担赔偿责任。

（5）施工单位在施工中偷工减料的，使用不合格的建筑材料、建筑构配件和设备的，或者有不按照工程设计图纸或者施工技术标准施工的其他行为的，责令改正，处工程合同价款2%以上4%以下的罚款；造成建设工程质量不符合规定的质量标准的，负责返工、修理，并赔偿因此造成的损失；情节严重的，责令停业整顿，降低资质等级或者吊销资质证书。

（6）施工单位未对建筑材料、建筑构配件、设备和商品混凝土进行检验，或者未对涉及结构安全的试块、试件以及有关材料取样检测的，责令改正，处10万元以上20万元以下的罚款；情节严重的，责令停业整顿，降低资质等级或者吊销资质证书；造成损失的，依法承担赔偿责任。

（7）施工单位不履行保修义务或者拖延履行保修义务的，责令改正，处10万元以上20万元以下的罚款，并对在保修期内因质量缺陷造成的损失承担赔偿责任。

（8）工程监理单位有下列行为之一的，责令改正，处50万元以上100万元以下的罚款，降低资质等级或者吊销资质证，有违法所得的，予以没收；造成损失的，承担连带赔偿责任。

1）与建设单位或者施工单位串通，弄虚作假、降低工程质量的。

2）将不合格的建设工程、建筑材料、建筑构配件和设备按照合格签字的。

（9）工程监理单位与被监理工程的施工承包单位以及建筑材料、建筑构配件和设备供应单位有隶属关系或者其他利害关系承担该项建设工程的监理业务的，责令改正，处5万元以上10万元以下的罚款，降低资质等级或者吊销资质证书；有违法所得的，予以没收。

（10）违反本条例规定，涉及建筑主体或者承重结构变动的装修工程，没有设计方案擅自施工的，责令改正，处50万元以上100万元以下的罚款；房屋建筑使用者在装修过程中擅自变动房屋建筑主体和承重结构的，责令改正，处5万元以上10万元以下的罚款。有上述所列行为，造成损失的，依法承担赔偿责任。

3. 其他相关部门人员法律责任

（1）发生重大工程质量事故隐瞒不报、谎报或者拖延报告期限的，对直接负责的主管人员和其他责任人员依法给予行政处分。

（2）供水、供电、供气、公安消防等部门或者单位明示或者暗示建设单位或者施工单位购买其指定的生产供应单位的建筑材料、建筑构配件和设备的，责令改正。

（3）注册建筑师、注册结构工程师、监理工程师等注册执业人员因过错造成质量事故的，责令停止执业1年；造成重大质量事故的，吊销执业资格证书，5年以内不予注册；情节特别恶劣的，终身不予注册。

（4）建设单位、设计单位、施工单位、工程监理单位违反国家规定，降低工程质量标

3）明示或者暗示设计单位或者施工单位违反工程建设强制性标准，降低工程质量的。

4）施工图设计文件未经审查或者审查不合格，擅自施工的。

5）建设项目必须实行工程监理而未实行工程监理的。

6）未按照国家规定办理工程质量监督手续的。

7）明示或者暗示施工单位使用不合格的建筑材料、建筑构配件和设备的。

8）未按照国家规定将竣工验收报告、有关认可文件或者准许使用文件报送备案的。

(4) 建设单位未取得施工许可证或者开工报告未经批准，擅自施工的，责令停止施工，限期改正，处工程合同价款1%以上2%以下的罚款。

(5) 建设单位有下列行为之一的，责令改正，处工程合同价款2%以上4%以下的罚款；造成损失的，依法承担赔偿责任。

1）未组织竣工验收，擅自交付使用的。

2）验收不合格，擅自交付使用的。

3）对不合格的建设工程按照合格工程验收的。

《建设工程质量管理条例》第59条规定："违反本条例规定，建设工程竣工验收后，建设单位未向建设行政主管部门或者其他有关部门移交建设项目档案的，责令改正，处1万元以上10万元以下的罚款。

2. 勘察、设计、施工、工程监理单位法律责任

(1) 勘察、设计、施工、工程监理单位超越本单位资质等级承揽工程的，责令停止违法行为，对勘察、设计单位或者工程监理单位处合同约定的勘察费、设计费或者监理酬金1倍以上2倍以下的罚款；对施工单位处工程合同价款2%以上4%以下的罚款，可以责令停业整顿，降低资质等级；情节严重的，吊销资质证书；有违法所得的，予以没收。

未取得资质证书承揽工程的，予以取缔，依照上述规定处以罚款；有违法所得的，予以没收。

以欺骗手段取得资质证书承揽工程的，吊销资质证书，依照本条第1款规定处以罚款；有违法所得的，予以没收。

(2) 勘察、设计、施工、工程监理单位允许其他单位或者个人以本单位名义承揽工程的，责令改正，没收违法所得，对勘察、设计单位和工程监理单位处合同约定的勘察费、设计费和监理酬金1倍以上2倍以下的罚款；对施工单位处工程合同价款2%以上4%以下的罚款；可以责令停业整顿，降低资质等级；情节严重的，吊销资质证书。

(3) 承包单位将承包的工程转包或者违法分包的，责令改正，没收违法所得，对勘察、设计单位处合同约定的勘察费、设计费25%以上50%以下的罚款；对施工单位处工程合同价款0.5%以上1%以下的罚款；可以责令停业整顿，降低资质等级；情节严重的，吊销资质证书。

工程监理单位转让工程监理业务的，责令改正，没收违法所得，处合同约定的监理酬金25%以上50%以下的罚款；可以责令停业整顿，降低资质等级；情节严重的，吊销资质证书。

(4) 违反《建设工程质量管理条例》规定，有下列行为之一的，责令改正，处10万元以上30万元以下的罚款。

1）勘察单位未按照工程建设强制性标准进行勘察的。

2）设计单位未根据勘察成果文件进行工程设计的。

3）设计单位指定建筑材料、建筑构配件的生产厂、供应商的。

4）设计单位未按照工程建设强制性标准进行设计的。

有上述所列行为，造成重大工程质量事故的，责令停业整顿，降低资质等级，情节严重的，吊销资质证书；造成损失的，依法承担赔偿责任。

（5）施工单位在施工中偷工减料的，使用不合格的建筑材料、建筑构配件和设备的，或者有不按照工程设计图纸或者施工技术标准施工的其他行为的，责令改正，处工程合同价款2%以上4%以下的罚款；造成建设工程质量不符合规定的质量标准的，负责返工、修理，并赔偿因此造成的损失；情节严重的，责令停业整顿，降低资质等级或者吊销资质证书。

（6）施工单位未对建筑材料、建筑构配件、设备和商品混凝土进行检验，或者未对涉及结构安全的试块、试件以及有关材料取样检测的，责令改正，处10万元以上20万元以下的罚款；情节严重的，责令停业整顿，降低资质等级或者吊销资质证书；造成损失的，依法承担赔偿责任。

（7）施工单位不履行保修义务或者拖延履行保修义务的，责令改正，处10万元以上20万元以下的罚款，并对在保修期内因质量缺陷造成的损失承担赔偿责任。

（8）工程监理单位有下列行为之一的，责令改正，处50万元以上100万元以下的罚款，降低资质等级或者吊销资质证，有违法所得的，予以没收；造成损失的，承担连带赔偿责任。

1）与建设单位或者施工单位串通，弄虚作假、降低工程质量的。

2）将不合格的建设工程、建筑材料、建筑构配件和设备按照合格签字的。

（9）工程监理单位与被监理工程的施工承包单位以及建筑材料、建筑构配件和设备供应单位有隶属关系或者其他利害关系承担该项建设工程的监理业务的，责令改正，处5万元以上10万元以下的罚款，降低资质等级或者吊销资质证书；有违法所得的，予以没收。

（10）违反本条例规定，涉及建筑主体或者承重结构变动的装修工程，没有设计方案擅自施工的，责令改正，处50万元以上100万元以下的罚款；房屋建筑使用者在装修过程中擅自变动房屋建筑主体和承重结构的，责令改正，处5万元以上10万元以下的罚款。有上述所列行为，造成损失的，依法承担赔偿责任。

3. 其他相关部门人员法律责任

（1）发生重大工程质量事故隐瞒不报、谎报或者拖延报告期限的，对直接负责的主管人员和其他责任人员依法给予行政处分。

（2）供水、供电、供气、公安消防等部门或者单位明示或者暗示建设单位或者施工单位购买其指定的生产供应单位的建筑材料、建筑构配件和设备的，责令改正。

（3）注册建筑师、注册结构工程师、监理工程师等注册执业人员因过错造成质量事故的，责令停止执业1年；造成重大质量事故的，吊销执业资格证书，5年以内不予注册；情节特别恶劣的，终身不予注册。

（4）建设单位、设计单位、施工单位、工程监理单位违反国家规定，降低工程质量标

（1）镇人民政府或者县级以上人民政府城乡规划主管部门有下列行为之一的，由本级人民政府、上级人民政府城乡规划主管部门或者监察机关依据职权责令改正，通报批评；对直接负责的主管人员和其他直接责任人员依法给予处分。

1）未依法组织编制城市的控制性详细规划、县人民政府所在地镇的控制性详细规划的。

2）超越职权或者对不符合法定条件的申请人核发选址意见书、建设用地规划许可证、建设工程规划许可证、乡村建设规划许可证的。

3）对符合法定条件的申请人未在法定期限内核发选址意见书、建设用地规划许可证、建设工程规划许可证、乡村建设规划许可证的。

4）未依法对经审定的修建性详细规划、建设工程设计方案的总平面图予以公布的。

5）同意修改修建性详细规划、建设工程设计方案的总平面图前未采取听证会等形式听取利害关系人的意见的。

6）发现未依法取得规划许可或者违反规划许可的规定在规划区内进行建设的行为，而不予查处或者接到举报后不依法处理的。

（2）县级以上人民政府有关部门有下列行为之一的，由本级人民政府或者上级人民政府有关部门责令改正，通报批评；对直接负责的主管人员和其他直接责任人员依法给予处分。

1）对未依法取得选址意见书的建设项目核发建设项目批准文件的。

2）未依法在国有土地使用权出让合同中确定规划条件或者改变国有土地使用权出让合同中依法确定的规划条件的。

3）对未依法取得建设用地规划许可证的建设单位划拨国有土地使用权的。

2.编制单位的法律责任

（1）城乡规划编制单位有下列行为之一的，由所在地城市、县人民政府城乡规划主管部门责令限期改正，处合同约定的规划编制费1倍以上2倍以下的罚款；情节严重的，责令停业整顿，由原发证机关降低资质等级或者吊销资质证书；造成损失的，依法承担赔偿责任。

1）超越资质等级许可的范围承揽城乡规划编制工作的。

2）违反国家有关标准编制城乡规划的。

未依法取得资质证书承揽城乡规划编制工作的，由县级以上地方人民政府城乡规划主管部门责令停止违法行为，依照前款规定处以罚款；造成损失的，依法承担赔偿责任。

以欺骗手段取得资质证书承揽城乡规划编制工作的，由原发证机关吊销资质证书，依照本条第一款规定处以罚款；造成损失的，依法承担赔偿责任。

（2）城乡规划编制单位取得资质证书后，不再符合相应的资质条件的，由原发证机关责令限期改正；逾期不改正的，降低资质等级或者吊销资质证书。

（3）未取得建设工程规划许可证或者未按照建设工程规划许可证的规定进行建设的，由县级以上地方人民政府城乡规划主管部门责令停止建设；尚可采取改正措施消除对规划实施的影响的，限期改正，处建设工程造价5%以上10%以下的罚款；无法采取改正措施消除影响的，限期拆除，不能拆除的，没收实物或者违法收入，可以并处建设工程造价

10%以下的罚款。

在乡、村规划区内未依法取得乡村建设规划许可证或者未按照乡村建设规划许可证的规定进行建设的，由乡、镇人民政府责令停止建设、限期改正；逾期不改正的，可以拆除。

3. 建设单位或者个人的法律责任

(1) 建设单位或者个人有下列行为之一的，由所在地城市、县人民政府城乡规划主管部门责令限期拆除，可以并处临时建设工程造价1倍以下的罚款。

1) 未经批准进行临时建设的。

2) 未按照批准内容进行临时建设的。

3) 临时建筑物、构筑物超过批准期限不拆除的。

(2) 建设单位未在建设工程竣工验收后6个月内向城乡规划主管部门报送有关竣工验收资料的，由所在地城市、县人民政府城乡规划主管部门责令限期补报；逾期不补报的，处1万元以上5万元以下的罚款。

(3) 城乡规划主管部门作出责令停止建设或者限期拆除的决定后，当事人不停止建设或者逾期不拆除的，建设工程所在地县级以上地方人民政府可以责成有关部门采取查封施工现场、强制拆除等措施。

违反本法规定，构成犯罪的，依法追究刑事责任。

14.2 工程建设的主要民事责任

14.2.1 违约责任

违约责任是指行为人不履行合同义务或者履行合同义务不符合合同约定所产生的民事责任（详见第8章相关内容）。

14.2.2 侵权责任

侵权责任是指行为人侵犯国家、集体和公民的财产权利以及侵犯法人名称权和自然人的人身权时所产生的民事责任。

14.2.3 承担民事责任的方式

承担民事责任的方式主要有以下几种。

(1) 停止侵害。

(2) 排除妨碍。

(3) 消除危险。

(4) 返还财产。

(5) 恢复原状。

(6) 修理、重作、更换。

(7) 赔偿损失。

(8) 支付违约金。

(9) 消除影响、恢复名誉。

(10) 赔礼道歉。

以上承担民事责任的方式可以单独适用，也可以合并适用。

14.3 工程建设行政责任和刑事责任的种类

1. 行政责任的种类

(1) 行政责任概念。行政责任是指因违反法律、法规而必须承担的法律责任。

(2) 行政责任种类。

1) 公民和法人因违反行政管理法律、法规的行为而应承担的行政责任。

2) 国家工作人员因违反政纪或在执行职务时违反行政法规的行为。

(3) 行政责任的承担方式。

1) 行政处罚。即由国家行政机关或授权的企事业单位、社会团体，对公民和法人违反行政管理法律、法规的行为所实施的制裁，主要有警告、罚款；没收违法所得、没收非法财物；责令停产停业；暂扣或者吊销许可证、暂扣或者吊销执照；行政拘留等。

2) 行政处分。即由国家机关、企事业单位对其工作人员违反行政法规或政纪的行为所实施的制裁，主要有警告、记过、记大过、降职、降薪、撤职、留用察看、开除等。

2. 刑事责任的种类

(1) 刑事责任的概念。刑事责任，是指犯罪主体因违反刑法的规定，实施了犯罪行为时所应承担的法律责任。

(2) 刑事责任的种类。

1) 重大责任事故罪。

2) 重大劳动安全事故罪。

3) 工程重大安全事故罪。

4) 公司、企业人员受贿罪。

5) 向公司、企业人员行贿罪。

6) 贪污罪。

7) 介绍贿赂罪。

8) 单位行贿罪。

9) 签订、履行合同失职罪。

10) 强迫职工劳动罪。

11) 挪用公款罪。

12) 重大环境污染事故罪。

13) 玩忽职守罪。

14) 滥用职权罪。

15) 徇私舞弊罪等。

(3) 刑事责任的承担方式。

1) 刑事责任的承担方式是刑事处罚。刑事处罚有两种：①主刑，包括管制、拘役、有期徒刑、无期徒刑和死刑；②附加刑，包括罚金、没收财产和剥夺政治权利。

2）有些刑事责任可以根据犯罪的具体情况而免除刑事处罚。对免除刑事处罚的罪犯，有关部门可以根据法律的规定使其承担其他种类法律责任，如对贪污犯可以给予开除公职的行政处分等。

14.4　建设工程法律责任的构成要件

14.4.1　建设工程法律责任的一般构成要件

法律责任的一般构成要件由以下四个条件构成，它们之间互为联系、互为作用，缺一不可。

1. 有损害事实发生

损害事实，就是违法行为对法律所保护的社会关系和社会秩序造成的侵害。

（1）具有客观性，即已经存在，没有存在损害事实，则不构成法律责任。

（2）损害事实不同于损害结果。损害结果是违法行为对行为指向的对象所造成的实际损害。

2. 存在违法行为

法律规范中规定法律责任的目的就在于让国家的政治生活和社会生活符合统治阶级的意志，以国家强制力来树立法律的威严，制裁违法，减少犯罪。如果没有违法行为，就无需承担法律责任，而且合法的行为还要受到法律的保护。行为没有违法，尽管造成了一定的损害结果，也不承担法律责任。

3. 违法行为与损害事实之间有因果关系

违法行为与损害事实之间的因果关系，是违法行为与损害事实之间存在着客观的、必然的因果关系。就是说，一定损害事实是该违法行为所引起的必然结果，该违法行为正是引起损害事实的原因。

4. 违法者主观上有过错

所谓过错，是指行为人对其行为及由此引起的损害事实所抱的主观态度，包括故意和过失。如果行为在主观上既没有故意也没有过失，则行为人对损害结果不必承担法律责任。

如企业在施工中遇到严重的暴风雨，造成停工，从而延误了工期，在这种情况下，停工行为和延误工期造成损失的结果并非出自施工者的故意和过失，而属于不可抗力，因而不应承担法律责任。

14.4.2　建设工程法律责任的特殊构成要件

特殊构成要件是指由法律特殊规定的法律责任的构成要件，它们不是有机地结合在一起的，而是分别同一般要件构成法律责任。

1. 特殊主体

在一般构成要件中对违法者即承担责任的主体没有特殊规定，只有具备了相应的行为能力即可成为责任主体。而特殊主体则不同，它是指法律规定违法者必须具备一定的身份和职务时才能承担法律责任。主要指刑事责任中的职务犯罪，如贪污、受贿等，以及行政责任中的职务违法，如徇私舞弊、以权谋私等。不具备这一条件时，则不承担这类责任。

2. 特殊结果

在一般构成要件中，只要有损害事实的发生就要承担相应的法律责任，而在特殊结果中则要求后果严重、损失重大，否则不能构成法律责任。如质量监督人员对工程的质量监督工作粗心大意、不负责任，致使应当发现的隐患而没有发现，造成严重的质量事故，那么他就要承担玩忽职守的法律责任。

3. 无过错责任

一般构成要件都要求违法者主观上必须有过错，但许多民事责任的构成要件则不要求行为者主观上是否有过错，只要有损害事实的发生，那么，受益人就要承担一定的法律责任。这种责任，主要反映了法律责任的补偿性，而不具有法律制裁意义。

4. 转承责任

一般构成要件都是要求实施违法行为者承担法律责任，但在民法和行政法中，有些法律责任则要求与违法者有一定关系的第三人来承担。如未成年人将他人打伤的侵权赔偿责任，应由未成年人的监护人来承担。

复习思考题

1. 建筑法律责任的特点是什么?
2. 建筑法律责任的主要形式是什么?
3. 简述勘察、设计单位、监理单位、施工单位违法行为应承担的法律责任。
4. 简述建设工程法律责任构成要件的主要内容。
5. 简述建设工程法律责任的种类及其主要责任。
6. 违反《招标投标法》的法律责任有哪些?
7. 《建设工程质量管理条例》关于建设单位的法律责任有哪些?
8. 《建设工程勘察设计管理条例》关于法律责任是如何规定的?
9. 建设、勘察、设计、施工、监理单位及建设主管部门违反工程建设强制性条文分别应承担哪些责任?
10. 《安全生产法》关于生产经营单位的相关法律责任有哪些规定?

参考文献

[1] 国务院法制局农林城建司，建设部体改法规司，建筑业司．中华人民共和国建筑法释义［M］．北京：中国建筑工业出版社，1997.

[2] 全国人民代表大会常务委员会法制工作委员会．中华人民共和国劳动合同法释义［M］．北京：法律出版社，2007.

[3] 全国一级建造师执业资格考试用书编写委员会．建筑工程法规及相关知识［M］．北京：中国建筑工业出版社，2004.

[4] 五险一金小全书编委会．五险一金小全书［M］．北京：法律出版社，2008.

[5] 刘文锋．建设法规概论［M］．北京：高等教育出版社，2004.

[6] 王锁荣，张培新．工程建设法规［M］．北京：高等教育出版社，2005.

[7] 建设部工程质量安全监督与行业发展司．建设工程安全生产管理［M］．北京：中国建筑工业出版社，2004.

[8] 中国建设监理协会．建设工程监理概论［M］．北京：知识产权出版社，2008.

[9] 何佰洲．工程建设法规与案例［M］．北京：中国建筑出版社，2005.

[10] 李世蓉，邓铁军．工程建设项目管理［M］．武汉：武汉理工大学出版社，2002.

[11] 建设部．一级建造师执业资格考试大纲（房屋建筑工程专业）［M］．北京：中国建筑工业出版社，2004.

[12] 徐占发．建设法规与案例分析［M］．北京：机械工业出版社，2001.

[13] 全国造价工程师考试培训教材编写委员会．工程造价管理相关知识［M］．北京：中国计划出版社，2001.

[14] 注册咨询工程师（投资）考试教材编写委员会．项目决策分析与评价［M］．北京：中国计划出版社，2003.

[15] 郑润梅．建筑法规概论［M］．北京：中国建材工业出版社，2004.

[16] 徐占发．建设法规与合同管理［M］．北京：人民交通出版社，2005.

[17] 陈东佐．建筑法规概论［M］．北京：中国建筑工业出版社，2002.

[18] 中华人民共和国建设部人事教育劳动司、体改法规司．建设法规教程［M］．北京：中国建筑工业出版社，2002.

[19] 徐伟，孙仓龙．土木工程相关法规［M］．上海：同济大学出版社，2002.

[20] 卞耀武．中华人民共和国建筑法释义［M］．北京：法律出版社，1998.

[21] 张水波，何伯森．FIDIC 新版合同条件导读与解析［M］．北京：中国建筑工业出版社，2003.

[22] 成虎，等．建筑工程合同管理与索赔［M］．南京：东南大学出版社，2000.

[23] 刘黎红．工程招投与合同管理［M］．北京：机械工业出版社，2007.

[24] 刘伊生．建设工程招投标与合同管理［M］．北京：机械工业出版社，2007.

[25] 林密．工程项目招投标与合同管理［M］．北京：中国建筑工业出版社，2007.

[26] 李永光，合同管理与工程索赔［M］．北京：中国建筑工业出版社，2007.

[27] 全国造价工程师培训教材编写委员会．工程造价案例分析［M］．北京：中国城市出版社，2006.